넷플릭스 인사이트

KB058520

넷플릭스
인사이트

이호수 지음

21세기북스

나는 왜
넷플릭스에 관한 책을 썼는가?

"여호와는 나의 목자시니 내게 부족함이 없으리로다."

(시편 23:1)

나는 넷플릭스의 드라마 시리즈를 즐겨 보곤 한다. 〈릴리해머〉, 〈하우스 오브 카드〉, 〈나르코스〉, 〈기묘한 이야기〉, 〈더 크라운〉, 〈바이킹스〉, 〈종이의 집〉, 〈옥자〉, 〈킹덤〉, 〈미스터 션샤인〉 등의 시리즈와, 다큐멘터리를 비롯한 다양한 비디오를 보았다. 고객으로서 넷플릭스를 보았을 때 느꼈던 점은 다른 OTT 서비스 기업과는 결이 많이 다르다는 것이다. 예사롭지 않은 기업이라는 생각이 들었다. 눈에 보이는 빙산의 일각이 아니라, 조용하게 바다에 잠겨 있는 90퍼센트에 무엇이 내재되어 돌아가고 있기에 이렇게 승승장구하고 있는지 그 깊은 속을 알고 싶은 호기심이 발동했다.

　2019년 초부터 다수의 넷플릭스 관련 책들을 접했다. 대강 두 종류였다. 하나는 넷플릭스 창업부터 시간의 흐름에 따라 스토리텔링 스타일로 기술한 책이고 다른 하나는 넷플릭스와 미디어 업계의 여러 이슈에 대한 통계 자료 등을 위주로 기술한 책이었다. 이에 더해 넷플릭스에서 펴낸 자료들, 기관 간행물, 컨설팅 리포트, 논문, 신문 기사, 웹사이트, 블로그, 유튜브 등 많은 자료들을 접했다. 넷플릭스를 이해하는 데 많은 도움이 되었다.

나는 넷플릭스를 비즈니스와 기술의 측면에서 균형 잡힌 시각으로 보려고 노력했다. 많은 책들과 문서들을 통해 넷플릭스를 팩트 중심으로 이해했지만 미흡한 마음을 지울 수 없었다. 넷플릭스를 흔히 '기술과 미디어를 기반으로 성공한 기업'이라고 말한다. 그러나 넷플릭스가 '어떤 기술로 어떤 목적을 이루었고, 어떻게 미디어를 활용해서 성공했는가?'에 대한 만족할 만한 한 권의 자료를 만나기는 어려웠다. 사실 많은 자료들에 흩어져 있는 파편화된 정보들을 소화하고 짜 맞추면 거기에 답이 있다. 그렇지만 넷플릭스와 관련된 주제의 스펙트럼이 워낙 넓어서, 많은 자료를 읽고 이를 종합해 정리된 답을 내기란 쉽지 않다. 그래서 이 작업이 필요하다는 생각에 이르렀다.

넷플릭스에 대한 궁금증은 있었지만 글을 쓰겠다는 생각은 없었다. 하지만 넷플릭스를 조금씩 알아가면서 단순한 영화 감상 사이트에서 연구의 대상으로 바뀌어갔다. 지난 40년 동안 쌓은 비즈니스와 기술 경험에 넷플릭스에 대한 이해가 더해지면서, 그들이 어떻게 글로벌 강자로 우뚝 섰는지에 대한 궁금증이 조금씩 풀리기 시작했다. 넷플릭스가 구사하는 비즈니스 전략의 배경과 신기술을 상당 부분 이해하게 되었다.

지난 2~3년 동안 4차 산업혁명 시대에 AI의 적용과 디지털 혁신을 어떻게 추진하는 것이 바람직한지 잘 모르겠다며 나에게 어려움을 호소하는 기업 리더들이 여럿 있었다. 그러던 중 나는 넷플릭스에 인공지능과 기계학습 및 파괴적 혁신의 추진에 대해서 국내 기업에 참고가 될 만한 사례가 많다는 사실을 발견했다. 이를 주위 몇몇 분들과 공유할 기회가 있었고, 그들로부터 한결같이 들은 피드백은 "혼자만 알고 있지 말고 이를 책으로 출간해 많은 사람들과 공유하라."는 권유였다. 나는 책을 출간해본 경험이 없었기에 주저했다. 내가 무엇을 이해해 알고 있는 것과 이를 남이 이해할 수 있도록 전달하는 것은 전혀 차원이 다르기 때문이다. 마치 집에서 음식을 대강 만들어 먹는 것과 이를 음식점에서 손님에게 제공하는 것이 다른 것과 마찬가지다. 하지만 시간이 흐르고 생각과 기도를 거듭하면서, 내가 이해하고 있는 것을 책으로 만들어 널리 공유하는 것이 나에게 주어진 '소명'이라는 생각에 이르렀다. 어려운 결정이었다. 이후 나는 넷플릭스에 대해서 알게 된 지식을 객관적 관점으로 정리하기 위해 지난 1년 동안 작업했다.

이 책을 통해 사용자 중심의 서비스에 대해서는 조금의 타협도 허락하지 않는 넷플릭스의 기업 문화를 배우고, 인공지능/기계학습을 비롯한 첨단 기술이 어떻게 넷플릭스의 경쟁력을 강화시켰는지, 경쟁자들의 끊임없는 도전을 돌파하기 위해 어떠한 파괴적 혁신을 활용했는지 등을 이해할 수 있기를 바란다. 그리고 이와 더불어 넷플릭스가 단기간에 글로벌 엔터테인먼트 업계의 거인으로 발돋움하는 과정 등을 이해하는 데도 도움이 되기를 희망한다.

넷플릭스가 이룬 성장에 대해 이해하는 것은 다른 산업이나 기업의 성장 추진을 위해서도 좋은 참고가 되리라 믿는다. 이 책은 마지막에 있는 후주 및 참고 자료에서 열거한 많은 도서, 논문, 신문 및 인터넷 기사, 기관 간행물, 컨설팅 리포트, 블로그, 넷플릭스 IR 및 기술 자료, 전문가 미팅, 유튜브 등을 참고해 작성했다. 이 과정에서 본의 아니게 잘못 이해하고 쓴 부분이 있다면 이것은 전적으로 내 책임임을 밝혀둔다.

이 책이 나오기까지 도움을 주신 분들께 감사를 드린다. 먼저 2019년 여름 이 책에 관한 아이디어를 듣고 많은 격려와 조언을 해주신 교보문고 류영호 님께 깊은 감사를 드린다. 넷플릭스 이미지 사용권에 관해 수고를 아끼지 않았던 양정원 님과 넷플릭스 문화를 잘 설명해주신 임수정 님께 고마움을 전한다. 평소 비즈니스와 기술에 대해 대화를 나누며 미래지향적 생각을 공유하며 늘 격려를 아끼지 않으신 SK텔레콤 박정호 사장님께 깊은 감사를 드린다. 21세기북스 김영곤 사장님, 여러모로 부족한 원고를 꼼꼼하게 읽어 전체 프레임을 잘 잡아준 편집팀, 그리고 맛깔 나는 그림을 그려주신 디자이너들께 고마움을 전한다.

글로벌 리딩 기업의 성장과 혁신 요인을 분석 및 종합해 책에 가지런히 녹여 넣는 일은 도전적인 일이었다. 연구와 글쓰기로 밤을 밝히는 날도 많았다. 이 과정에서 많은 격려와 함께 늦은 밤 루이보스차를 끓여준 사랑하는 아내 소영, 그리고 멀리 외국에서 "아빠, 책 쓰는 것 잘 되어가?"라고 묻곤 하는 에이미와 올리비아에게 고맙다는 말을 전한다. 광야를 걷는 인생 여정에 늘 빛으로 함께해주시고, 이 책을 쓰는 내내 어려운 이야기를 쉽게 풀어갈 수 있는 지혜를 허락하시고, 한 땀 한 땀 내용을 채워주셔서 책이 나올 수 있도록 은혜를 베풀어주신 하나님께 감사를 드린다.

2020년 6월

이호수

———————— PART 1 ————————

넷플릭스,
새로운 미디어의 탄생

PART 2

글로벌 기업으로 성장하기 위한 오리지널 콘텐츠 강화 및 글로벌 확장

―――――――― PART 3 ――――――――

넷플릭스 최고의 경쟁력,
추천 시스템과 웹사이트

—————— PART 4 ——————

고품질 스트리밍을 가능하게 한
독보적 기술력의 핵심

——————— PART 6 ———————

넷플릭스,
한국에 상륙하다

지금
넷플릭스를 지켜봐야 하는 이유

예전에는 주말이면 비디오 대여점에서 영화나 드라마 비디오테이프 여러 개를 빌려 밤을 새면서 보곤 했다. 지금은 넷플릭스로 같은 경험을 한다. PC나 스마트폰, TV에서 몇 번의 클릭만으로 넷플릭스 시청이 가능하다. 비디오 콘텐츠의 소비 형태가 혁신적으로 바뀐 것이다. 이러한 변화가 우리의 일상생활에 녹아들어 삶의 일부가 되었다. 넷플릭스를 '시청자'로서 먼발치에서 바라보다가, 클로즈업 렌즈로 가까이서 들여다보니 흐렸던 이미지가 보다 선명하게 다가왔다.

　지난 2년여 동안 신문 기사, 웹사이트, 블로그 등을 비롯한 미디어에서 'OTT Over The Top'와 '넷플릭스'란 단어가 들어간 제목의 기사가 눈에 띄게 늘었다. 모임이나 직장 식사 시간에는 "넷플릭스에서 그 영화 봤어?"라는 이야기가 종종 나온다. 요즘 모임에 참여하면서 구성원들과 잘 어울려 지내는 '인싸(인사이더)'가 되려면 넷플릭스를 봐야 한다는 말까지 나온다. 더 나아가 "Netflix and chill?"이라는 표현까지 등장했다. 연인에게 "넷플릭스를 보면서 좋은 시간 갖자."라는 의미의 표현이다. 한국 영화 〈봄날은 간다〉에서 이영애가 유지태에게 했던 대사 "라면 먹고 갈래?"와 유사한 의미를 지닌다. '넷플릭스'라는 단어가 젊은 층과 오피니언 리더들의 언어에 녹아들었을 정도로 어느새 문화에 깊이 스며들었다. 한국에 상륙한지 불과 4년 만이다.

넷플릭스에 가입해서 드라마를 시청하게 되면 서로 동질성을 느낄 기회가 많아져 사회성이 훨씬 좋아진다고 한다. 넷플릭스는 한 아이디로 최대 4명까지 공유가 가능하다. 보통 평균 2.5명이 공유한다. 이런 이유로 가족과 친구들끼리 월정 구독료를 나누어 내고 아이디를 공유하는 현상도 유행이다. 이렇게 넷플릭스에 대한 관심이 높아진 이유가 무엇일까?

글로벌 기업으로 성장한 넷플릭스

1998년 넷플릭스가 인터넷을 기반으로 한 온라인 DVD 대여 사업을 시작했을 무렵, 신생 스타트업에 불과했던 넷플릭스가 한 시대를 풍미하던 '블록버스터Blockbuster'나 '무비 갤러리Movie Gallery'와 같은 대형 오프라인 영화 및 게임 대여 체인점들과 경쟁하면서 살아남을 가능성은 희박했다. 특히 그 당시 엔터테인먼트 업계의 공룡 '블록버스터'는 넷플릭스의 존재 자체를 무시했다. 하지만 블록버스터는 이후 넷플릭스와의 10년에 걸친 경쟁에서 패해 역사 속으로 사라졌다. 특히 '닷컴버블'이 꺼지면서 자금력이 풍부했던 실리콘밸리의 많은 회사들도 어려움을 견디지 못해 사라지는 시대였다는 것을 감안하면 넷플릭스가 기존 강자들과의 경쟁에서 살아남아 성장세를 이어갔다는 사실은 전설적인 스토리임에 틀림없다. 그런데 이 사건을 박물관에 빛바랜 컬러로 진열된 지나간 스토리로 치부하기에는 오늘날 우리에게 주는 생생한 교훈이 너무 많다. 꼭 《논어》에 있는 '온고이지신溫故而知新' 즉 "지난 것을 연구해 새로운 것을 알다."라는 말이 아니더라도 넷플릭스를 곱씹어 보면 많은 유익을 얻을 것이다. 흥미로운 점은 앞의 두 대형 비디오 대여 체인 기업들은 모두 넷플릭스와의 경쟁을 이기지 못하고 2010년경에 사라졌다는 사실이다.

넷플릭스의 2019년 매출액은 202억 달러를 기록했으며, 2020년 3월 기준 시장 가치는 1,630억 달러에 달했다. 또한 전 세계에 1억 8,300만 명의 비디오 스트리밍 서비스 유료 가입자를 보유하고 있으며, 미국을 제외한 글로벌 지역의 유료 가입자가 처음으로 1억 명을 돌파했다. 전 세계 190개국에 비디오 스트리밍 서비스를 제공하는 콘텐츠 유통과 독창적인 콘텐츠를 제작하는 콘텐츠 제작자 및 배급자로 성장했다. 특히 AI/ML Artificial Intelligence/Machine Learning (인공지능/기계학습)과 파괴적 혁신 Disruptive Innovation을 현업에 성공적으로 접목한 기업으로 꼽힌다.

넷플릭스의 성공은 단순한 행운이 아니다. 이는 기본적으로 '사용자 중심' 경영 방침과 정교한 '데이터 기반' 의사 결정의 토대 위에, 기술에 대한 통찰력과 미래를 내다보는 선견력을 발판으로 파괴적 혁신 전략들을 끈질기게 추진한 결과다. 넷플릭스가 추진한 전략은 하나하나가 고도의 아이디어와 기술력, 그리고 치밀한 비즈니스 운영 능력을 필요로 했다. 국내에도 1,000만 명 규모의 가입자를 가진 인터넷 기업들이 있다. 하지만 1,000만 명의 가입자를 가진 기업과 전 세계에 1억 8,300만 명의 가입자를 가진 기업은 모든 면에서 차원이 다르다. 마치 10층짜리 빌딩을 짓는 것과 100층짜리 초고층 빌딩을 건축하는 것이

전혀 다른 차원의 작업인 것과 마찬가지다. 그렇게 볼 때, 넷플릭스는 우리 기업들이 참고하고 배울 점이 많다.

'마하경영'이라는 개념이 있다. 2002년 이건희 회장이 삼성이 초일류 기업으로 거듭나기를 촉구하면서 던졌던 화두다. 비행기가 음속을 돌파하기 위해서는 엔진만 바꾼다고 되는 것이 아니라 설계, 소재, 정비, 비행 능력, 부품 등 모든 것을 바꿔야 한다는 것이다. 목표인 한계 돌파를 위해서는 모든 것을 바꾸고 이전과 완전히 다르게 접근해야 한다. 비록 출발점은 다르지만 넷플릭스가 취한 접근 방식이 마하경영과 다르지 않다. 넷플릭스는 최고의 기업이 되기 위해 다방면에서 고객이 원하는 바를 철저히 분석하고, 이를 구현하기 위해 모든 면에서 최고를 지향하며 지속적으로 노력해왔다.

넷플릭스가 만드는 글로벌 신드롬

비인기 콘텐츠가 넷플릭스의 손에 들어가 다듬어지면 글로벌 히트작으로 변모한다. 콘텐츠 분야의 '미다스의 손'이다. 콘텐츠뿐 아니라 작가, 감독, 연기자들의 신분도 덩달아 수직 상승한다. 하나의 사례를 스페인어 넷플릭스 오리지널 시리즈인 〈종이의 집〉에서 찾아보자.

〈종이의 집〉은 글로벌 시장에서 공전의 히트를 기록했다. 처음부터 그런 것은 아니었다. 원래 이 시리즈는 2017년 5~11월 동안 스페인의 한 TV 방송국에서 15편의 에피소드로 구성된 두 파트(두 시즌)로 방영되었다. 방영 초반에는 400만 명이 넘는 시청자가 시청하며 인기를 끌었지만 점점 시청률이 떨어져 마지막에는 시청자 수가 150만 명까지 하락했다. 제작진과 연기자 모두 실패작으로 생각했고 이 시리즈는 이것으로 끝이구나 하는 우울한 생각에 젖어 있었다.

그러나 극적인 반전이 있었다. 2017년 말 넷플릭스가 스페인에서 방영된 이 드라마를 전 세계가 볼 수 있도록 글로벌 방영권을 구입하면서였다. 외국어 자막과 더빙을 입혀 넷플릭스 플랫폼으로 전 세계에 방영하자, 반응이 폭발적이었다. 넷플릭스가 파트 3과 4를 추가 제작해 공개하자 〈종이의 집〉 신드롬은 가속화했다. 연기자, 캐릭터, 음악, 의상, 소품 등 〈종이의 집〉과 관련된 모든 일거수일투족이 전 세계에서 화제가 되었다. 심지어 IMDB 유저들이 뽑은 '가장 인기 있는 TV 드라마' 100편 중 〈기묘한 이야기〉에 이어 2위를 차지하는 기염을 토했다.[1]

무명에 가까웠던 주요 연기자들의 SNS 팔로워 숫자가 순식간에 수천 명에서 100만 명 수준으로 증가했다. 단숨에 글로벌 스타가 되었으며, 미디어의 인터뷰 요청이 쇄도했다. 인지도가 급상승해 세계 어디를 가도 구름처럼 몰려드는 팬들의 열광적 반응으로 따로 경호가 필요할 정도였다. 〈종이의 집〉은 그들의 커리어에서 커다란 전환점이 되었다. 모든 연기자들이 바라던 로망이 넷플릭스 플랫폼을 통해 현실이 된 것이다. 이 드라마에서 여러 번 나오는 제2차 세계대전 중 이탈리아 반파시즘 저항군의 노래인 '벨라 차오Bella ciao(안녕 내사랑)'는 2018년 유럽에서 여름 히트송이 되었다는 점도 흥미롭다. 정말 신드롬이라고밖에 설명할 수 없다. 넷플릭스가 가지고 있는 이러한 폭발력과 파괴력 때문에 시청자뿐 아니라, 콘텐츠 제작자, 작가, 감독, 연기자들이 넷플릭스에 환호하는 것이다. 그렇다면 넷플릭스가 만들어내는 글로벌 신드롬의 원천은 무엇일까?

타협 없이 고객 중심의 가치를 추구하다

넷플릭스는 비즈니스 공간과 기술 세계의 복잡함을 단순화할 줄 아는 탁월한 능력이 있다. 마치 프랑스의 천재 광고 포스터 화가인 '툴루즈 로트렉Toulouse Lautrec'이 네 가지 정도의 컬러로 단순하지만 고객에게 강하게 어필하는 물랭루주 업소의 포스터를 그려내는 것과 유사하다. 복잡하고 역동적인 비즈니스와 기술을 단순하게 모델링하고, 이를 회사의 비전과 목적에 접목해서 뛰어난 결과를 생성해낼 수 있는 능력이 바로 넷플릭스의 경쟁력이다.

단순화 과정에서 고려해야 할 변수가 여럿 있지만, 넷플릭스에 변하지 않는 상수는 '사용자 중심' 가치다. 사실 사용자 중심이 아닌 기업은 없다. 하지만 넷플릭스와 같이 결코 타협하지 않는 사용자 중심 기업은 찾기 어렵다. 기업은 여기저기서 문제가 발생하지만 이들을 사용자 중심 관점에서 바라보면 지엽적인 문제들의 가지치기가 가능하게 되어 아주 간단하게 모델링할 수 있게 된다.

"악마는 디테일에 있다."는 말이 있다. 복잡한 문제에는 세부적인 어려움이 감추어져 있어서 이 문제를 제대로 해결하기 위해서는 예상하지 못한 세밀한 부분까지 많은 시간과 노력을 쏟아부어야 한다는 의미다. 그래서 요즘과 같이 발전이 빠른 시대에 발맞추어 나아가기 위해서는 디테일을 잘 이해하고 추진할 수 있어야 한다. 넷플릭스는 이런 디테일에 매우 강하다. 그래서 역설적으로 단순화에 뛰어나다. 진정한 사용자 중심의 기업이 되기 위해서는 단순화 능력이 필수다. 넷플릭스는 사람의 판단이 아닌 데이터 분석을 통해 검증하고 의사 결정을 한다. 방대하고 복잡한 데이터가 분석에 의해서 단순하게 정리되기 때문이다.

넷플릭스는 사용자 중심의 경영 방침을 지원하기 위해 복잡한 업무를 단순하고 효율적으로 처리할 수 있도록 문화적·기술적 환경이 잘 셋업되어 있다. 탁월한 기술력을 발판으로 경쟁사들이 하기 어려운 새로운 아이디어를 쉽고 신속하게 시도할 수 있다. 내부 소통 방식이 개방적이고 전사적이다. 예를 들면 넷플릭스 CEO 리드 헤이스팅스 Reed Hastings 는 이번 분기에 전사적으로 무엇을 이루어야 하는지, 그리고 어떤 업무에 초점을 맞추는 것이 바람직한지 등을 이메일을 통해 전 직원과 공유하는 등 전략과 정보의 공유 문화가 일상화되어 있다.

AI와 인간의 협업으로 이루어낸 성과

넷플릭스가 AI/ML과 파괴적 혁신을 적용해 경쟁에서 승리한 것은 이 분야에서는 교과서적인 전략이라고 할 수 있다. 넷플릭스는 대부분의 의사 결정이 사람의 판단이 아니라 데이터 분석에 의해서 이루어지는 데이터 기반 기업이다.

발군의 기술력을 디딤돌로 세계적인 기업으로 발돋움한 넷플릭스에는 AI/ML을 이용한 시스템이 주를 이루고 있다. 예측, 비디오 검색 및 추천, 개인화된 웹페이지, 시장 및 경쟁사 미래 예측, 네트워크 운영 최적화, 비디오 및 오디오 인코딩, ABR_{Adaptive Bit Rate}(적응형 비트 전송률) 비디오 선택, 오리지널 시리즈 제작 시 영화 장르 결정 등 넷플릭스 사업의 핵심 이슈들이 AI/ML을 기반으로 시스템화되었다. 따라서 데이터 분석과 AI/ML의 정확성은 사업의 성패를 좌우한다.

넷플릭스가 다루는 비디오 콘텐츠 분야는 감성적인 업무가 많다. 주로 감정, 심미성, 사회성 측면이 많은 영화, TV 드라마, 애니메이션 콘텐츠에 관한 업무이며, 이 분야에서 AI가 모든 것을 잘하기 어렵다는 것을 익히 알고 있다.

우리는 보통 AI 프로젝트라고 하면 문제의 처음부터 끝까지 기계가 해결해줄 것으로 기대한다. AI를 일종의 만병통치약으로 여긴다. 이것은 AI를 잘못 이해한 데서 비롯된 것이다. 인간의 손길이 없는 AI는 완전하지 않으며, 현장에서 사용할 수 없다. 그래서 AI 관련한 수많은 과제들은 아무 가치도 발휘하지 못한 채 고가의 서버에 버려져 있다. 마치 야구에서 출루하기 위해 많은 노력을 쏟았지만 득점하지 못하면 결국 아무 가치 없이 버려지는 '잔루'와 같다.

AI에 의한 혁신은 인간의 능력을 대체하는 것이 아니라 보완하는 것이다. 따라서 우리가 실제 문제를 풀기 위해서는 인간이 할 일과 AI가 할 일을 정확히 구별해 협업하도록 해야 한다. AI를 실제 문제에 잘 적용하기 위해서는 그 문제와 연관된 비즈니스를 제대로 이해하는 조직 및 전문가가 AI가 감당하기 어려운 감정적 혹은 사회적 이슈를 먼저 처리한 후 AI를 활용하는 것이 바람직하다. 넷플릭스에서는 AI가 취약한 부분은 전문가가 담당한다. 콘텐츠의 잠재된 특성을 표현하는 태깅 작업과 세부 장르 설정 같은 것은 AI가 처리하지 않고 콘텐츠 전문가가 노동집약적 형태로 직접 수행한다. 이를 효율적으로 하는 기업이 넷플릭스다. 그래서 AI를 활용한 과실을 많이 수확할 수 있었다.

흥미로운 점은, 넷플릭스는 AI라는 말을 필요 이상으로 언급하지도 않고 마케팅 목적으로 사용하지도 않는다는 것이다. 정말로 AI를 잘 이해하고 활용하는 기업은 요란한 소리를 내지 않는다. 다만 결과로만 이야기할 뿐이다.

넷플릭스의 과감한 '파괴적 혁신'

넷플릭스가 출범한 1997년, 미국의 클레이튼 크리스텐슨_{Clayton Christensen} 교수는 자신의 저서 《혁신기업의 딜레마_{The Innovator's Dilemma}》에서 '파괴적 혁신'이라는 개념을 소개했다.

일반적으로 파괴적 혁신은 현재의 서비스를 조금 개선해 기존 고객을 만족시키는 것이 아니라, 이전과는 전혀 다른 기술이나 비즈니스 모델로 기존 제품의 기능을 대체하며 시장에서 경쟁 우위를 점하는 과정을 말한다.

시장은 고객이 해결해야 할 문제가 있을 때 새롭게 형성된다. 파괴적 혁신은 고객이 원하거나 아쉬워하는 문제점을 발견하는 데서 시작한다. 그리고 근본적인 원인을 집중적으로 분석해 그것을 해결할 수 있는 새로운 제품이나 서비스를 만들어 규모가 작은 틈새시장에 출시한다. 시장의 크기가 작을수록 회사가 집중해 고객의 필요나 요구를 충족시키기가 쉽기 때문이다. 그 후 제품이나 서비스를 빠른 속도로 개선하며 틈새시장을 지배하기 위해 전력 질주한다. 일단 틈새시장에서 성장하면 그 시장을 더 키워 기존 주력 시장으로 진입할 수 있다.

넷플릭스는 작은 스타트업에서 오늘날의 엔터테인먼트 거인으로 성장하기까지 여러 번의 혁신을 했다. 대부분 기존 기능을 새로운 비즈니스 모델로 대체했으며, 때로는 경쟁사를 시장에서 사라지게 하는 파괴적 혁신의 모습으로 이루어졌다.

1985년에 탄생해 2010년까지 존재했던 블록버스터는 세계 최대의 비디오 대여 회사였다. 넷플릭스가 DVD 비디오 대여 사업을 시작했던 1998년 무렵, 비디오 대여 업계의 골리앗은 단연 블록버스터였다. 넷플릭스로서는 반드시 넘어야 할 산이었다. 블록버스터는 미국 내 수천 개의 대여 매장을 보유해 소비자의 접근성이 높아 시장을 주도해 나갔다. 하지만 뚜렷한 경쟁사가 없었던 블록버스터는 소비자의 불만과 요구에 애써 귀를 닫았다.

기존 선두 기업들의 경영진이 신기술이나 서비스 모델의 활용을 주저하는 것은 그들이 게을러서가 아니다. 일반적인으로는 가장 수익 마진이 높은 시장의 고객들이 찾는 제품에 집중하는 것이 기업들의 영업 원칙이다. 이러한 기업에서 파괴적 혁신의 도입은 현재 주력 사업에 도움이 되지 않는다고 판단해 합리적으로 외면하는 선택을 한다. 1998년 당시 블록버스터를 비롯한 업계 강자들은 그들이 운영하고 있는 수천 개에 달하는 오프라인 비디오 대여점에서 VHS 카세트테이프를 대여하는 것이 주요 수입원이었으므로 넷플릭스가 추진하려는 DVD 온라인 비디오 대여점에 대해서는 전혀 관심이 없었다.

이러한 블록버스터 경영진의 안이한 사고방식은 결국 넷플릭스로 하여금 블록버스터를 타깃으로 파괴적 혁신을 추진할 여지를 남겨두었다. 결과적으로 온라인 DVD 대여 사업은 기존 업계 강자들이 관심을 두지 않아 경쟁이 없는 틈새시장으로 남아 있었다. 이 틈새시장이 넷플릭스 초기 사업의 주요 무대가 되었다.

PART 5에서 집중적으로 다루겠지만 넷플릭스는 파괴적 혁신을 위한 노력을 과감하고 정교하게 수행했다. 그중 몇 개의 사례는 아래와 같다.

1. VHS 카세트테이프를 DVD로 대체하고 최고의 물류 시스템 구축

넷플릭스는 비디오 콘텐츠를 담는 매체로 블록버스터가 채택했던 VHS 카세트테이프 대신에 DVD를 선택했고, 또 이를 신속하고 효율적으로 배송할 수 있는 우편 및 물류 시스템을 구축했다. 이로써 고객이 영화 대여 매장을 방문할 필요가 없게 되었다. 이 혁신은 나중에 블록버스터가 내리막길을 가는 시발점으로 작용했다.

2. 온라인으로 오프라인 매장 대체

1998년 오프라인 매장 기반의 비즈니스 형태를 벗어나, 인터넷 기반 온라인에서 비디오를 주문하고 고객을 관리하는 혁신을 취했다. 당시 블록버스터의 사업 모델인 오프라인 매장에서 비디오를 대여했던 대부분의 고객들은 온라인 대여라는 새로운 유통 프로토콜이 낯설었기 때문에 온라인에서 대여하는 것을 주저했다. 아무리 효과적인 방법이라도, 고객들의 기존의 행태와 다른 새로운 방식을 시도하는 것은 고객으로 하여금 일종의 경계심을 갖게 만든다. 우리가 전자상거래가 시작되던 초기에 온라인으로 제품을 구입할 때 품질 및 결제에 대한 막연한 두려움이 있었던 것과 마찬가지다. 그러나 점차 영화 DVD의 디지털 카피가 원본과 품질이 동일하다는 사실을 알게 된 고객은 온라인을 통한 대여에 확신을 갖게 되었다. 블록버스터, 월마트를 비롯한 경쟁사들은 6년이 지난 후 넷플릭스 비즈니스 모델을 모방해 뒤늦게 이 사업에 뛰어들었으나 기술, 물류, 운영 등의 준비가 미흡해 많은 어려움을 겪었다. 이 혁신으로 인한 임팩트가 매우 넓고 깊어서 경쟁사들은 깊은 상처를 입었다.

3. DVD를 스트리밍 서비스로 대체

넷플릭스는 1998년 DVD 사업에서 인터넷을 비디오 콘텐츠의 주문 수단으로 사용했지만, 2007년 스트리밍 사업에서는 인터넷을 비디오 스트림의 전달 수단으로 삼았다. 이 혁신은 스트리밍 서비스를 제공하기 위한 준비가 미진한 경쟁사 모두를 패닉 상태로 몰아넣었다. 나중에 OTT 서비스 및 코드 커팅으로 이어지는 이 파괴적 혁신은 비디오 엔터테인먼트 산업계를 재편하는 시발점이 되었고, 넷플릭스가 글로벌 리더로 등극하는 데 디딤돌로 작용했다.

4. 자체 콘텐츠 제작으로 스튜디오 제작사의 라이센싱 대체

엔터테인먼트 사업의 핵심인 콘텐츠의 안정적인 확보를 위해, 할리우드 스튜디오에 의존하는 관행에서 벗어나 2012년부터 넷플릭스가 자체 오리지널 프로그램을 제작하는 획기적인 혁신을 단행했다. 이 혁신으로 넷플릭스는 콘텐츠의 투자/제작과 유통/배급 체인에서 최고 실력자로 자리매김하게 되었다.

파괴적 혁신 추진의 이면에는 반드시 극복해야 할, 몸집이 크고 강한 기존 경쟁사가 길목을 지키고 있다. 그러므로 이러한 혁신에는 적지 않은 리스크가 따른다. 따라서 파괴적 혁신의 결실을 위해서는 치밀한 전략과 과감한 추진이 필수적이다.

선택과 집중, 넷플릭스의 저력이 되다

지난 20년을 되돌아 보면 AI/ML, 빅데이터, 클라우드를 비롯한 기술들이 마치 큰 파도가 밀려오듯이 숨 가쁘게 발전하고 있다. 넷플릭스는 마치 서퍼가 거친 파도를 피하지 않고 과감하게 맞서면서 위험을 즐거움으로 만들듯이 이러한 파도를 피하기보다 활용했다.

2008년 넷플릭스가 운영하고 있는 데이터센터에 문제가 생겨 사흘 동안 DVD 배송이 중단된 적이 있다. 이를 계기로 넷플릭스 경영진은 향후 데이터센터를 자체 운영하지 않고 아마존 클라우드 AWS_{Amazon Web Service}에 일임하기로 결정했다. 클라우드로의 이전은 그 후 8년이 지난 2016년에 완료했다. 이로써 넷플릭스는 비용 절약은 물론이고, 기술 도약과 기업 경쟁력 향상이라는 두 마리 토끼를 모두 잡았다. 특히 2010년부터 전 세계에 스트리밍 사업 확장을 추진하면서 클라우드의 유연한 스케일링 기능은 해외 확장에 따라 컴퓨팅 용량을 신속하게 조절할 수 있게 되어 큰 도움이 되었다.

데이터센터의 기능을 AWS로 옮긴 것은 두 가지 점에서 놀라운 결정이었다. 첫째, 2008년 당시 AWS는 출범한 지 불과 1년밖에 지나지 않은 신규 서비스였다. 따라서 안정성 측면에서 AWS를 신뢰하기 어려웠을 것이다. 하지만 넷플릭스는 핵심 역량에 집중하기 위해서 아마존을 믿고 데이터센터 기능을 모두 아마존에 맡겼다. 둘째, OTT 비디오 스트리밍 사업을 하고 있는 아마존 프라임Amazon Prime은 넷플릭스의 주요 경쟁사였다. 그럼에도 불구하고 넷플릭스는 아마존 클라우드에 비디오 사업의 모든 기업 자료를 옮겨놓았다. 국내 기업은 과연 그렇게 할 수 있을까? 기업 간에 이러한 신뢰 관계가 형성되지 않는다면 국내 클라우드 사업의 성장은 제한적일 수밖에 없을 것이다.

넷플릭스가 처음 사업을 시작했을 때는 월정 구독제가 아니었고, DVD의 판매와 대여 사업을 병행하고 있었다. 1998년 6월, 넷플릭스의 월 매출액은 9만 4,000달러를 넘어섰다. 계속해서 이렇게 진행된다면 넷플릭스 경영진이 세운 첫해 목표 중 하나인 연간 100만 달러의 매출은 무난히 달성할 것으로 보였다. 그들로서는 매우 반가운 소식이었지만 상세 매출 내역을 보면서 고민이 생겼다. DVD 판매 매출이 9만 3,000달러로 전체 매출의 거의 대부분을 차지했고, 대여 사업은 겨우 1,000달러를 벌었을 뿐이었다. 물론 DVD의 판매가는 한 장에 25달러인 반면 대여는 4달러로 가격 차가 크긴 했다.[2]

애초에 넷플릭스가 꿈꾸는 사업의 핵심 역량은 DVD '대여' 사업이었지 '판매'가 아니었다. 그런데 '판매' 수입이 전체 매출액의 99퍼센트에 달했다. 그럼에도 불구하고 넷플릭스의 공동 창업자인 리드 헤이스팅스Reed Hastings와 마크 랜돌프Marc Randolph는 논의 끝에 대부분의 매출을 책임지고 있는 DVD 판매 사업을 중단하고, DVD 대여 사업에 집중하기로 결정했다. 현재 매출의 99퍼센트를 차지하는 사업을 접는다니! 이 같은 판단과 결기에 섬뜩한 느낌마저 든다. 마크 랜돌프는 자신의 책에서 "우리는 집중해야 한다. 그것이 기업가가 지닌 비밀 무기다."라면서 "DVD 판매가 폭발적이고 대여 수익이 하락하더라도 우리는 미래에 대한 서비스를 위해 과거의 일부분(DVD 판매 사업)을 기꺼이 포기해야 한다."고 말했다.[3]

기업을 운영하는 데 있어서 단일 아이디어에 집중하는 것이 필수적이라는 굳은 믿음으로, 2000년 2월에는 DVD 단품 대여 사업을 중단하고 획기적인 월 19.99달러의 구독제로 바꾸어 여기에 집중했다. 넷플릭스라는 빙산에서 수면 아래에 잠겨 있어 겉으로는 좀처럼 보이지 않는 이러한 패기가 오늘날의 넷플릭스를 있게 한 저력이다.

한국 상륙 후 예상을 뛰어넘은 확산

2016년 1월 넷플릭스가 한국에 서비스를 시작했다. 당시만 해도 '국내에는 무료 비디오 서비스가 많아서 넷플릭스 같은 유료 서비스는 성공하기 어려울 것이다' 또는 '넷플릭스에는 로컬 콘텐츠가 많지 않아서 신규 가입자 유치가 어려울 것이다'라는 인식이 팽배했다. 특히 방송사, OTT 사업자, 엔터테인먼트 전문가들의 견해가 그랬다. 하지만 예측은 보기 좋게 빗나갔다. 넷플릭스의 깊은 속을 간과하고, 겉모양만 보고 짐작했던 것이다.

사실 한국에 진출한 넷플릭스는 초기에는 주변의 염려처럼 로컬 콘텐츠의 부족, 넷플릭스 오리지널 콘텐츠에 익숙하지 않은 국내 소비자들, 그리고 이에 더해 국내 방송 사업자와 OTT 업체의 견제로 별 성과를 내지 못했다. 하지만 이런 환경은 넷플릭스로서는 크게 놀랄 만한 일이 아니었다. 지난 2010년 이후 전 세계 190개국으로 확장하며 얻은 지식과 경험 덕분에 한국에서의 이러한 어려움을 이미 예견했기 때문이다. 세계 여러 지역에서 추진했던 전략을 참고해, 넷플릭스는 한국 상륙 2~3년 동안 국내 소비자가 비디오를 소비하는 패턴을 바꿀 수 있는 환경을 만들면서 서서히 성장하고 있었다.

현재 넷플릭스의 공격적인 월정 구독료 기반 서비스는 빠르게 변화하는 미디어 콘텐츠를 적극적으로 소비하는 한국 고객들에게 크게 어필하고 있다. 또한 다양하고 매력적인 넷플릭스 오리지널 시리즈를 오랜 시간 동안 한꺼번에 '몰아보기' 하는 넷플릭스 매니아들이 늘어나고 있다. 넷플릭스 콘텐츠가 나이에 관계없이 모든 세대의 고객을 끌어들일 수 있었던 것은 어떤 취향이라도 만족시킬 수 있는 넷플릭스 미디어 라이브러리의 다양성과 탁월한 품질 때문이다. 넷플릭스는 해외 콘텐츠뿐만 아니라, 국내 CJ ENM, JTBC 등 방송사와도 적극적으로 제휴해 해당 방송사에서 방영하는 드라마와 예능 프로그램을 제공했다. 예를 들어 〈미스터 션샤인〉, 〈알함브라 궁전의 추억〉, 〈SKY 캐슬〉 등 작품성과 화제성을 동시에 인정받은 드라마와 유재석이 MC를 맡은 예능 〈범인은 바로 너〉 등이 있다.

2018년 10월 90만 명이던 넷플릭스의 국내 유료 가입자 수는 2019년 10월 200만 명으로 증가했다. 1년에 두 배 이상 증가하며 빠른 속도로 가입자 기반을 넓혀가고 있다. 사실 하나의 계정으로 최대 4명까지 동시 접속이 가능하다는 걸 감안하면 넷플릭스의 실제 이용자 수는 500만 명에 달할 것이란 추측도 나온다.

국내에서 넷플릭스의 공격적인 행보는 한국 미디어 업계, OTT 서비스 산업계, 극장가를 뒤흔들었다. 국내 OTT 플랫폼 업체, 방송사, 통신사들은 글로벌 스트리밍 서비스의 국내 시장 확산 위협을 저지하기 위해 고심했다. 그들은 창의적인 콘텐츠와 혁신적인 서비스를 내놓지 못하면 눈높이가 높아진 고객으로부터 외면당하고 글로벌 강자들에게 시장을 내주게 될 것이라는 두려움을 가지고 있다. 국내의 개별 업체로는 글로벌 엔터테인먼트 거인에 대항하기는 역부족이라고 판단해 일부 국내 사업자들이 힘을 모아 통합 플랫폼을 출시하는 쪽으로 방향을 정하기도 했다. 이에 따라 국내 미디어 및 OTT 시장이 빠르게 재편되고 있다. 정체된 기존 생태계에 강력한 포식자가 나타나면 기존 개체들이 생존을 위해 활발하게 움직이게 된다는, 소위 '메기 효과'가 나타난 것이다. 이제 OTT 시장은 앞을 가늠하기 어려운 무한 경쟁 모드에 돌입했다.

영화의 공급 체인은 투자/제작, 유통/배급, 상영의 세 단계로 이루어지는데 넷플릭스는 이미 처음 두 단계에 깊숙이 진입해 있다. 하지만 '상영' 단계에서는 아직 많은 저항을 받고 있다. 해외뿐 아니라 국내에서도 마찬가지다. 얼마 전까지만 해도 국내 멀티플렉스 3사는 넷플릭스 작품에 대해 상영 거부 등의 배타적 자세를 견지했다. 그러나 이제는 서서히 넷플릭스를 보는 관점에 변화의 조짐이 나타나고 있다. 언젠가 넷플릭스가 극장을 인수해 영화 공급 체인의 세 번째 단계인 '상영'까지도 직접 주도하며 수직 계열을 완성하는 때가 오면 기존 극장가의 비즈니스 모델도 생존을 위해서 크게 변화될 수밖에 없을 것이다. 왜냐하면 넷플릭스가 지속적으로 주창한 극장과 OTT 스트리밍에 의한 동시 공개가 일상화되면 기존 극장은 혁신 트렌드에 맞추어 진화하지 않으면 설 자리가 사라지기 때문이다.

그럼 이제부터 넷플릭스가 걸어온 파괴적 혁신의 발자취를 따라가며 그들이 글로벌 리딩 기업으로 거듭나기 위해 추구했던 바를 살펴보도록 하자.

데이터로 보는
넷플릭스의 성장

넷플릭스의 급속한 성장은 경이로울 정도다. 특히 지난 2019년의 가입자 수 증가폭만 보더라도 2018년 대비 21퍼센트가 증가했으며, 하루 콘텐츠 소비량은 1억 4,000만 시간에 이르고, 시가 총액은 1,530억 달러의 거대 미디어 엔터테인먼트 기업이 되었다.

넷플릭스의 유료 가입자 수의 증가 추이를 보면 다음과 같다.

도표 0-1 넷플릭스 전 세계 유료 가입자(2001~2020, 단위: 만 명)

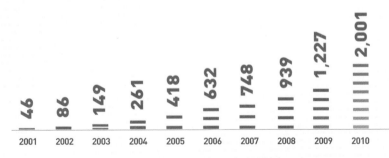

출처: https://www.statista.com/statistics/250934/quarterly-number-of-netflix-streaming-subscribers-worldwide

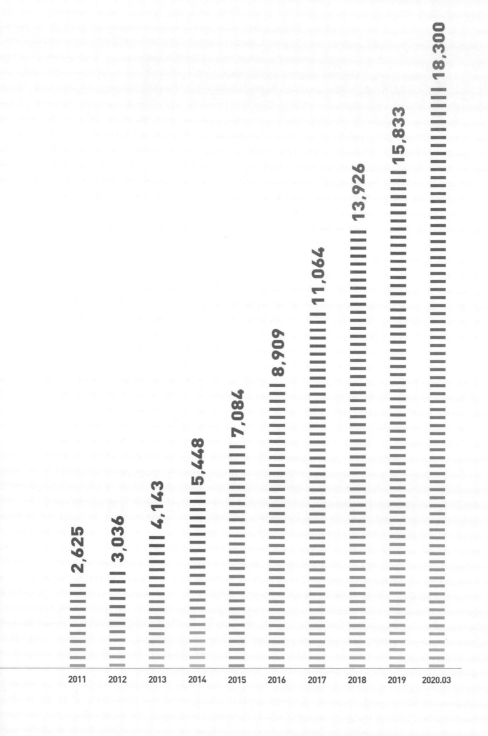

2,625 2011
3,036 2012
4,143 2013
5,448 2014
7,084 2015
8,909 2016
11,064 2017
13,926 2018
15,833 2019
18,300 2020.03

1997년 출범한 넷플릭스의 성장 단계를 요약하면 다음과 같다.[1]

1단계: 창업 및 DVD 사업 초기(1997~2001년)

1997년 리드 헤이스팅스와 마크 랜돌프가 넷플릭스를 창업했다. 1998년 온라인으로 단품 DVD를 판매 및 대여하는 사업인 단품 DVD 우편 서비스Pay-per-rental DVD-mailing를 시작했고, 1999년에는 넷플릭스의 파괴적 혁신 비즈니스 모델인 월정 구독료 기반 온라인 대여 사업인 DVD 우편 구독 서비스DVD-by-mail를 출시했다. 2000년까지의 닷컴 버블로 인한 거품 경제의 어려움을 극복함과 동시에 성공적인 온라인 DVD 대여 사업으로 Pre-IPO 시대의 터전을 닦았다.

2단계: 성공적인 기업공개 및 성장(2002~2006년)

온라인 DVD 대여 사업이 크게 성장해 2002년 나스닥에 기업을 공개 상장했다(IPO). 넷플릭스는 처음 몇 년 동안 상당한 손실을 기록한 후 2003년 2억 7,200만 달러의 매출을 거두고 창사 이후 처음으로 650만 달러의 수익을 올렸다. IPO 이후 유료 가입자 수도 2002년 86만 명에서 2006년 632만 명으로 급성장했다.

3단계: 비디오 스트리밍 사업 전개(2007~2011년)

넷플릭스의 파괴적 혁신인 스트리밍 서비스를 출시해 스트리밍 서비스 시대를 열었다. 또한 이를 통해 2010년 캐나다를 시작으로 2011년 중남미

도표 0-2 **넷플릭스의 수익 증가 추세**(2000~2010, 단위: 백만 달러)

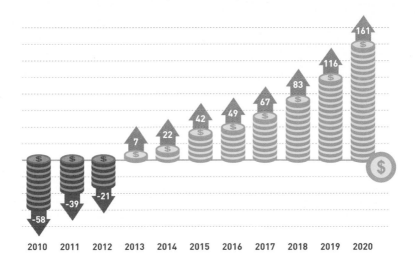

출처: https://www.slideshare.net/Reetscores/netflix-7798769

와 카리브해 국가로 글로벌 확장에 주력했다. 유료 가입자 수가 2007년 748만 명에서 2011년 2,625만 명으로 증가했다([도표 0-1] 참조).

4단계: 공격적인 글로벌 확장(2012~2016년)

이 시기는 넷플릭스가 공격적으로 글로벌 확장을 전개한 시기였다. 2012~2013년에는 영국, 아일랜드, 네델란드, 북유럽 국가들에서 스트리밍 서비스를 시작했으며, 2014년에는 유럽 6개국(오스트리아, 벨기에, 프랑스, 독일, 룩셈부르크, 스위스)에 진출했고, 2015년에는 호주, 뉴질랜드, 일본, 이탈리아, 스페인, 포르투갈에 진출했다. 2016년에는 나머지 130개국에 진출하면서 전 세계 190개국에서 스트리밍 서비스를 제공하게 되었다.

2012년에는 콘텐츠를 신속하게 전송하기 위해 넷플릭스 CDNContents Delivery Network인 오픈 커넥트를 출시했다. 또한 2013년에는 지속적인 글로벌 확장을 지원하기 위한 콘텐츠 라이선스 계약이 어려워지고, 콘텐츠 라이선스 비용이 계속 증가함에 따라 2013년 〈하우스 오브 카드〉를 시작으로 넷플릭스가 취한 파괴적 혁신인 오리지널 프로그램을 제작하기 시작했다.

5단계: 성숙기 및 치열한 경쟁 시대(2017~현재)

넷플릭스는 2017년 〈화이트 헬멧: 시리아 민방위대〉로 단편 다큐멘터리 부문에서 첫 아카데미상을 수상했다. 또한 2017년 전 세계적으로 1억 명, 2018년에 1억 2,000만 명, 2019년 말에는 1억 6,700만 명, 그리고 2020년 3월 말에는 1억 8,300만 명의 유료 가입자를 돌파했다. 이후 비디오 스트리밍 사업의 경쟁이 점점 치열해져 2019년 11월에는 디즈니사가 '디즈니+'를, 애플은 '애플TV+' 스트리밍 플랫폼을, 그리고 2020년 5월에는 AT&T가 'HBO 맥스' 스트리밍 플랫폼을 출시했다.

넷플릭스 시가 총액 그래프를 보면(도표 0-3 참조) 지난 10년 동안 넷플릭스의 시장 가치가 가파르게 성장한 것을 알 수 있다. 주식 가격과 시가 총액은 넷플릭스의 2016년 스트리밍 서비스가 전 세계 190개국

도표 0-3 **넷플릭스 시장 가치의 변화**(2006~2018, 단위: 억 달러)

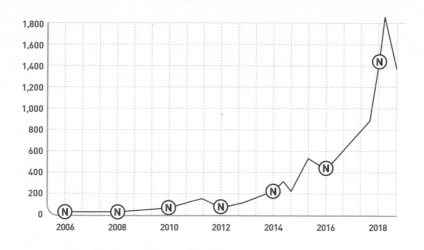

에 확산된 이후 급속도로 상승하는 추세를 보였다.

넷플릭스의 업계 위상을 알아보자. 도표 0-4를 보면 2018년 5월 기준 넷플릭스의 시가 총액은 1,519억 달러로, 경쟁사인 컴캐스트(1,452억 달러)와 디즈니(1,516억 달러)보다 앞서며 세계에서 가장 큰 미디어 회사로 자리매김하고 있다.

넷플릭스 회원은 월정 구독액을 지불해 멤버십을 유지하며 무제한으로 영화나 TV 드라마 스트리밍을 즐긴다. 서비스에 불만이 있으면 언제든지 해지할 수 있다. 이에 따라 넷플릭스는 새로운 회원 확보뿐 아니라 현재 회원의 가입 해지를 방지하기 위해서 회원들에게 최고의

도표 0-4 **넷플릭스, 디즈니, 컴캐스트와의 시장 가치 변화 추이**(단위: 억 달러)

출처: The MantleyFod/Y chart

즐거움을 제공하는 것을 기업의 최우선 목표로 삼고 있다. 구체적으로 '고객이 원하는 콘텐츠를, 원하는 디바이스에서, 원하는 시간에 서비스한다'는 것이 목표다. 이 목표를 달성하기 위해 넷플릭스는 AI, 기계학습, 빅데이터 분석 기술을 전방위적으로 활용하고 있다. 전 세계에 흩어져 있는 1억 8,300만 명 고객들의 콘텐츠 시청 행태에서 비롯된 방대한 데이터를 정교하게 분석해 '넷플릭스스러운' 액션을 취한다. 다양하고 풍부한 콘텐츠 확보, 여러 운영 체제, 플랫폼 및 디바이스 지원, 고객 취향에 기반한 정교한 추천 시스템 제공, 그리고 우수한 기업

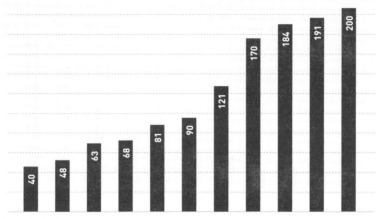

출처: 최진홍, "넷플릭스와 손잡은 CJ…국내 OTT 시장 '포화속으로'", 〈이코노믹리뷰〉(2019. 11. 22)

문화를 추구하고 있다.

　넷플릭스를 흔히 기술과 미디어의 회사라고 말한다. 틀린 말은 아니다. 하지만 이것은 멀찌감치서 넷플릭스의 겉모습만 보고 두루뭉술하게 이야기한 것이다. 속을 들여다보면 넷플릭스는 사용자 중심의 마음가짐으로, 업계 최고를 향해 쉬지 않고 추구해온 파괴적인 기술 혁신, 치열한 사고를 바탕으로 한 신속한 결정 및 협상력, 두려움 없이 전진하는 추진력으로 뭉쳐진 회사라고 말할 수 있다. 사실 어느 하나도 쉽지 않았다. 넷플릭스가 신생 기업으로서 기존의 전통적인 비즈니스 모

도표 0-6 **넷플릭스 매출액 추이**(FY 2010~2019, 단위: 억 달러)

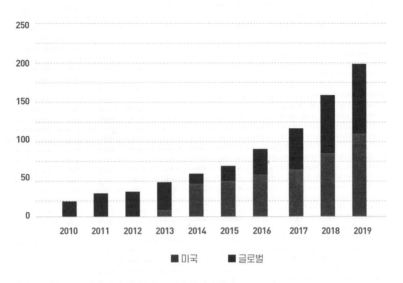

출처: https://dazeinfo.com/2019/12/04/netflix-annual-revenue-by-region-graphfarm

델을 따라했다면 체력이 강한 기존 거대 기업과 경쟁해 살아남기 어려웠을 것이다. 그래서 파괴적인 기술이나 비즈니스 모델로 틈새시장(니치 마켓)을 공략하며 업계 비즈니스의 사업 프로토콜을 획기적으로 바꾸는 전략을 구사했다.

넷플릭스의 국내 유료 가입자의 증가 추이는 41쪽의 도표 0-5와 같다. 2019년 10월 기준 200만 명으로 1년 전 81만 명보다 2.5배가량 급성장한 추세다.

한편 도표 0-6의 그래프는 미국과 글로벌 지역에서의 넷플릭스 매출액의 연간 분포를 나타낸다. 미국 매출은 DVD와 스트리밍 서비스 매출이 포함되어 있으며, 국제 수익에는 스트리밍 서비스 매출만 포함된다. 미국과 글로벌 지역의 연간 매출액은 2019년 회계 연도에 201억 5,000만 달러로 사상 최대치를 기록했다(총 순이익은 1억 6,000만 달러).

PART 01

넷플릭스,
새로운 미디어의 탄생

N

넷플릭스,
새로운 도전의 역사가 시작되다

넷플릭스는 리드 헤이스팅스와 마크 랜돌프에 의해 1997년 8월, 실리콘밸리의 스콧 밸리_{Scott Valley}에서 설립되었다. 이후 1998년 4월에 회사 웹사이트 개설과 함께 온라인 우편배달을 통해 단품 DVD 판매와 대여 사업을 시작했으나, 12월부터는 판매 사업은 중단하고 대여 사업만 유지했다.

　1999년 9월에는 월정 구독 모델을 도입해 무제한으로 DVD를 시청할 수 있도록 했으며, 2002년 IPO를 성공적으로 치렀다. 2007년에 비디오 스트리밍 서비스를 출시했고, 2010년 캐나다를 시작으로 스트리밍 서비스를 세계로 확장시켜 2020년 3월 기준 전 세계 190개국 1억 8,300만 명의 유료 가입자를 보유하고 있다. 그러나 여느 실리콘밸리의 스타트업이 그러했듯이 넷플릭스의 시작도 작고 초라했다.

넷플릭스를 만든 두 리더, 헤이스팅스와 랜돌프

리드 헤이스팅스는 매사추세츠주 보스턴에서 태어났다. 그는 보든 Bowdoin 대학교에서 수학을 전공했으며 졸업 후 1983년부터 2년간 미국 평화봉사단 소속으로 아프리카 스와질랜드의 고등학교에서 수학을 가르쳤다. 미국으로 귀국한 후 스탠포드 대학교에서 컴퓨터공학 석사 학위를 받았다.

졸업 후 헤이스팅스는 어댑티브 테크놀로지사Adaptive Technology에서 일하며 소프트웨어 디버깅 도구를 발명했다. 이후 1990년 어댑티브사의 CEO였던 오드리 맥린Audrey MacLean을 만났고 그녀에게서 '집중의 가치'를 배웠다. 그는 "두 가지 제품을 적당히 만드는 것보다 한 가지 제품을 잘 만드는 것이 낫다는 것을 그녀에게 배웠다."라고 말했다.[1] 그 영향 때문인지 헤이스팅스는 문어발식 확장보다는 하나의 사업에 주력하는 모습을 보였다. 스트리밍 사업을 출범한 후에는 수익성이 좋았던 DVD 대여 사업을 중단했고, 또한 비디오 스트리밍 사업 외에는 ESPN 같은 스포츠나 CNN 같은 뉴스 분야에 진출하는 것도 피했다. 이러한 그의 결정은 회사에 큰 이익이 되었다.

어댑티브 테크놀로지사를 그만둔 헤이스팅스는 1991년 처음으로 소프트웨어 디버깅 전문 기업인 퓨어 소프트웨어Pure Software를 창업했다. 퓨어 소프트웨어는 빠르게 성장했고, 1996년 말 아트리아 Atria라는

출처: Netflix

그림1-1 넷플릭스 CEO 리드 헤이스팅스

소프트웨어 스타트업을 인수 합병하면서 퓨어 아트리아Pure Atria를 설립했다. 그리고 그 과정에서 합병 전 아트리아에서 제품 마케팅을 담당하고 있던 마크 랜돌프를 퓨어 아트리아의 마케팅 책임자로 임명했다.

1997년 8월, 넷플릭스 창업 몇 주 전에 헤이스팅스는 퓨어 아트리아를 5억 8,500만 달러에 레이셔널 소프트웨어Rational Software에 매각해 많은 벤처 투자가들에게 부러움의 대상이 되었다. 이러한 초기 성공은 투자자들로 하여금 헤이스팅스의 능력을 신뢰하게 만들었으며, 그가 넷플릭스를 창업할 때에도 투자 유치에 큰 도움이 되었다.

넷플릭스가 초기에 이룬 성공은 경쟁사를 압도하는 우편 온라인 주문 및 효과적인 우편배달 시스템, 수준 높은 사용자 경험 인터페이스, 그리고 사용자 중심의 콘텐츠 추천 등의 덕분이다. 누가 이런 사용자 중심의 문화를 만드는 데 큰 역할을 했을까? 바로 마크 랜돌프였다. 넷

그림 1-2 넷플릭스 공동 창업자 마크 랜돌프

플릭스가 초창기에 빠른 속도로 굳건하게 기반을 잡을 수 있었던 데에는 랜돌프의 역할이 매우 컸다.

마크 랜돌프는 1981년 뉴욕의 해밀턴 대학교를 졸업하고 우편으로 음악 악보를 파는 뉴욕의 음악회사 체리레인뮤직Cherry Lane Music Company에서 사무직을 맡았다. 그는 회사의 소규모 우편 주문 운영을 담당했는데, 음악 악보 카탈로그를 우편으로 소비자에게 직접 판매하는 다양한 방법을 고안했다. 랜돌프는 맡은 업무를 통해서 고객이 무엇을 좋아하는지 고객의 관심 사항과 구매 행동을 추적하기 위해서 소프트웨어를 사용하는 것을 알게 되었다. 그는 체리레인의 우편 주문 처리 시스템을 위한 프로그램을 설계했고, 또 제품을 출시하기 전에 성공 여부를 테스트하기 위한 소프트웨어도 개발했다. 이 경험은 나중에 넷플릭스 발전에 큰 도움이 되었다.

랜돌프는 그 후 몇 개의 성공적인 스타트업을 창업했다. 그는 1984년 펠릭스 데니스Felix Denis가 설립한 애플 매킨토시 컴퓨터 사용자를 위한 〈맥유저MacUser〉라는 잡지사에서 컴퓨터 우편 주문 사업을 위한 프로그램을 작성하고, 고객에게 우편 주문 카탈로그를 발송하는 등 텔레마케팅 셋업을 도왔다.

그 후 메일을 통해서 컴퓨터 하드웨어와 소프트웨어 판매를 전문으로 하는 마이크로 웨어하우스MicroWarehouse에서 근무한 랜돌프는 익일 배송이 고객 유지에 얼마나 중요한 영향을 미치는지에 대해서 인식하게 되었다. 이 발견은 나중에 넷플릭스의 생존과 성장을 견인하는 데 결정적인 영향을 미쳤다.

또한 랜돌프는 인터넷 초창기 시대인 1988년부터 1995년까지 거대 소프트웨어 기업인 볼랜드 인터내셔널Borland International에서 소비자를 대상으로 다이렉트 마케팅 운영 시스템을 구축했다.

미디어 산업의 역사가 된 두 거인의 만남

랜돌프가 헤이스팅스를 만난 것은 1996년 말 퓨어 소프트웨어사의 CEO였던 헤이스팅스가 직원이 9명에 불과한 소프트웨어 스타트업 아트리아를 인수 합병해 '퓨어 아트리아'를 설립하면서였다. 헤이스팅스는 '아트리아'의 제품 마케팅 담당자였던 마크 랜돌프를 '퓨어 아트리아'의 마케팅 책임자로 임명했다.

1997년 8월 리드 헤이스팅스가 '퓨어 아트리아'를 '레이셔널 소프트웨어'에 매각했는데, 매각 과정이 진행되는 4개월 동안 헤이스팅스와 랜돌프는 자신들의 거주지인 캘리포니아주 산타크루즈에서 실리콘밸리까지 함께 차를 타고 출퇴근하면서 이후에 어떤 비즈니스를 창업하는 것이 좋을까에 대해서 많은 의견을 나누었다.[2, 3] 그들은 치약, 샴푸, 비디오테이프 판매 등에 대해서도 논의했다. 이를 통해 인터넷 시대에는 온라인으로 비디오를 신청하고 우편으로 배송하는 비즈니스 모델에 전망이 있다고 생각했다. 넷플릭스는 이렇게 싹을 틔우게 되었다. 넷플릭스가 1998년 4월 출범했고 당시 헤이스팅스는 스탠포드 대학교에 머물고 있었으므로 랜돌프가 넷플릭스의 초대 CEO를 맡았다 (1999년 헤이스팅스가 CEO가 됨).

랜돌프는 넷플릭스 설립 초기에 우편 배송을 하는 온라인 대여 업계에서 경쟁 우위를 차지하는 데 필요한 여러 아이디어를 제공했다. 랜돌프는 이전 근무처에서의 경험을 활용해 웹페이지 화면의 사용자 인터페이스를 콘텐츠의 온라인 카탈로그와 시장 조사 플랫폼으로 사용할 수 있도록 디자인했다. 이와 같은 인터페이스 디자인으로, 다양한 버전의 넷플릭스 웹페이지에 대한 사용자들의 반응을 지속적으로 테스트해 사용자 경험을 극대화할 수 있도록 했다. 이러한 시장 테스트에 의해 생성된 데이터는 1999년 넷플릭스가 성공적인 온라인 DVD 대여 사업의 기반이 되는 아래의 세 가지 개념을 정립하는 데 유용하게 활용되었다.[4]

- 만기일이나 연체료가 없는 구독 요금제 및 콘텐츠의 무제한 액세스 기반 서비스.

- 가입자가 시청하기 원하는 콘텐츠로 대여 희망 목록(Queue)을 만들어 DVD의 우편 발송 순서를 지정할 수 있도록 한 시스템.
- 이전에 대여했던 DVD가 반환되면 즉시 대여 희망 목록에 적시된 순서대로 DVD를 발송하는 자동 배송 시스템.

이러한 서비스를 통해 사용자 인터페이스를 이용해 수집한 가입자 데이터는 2000년 출시된 콘텐츠 추천 엔진 '시네매치Cinematch'에 공급되어 가입자들의 취향에 맞는 콘텐츠를 제공하는 데 큰 기여를 했다.

2002년 넷플릭스가 성공적으로 상장된 후, 랜돌프는 자신의 지식과 기술이 성숙된 기업의 경영보다는 도전과 창의성이 요구되는 스타트업에 더 적합하다고 생각해 2003년 넷플릭스를 떠났다. 거슬러 올라가보면 헤이스팅스가 랜돌프를 만난 것은 행운이었다. 하지만 랜돌프를 발탁하고 그와 소통하며 시대를 앞서가는 획기적인 아이디어로 공동 창업을 하고, 그에게 기술 기반 마케팅 전략을 맡겼던 헤이스팅스의 혜안 또한 참으로 대단하다.

N

진화하는 인터넷,
미디어 시장의 판도를 바꾸다

1990년에는 미국을 중심으로 새로운 기술들이 개발되어 이를 비즈니스에 적용하고자 하는 움직임이 무척 활발했다. 그중 인터넷이 정점에 있었다. 1991년은 우리 모두가 사용하고 있는 월드와이드웹World Wide Web 서비스가 탄생한 인터넷의 원년이다. 뒤이어 인터넷 세계를 탐험하기 위한 웹 브라우저가 개발되었으며, 1993년에는 문자 정보만 표시할 수 있는 초기 웹 브라우저에 이어 그래픽 데이터를 표시할 수 있는 '모자이크Mosaic' 웹 브라우저가 출시되었다. 그리고 이듬해인 1994년에는 모자이크의 개발자이기도 한 마크 앤드리슨Marc Andreessen 이 이미지나 동영상, 음성 등의 멀티미디어 콘텐츠 재생 기능을 가진 '넷스케이프Netscape' 웹 브라우저를 개발해 웹의 상용화 가능성을 앞당

기며 폭발적인 인기를 끌었다. 1995년에는 마이크로소프트가 '인터넷 익스플로러Internet Explorer' 웹 브라우저를 출시했으나 한동안 넷스케이프의 경쟁 상대가 되지 못했다. 그러나 웹 브라우저 전쟁은 1998년 마이크로소프트가 '윈도우 98'을 출시하면서 급속도로 인터넷 익스플로러 쪽으로 기울었다.

이와 같이 1990년대는 인터넷이 성장하고 무르익는 시기였다. 이에 발맞추어 인터넷 관련 사업이 많은 주목을 받기 시작했다. 특히 인터넷을 이용한 온라인 도서 판매에서 대혁신을 이룬 아마존이 1997년에 성공적인 IPO를 이루며, 전년 대비 900퍼센트 신장한 1억 4,000만 달러의 매출을 기록했다. 인터넷 기업의 이러한 고무적인 움직임으로 인해 그 무렵 실리콘밸리와 직간접으로 관련 있는 사람들은 인터넷을 활용한 온라인 비즈니스에 많은 관심을 보였다. 1997년 8월에 넷플릭스를 설립한 리드 헤이스팅스와 마크 랜돌프도 예외가 아니었다.

열악한 환경에서 시작된 사업

1990년대까지만 해도 영화는 JVC가 개발해 1977년부터 사용해온 VHS 카세트테이프에 저장되어 매장에서 유통되고 있었다. 우편배달은 비현실적이었다. 한 개의 비용이 65~80달러의 고가에, 부피가 크고 파손 위험이 있는 VHS 카세트를 우편으로 발송하는 것은 가격도 비싼 데다가 비효율적이었기 때문이다.

비디오 콘텐츠를 디지털 포맷으로 가장 먼저 저장한 매체는 1993년

출처: Toby Hudson@Wikimedia Commons

그림 1-3 VHS 카세트테이프

부터 상용화된 VCDVideo Compact Disc였다. VCD는 동영상이 저장된 CD로 주로 PC에서 재생되었다. VCD는 중국에서 크게 히트했기에, VCD나 VCD 플레이어는 대개 중국산으로 불법 복제 문제가 심각했다. 또한 CD의 최대 저장 용량이 700메가바이트로 저장 가능한 영상 시간이 75~80분가량에 불과해 대부분의 영화들은 두 장의 CD로 제작돼야 했으며, 화질이나 음질도 VHS와 큰 차별점이 없어 영화 중간에 CD를 교체해야 하는 불편함만 더한 셈이었다. 이러한 이유로 VCD는 VHS 카세트의 대체 매체가 되지 못했다.

VCD의 적은 저장 용량으로 인한 불편함은 VCD의 약 여섯 배의 용량인 4.7기가바이트를 저장할 수 있는 DVD의 출현으로 해소됐고, 이후 VCD는 서서히 사라졌다. 1995년 DVD 포맷이 통일되어 1996년부터 미국에서 VHS 카세트의 차세대 저장 매체로 자리매김한 DVD 영화와 DVD 플레이어가 본격적으로 출시됐다.[5]

도표 1-1 VCD, DVD 등 디지털 저장 매체의 발전사

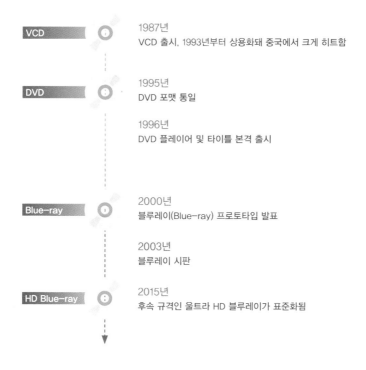

VCD
1987년
VCD 출시, 1993년부터 상용화돼 중국에서 크게 히트함

DVD
1995년
DVD 포맷 통일

1996년
DVD 플레이어 및 타이틀 본격 출시

Blue-ray
2000년
블루레이(Blue-ray) 프로토타입 발표

2003년
블루레이 시판

HD Blue-ray
2015년
후속 규격인 울트라 HD 블루레이가 표준화됨

출처: "한국콘텐츠 해외진출 확대를 위한 글로벌 플랫폼 조사 연구(KOCCA 18-32)" (한국콘텐츠진흥원, 2018)

넷플릭스가 태동하던 당시에는 영화 스튜디오가 이제 막 DVD 영화를 출시한 상태이므로 비디오 대여 매장에는 DVD 영화 타이틀이 많지 않았다. 그뿐만 아니라 DVD 플레이어 가격이 1,000달러 전후로 매우 비싼 편이었다. 이런 이유로 넷플릭스가 온라인 DVD 사업을 시작한 이듬해인 1999년에 미국 가구 중 DVD 플레이어를 소유한 가구는 7퍼센트 미만이었으며 대다수인 89퍼센트의 가구가 VCR플레이

도표 1-2 미국 가정의 인터넷 보급률(1997~2017)

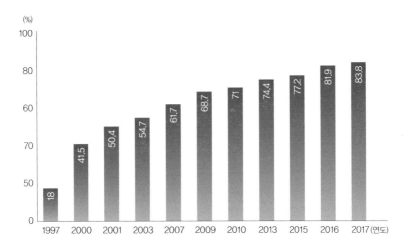

출처: US Census Bureau

어를 소유하고 있었다.[6]

　그뿐만 아니라 인터넷 상황도 열악했다. 도표 1-2에서 보는 바와 같이 1997년 기준, 미국에서 인터넷을 사용하는 가구의 비율은 18퍼센트에 불과했다. 게다가 전화 모뎀으로 접속했기 때문에 속도가 느리고 자주 끊기는 등 네트워크 품질이 낮아 인터넷 사업을 하기에는 많이 부족했다.

비디오 대여 업계의 거인, 블록버스터의 침몰

1980년대에 홈 비디오 시스템이 널리 보급되었을 때, 영화 팬들은 방송이나 케이블TV 시간표에 의존하지 않고 자신들이 좋아하는 영화를 편한 시간에 집에서 즐겁게 보고 싶어 했다. 반대로 할리우드 영화 스튜디오는 영화를 극장에서 상영하는 것뿐만 아니라, 창고에 쌓여 있는 지난 영화들을 새로운 관객들에게 보여주기를 원했다. 그래서 남녀를 짝지어주는 결혼 중매 업체처럼, 영화를 집에서 편안히 보기 원하는 소비자와 영화 스튜디오의 비즈니스 욕구를 연결하기 위한 양자 거래 마켓_{Two-sided Market}이 필요했다. 즉, 영화 팬들의 늘어나는 비디오 대여 수요와 영화사의 비즈니스 기회를 동시에 충족시켜줄 중개소가 필요했다. 이러한 필요를 바탕으로 1980~1990년대에는 소매 비디오 대여점이 우후죽순처럼 생겨났다. 대표적인 업체가 1985년 미국 텍사스주의 댈러스에서 설립된 블록버스터다.

소비자는 블록버스터의 비디오 대여점을 방문해 비디오 한 편을 3일 대여하는 데 4.99달러를 지불했다. 사흘이 지나면 하루마다 0.99달러의 연체료가 부과되었다. 1995년이 되자 미국 내 블록버스터 체인점은 4,500개가 넘었다. 24억 달러의 매출을 올렸고, 그중 30퍼센트가 넘는 7억 8,500만 달러의 이익을 냈다. 2004년 블록버스터가 최정점이었을 때, 미국의 4,500개 대여점을 포함해 전 세계적으로 블록버스터 대여점이 총 9,000여 개나 되었다. 6만 명의 직원이 있었고 59억 달러의 매출을 기록했다. 그런데 흥미로운 점은 이 이익의 상당 부분은 제품 판매와 추가 인건비를 필요로 하지 않는 연체료에서 나왔다는 사실이다. 예를 들면, 2000년에는 연체료 수입이 8억 달러로 전체 매출의 16퍼센트를 차지했다.[7] 영업 활동이 아닌 벌금이 수익의 큰 부분을 차지한 것이다. 이것은 고객들에게 큰 불만 요소가 되었다.

출처: Stu pendousmat@Wikimedia Commons

그림 1-4 캐나다 멍크턴에 위치한 블록버스터 대여 매장

출처: Jon Konrath@Wikimedia

그림 1-5 오클랜드의 블록버스터 매장에 진열된 DVD들

늦은 밤까지 VHS 플레이어로 영화를 즐긴 소비자는 다음 날 비디오테이프를 반납하기 위해 비디오 가게를 방문해야만 했다. 헤이스팅스를 제외한 어느 누구도 이러한 사용자의 불편함을 제거하는 것이 비디오 마켓의 파괴적 혁신이 될 것이라는 것을 깨닫지 못하고 있었다.

리드 헤이스팅스는 블록버스터 대여 매장에서 VHS로 된 영화 〈아폴로 13〉을 빌렸는데 그 테이프를 반납하는 것을 잊었고 나중에 깨달았을 때는 40달러의 연체료가 발생했다. 그는 연체료에 대해 당황했고 아내에게조차 말하기 어려웠다고 한다. 이 40달러의 연체료에 대한 이야기는 여러 매체에 소개되었다. 이 스토리에 대해 넷플릭스의 공동 설립자인 마크 랜돌프는 회사가 설립된 지 몇 년이 지났을 무렵 넷플릭스가 자사의 서비스가 경쟁사와 다른 점을, 예를 들면 반납 만기일과 연체료 제도 등을 고객에게 설명하기 위해 꾸며낸 스토리라고 언급했다.[8]

블록버스터는 매우 경직되고 관료적인 기업 문화로 인해 여러 곳에서 들려오는 경고음을 제대로 감지하지 못했다. 블록버스터의 경영진은 고객의 목소리에 둔감했고 내부에서 올라오는 문제제기를 애써 묵살했다. 넷플릭스가 추진하는 온라인 우편 주문 서비스, 스트리밍 서비스 등의 새롭고 파괴적 혁신 드라이브에 대한 이해가 부족해 즉흥적이고 임시방편적 대응책으로 갈팡질팡했다. 그리고 결정적으로 블록버스터는 경영진의 웹 및 새로운 기술에 대한 이해 부족과 리더십 부족으로 서서히 침몰하기 시작했다. 블록버스터는 2000년대에 수입이 줄어들기 시작했고 2010년에 파산 보호를 신청했다. 그다음 해인

출처: Dwight Burdette@Wikimedia Commons

그림 1-6 폐점 중인 블록버스터 체인점

2011년에는 1,700개 매장을 위성 텔레비전 기업인 '디시 네트워크Dish Network'에 넘겼으며, 2014년 초 마지막 300개의 회사 소유 직영 대여점도 문을 닫았다.

회원들을 사로잡은 신속한 배송 전략

우편배달을 기반으로 DVD 사업을 하기 위해서는 배송의 안전성과 신속성이라는 숙제를 먼저 해결해야 했다. 헤이스팅스와 랜돌프는 배송이 사업의 성패를 좌우한다고 판단해 물류의 혁신을 추진했다. 배송의 문제는 자칫 지엽적인 문제로 보일 수 있으나 성공적인 우편 기반 DVD 사업을 위해서는 가장 중요한 선결 과제였다.

안전한 DVD 배송을 위해서는 견고한 봉투 제작이 필수였다. 넷플릭스 배송 서비스 초기에는 우편 봉투가 견고하지 못해 배송 중 파손된 DVD가 많이 생겨, 새로운 DVD로 대체하는 데 많은 비용이 들었다. 넷플릭스는 이 문제를 해결하기 위해 끊임없이 노력했고, 결국 많은 연구와 테스트 끝에 가볍지만 견고하며, 반송용 기능까지 포함된 DVD 우편 봉투를 만드는 데 성공했다.

안정성이 확보되자 다음 문제는 신속성이 되었다. 신속한 우편배달을 위해서 필요한 것은 효율적인 배송 및 반환 시스템과, 당일 처리와 익일 배송을 가능하게 할 50개의 물류센터를 북미 전역에 구축하는 것이었다. 이들은 회사의 남은 역량을 모두 쏟아부어 물류센터 구축에 공을 들였으며 이로 인해 배송 시간이 획기적으로 짧아졌다. 이후 넷플릭스 가입자의 90퍼센트가 넷플릭스에서 DVD를 출고한 다음 날 제품을 받을 수 있게 되었다.

넷플릭스 외부 시스템이지만 우체국 배송 시스템도 무척이나 중요하다. 우체국 배송 시스템을 제대로 활용하기 위해서는 우체국 물류를 철저하게 이해할 필요가 있었다. 넷플릭스 팀은 우체국 물류 시스템의 이해에 많은 시간을 보냈고 우체국 직원들과도 좋은 파트너십을 유지했다. 우체국 직원들과 함께 DVD를 손상 없이 신속하게 배달할 수 있는 경제적이고 효과적인 방법도 고안했다. 보통 넷플릭스에서 DVD를 대여하면 빨간색 봉투에 담아 우편으로 발송한다. 이 봉투는 DVD 반납 겸용 봉투다. 넷플릭스는 DVD 배송물을 지역별로 분류된 27개의 가방에 미리 담아 우체국 화물 운송장으로 직접 가져다주었다. 이렇게 함으로써 분류기를 거치지 않고 바로 배달이 가능해져 배달 비용과 시간을 대폭 줄일 수 있었다. 이 방법은 또한 봉투가 우편 분류기를 거치면서 찢어지는 것을 방지해 배송 중 DVD의 파손까지도 피할 수 있게 되었다.[9]

고객이 비디오를 시청한 후 반환하려면 DVD를 배송받았던 봉투에 다시 넣어서 근처 아무 우체통에나 넣으면 된다. 우체국과의 사전 협정에 의해, 우체국은 봉투를 가장 가까운 넷플릭스 물류센터로 보내준다. 이곳에 반납 비디오가 도착하면 자동화 시스템이 바코드를 읽어 도착했다는 것을 인식하고 고객에게 확인 이메일을 보낸다. 그리고 바로 고객의 대여 희망 목록에 있는 비디오를 찾아서 재배송한다. 넷플릭스는 우체국과 협상을 통해서 배송료를 낮추어 비용을 절감하는 한편 배송 속도를 높여 사용자 만족을 극대화했다.

사업 초기에 넷플릭스는 익일 배송을 했던 산호세 지역에서 신규 가입자 비율이 증가하는 것을 보고, 신속한 배송이 가입자 증가를 위해 중요한 요소라는 것을 확인했다. 고객들은 주문한 다음 날 DVD를 받는 것에 대해 놀랍게 생각했고, 이런 평가가 입소문을 타고 전해져 가입자의 증가로 이어졌다.[10]

최초의 DVD 판매 및 대여 사업 시작

1998년 넷플릭스가 온라인 DVD 사업을 시작할 무렵 홈 비디오 마켓의 매체는 VHS 비디오 카세트테이프가 주류였다. 수천 개의 비디오 대여 매장을 운영하고 있는 공룡 기업 블록버스터가 비디오 마켓을 장악하고 있었다. 고객이 매장에 가서 비디오테이프를 빌려 시청하고 난 후 다시 매장에 반납하러 가는 것은 무척이나 귀찮은 일이었다. 특히 비디오를 많이 빌려 보는 주말에는 더욱 그렇다.

헤이스팅스는 영화 대여 사업에서 우편배달 시스템의 도움을 받는 아이디어를 조사하기 시작했다. 그는 DVD에 대해 몰랐지만 그의 친구가 DVD의 시대가 오고 있다고 귀띔해주었다. 그는 테스트 목적으로 캘리포니아주 산타크루즈에 위치한 타워 레코드Tower Records에서 CD를 사서 이를 봉투에 담아 우편으로 보냈다. 우편물이 그의 집에 도착할 때까지 24시간이 걸렸으며, CD의 상태도 괜찮았다. 그리하여 넷플릭스는 DVD 매체를 사업의 시발점으로 삼았다.

앞에서도 언급했듯이, 넷플릭스가 인터넷을 통해 DVD 사업을 시작할 무렵 시장의 상황은 넷플릭스의 편이 아니었다. 고객들의 인터넷 활용률이 20퍼센트에도 미치지 못할 뿐 아니라 DVD 플레이어를 보유한 가정도 10퍼센트를 넘기지 못했다. 상식적인 시각으로 보면 이러한 환경에서 온라인 DVD 대여 비즈니스를 시작한다는 것은 무모한 결정이라고 할 수 있다. 하지만 헤이스팅스는 기술에 대한 탁월한 감각과 함께 '트렌드'를 읽는 선견력으로 미래 틈새시장을 바라보았다.

헤이스팅스의 생각은 시대를 훨씬 앞서가는 획기적인 것이었다. 그가 성공의 중요 지표로 삼은 것은 인터넷을 활용한 온라인 비즈니스를 통해 많은 구독자를 확보하는 것이었다. 다만 DVD 대여를 초기 비즈니스 모델로 삼은 것이었다. 헤이스팅스가 홈 비디오 사업에서 VHS 대신 DVD를 선택한 이유는 VHS 카세트테이프가 매우 비싸고 부피가 커서 우편을 통한 배달은 무리라고 판단했기 때문이다. 당시 새로

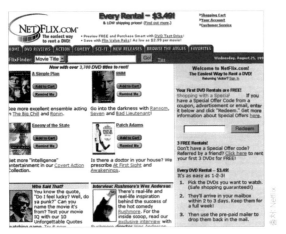

그림 1-7 1999년 8월 당시의 넷플릭스의 웹사이트

나온 DVD는 사이즈가 작고 얇은 디스크형으로 가벼워서 우편을 통한 전달이 충분히 가능했다. 헤이스팅스는 바로 이것에 착안을 했다. 다행하게도 DVD 플레이어의 가격이 계속 하락함에 따라 이를 소유하고 있는 가구 수도 늘어가고 있었다(2006년에는 미국 가정의 81퍼센트가 DVD 플레이어를 소유하고 있었다).

리드 헤이스팅스는 1998년 4월 웹사이트 오픈과 함께 산호세 DVD 물류센터를 오픈하고 단품 DVD를 판매 및 대여하는 단품 DVD 우편 서비스 사업을 시작했다(다음 해인 1999년에 DVD 판매 사업은 접고 월정 구독액 기반으로 DVD를 대여하는 사업으로 비즈니스 모델을 변경했다).

블록버스터와 유사한 비디오 대여점 개념이었고 다만 DVD를 우편으로 배송한다는 점만 달랐다. 고객은 넷플릭스 웹사이트에서 온라인으로 영화를 대여할 수 있었다. 영화 한 편의 대여료가 4달러, 우편료 2달러였다. DVD 두 장 이상 대여하면 한 편 대여료가 3달러, 우편료가 1달러로 할인 가격을 적용했다. 고객이 원하면 판매도 했다.

그림 1-7은 1999년 8월 당시의 넷플릭스 웹사이트다. 흥미로운 점은 이 당시 넷플릭스의 웹사이트에서는 아직 이 회사의 상징 색깔이 빨간색으로 정착되지 않았음을 보여주고 있다. 그리고 'Net'과 'Flix'를 두 개의 분리된 실체로서 강조했고 이름은 'NetFlix'라고 브랜딩되었다. 그리고 왼쪽 상단에 있는'FlixFinder' 박스가 영화 검색 기능이었다.[11]

월정 구독제로 새로운 시장을 개척하다

넷플릭스가 초기에 채택한 첫 번째 비즈니스 모델은 우편배달을 기반으로 대여하는 것이었지만 구독 기반이 아니라 단품 DVD를 대여하고 과금한다는 점에서 블록버스터의 서비스와 유사했다. 이 비즈니스 모델로는 넷플릭스가 이익을 내기 어려웠다. 재정 건전성을 위해서는 근본적으로 다른 비즈니스 모델을 모색해야 했다. 헤이스팅스는 헬스클럽에서 운동하는 동안 헬스클럽이 일반적으로 채택하고 있는 월정액 요금제를 비디오 대여 사업에도 적용할 수 있을지 생각했다.

블록버스터와 소매 비디오 대여점들이 기존 사업 모델로 비디오 대여 사업을 운영하는 동안, 1990년대 중반에 발생한 인터넷과 IT 기술 혁신으로 인해서 전에는 구현하기 어려웠던 사업 모델이 점차 가시권 안에 들어오게 되었다. 특히 인터넷에 대한 접근성 증가와 네트워크 품질 개선은 새로운 비즈니스 기회를 제공했다. 아마존과 넷플릭스 같

그림 1-8 넷플릭스의 DVD 우편 구독 서비스 서비스 관련 웹 화면

은 회사들은 전통적인 비디오 매장이 미처 생각하지 못했거나 엄두조
차 내지 못했던 틈새시장을 채워나갔다.

넷플릭스는 파괴적 혁신으로 이제까지 고객과 비디오 사업자들이
목말라하던 틈새시장을 공략하기 위해 1999년 9월 기존의 단품 DVD
기반 우편 대여 서비스 사업을 접고 월정 구독액 기반의 'DVD 우편
구독 서비스'라는 온라인 대여 사업을 시작했다. 사실 헤이스팅스는 구
독 요금제가 성공하리라고 확신하지 못했다. 그러나 무료 평가판으로
구독제 사업을 시작했는데 무료 고객의 80퍼센트가 유료로 전환하는
아주 성공적인 전환율 결과가 나왔다.[12]

고객들은 이제 자신이 좋아하는 영화를 온라인으로 주문하고 우편
으로 수신한 후 편리하게 다시 보낼 수 있게 되었다. 넷플릭스는 한 번
에 최대 세 개의 DVD를 보내주었으며, 넷플릭스 회원은 매달 영화를

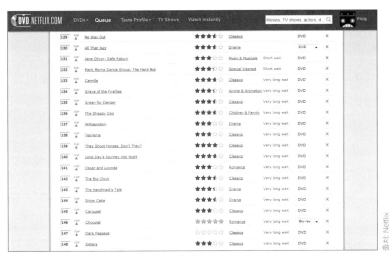

출처: Netflix

그림 1–9 넷플릭스의 비디오 '대여 희망 목록'인 '큐' 스크린

무제한으로 볼 수 있다. 그러나 고객이 시청한 DVD가 반송되어야 새로운 DVD를 보내주기 때문에, 현실적으로 '무제한'의 의미는 고객 주거지와 넷플릭스의 물류센터 사이의 배송 시간에 의해 제한되었다.

고객이 PC에서 넷플릭스 웹사이트에 접속한 후, 온라인 비디오 대여 목록에서 시청을 원하는 DVD 비디오를 선택해 이를 온라인 사이트의 쇼핑 장바구니와 유사한 '대여 희망 목록'에 입력한다. 넷플릭스는 각 고객의 대여 희망 목록에 나타나는 선호도의 순서대로 비디오 DVD를 보낸다. 고객은 언제든지 대여 희망 목록 순서를 변경하거나 제목을 추가 혹은 제거할 수 있다. 대여 희망 목록의 첫 번째 비디오가 없는 경우에는 대여가 가능한 다음 비디오를 대신 보낸다.

어떤 고객들은 그들의 대여 희망 목록을 단지 몇 개의 비디오로 채우는 반면, 어떤 고객들은 자신의 대여 희망 목록에 수백 개의 영화를 넣어두었다. 고객이 원하는 비디오가 확보되면 넷플릭스가 그 DVD를 발송한다. 비디오를 본 후 반납하기 위해서는 넷플릭스가 동봉한 원래의 빨간 반송용 봉투에 DVD를 담아 우편으로 부치기만 하면 된다. 넷플릭스가 DVD를 받으면 확인 이메일을 보내주고, 하루 내에 고객의 대여 희망 목록에 있는 다음 비디오를 보내준다.

구독제 출시 한 달 안에 넷플릭스 고객의 80퍼센트가 월정액제로 전환했다. 넷플릭스가 성공한 큰 요인의 하나는, 블록버스터를 비롯한 전통적인 비디오 대여점과는 달리 대여 만기일과 연체료가 없다는 것이었다. 따라서 고객은 보고 있는 DVD를 원하는 만큼 오래 간직할 수 있게 되었다.

고객 중심 웹사이트와 고성능 검색 시스템

넷플릭스는 다방면에서 고객이 원하는 바를 철저히 분석하고 이를 구현하기 위해 모든 면에서 최고를 지향하며 지속적으로 노력해왔다. 가장 먼저 시선을 돌린 분야가 고객이 넷플릭스를 처음 접하는 웹사이트였고, 고객이 필요한 비디오를 신속 정확하게 찾도록 도와주는 검색 기능이었다.

온라인 기업에서 웹사이트는 고객이 기업을 대하는 첫 번째 얼굴이다. 따라서 온라인 기업의 경쟁력을 좌우하는 것 중의 하나는 우수한 웹사이트다. 넷플릭스는 웹사이트를 고객 친화적으로 만들었다. 고객은 장르, 제목, 배우 등을 포함한 다양한 키워드로 영화를 검색할 수 있다. 그리고 영화를 섬네일로 보여줌으로써 고객이 영화를 주제별로 살펴볼 수 있게 했다. 또한 영화 아이콘 위에 마우스 포인터를 위치시키면 자세한 영화 정보가 뜨도록 디자인했다. 고객은 자신이 원하는 영화를, 마치 온라인 스토어의 장바구니처럼, 자신의 대여 희망 목록에 넣어놓을 수 있다. 이렇게 함으로써 고객이 비디오를 반환하는 즉시 대여 희망 목록의 상단에 위치한 비디오 타이틀이 자동적으로 배달되도록 시스템을 운영했다.

넷플릭스에는 다양한 취향의 회원들이 있다. 신작뿐만 아니라 오래된 영화를 찾는 회원도 상당수 있고, 남들이 잘 찾지 않는 희귀한 영화를 원하는 고객도 있다. 이러한 고객의 다양한 요구를 충족하기 위해 넷플릭스는 신작 영화뿐 아니라 오래된 영화, 혹은 고객이 잘 찾지 않는 영화도 적극적으로 확보해 물류센터에 보유하고 있었다. 블록버스터를 비롯한 일반 비디오 대여점들은 대략 신작 보유 비율이 70퍼센트에 이르지만, 넷플릭스는 오래 전에 제작된 영화가 70퍼센트 정도였다. 이러한 정책 때문에 신작뿐 아니라 오래된 영화를 찾는 영화 애호가들이 넷플릭스의 회원이 되는 경우가 많았다. 또 시장에서 비싸게 주고 매입해야 하는 신작이나 인기작이 아닌 롱테일(오래되었거나 혹은 비인기 비디오)의 끄트머리에 위치한 비디오를 소화함으로써 재정적으로도 많은 도움이 되었다. 고객의 소리를 경청하고 서비스와 관련된 모든 부문의 품질을 업계 최고로 유지하려는 고객 중심 경영으로 넷플릭스의 가입자는 날로 증가했다.

열악한 환경이 변화하기 시작하다

1998년 당시 '블록버스터' 및 '무비 갤러리' 등이 주도했던 대여 매장
을 통한 비디오 대여 사업은 매장 임대료와 비디오테이프 재고 비용
이 많이 들었다. 거인 기업인 블록버스터의 방식을 스타트업인 넷플
릭스가 그대로 따라하며 시장에 뛰어들 수는 없었다. 대신에 넷플릭
스는 어떻게 하면 비디오 대여를 위해 매장을 찾는 블록버스터 고객
을 처음에는 좀 낯설지만 아주 편리한 인터넷 매장으로 끌어들일 수
있을까에 대해서 고민했다.[13]

　1998년 당시 블록버스터는 VHS 카세트테이프만 취급했다. 1998년
말에 가용한 DVD 영화는 500편에 불과해 고객이 원하는 영화는 거
의 없었다. 블록버스터 입장에서는 새로운 미디어 포맷인 DVD의 도
입은 현재 잘 나가고 있는 VHS 대여 비즈니스를 위협하고 시장을 혼
란시킬 가능성이 있었기에 DVD 시장을 애써 외면했다. 이러한 블록
버스터의 결정은 미래를 생각하기보다는 기존의 시장에서 나오는 쉬
운 열매만 따겠다는 태도에서 비롯된 것이었다. 그 결과 넷플릭스는 사
업 시작과 동시에, 비록 작기는 하지만 DVD 시장을 독점할 수 있었다.

　넷플릭스는 DVD 판매에 있어서 월마트나 블록버스터와 같은 대
형 사업자와 가격으로 경쟁하는 것은 어렵다고 판단해 1999년 말에
DVD 판매 사업은 접기로 결정했다. 그뿐만 아니라, 단품 DVD 우편
서비스는 기본적으로 이익을 내기 어렵다고 판단해 재정 건전성을 위
해 월정 구독료 모델로 전환했다. DVD 대여 횟수에 제한을 두지 않고
고객이 원하는 기간만큼 빌려서 볼 수 있도록 한 것이다.

넷플릭스가 온라인 DVD 우편 구독 서비스 사업을 시작했다는 소식에 많은 사람들이 고개를 갸우뚱하며 의아한 눈초리로 쳐다보았다. 이 사업을 위한 다음 세 가지의 기본 전제 조건들이 모두 선뜻 이해가 되지 않았기 때문이다.

❶ 온라인 사업은 탄탄한 인터넷 인프라를 기본 전제로 한다.
❷ DVD 관련한 환경, 즉 DVD 영화 타이틀이 풍부해야 하며 또 이를 재생
   할 DVD 플레이어가 많이 보급되어 있어야 한다.
❸ 비디오 대여 시장은 이미 강력한 경쟁자들이 장악하고 있다.

그러나 대부분의 부정적인 예상과는 달리, 당시의 열악했던 인터넷 인프라와 DVD 환경은 빠른 속도로 개선되었다. 2001년에는 미국 가구의 50퍼센트가 인터넷 접속을 할 뿐 아니라 인터넷 속도 역시 점차 빨라지고 있었다. 또한 DVD 플레이어의 수요가 증가함에 따라 가격이 빠른 속도로 내려가 1,000달러에 달하던 DVD 플레이어 가격이 1998년 4월에는 평균 580달러로 떨어졌으며, DVD 플레이어가 VHS 카세트 플레이어보다 더 많이 팔리기 시작했다. 영화사들도 DVD라는 새로운 미디어 포맷을 긍정적으로 평가해 매월 100편 정도의 영화를 DVD로 출시해 1998년 8월경에는 1,500편의 DVD 영화가 출시되었다. 결국 2006년에는 미국 가정의 81퍼센트가 DVD 플레이어를 소유하게 되었다.

2003년 6월에 발표한 넷플릭스 연례 보고서에 따르면, 2003년은 넷플릭스가 창업 후 처음으로 흑자를 거둔 해였다. 1만 8,000개의 DVD

영화를 확보했으며, 2002년 대비 74퍼센트 증가한 148만 명의 회원을 보유하게 되었다. 그뿐만 아니라 50여 개의 영화 스튜디오 또는 배급사와 선 지불 구매가 아닌 수익 배분 계약에 의해서 DVD 영화를 확보할 수 있게 되었다. 무엇보다도 95퍼센트의 고객 만족도와 충성도가 말해주듯 업계 리더로서의 성장 기세를 이어갔다.[14] 시간이 흐름에 따라 넷플릭스의 내부 환경도 많이 나아졌다. 넷플릭스는 급속한 성장을 거듭해 2002년 5월에 성공적으로 IPO를 치르고, 주당 15달러에 550만 주를 발행해 8,200만 달러의 자금을 조달할 수 있게 되었다.

그러나 정말 어려운 것은 신생 기업인 넷플릭스가 미디어 엔터테인먼트 시장에서 성장하기 위해서는 피할 수 없는 기존 거대 기업과의 경쟁이었다.

N

피할 수 없는
거대 기업과의 정면승부

2002년 넷플릭스의 IPO는 성공했으나, 다른 한편으로는 블록버스터와 같은 기존 거대 기업들이 비로소 깨닫게 된 넷플릭스의 파괴적 혁신 전략과 내실 있는 발전에 상당한 경계심을 갖게 만드는 계기가 되었다. 이때부터 기존의 대기업들은 넷플릭스에 대항하는 전략을 구사하기 시작했다.

넷플릭스의 IPO 후, 업계 거대 기업과의 경쟁이 시작되자 헤이스팅스는 2005년 〈뉴욕타임스〉와의 인터뷰에서 IPO를 너무 일찍 한 것을 후회한다고 말했다. 헤이스팅스는 "아마존과 블록버스터가 우리와 경쟁하게 된 것은 우리가 수익성 있고 얼마나 빠르게 성장하고 있는지를 IPO를 통해서 알 수 있었기 때문"이라고 말했다.[15] 또한 이와 함께

"블록버스터는 우리와 경쟁할 때 대단히 공격적이었다."라고 말했다. 실제로 블록버스터가 가격을 두 차례 내리고, DVD 세 장을 대여하는 데 넷플릭스보다 3달러 저렴한 14.99달러에 제공할 뿐 아니라, 매월 두 장의 무료 쿠폰 나눠주는 등 공격적인 마케팅과 물량 공세를 펼쳤다. 넷플릭스는 거대한 포식자가 우글거리는 정글에 뛰어든 것을 그제서야 실감했다. 하지만 블록버스터에 앞서 넷플릭스가 맞이한 첫 번째 경쟁자는 거대 기업 월마트였다.

월마트, 경쟁자에서 동반자로

2003년 6월 월마트 역시 DVD 우편 구독 서비스를 시작했다. 넷플릭스와 마찬가지로, 월마트는 고객에게 만기일이나 연체료가 없고 우편을 통해 DVD를 받을 수 있는 서비스를 월정액제로 제공한다고 발표했다. 월마트가 정한 월정 구독료는 18.86달러로, 이는 고객이 한 번에 세 개의 DVD를 받을 수 있는 넷플릭스 월정 구독료 19.95달러보다 1.09달러 저렴한 가격이었다.

　사실 그 당시 인터넷 기반의 DVD 우편 구독 모델로 서비스를 제공하는 업체가 몇 개 있었지만 넷플릭스의 경쟁자가 되기에는 역부족이었다. 그러나 월마트는 달랐다. 월마트는 넷플릭스를 따라잡을 때까지 오랜 시간이 걸리더라도 장기전을 벌이는 데 필요한 체력과 재력이 있었다. 월마트는 넷플릭스에 심각한 타격을 줄 수 있기 때문에 헤이스팅스는 긴장할 수밖에 없었다.

그러나 2년이 채 되지 않은 시점에서 변화가 찾아왔다. 2005년 5월 월마트는 더 이상 온라인 DVD 대여 서비스 사업을 하지 않고, 대신 미국에서 30퍼센트 이상의 점유율을 확보하고 있는 DVD 판매 시장에 집중할 것이라고 발표했다. 그리고 월마트 자사의 고객을 넷플릭스로 안내할 것이라고 밝혔다. 양사는 넷플릭스가 자사의 웹사이트와 DVD에 담긴 전단지를 통해 만일 DVD를 구입하고 싶으면 월마트 웹사이트에 들어가서 온라인으로 구매할 것을 300만 명의 넷플릭스 회원에게 홍보하고, 그 대신 월마트는 넷플릭스의 DVD 우편 구독 서비스를 홍보하는 것에 합의했다. 2003년 6월에 시작된 월마트의 DVD 온라인 대여 서비스 가입자는 약 30만 명으로 추정되며 이들은 넷플릭스에 동일한 조건으로 가입할 수 있는 옵션이 주어졌다.

　간단히 말하면, 월마트는 온라인 DVD 대여 사업의 전망이 밝게 보여 경쟁에 뛰어들었지만 결국 경쟁이 치열한 이 시장을 포기하고 업계 리더인 넷플릭스에 양보한 것이다. 이는 월마트가 비디오 대여 시장에서 새로운 강자로 부상한 넷플릭스의 리더십을 인정한 것으로 판단된다. 흥미롭게도 월마트와 넷플릭스가 협약을 발표하자마자 블록버스터는 월마트 혹은 넷플릭스의 대여 서비스로부터 블록버스터로 전환하는 고객에게 2개월 무료 서비스와 무료 DVD를 제공한다고 발표했다. 이로써 블록버스터는 향후 넷플릭스와의 치열한 전쟁을 예고했다.[16]

생사를 건 블록버스터와의 한판 승부

블록버스터는 1985년에 창업해 전성기인 2004년에는 25개국에 9,000개의 비디오 대여점을 보유, 연매출 51억 달러를 기록한 세계 최대의 비디오 대여점이었다. 미국에서는 맥도날드처럼 어디서나 쉽게 블록버스터 매장을 찾아볼 수 있었다. 블록버스터는 경쟁사에 비해 압도적인 가맹점 수로 일반적인 소매 대여점과 동일한 비디오 대여 방식을 고수하며 시장을 주도해갔다. 고객들이 퇴근 후 집에 가는 길에, 마트에서 쇼핑을 마친 후, 혹은 음식점에서 식사를 마친 후 집으로 오는 길에 블록버스터 매장을 들르게 하는 식으로 고객의 소비를 유도했다. 고객이 비디오를 반납하지 않으면 이를 다른 고객에게 빌려줄 수 없기 때문에 강력한 연체료 제도로 DVD의 빠른 순환을 유도했다.

2002년 즈음까지 블록버스터는 고객이 단품 DVD 당 정해진 대여 비용을 지불하며, 대여 기간 초과 시 연체료를 지불하는 전통적인 비디오 대여 비즈니스 모델을 고수해왔다. 블록버스터 고객들이 가졌던 가장 큰 불만은 오프라인 대여점에서의 DVD 픽업과 반납, 그리고 연체료 문제였다. 넷플릭스가 고객들의 주장에 귀 기울이며 획기적인 비즈니스 모델을 도입하거나 지속적인 시스템의 개선을 꾀한 반면, 블록버스터는 안일한 자세로 전통적인 방식을 고수했다. 사업에 위협을 느낄 만한 경쟁자가 없는 환경에서 타성에 젖어 비즈니스를 운영해온 까닭에, 보다 고객 친화적이고 경쟁력을 갖춘 새로운 모델을 찾을 만한 동기가 없었다. 그 당시 블록버스터는 넷플릭스 비즈니스 모델의 '파괴적 혁신'이 가져올 가공할 만한 위협을 깨닫지 못했다.

넷플릭스는 월정 구독료 기반 DVD 대여 사업을 통해 고객 수를 계속 늘리면서 기존 비디오 대여 시장에 침투해 들어갈 움직임을 보이고 있었다. 하지만 블록버스터는 이러한 움직임을 찻잔 속의 태풍 정도로 여기며 무시했다. 블록버스터는 온라인 우편 대여에 대해서도 초기 단계의 관심은 있었으나 인터넷과 온라인 사업이 확대됨에 따라 생길 전반적 사업 환경 변화에 대한 이해는 부족했다. 그렇기 때문에 넷플릭스의 움직임과 앞으로 다가올 위협에 거의 관심을 기울이지 않았다. 사실 경영진과 프랜차이즈 매장 모두가 미래를 생각하기보다는 당장 수입원인 대여 매장을 통한 전통적인 사업 구조에만 관심이 집중되어 있었다.

업계에서는 만일 넷플릭스의 시장 수요가 무시할 수 없는 규모로 커진다면 블록버스터는 거대 기업으로서 풍부한 리소스와 규모의 경제를 가지고 강력한 대응책을 마련할 것이라고 생각했다. 2002년 5월 진행된 넷플릭스의 성공적인 IPO가 바로 그 시발점이 되었다.

블록버스터는 떠오르는 넷플릭스를 제압하기 위해서 총력을 기울였다. 2002년 8월을 시작으로 블록버스터 프리덤 패스Blockbuster Freedom Pass, 블록버스터 온라인Blockbuster Online, 블록버스터 토털 액세스Blockbuster Total Access 등 몇 개의 야심적인 프로모션을 시행했다. 넷플릭스는 업계의 골리앗을 상대로 싸워야 하는 힘겨운 시절을 맞이한 것이다.

넷플릭스를 겨냥한 '블록버스터 프리덤 패스' 서비스

넷플릭스가 2002월 5월 IPO를 한 지 불과 3개월 후 블록버스터는 뉴욕, 피닉스, 시애틀 등 몇 개 도시에서 넷플릭스 서비스 모델과 유사한 '블록버스터 프리덤 패스'라는 파일럿 서비스를 출시했다. '블록버스터 프리덤 패스' 서비스는 고객이 한 번에 서너 편의 영화를 매장에 등록해 대여할 수 있도록 하는 시스템인데 연체료 없이 한 달에 약 20달러의 월정액으로, DVD가 반환될 때마다 새 영화를 고를 수 있게 해주는 서비스다. 이 월정액 기반 서비스는 DVD를 대여 매장에서 빌릴 수 있다는 것만 제외하면 넷플릭스 DVD 우편 구독 서비스 모델과 매우 유사했다.

2002년 블록버스터는 4,800만 회원을 보유한 연매출 52억 달러의 거인이었다. 이에 반해 넷플릭스는 67만 구독 회원, 1억 5,000만 달러 매출 업체에 불과했다. 다윗과 골리앗의 싸움이었다. 골리앗에 해당하는 블록버스터가 먼저 시작한 이 싸움에서 '블록버스터 프리덤 패스' 서비스는 여러 면으로 많은 사람들의 관심을 끌었다. 넷플릭스 CEO 리드 헤이스팅스는 넷플릭스 창사 이래 처음 치르는 이 치열한 싸움의 진행을 신중하게 지켜보면서 어쩌면 이 위기가 전화위복의 기회가 될지 모른다는 희망을 가지고 다음과 같이 말했다. "넷플릭스가 경쟁에서 이기고 번창할 때까지 많은 투자자들은 넷플릭스가 얼마나 강한지 궁금해할 것이다."[17]

연체료가 없다는 것이 넷플릭스가 내세우는 최대 강점이었는데, 연체료를 없애버린 블록버스터 프리덤 패스 서비스가 등장하자 넷플릭스는 상당한 타격을 입게 되었다. 2002년에 연체료 수입이 블록버스터 총매출의 16퍼센트에 이른다는 사실을 고려하면, 블록버스터가 연체료 없는 구독 모델로 전환한다는 것은 재정적으로 큰 모험이었을 것이다. 그뿐만 아니라 이 서비스 추진으로 인해 매출이 잠식되는 것은 물론이고 마케팅 비용 또한 만만치 않게 들었을 것이다. 역설적으로 말하면, 블록버스터는 이렇게라도 대응해야 할 만큼 넷플릭스로 촉발된 시장의 변화가 자신들에게 불리하게 전개되고 있다는 것을 인식했다는 반증이다.

헤이스팅스가 뛰어난 경영자이며 지략가라는 점은 넷플릭스가 블록버스터와의 피말리는 싸움으로 인해 상황이 매우 위급한 중에서도 오히려 긍정적인 부분을 찾아냈다는 데서 드러난다. 예를 들면, 헤이스팅스는 "(블록버스터 프리덤 패스를 소개하기 위해) 블록버스터는 소비자들에게 구독료 기반 대여 모델의 장점을 가르치는 데 광고비로 수백만 달러를 쓸 것이다. 우리가 성장하는 데 가장 큰 장벽 중 하나는 소비자들에게 구독료 기반 대여 모델이 무엇인지 가르치는 캠페인 비용이다."라고 말했다.[18] 이것은 경쟁 업체인 블록버스터의 광고 캠페인이 소비자들에게 구독 서비스가 무엇인지 가르치기 때문에 결국 넷플릭스 비즈니스에도 도움이 된다는 의미다.

참으로 아이러니한 것은 1998년 넷플릭스가 채택한 초기 사업 모델이 당시 업계 리더였던 블록버스터의 모델을 카피한 것이었는데, 불과 4년 만에 전세가 역전되어 블록버스터가 넷플릭스의 모델을 카피하게 된 것이다. 그러나 업계 공룡 블록버스터는 넷플릭스의 비즈니스 모델을 카피하면서 점점 더 깊은 수렁으로 빠져들었다. 넷플릭스의 전략과 모델이 아주 정교하며, 이를 지원하는 기술과 인프라가워낙 탁월해 카피가 쉽지 않다는 점을 블록버스터 경영진이 간과했기 때문이다.

'블록버스터 온라인' 서비스

월정액 기반의 '블록버스터 프리덤 패스' 서비스 가입자는 DVD를 온라인이 아닌 대여 매장에서만 빌릴 수 있었다. 블록버스터 경영진 대부분은 기술이나 인터넷의 발전 흐름에 대한 이해가 부족했지만, CEO 존 안티오코John Antioco를 비롯한 일부 경영진은 넷플릭스의 움직임을 위협으로 받아들여 온라인 서비스나 우편 배송 채택을 심각하게 고민했다. 문제는 대여 매장, 특히 블록버스터 매장의 20퍼센트를 차지하는 프랜차이즈 가맹점주들이 인터넷을 통해 비디오를 대여하게 하려는 회사의 움직임에 크게 반발했다는 것이다. 이러한 내부의 반대에도 불구하고 존 안티오코는 마침내 온라인 대여 사업에 뛰어들기로 결정했다.

2004년 8월 11일, 블록버스터는 경쟁사인 넷플릭스와의 경쟁 강화를 위해 '블록버스터 온라인'이라는 온라인 DVD 대여 서비스를 시작한다고 발표했다. 넷플릭스처럼 블록버스터 고객도 이제는 매장에 방문하지 않고도 웹사이트에서 온라인으로 영화를 주문할 수 있게 되었다. 넷플릭스와 마찬가지로 DVD는 우편으로 배송되고 반환되었다.

블록버스터 월정액제 가입자들은 매달 원하는 만큼의 DVD를 빌릴 수 있었고, 원하는 만큼 오래 시청할 수 있었으며, 연체료를 걱정할 필요가 없었다. 이런 이유로 '블록버스터 온라인' 서비스는 연체료를 혐오하는 영화 애호가들을 끌어들일 충분한 매력이 있었다. 가입자가 한 번에 대여할 수 있는 DVD 수는 세 개(월 19.99달러), 다섯 개(월 29.99달러), 여덟 개(월 39.99달러)였다(참고로, 넷플릭스는 한 번에 세 편의 영화를 대여하며 구독료는 한 달에 21.99달러다). '블록버스터 온라인' 서비스 가입자는

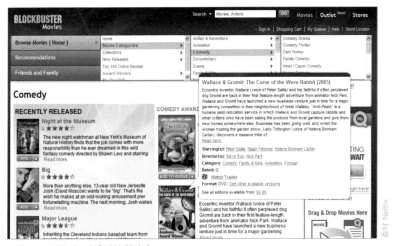

그림 1-10 **블록버스터 온라인 웹사이트**

매달 매장 내에서만 사용할 수 있는 영화 대여 쿠폰을 두 장씩 제공받는다. 이 쿠폰은 온라인에서 원하는 영화를 찾지 못한 고객이 매장에서 영화를 대여할 수 있도록 배려한 것이다.

'블록버스터 온라인' 서비스는 블록버스터가 비디오 매장 대여 사업에서 탈피해 온라인 및 오프라인 대여 매장 통합 전환을 염두에 둔 야심찬 움직임이었다. 온라인 및 오프라인 대여 시스템이 실현되면 가입자는 온라인 서비스와 오프라인 매장을 자유롭게 방문해 언제 어디서나 대여가 가능하게 되어 블록버스터가 꿈꾸는 'Anywhere-Anytime' 엔터테인먼트 기업으로 거듭날 수 있을 것이었다.[19]

사실 '블록버스터 온라인' 서비스는 넷플릭스가 특허권을 보유하고 있는 온라인 대여 비즈니스 모델의 카피였다. 넷플릭스는 연방법원에 특허 소송을 제기하며, 블록버스터의 '블록버스터 온라인' 서비스가 자사의 아이디어를 불법으로 카피했다고 주장했다. 특히 고객의 DVD 대여 희망 목록을 관리하는 기술과 월정액 모델 개념의 두 가지 특허 침해를 언급했다. 이 소송은 결국 2년 후 블록버스터가 보상금을 지불하는 것으로 종결되었다. 이 소송의 본질은 넷플릭스가 블록버스터에 특허 침해 소송을 걸어 블록버스터가 넷플릭스의 핵심 사업 분야로 파고드는 것을 저지한 것이었다. 블록버스터와 넷플릭스의 이전투구 양상의 싸움은 이렇게 한 치의 양보도 없이 치열하게 전개되고 있었다.[20]

블록버스터 토털 액세스 서비스(통합회원제)

'블록버스터 온라인' 서비스에 의한 온라인 대여 서비스의 성공은 역설적으로 블록버스터의 핵심 비즈니스인 대여 매장 사업의 어려움을 의미했다. 2004년 8월 출시한 블록버스터 온라인 프로그램이 2년 정도 진행된 2006년경, 블록버스터는 넷플릭스를 이기기 위해서는 온라인으로의 대대적인 이동, 혹은 한 걸음 더 나아가 온라인과 대여 매장과의 '완전한 통합'이 필요하다고 판단했다. 그래서 등장한 것이 하이브리드 서비스 모델이다. 이는 월정 구독료를 내면 대여 매장에서든 온라인에서든 자유롭게 비디오를 빌려 볼 수 있게 하는 아이디어로, 온라인에 있는 방대한 영화와 오프라인 매장이 주는 편리함을 결합해 가입자를 늘리려는 것이었다.

블록버스터는 2006년 11월 드디어 넷플릭스를 포함한 경쟁사들에는 가공할 만한 신무기 '블록버스터 토털 액세스' 서비스를 공개했다.

'블록버스터 토털 액세스' 서비스는 고객이 온라인에서 DVD를 빌

그림 1-11 **블록버스터 토털 액세스 프로세스**

려서 시청한 후 이를 우편뿐 아니라 가까운 블록버스터 매장에서도 반환할 수 있는 서비스였다. 매장을 방문해 DVD를 반환하면 원하는 영화를 빌릴 수 있는 무료 DVD 대여 쿠폰을 받을 수도 있었다. DVD를 대여 매장으로 반환하는 것의 장점 중 하나는 반납이 확인되면 배송 센터가 그것을 받은 것처럼 고객의 온라인 대여 희망 목록에 있는 다음 영화가 즉시 배달된다는 것이었다. 즉, 고객이 우편으로 반환했을 때보다 다음 영화를 더 빨리 받아 볼 수 있게 되었다. 이 서비스는 고객이 빌린 DVD를 블록버스터의 어느 대여 매장에서든지 반납할 수 있을 뿐 아니라 새 영화를 무료로 교환해 볼 수 있다는 점에서 가입자에게 뛰어난 편리성과 가치를 제공했다.

 소비자들의 반응은 빠르고 놀라웠다. 시장 조사 결과 거의 모든 사용자들이 블록버스터 토털 액세스 서비스가 넷플릭스 상품보다 좋다고 평가했다. 이 프로그램은 사용자의 관점에서만 보면, 고도로 진화된 사용자 중심의 서비스이므로 업계에서는 이 서비스의 파괴력에 대해서 공감했다. 블록버스터 회원 수는 이 서비스 출시 후 두 달 만에 약

100만 명이 증가했는데 이들 중 많은 수는 블록버스터 토털 액세스 서비스가 시작된 이후 넷플릭스에서 옮겨간 사람들이었다. 지난 3년 동안 블록버스터는 온라인 서비스의 활성화를 위해 요금 할인, 무료 쿠폰 제공, 대대적인 마케팅 등 여러 방안을 시도했지만 넷플릭스의 기세를 전혀 꺾을 수 없었다. 그러나 이번엔 달랐다. 넷플릭스는 블록버스터가 엄청난 마케팅 자금으로 추진하는 이 야심찬 프로모션에서 그들의 결기와 상당한 위기감을 느꼈다.[21]

하지만 블록버스터 토털 액세스 서비스는 과도한 마케팅 프로모션 정책으로 심각한 재정적인 문제를 안고 있었다. 고객이 대여 매장에서 DVD 한 장을 교환할 때마다 블록버스터는 무료 DVD 제공에 2달러의 마케팅 자금이 소요되었다. 신규 가입자가 증가할수록 마케팅 자금의 압박은 더 심해졌다(사실 블록버스터는 블록버스터 토털 액세스가 이 손실을 보상할 수 있는 만큼 충분한 신규 가입자가 늘어나기를 바랐다). 그뿐만 아니라 많은 고객이 온라인으로 이동했기에 오프라인 대여 매장도 재정적으로 심각한 타격을 입고 있었다. 또한 고객이 온라인에서 빌린 영화를 대여 매장에 가서 반납하고 최신 영화를 빌리는 패턴이 반복되면서 대여 매장은 고가의 최신 영화를 많이 구비해야만 했다. 그중에서도 가장 큰 문제는 넷플릭스 물류센터와 배송 시스템처럼 고도로 발달된 기술과 인프라를 보유하지 못한 상태에서 넷플릭스 비즈니스 모델만 카피했다는 데 있었다.

블록버스터의 온라인 사업 전환 비용 부담은 경영진 사이의 의견 충돌로 이어졌다. 결국 블록버스터 토털 액세스 서비스의 가격은 인상되었고 사람들이 매장에서 무료로 영화를 교환할 수 있도록 하는 쿠폰도 중단됐다. 이와 함께 블록버스터 온라인의 엄청난 성장은 빠르게 멈춰섰다. 블록버스터 경영진의 미래를 보는 안목 결여와 리더십 부재로 넷플릭스는 안도의 한숨을 쉴 수 있게 되었다.

흥미로운 점은 블록버스터가 블록버스터 토털 액세스 서비스를 홍보하기 위해 막대한 자금을 들인 온라인 DVD 대여 서비스 광고가 오히려 넷플릭스의 장점을 더욱 부각했다는 것이다. 블록버스터 토털 액세스 서비스는 넷플릭스에도 위협이 되었지만 동시에 '무비 갤러리'나 '할리우드 비디오'와 같은 다른 소매점 경쟁사를 몰락시켰다. 블록버스터가 의도한 것은 아니었지만, 블록버스터 토털 액세스 프로그램은 결과적으로 넷플릭스의 잠재적 경쟁자들을 제거해주어서 넷플릭스가 짧은 시간 안에 강력한 가입자 기반을 구축하는 데 도움을 주었다.

독이 된 가격 경쟁

2003년에 온라인 DVD 대여 서비스의 비즈니스 모델에 대한 특허를 획득한 넷플릭스가 100만 명 이상의 가입자를 보유함으로써 이 분야에서 선두를 달리고 있었다. 그러나 2003년 6월 넷플릭스보다 저렴한 가격에 자체 온라인 영화 대여 서비스를 선보인 월마트의 등장과 경쟁사들의 온라인 대여 시장 진입에 따라 넷플릭스는 긴장을 늦출 수가 없었다.

2004년 6월 넷플릭스는 한 번에 세 개의 DVD를 대여할 수 있는 무제한 요금을 19.95달러에서 21.99달러로 인상했다. 그러자 두 달 후인 8월에 블록버스터가 '블록버스터 온라인' 서비스 출시로 반격했다. 블록버스터 온라인은 웹사이트에서 영화 대여 주문을 하면 DVD는 무료 배송인 데다가, 가입자는 매월 19.99달러를 내면 한 번에 세 장의 DVD를 대여할 수 있고, 29.99달러에 다섯 장의 DVD를, 39.99달러에 여덟 장의 DVD를 한 번에 대여할 수 있는 서비스였다.

이에 넷플릭스는 2004년 11월부터 한 번에 세 장의 DVD 대여가 가능한 구독 요금을 17.99달러로 낮추겠다고 발표했고, 불과 4일 뒤 블록버스터는 재차 동일한 서비스의 가격을 17.49달러로 낮추겠다고 발표했다. 보도 자료에서 블록버스터의 CEO 존 안티오코는 고객 유치를 위해 넷플릭스와 경쟁하겠다는 의도를 분명히 했다. "DVD 우편 구독 서비스가 시작된 후 처음 6주 동안 넷플릭스가 첫해에 등록한 것보다 더 많은 가입자가 등록했다. 우리 역시 올해 말까지 넷플릭스가 지난 3년 반 동안 등록한 가입자보다 더 많은 가입자를 확보할 것으로 확신한다."며 가격 전쟁은 바로 고객 유치를 위한 경쟁이라는 점을 밝힌 것이다.[22]

그러자 2004년 11월 5일, 월마트는 세 장을 빌릴 수 있는 월정 구독 요금을 한 달 만에 18.76달러에서 17.36달러로 낮추어 최저 가격을 기록했다. 하지만 월마트의 최저 가격 타이틀은 오래 가지 못했다. 블록버스터가 그해 12월에 17.49달러에서 14.99달러로 낮추었기 때문이다. 게다가 블록버스터의 온라인 가입자는 매월 두 개의 무료 영화 대여 쿠폰도 받을 수 있었다.

가격 전쟁은 고객에게는 좋은 소식이지만 넷플릭스에는 재정 압박으로 다가왔다. 넷플릭스의 서비스 개선으로 대다수의 고객이 하루 안

그림 1-12 사람들이 많이 찾는 건물 한편에 설치된 레드박스의 무인 자동 DVD 대여기

에 DVD를 받기 때문에 이전보다 더 많은 DVD를 볼 수 있게 되었다. 고객은 만족해했지만 DVD 배달 및 반환의 회전 속도가 빨라져 운송 비용이 올라갔다. 또한 더 많은 고객이 더 많은 영화를 볼수록 스튜디오에 지불해야 하는 수익 공유 비용도 상승했다. 넷플릭스 가입자 수는 2004년 말에 260만 명에 달했지만 블록버스터나 월마트와의 치열한 가격 전쟁으로 인해서 재정적으로는 어려운 상태가 되었다.

블록버스터는 넷플릭스뿐 아니라 레드박스Redbox와도 경쟁해야만 했다. 레드박스는 2003년부터 슈퍼마켓, 편의점, 약국, 대형 소매점 등에 자동 DVD 대여기를 설치해서 사업을 시작했다. 매장도 필요 없고, 사람도 필요 없는 전형적인 무인 저가 사업이다. 2012년 말 기준으로 전국 3만 4,000지역에 4만 2,000개의 레드박스 대여기가 설치되었다. 레드박스의 DVD 한 편 대여료가 1달러에 불과했는데 비해 블록버스터의 대여료는 약 5달러이므로 경쟁 자체가 무리였다. 블록버스터는 레드박스에 대항하기 위해 '블록버스터 익스프레스'라는 DVD 대여기 사업을 시작했지만 성공하지 못했고 결국 2012년 블록버스터 익스프레스는 레드박스가 인수했다.

온라인 DVD 대여 사업 전쟁에 뛰어든 기업들이 모두 적지 않은 어려움을 겪었지만 그중 블록버스터가 입은 상처가 가장 심각했다. 넷플릭스, 레드박스 등과의 경쟁이 치열해지면서 2003년부터 2005년까지 블록버스터는 시장 가치의 75퍼센트를 잃게 되었다. 대여 연체료 없는 모델을 채택하고 있는 경쟁자들이 시장 점유율을 계속 잠식하면서 그동안 블록버스터가 손쉽게 거두어온 5억 달러에 달하는 연체료 수입도 점점 감소했다.[23]

카피캣에서 원조로 거듭나다

넷플릭스의 초기 DVD 대여 모델은 온라인 신청과 우편 배송을 제외하면 블록버스터 비즈니스 모델과 다를 것이 없었다. 누가 봐도 블록버스터가 원조이고 넷플릭스는 카피캣이었다. 하지만 산업 혁신의 관점에서 볼 때, 누가 원조이고 누가 카피캣인지, 누가 더 넓은 고객 기반을 갖추고 있는지는 큰 문제가 아니다. 그보다는 누가 산업과 기술의 트렌드를 잘 이해해 고객의 요구에 성실하게 대응하느냐가 중요하다. 상식적으로 생각하면 넷플릭스라는 블록버스터의 카피캣이 생겼다는 것은 새로운 경쟁자가 시장에 뛰어들었다는 것을 의미하는데, 기존 강자였던 블록버스터는 이를 너무 쉽게 간과했다. 아이러니하게 시간이 경과하면서 이전의 원조 기업은 퇴색해 사라지고 카피캣 기업이 새로운 원조로 부상하게 된 셈이다.

하지만 넷플릭스는 초기 카피캣이 그냥 덩치만 키워 새로운 원조가 된 것이 아니다. 고객 만족을 극대화하기 위해 끊임없는 혁신을 추진했는데, 특히 고객이 콘텐츠를 소비하는 방법을 가히 혁명적으로 바꾸었다. 좀 더 구체적으로, 넷플릭스의 성공 요인으로는 DVD 우편 구독 서비스라는 새로운 비즈니스 모델의 도입, DVD를 시청 후 가까운 우체통에 넣기만 하면 되는 손쉬운 반납 시스템, 전국 50개 지역에 확보한 물류센터, 신속한 배송을 가능하게 한 물류 혁신, 무제한 스트리밍 비디오 서비스의 과감한 도입, 회원 개개인의 취향에 맞춘 뛰어난 영화 추천 시스템 등을 들 수 있다.

N

스트리밍 서비스,
미디어 업계의 지각 변동이 시작되다

앞에서도 언급했듯이 넷플릭스가 DVD 우편 구독 서비스 사업을 하면서 지속적으로 안고 있었던 고민은 DVD를 봉투에 넣어 우편으로 배송하고 반환하면서 발생하는 파손 문제와 우편 요금이었다. DVD가 가벼워서 우편으로 보내고 받기는 쉽지만 배달 도중 봉투가 찢어지거나 DVD가 파손될 위험이 있어서 포장을 견고하게 만들어야 했다. 파손된 DVD를 보충하기 위한 비용이 적지 않았으며, 또 DVD가 우편 배송 중에 도난당하기도 했다. 고객이 시청 후 DVD를 반송할 때 패키징 역시 용이해야 한다. 넷플릭스는 DVD 보호와 우편료 절감을 위해 가볍고 견고한 봉투를 제작했다. 사실 영화 DVD 발송과 반환을 우편으로 한다는 것은 경제적인 측면에서 바람직한 방법이 아니다. 그렇기에 넷플릭스는 고객이 비디오 콘텐츠를 제대로 감상하기 위해서는 우편 배송을 획기적으로 대체할 방안을 찾아야 한다는 생각이 자리 잡고 있었다.

정체된 DVD 대여 사업을 타개하라

1990년대가 인터넷의 시대였다면 2000년대 중반은 소셜미디어 시대를 여는 시기였다. 2004년에 페이스북이 서비스를 시작했고, 2006년에는 트위터가 출범했다. 온라인을 통해 문자, 이메일, 이미지로 소통하는 온라인 커뮤니티 시대가 본격화한 것이다. 여기에 2007년 6월에 출시된 애플의 아이폰을 비롯한 여러 스마트 디바이스의 등장은 이러한 움직임을 활성화하는 촉매 역할을 했다.

넷플릭스 경영진은 외부 환경의 발 빠른 변화를 예의주시하고 있었다. 또 이러한 변화가 넷플릭스의 사업에 미칠 영향에 대해서도 생각했다. 2007년 이전의 넷플릭스는 온라인 DVD 대여 사업에 집중하고 있었다. 2005년 말 420만 명의 회원을 확보한 넷플릭스의 기업 가치가 15억 달러였던 반면 블록버스터의 가치는 6억 8,000만 달러에 머물렀다.[24] 전체 시장을 보면 2006년 DVD 대여 및 판매 총액은 270억 달러로 최고치에 달했지만 이후부터는 확실하게 하향세로 접어들 것으로 분석되었다.[25] 여기에 더해, 기술의 진화 방향을 고려해보면 현재의 DVD 대여 사업은 미래 미디어 시장에서 성장을 유지하기가 어려울 것이라는 견해가 점점 힘을 얻고 있었다.

도표 1-3 집에서 인터넷을 사용하는 미국 성인 비율(2000~2010)

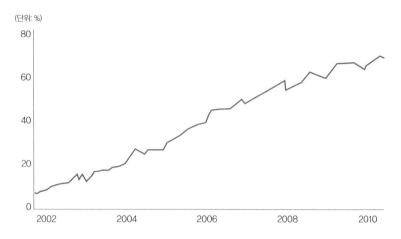

(단위: %)

출처: https://www.pewinternet.org/fact-sheet/internet-broadband/

도표 1-4 미국 연령별 인터넷 사용자 비율(2000~2010)

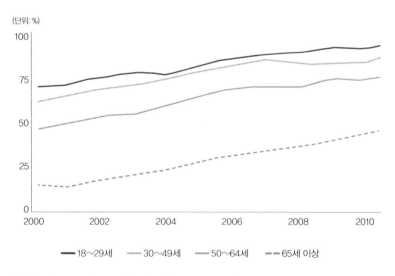

(단위: %)

─── 18~29세   ─── 30~49세   ─── 50~64세   --- 65세 이상

출처: https://www.pewinternet.org/fact-sheet/internet-broadband/

도표 1-3에서 보는 바와 같이 미국에서는 2006년경 45퍼센트의 성인이 집에서 광대역 인터넷 서비스를 사용하고 있었다. 그리고 도표 1-4를 보면 디지털 네이티브 세대인 18~29세의 인터넷 사용률은 86퍼센트로 다른 연령대에 비해 월등히 높다. 이 세대가 소셜미디어와 영화를 많이 즐기는 층이라는 것은 넷플릭스로서는 고무적이었다.

2000년 전에는 기술적인 제약이 많아 비디오 콘텐츠의 온라인 디지털 배송이 현실적이지 않았다. 한 예로, 유튜브가 서비스를 시작한 2005년을 되돌아보면 1분도 안 되는 비디오도 네트워크나 비디오 기술적 문제로 자주 끊겼다. 이러한 환경에서 두 시간짜리 영화를 스트리밍한다는 것은 상상하기 어려웠고, 영화 스튜디오나 배급사들도 가까운 장래에 고객들이 비디오를 온라인으로 볼 수 있을 것이라고는 전혀 상상하지 못했다.[26]

넷플릭스는 블록버스터, 월마트 등과의 치열한 경쟁으로 인해 DVD 우편 구독 대여 사업이 주춤한 가운데 이를 타개하기 위한 새로운 서비스의 필요성을 절감했다. "무엇이 새로운 서비스가 될 수 있을까?"라는 물음에 답을 구하기 위해 넷플릭스는 고객이 느끼는 불편이 무엇인지, 어떤 혁신을 원하고 있는지에 대해 면밀히 조사했다. 넷플릭스는 이 조사에서 고객들이 DVD를 우편으로 받고 반납하는 번거로움, 그리고 다음 번 DVD 비디오가 도착할 때까지 기다려야 하는 불편함과 비효율성을 없애는 것이 필요하다는 것을 알게 되었다.

고객들은 우편배달을 통해 다음 DVD를 기다리는 것보다 집에서 원하는 비디오를 즉시 볼 수 있기를 바랐다. 반면에 콘텐츠 제공자는 다운로드 시 콘텐츠가 불법으로 유통될 가능성에 대한 불안감이 있었다.

스트리밍 서비스가 제공된다면 고객은 즉시 비디오를 볼 수 있게 되어 좋고, 콘텐츠 제공자는 불법 다운로드의 불안감에서 벗어날 수 있기 때문에 양쪽 모두 스트리밍에 대한 기대가 높았다. 이러한 고객과 콘텐츠 제공자 양쪽 모두의 바람으로 인해, 비록 그 당시 업계 대부분의 사람들이 비디오 스트리밍이 시기상조라고 판단했지만, 넷플릭스는 이에 대한 기술적 가능성을 조사했다.

넷플릭스는 DVD나 블루레이 디스크의 해상도보다 영상의 질은 다소 떨어지지만, 기존 DVD 우편 구독 서비스에 가입한 고객이 온디맨드 스트리밍 방식으로 비디오를 시청할 수 있도록 하는 데 노력을 다했다. 사실 그 당시에 고객의 디바이스에 영화를 디지털로 직접 전달한다는 것은 세상을 깜짝 놀라게 할 만한 획기적인 사건이었다.

스트리밍 비디오 서비스가 출시되다

넷플릭스는 2007년 초, 광대역 연결을 통해 컴퓨터 화면에 직접 영화를 스트리밍할 수 있는 온라인 시청 서비스인 '즉시 시청 서비스Watch Instantly'를 출시했다.

사실 넷플릭스라는 이름은 'Net'과 'Flix'의 합성어로서 각각 인터넷과 영화를 의미한다. 즉시 시청 서비스가 출시됨으로써 넷플릭스 가입자들은 비로소 인터넷을 통해 배달된 영화, 즉 스트리밍을 통해 영화를 직접 시청할 수 있게 되었다. 넷플릭스가 고객의 편리함과 가치 제공을 위해서 엔터테인먼트 업계에서 오랫동안 지속된 전통적인 콘

그림 1-13 넷플릭스 '즉시 시청'의 웹페이지

텐츠 소비 방식을 획기적으로 바꾼 것이다.

넷플릭스는 일찌감치 전통적인 DVD 대여 사업으로는 미래를 보장할 수 없다는 판단을 내렸다. DVD 대여 사업을 뛰어넘는 미래 사업 전략은 결국 언제 스트리밍 서비스를 시작하느냐는 시기에 대한 문제로 귀결되었다. 스트리밍 서비스가 제공하는 비디오 품질의 적정 수준을 보장하기 위해서는 최소한의 환경이 뒷받침되어야 한다. 즉, 사용자 디바이스의 스트리밍 지원 기술, 그리고 일정 수준 이상의 인터넷 전송 속도 등이다. 스트리밍 확산을 위해서는 스트리밍을 지원하는 디바이스의 종류도 많아야 한다. 이러한 제반 환경을 고려하면 스트리밍 서비스 제공에 대한 회의적인 시각이 강했다.

그렇지만 헤이스팅스의 스트리밍 서비스 진출에 대한 신념은 매우 확고했다. 그는 "(DVD 배달을 위한) 우편 요금은 계속 올라갈 것이고, 인터넷 사용료는 18개월마다 가격이 반값이 되고 속도는 두 배가 될 것"
이라고 말했다. 이어 "어느 시점에서 그 라인들은 서로 엇갈릴 것이고,
DVD를 우편으로 보내는 것보다 영화를 스트리밍하는 것이 더 효율
성이 뛰어나게 될 것이다. 그리고 그때가 바로 넷플릭스가 스트리밍
서비스에 뛰어들 때다."라고 말했다.[27]

　넷플릭스는 드디어 2007년 1월 비디오 스트리밍 서비스를 시작했
다. 아울러 스트리밍이 시작되면서 사용자가 비디오를 어떻게 시청하
는지에 대한 상세한 데이터를 수집하기 시작했다. 예를 들면 많은 시
청자들이 몇 편의 에피소드를 한꺼번에 몰아보기를 선호한다는 것을
파악하게 되었다. 이러한 발견이 나중에 넷플릭스가 오리지널 프로그
램을 기획하고 제작할 때 많은 시사점을 제공했다. 스트리밍 서비스
는 전 세계적으로 반응이 매우 좋았고 회원 증가나 비즈니스면에서
매우 성공적이었다.

　스트리밍 비디오 서비스 출시로 비디오 콘텐츠 배달 및 시청에 획기
적인 족적을 남기면서, 리드 헤이스팅스는 다음과 같이 말했다.

　"우리는 1998년 회사 이름을 넷플릭스라고 지었다. 인터넷 기반의
영화 대여가 처음에는 서비스와 콘텐츠 선택 방법으로서, 그다음에는
영화 전달 수단으로서 미래를 대표한다고 생각했기 때문이다. 영화 시
청의 주류 소비자들이 온라인으로 영화를 시청하려면 콘텐츠 및 기술
장벽으로 인해 수년이 걸리겠지만 지금이 넷플릭스가 첫발을 내디딜
적절한 때라고 생각한다. 앞으로 몇 년 동안 우리는 다양한 영화를 선
보일 것이며, 휴대폰에서부터 PC, TV 스크린에 이르기까지 인터넷에
연결된 모든 스크린에서 영화를 볼 수 있도록 노력할 것이다. PC 스크

린은 오늘날 인터넷 연결 스크린 중에서 가장 우수한 제품이며 우리는 거기에서 시작하고 있다."[28]

넷플릭스 스트리밍 서비스(처음에는 'Watch Instantly' 라고 명명) 출시 초기에는 월 구독 요금제에 따라 스트리밍으로 볼 수 있는 시간이 정해졌다(후에 시청 시간에 제한이 없는 무제한 스트리밍 서비스로 전환). 예를 들어, 월 5.99달러의 표준 디스크 요금제는 가입자들에게 매달 6시간의 스트리밍을 제공했고, 17.99달러의 요금제로는 월 18시간의 스트리밍을 제공했다.

선형 TV의 한계

본격적인 TV 방송이 시작된 후 지금까지, 우리가 TV에서 볼 수 있는 것은 방송 사업자가 일방적으로 편성해 보여주는 프로그램뿐이었다. TV 프로그램은 각 채널에서 미리 편성된 스케줄에 따라 제공되므로 시청자는 정해진 시간에 정해진 프로그램을 볼 뿐 다른 선택권이 없었다. 이를 '선형Linear TV'라고 한다. TV 역사 초기에는 채널 수도 서너 개에 불과했고 방영 시간도 하루 몇 시간뿐이었다. 그 후 TV 환경이 발전함에 따라 채널 수와 방영 시간이 증가면서 시청자들은 보다 많은 프로그램을 볼 수 있게 되었다. 1990년대에 들어와 케이블TV와 위성방송 서비스가 제공되자 수백 개의 채널이 생겨났다. 그 많은 채널 중에서 원하는 콘텐츠를 찾는 일은 쉽지 않았다. 사용자가 원하는 프로그램을 찾기 위해서는 리모콘을 눌러가며 많은 채널을 앞뒤로 돌려봐야 하는 수고를 해야 했다. 일방적으로 보내오는 프로그램만을 시청하는 선형 TV 환경에서 벗어나 콘텐츠의 소비 방법이 변해야 한다는 고객의 목소리가 커졌지만 방송국이나 콘텐츠 공급자 중심인 시장에서 이러한 고객의 목소리는 전달되지 않았고, 고객들이 겪는 불편함은 오랜 기간 동안 개선되지 않았다. 또한 프로그램 중간에 TV 방송 사업자 수입의 근간인 광고가 삽입되어 이를 보는 인내도 필요했다. 오늘날까지도 이 비즈니스 모델은 크게 바뀌지 않고 있다.

사회가 복잡해지고 개인 일정이 다양해짐에 따라 정해진 시간에 정해진 프로그램을 시청하는 것이 점점 어려워졌다. 따라서 기존 TV 방송 환경이 서비스 제공자 중심에서 벗어나 사용자가 원하는 시간에 프로그램을 볼 수 있도록 변화되어야 한다는 목소리는 점점 더 커져갔다. 이러한 시장의 요구와 기술의 발전으로 VCRVideo Cassette Recorder이 생기면서 프로그램을 녹화해 나중에 볼 수 있게 되었다. 또한 영화나 방송 프로그램을 담은 VCR과 DVD를 대여해 사용자가 원하는 프로그램을 원하는 시간에 볼 수 있게 되었다. 이러한 변화들이 생기기는 했지만 아직 거추장스럽고 불편한 상황이었다. 엔터테인먼트 산업의 중심에 있는 TV 사업자나 케이블 기업이 주도권을 가지고 있는 한 이러한 불편함이 근본적으로 개선되기는 어려웠다.

케이블TV, 인터넷에서 제공하는 통신 서비스가 사용자에게 최종적으로 전달되는 통신 네트워크의 접점 부분을 '라스트 마일last mile'이라고 한다. 물리적으로 최종 사용자 가정의 장치와 바로 연결되어 있는 통신 네트워크 체인의 끝자락이다. 각 가정과 연결되는 라스트 마일 부분에서는 데이터의 대역폭을 제한하기 때문에 통신 네트워크의 속도가 느려지는 병목 현상이 생겨 파일 사이즈가 큰 비디오를 전송하기 어렵다. 그렇기에 1990년대에는 두 시간짜리 영화를 다운로드하는 데 한 시간 이상 걸리는 것이 보통이었다. 하지만 2000년대 초 들어 인터넷의 확산과 기술의 발전으로 네트워크 속도가 급속히 빨라졌다. 이때부터 사용자는 증가된 네트워크 대역폭으로 파일 사이즈가 큰 콘텐츠도 쉽게 즐길 수 있게 되었다.

OTT 스트리밍 서비스가 선형 TV를 대체하다

2000년대 중반까지도 TV 네트워크 서비스가 대세였지만 기존 선형 TV 방송의 행태에 불만을 가졌던 사용자에게 OTT 스트리밍 서비스라는 대안이 생겼다. OTT 서비스는 케이블TV나 방송사가 아닌 인터넷을 통해 드라마나 영화 등 다양한 미디어 콘텐츠를 제공한다. 방송사들의 TV 방영 프로그램이 인터넷으로 유통됨에 따라 시청자들이 시간의 제약을 받지 않고도 다양한 콘텐츠 시청이 가능하게 되었다. 또 OTT 서비스를 지원하는 디바이스 범위가 대폭 확대되어 과거 주로 PC로 국한되었던 서비스가 스마트폰, 태블릿PC, 게임기, 스마트TV 등과 같은 다양한 디바이스에서도 제공됨에 따라 OTT 스트리밍 서비스의 확산이 가속화하고 있다.

　비디오 스트리밍 서비스는 콘텐츠를 다운로드해 디바이스에 저장하는 것이 아니라 온라인 소스에서 콘텐츠 데이터를 받아서 재생하는 것이다. 즉, 네트워크에 연결되는 순간부터 사용자가 콘텐츠를 즐길 수 있게 된 것이다. 이로 인해 자신이 원하는 프로그램을 원하는 시간과 장소에서, 원하는 디바이스를 통해 볼 수 있게 되었다. 스트리밍 서비스가 제공됨으로써 선형 TV 네트워크가 제공하는 서비스에 식상했거나, 케이블이나 위성방송을 사용하고 있는 온라인 사용자 중 많은 사람이 스트리밍 서비스로 옮겨갔다.

인터넷은 전 세계에 걸쳐 광범위하게 깔려 있고 점점 더 빨라지고 안정적이 되었다. 스마트TV 및 스마트폰의 보급도 증가하고 있고, 사용자는 개인의 취향에 맞춘 콘텐츠를 여러 디바이스에서 즐길 수 있게 되었다. 인터넷TV는 급속도로 확대되고 있으며 우리에게 매우 큰 영향력을 미치며 오래 지속될 가능성이 높다. 선형 TV 서비스 제공자들도 이제 스마트폰 및 스마트TV에서 실행되는 인터넷TV 앱을 통해 온디맨드 콘텐츠 프로그램을 제공해 사용자에게 더욱 높은 가치를 제공하려고 노력하고 있다. 하지만 장래에는 개인화된 콘텐츠를 모바일을 포함한 많은 디바이스 화면에서 볼 수 있는 인터넷TV가 선형 TV를 대체할 것으로 예측하고 있다.[29]

넷플릭스는 2007년에 비디오 스트리밍 서비스를 시작했다. 모든 업계 전문가들의 예상을 뛰어넘어 전격적으로 추진한 이 파괴적 혁신은 넷플릭스가 미디어 엔터테인먼트 업계 리더로 발돋움하는 데 주도적 역할을 했다.

넷플릭스가 비디오 스트리밍 서비스를 시작한 지 불과 3년 후인 2010년에는, 처음으로 스트리밍을 통해서 시청한 영화와 TV 드라마의 숫자가 DVD를 대여한 회수를 뛰어넘는 역사적인 전환이 일어났다. 이는 스트리밍 구독을 확대하기 위해서는 보다 많은 비디오 타이틀의 확보와 스트리밍을 지원하는 다양한 디바이스의 확보가 중요하다는 판단 아래 노력한 결과다. 넷플릭스는 콘텐츠를 제공하는 영화 스튜디오, 방송 사업자 등과 협력을 통해 다양한 콘텐츠의 스트리밍 라이선스를 확보했다. 이와 동시에 디바이스 제작사와의 협력을 통해서 사용자들이 다양한 디바이스에서 비디오 스트리밍을 감상할 수 있는 방안도 마련했다.

VOD 서비스, 엔터테인먼트 산업의 지각 변동을 가져오다

비디오 엔터테인먼트 사업의 원조 격인 미국의 TV 역사를 살펴보자. NBC, ABC, CBS 등의 지상파 방송사가 주도한 첫 번째 물결이 있었고 뉴스 전문 채널인 CNN, 스포츠 전문 채널인 ESPN, 영화 전문 채널인 HBO 등의 케이블 채널이 주도한 두 번째 물결이 있었다. 그다음 세 번째 물결은 인터넷을 통한 디지털 비디오 스트리밍 기반의 넷플릭스와 유튜브 등 인터넷 동영상 서비스 기업, 즉 OTT 서비스 기업들이 주도하고 있다.

VOD로 인한 미디어의 변화

주문형 비디오, 즉 VOD Video On Demand는 방송사의 프로그램 스케줄과 관계없이, 소비자가 보고 싶은 비디오를 원하는 시간에 선택해서 볼 수 있는 서비스 기능이다. 기본적으로 온라인 스트리밍, 다운로드, 사전 녹화 방법 등의 방법으로 비디오를 감상한다. VOD는 소비자가 TV

가이드를 통해 감상하고 싶은 드라마가 몇 시에 방영되는지 확인한 후에 시청하는 방송 TV 프로그래밍과 정반대의 개념이다.

많은 OTT나 케이블 업체가 VOD 기능을 사용해 소비자가 비디오를 보다 쉽게 시청할 수 있도록 하고 있다. VOD의 예로는 넷플릭스, 유튜브, 비행 중의 엔터테인먼트 시스템, 케이블 업체가 제공하는 온디맨드 비디오, BBC iPlayer 등이 있다. 특히 VOD는 현재 비디오 스트리밍 서비스의 핵심 요소다. VOD 서비스는 플랫폼에 따라 IPTV, OTT, 웹포털, 디지털 케이블TV 등으로 구분된다. 디지털 케이블TV는 케이블을 이용해서 비디오 콘텐츠를 서비스한다. 다른 서비스들은 유무선 인터넷 혹은 통신사가 제공하는 데이터망을 이용해 콘텐츠를 제공한다.[30]

VOD 서비스 사용자들은 현재 극장에서 상영 중인 영화를 가정에서 볼 수 있고, 또 TV 프로그램의 본방송을 놓치더라도 나중에 VOD의 다시보기 기능으로 시청할 수 있게 되었다. 비디오 엔터테인먼트 산업계를 뒤흔들어놓는 지각 변동이 생긴 것이다.

OTT와 VOD 무엇이 다른가?

OTT 서비스는 이전에는 케이블이나 위성방송을 통해 전송하던 동영상 콘텐츠를 네트워크 플랫폼에 종속되지 않고 인터넷을 통해 다양한 디바이스에서 시청할 수 있도록 제공하는 서비스다. 스카이프, 넷플릭스 등이 OTT에 속한다. 이 서비스들은 비디오 전화, 문자, TV 프로그램 등을 전송하기 위해 위성 혹은 케이블을 사용했지만 현재는 모두 인터넷을 사용하고 있다.

도표 1-5 OTT와 VOD 개념

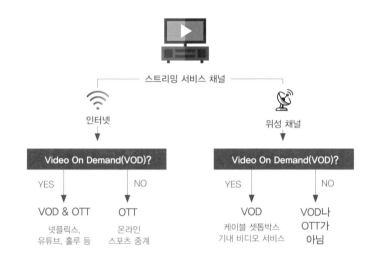

출처: https://www.uscreen.tv/blog/vod-vs-ott-whats-the-difference/ 변형

OTT 개념은 VOD와 함께 사용되고 있지만 정확한 의미에서 이 둘은 다르다. 예를 들어보자. 어떤 사람이 이번 수요일 저녁 7시에 열리는 음악회를 보고자 한다. 그 사람이 이 이벤트를 인터넷에서 송출되는 실황 중계로 스마트폰에서 보았다면 이는 OTT다. 반면에 그 사람이 보는 시간을 선택할 수는 없으므로 이것은 VOD가 아니다. 그러나 몇 시간 뒤에 이 음악회 비디오를 다운로드해 시청한 경우에는 그 사람이 시청 시간을 선택할 수 있었으므로 이는 VOD다.

OTT와 VOD 서비스의 동반 성장

VOD와 OTT 서비스 사이의 경계선은 지난 10여 년 동안 비디오 산업의 자연스러운 발전으로 인해 흐릿해졌다. 소비자는 생활의 반경이 넓어지고 개인 일정이 복잡해짐에 따라 자신이 원하는 시간에 비디오를 볼 수 있는 VOD에 대한 요구가 점점 증가하고 있다. 오늘날에는 대부분의 소비자가 인터넷에 연결되어 있고 OTT는 기업과 소비자에게 보다 저렴하고 효율적인 방송을 제공할 수 있게 되었다.

VOD와 OTT 서비스가 함께 진화하면서 OTT 업체는 대부분 VOD 서비스도 함께 제공하게 되었다. 기술의 발전으로 비디오 콘텐츠를 DVD 같은 물리적인 저장 장치가 아닌 클라우드 등에 디지털 파일로 저장해놓고 나중에 이를 인터넷을 통해 가져와 재생할 수 있게 되었다. 이로 인해 OTT 플랫폼에서 소비자가 인터넷 접속만 가능하면 원하는 콘텐츠를 원하는 때와 장소에서 시청할 수 있는 VOD 서비스가 가능해졌다. 그래서 오늘날에는 대부분의 'OTT' 플랫폼에서 VOD 서비스도 함께 제공한다고 보면 된다. 넷플릭스, 유튜브, 훌루 등이 이에 해당한다(OTT지만 VOD 서비스를 제공하지 않는 것은 라이브 스트리밍이나 온라인 스포츠 실황 중계 정도다).

인터넷 및 모바일 디바이스의 발전과 비디오 콘텐츠의 디지털화는 비디오 콘텐츠를 소비하는 방법에 많은 변화를 가져왔다. 광대역 인터넷과 이동통신 발달에 의한 스트리밍 서비스가 확산되면서 셋톱박스 유무와 관계없이 '인터넷을 통해' 콘텐츠를 스마트TV, PC, 스마트폰 등 다양한 디바이스로 보내는 서비스로 OTT의 개념이 확장되었다. 그리고 이전에 PC에 국한되었던 스트리밍 비디오 시청이 스마트TV, 스마트폰과 태블릿, 여러 게임기 등과 같은 다양한 플랫폼 및 디바이스로 확장되면서 OTT 서비스의 수요가 폭발적으로 늘어났다. OTT 서비스의 접근성 및 사업 진입은 다음과 같은 면에서 볼 때 긍정적이다.

첫째, 소비자들이 OTT 서비스를 쉽게 접근할 수 있다. 케이블TV 등 셋톱박스 대여를 통한 경우 가입자가 대부분 약정 기간이 있어서 가입에 신중했다. 이에 반해서 인터넷 기반 스트리밍의 경우에는 언제든 가입 및 해지할 수 있기 때문에 소비자들이 느끼는 부담이 훨씬 적다. 또한 OTT 요금이 저렴해서 소비자가 취향에 따라 여러 OTT 서비스를 중복해 사용할 수 있다는 점도 긍정적이다. 소비자들의 선택 폭이 넓어지면서 경쟁은 더욱 치열해질 것으로 보인다.

둘째, OTT 사업에 대한 진입 장벽이 낮다. 최근에는 모든 디바이스에서 OTT 앱을 통한 서비스를 제공할 수 있기 때문에 누구든지 대규모 투자 없이 손쉽게 OTT 사업자가 될 수 있다. 따라서 향후 OTT 시장에서 경쟁이 매우 치열해질 것으로 전망된다.

OTT 서비스 플랫폼의 유형

OTT 서비스가 확산하게 된 배경에는 크게 네 가지 이유를 들 수 있다. 첫째, OTT 서비스에서는 어떤 네트워크든 관계없이 비디오 콘텐츠를 스트리밍할 수 있다. 따라서 어떤 네트워크를 사용하든 넷플릭스, 웨이브 등의 OTT 서비스를 이용할 수 있으므로 국내는 물론이고 해외에서도 가입자의 확산이 비교적 용이하다. 둘째, 기존 선형 TV나 케이블TV의 제한된 채널, 콘텐츠 및 미리 정해진 프로그램 등은 시청자들이 원하는 시간에 선호하는 콘텐츠를 선택해서 감상할 수 없어서 불편하다는 소비자들의 목소리가 지속적으로 있었다. 셋째, 영화와 방송사들의 TV 드라마가 이제는 기술의 발전으로 인터넷을 통한 온디맨드 스트리밍 서비스로 확산되고 있다. 넷째, 과거 PC에 국한되었던 비디오 서비스가 OTT 서비스를 통해서 다양한 디바이스에서 시청이 가능하게 되었다.[31]

OTT 서비스가 IPTV Internet Protocol TV와 다른 점은 OTT는 네트워크에 무관하게 비디오 스트리밍을 하는 데 반해, IPTV는 자사의 네트워크 망을 통해서만 스트리밍을 해준다는 점이다. 따라서 국내에서는 네트워크 사업자인 SKT, KT, LG 유플러스 등의 통신사업자만 IPTV 사업을 할 수 있다는 한계가 있다. 예를 들면, KT 사용자는 LG 유플러스의 IPTV를 사용할 수 없다. 반면 OTT는 네트워크과 무관하므로 해외 등으로 확장이 용이하나 IPTV는 자사 네트워크망을 해외에 깔지 않는 이상 해외 진출이 어렵다. IPTV 사용자 수는 대체로 통신서비스 가입자 수와 비례한다.

OTT가 확산됨에 따라 서비스되는 VOD도 플랫폼에 따라 여러 형태로 제공되고 있다. OTT 플랫폼은 제공되는 VOD 서비스의 특징에 따라 도표 1-6과 같이 TVOD Transaction VOD, SVOD Subscription VOD, AVOD Advertising VOD, Hybrid VOD의 네 가지 유형이 있다.[32, 33]

- TVOD: 단품 콘텐츠 결제 서비스로서, 일정 기간 정액 구독제인 SVOD와는 반대되는 비즈니스 모델이다. TVOD는 서비스 가입에는 요금을 지불하지 않는 대신 시청한 콘텐츠와 시청 방법(대여 혹은 구매)에 따라 금액을 지불한다. 이는 우리가 예전에 실제 대여점에 가서 영화를 구매

출처: A. Awan, "Understanding The Terms SVOD, AVOD, TVOD and The Difference Between VOD and OTT," Clipbucket, 7 Mar 2019. 를 인용하여 다시 그림

혹은 대여하고 결제했던 것과 유사하다. TVOD의 대표적 서비스로 아이튠즈, 구글 플레이가 있다. 우리가 유료방송 서비스인 IPTV와 케이블 TV에서 흔히 영화나 TV 프로그램 단일 콘텐츠를 구매하는 것이 TVOD에 해당된다. 한국에서는 유독 TVOD 매출이 큰 편이다. 그러나 전 세계적으로 볼 때는 SVOD의 매출 비중이 훨씬 더 크다.

- SVOD: 구독 기간 동안에는 비디오를 무제한으로 볼 수 있는 비즈니스 모델로서 가장 널리 채택되고 있는 서비스다. 다른 비즈니스 모델보다 평균 ROI(투자자본수익률)가 높은 SVOD 모델은 훌루, 아마존 프라임, 넷플릭스 및 유튜브 프라임과 같은 업계 리더가 채택하고 있다. 한국에서는 웨이브와 왓챠플레이 등이 채택하고 있다.

- AVOD: 사용자가 광고를 보는 대신 무료로 콘텐츠를 시청하는 OTT 플랫폼이다. 유튜브가 AVOD의 가장 좋은 예다. 사실 유튜브는 AVOD만으로는 장기적으로 사업 유지가 어려워 2015년부터 광고를 제거한 유튜브 프리미엄(YouTube Premium)이라는 월정 구독료 12달러의 프리미

엄 서비스를 운영하고 있다.[34]

- Hybrid VOD: 하이브리드형 OTT 서비스로서 위 세 유형의 VOD 비즈
니스 모델을 혼합한 것이다. 기본적으로 월정액 요금제 모델이지만 동
시에 단품 콘텐츠 결제가 가능하고 실시간 방송도 함께 시청할 수 있는
혼합형 서비스다. 개념적으로 SVOD는 일정 금액을 내고 모든 음식을
무제한 먹을 수 있는 뷔페와 같다면 TVOD는 전통적인 식당과 비슷하
다. 하이브리드 VOD는 한국에서 특히 많이 볼 수 있다. 웨이브와 티빙
이 대표적이다. 미국의 경우 유튜브와 CBS의 실시간 방송과 VOD를 같
이 볼 수 있는 'CBS All Access'가 있다.

OTT 등장으로 인한 코드 커팅 확산

넷플릭스, 아마존 등과 같은 인터넷을 통한 OTT 스트리밍 서비스가
확산되어 사용자들이 케이블TV의 코드를 절단하는 행위, 즉 가입을
해지하는 코드 커팅cord cutting 현상이 일어나고 있다. 넷플릭스, 애플TV
및 훌루 등은 코드 커팅을 부추기는 대표적인 OTT 서비스다. 이 기업
들이 제공하는 OTT 서비스들은 2010년경부터 케이블 및 위성TV보
다 나은 가치를 제공한다는 폭넓은 인정을 받으면서 수백만 명의 가입
자가 코드를 자르고 OTT 비디오 스트리밍으로 이동하게 되었다. 이러
한 추세는 지금까지도 계속되고 있다.

　〈월스트리트저널〉의 보도에 의하면, 가격이 점점 비싸지는 기존
의 유료 TV를 해지하고 저렴한 스트리밍 서비스로 옮겨가는 추세는

2019년에 들어 더욱 확산되어 전년 대비 70퍼센트 이상 증가했다. 대형 케이블TV와 위성TV 회사들은 2019년 전체 가입자의 약 8퍼센트에 해당하는 550만 명의 전통적인 유료 TV 고객을 잃었다. 이는 2018년 320만 명의 가입자 감소보다 훨씬 더 큰 폭이다. 케이블TV 회사들이 유료 TV 고객들을 계속 붙들어두기에는 만만치 않은 환경이다. 케이블TV 회사들은 가입 시 설치 및 장비 비용이 들뿐 아니라 유료 TV 시청자들이 즐겨 보는 뉴스와 스포츠 방송 채널 및 콘텐츠 확보 비용도 지속적으로 올라가기 때문에 유료 TV 패키지 가격을 계속 인상하지 않을 수 없는 상황이다. 앞으로 유료 TV 업체들은 더 많은 스트리밍 서비스 제공자와 힘든 경쟁을 해야 한다. 넷플릭스, 훌루, 아마존 프라임, 디즈니+, 애플TV+, 그리고 컴캐스트의 피콕, AT&T의 HBO 맥스 등이 그들의 경쟁자가 될 것이다.[35]

미국에서는 유료 TV 구독 가격이 비싸기 때문에 코드 커팅 현상이 빠르게 진행되는 데 반해 한국에서는 미국만큼 코드 커팅이 급속히 확산되지는 않을 것이라는 견해가 있다. 한 미디어 전문가는 어느 매체와의 인터뷰에서 "한국은 코드 커팅을 걱정하기에는 시기상조다. 미국에서는 유료 방송에 가입하면 한 달 최대 10만원을 내야 한다. 하지만 한국은 이에 비해 훨씬 저렴하다. 나중에는 달라지겠지만 아직은 OTT가 대체재보다는 보완재다."라고 말했다.[36]

유료 TV의 지속적인 구독료 증가와 고품질 콘텐츠를 보유한 상대적으로 저렴한 스트리밍 서비스 확산이 맞물리면서 전통적인 유료 TV로부터의 코드 커팅은 계속될 것으로 예측된다. 따라서 이 코드 커팅은 기존 케이블TV 기업에 매우 큰 위협으로 다가오고 있다. 이제 OTT 서

비스의 확산으로 기존 비디오 엔터테인먼트 산업계의 여러 이해 당사
자들의 역할과 위상에도 많은 변화가 일어나고 있다.

스트리밍 콘텐츠, 어떻게 확보할 것인가?

2007년 스트리밍 출시 때 넷플릭스는 데이터센터를 구축하고 초기
스트리밍 콘텐츠 라이선스 비용을 충당하기 위해 약 4,000만 달러를
지출했다(이에 비해 10년 후인 2017년에는 콘텐츠 확보에만 60억 달러를 투
자했다).[37] 2007년 1월, 넷플릭스가 스트리밍 서비스를 시작할 때 약
1,000개의 비디오 타이틀을 서비스했는데, 이는 넷플릭스가 보유한 7
만 5,000개의 DVD 라이브러리의 1퍼센트가 조금 넘는 수준이었다.
흥미로운 것은 1998년에 넷플릭스가 DVD 우편 구독 서비스를 시작
했을 때도 1,000개의 DVD 타이틀을 보유하고 있었다는 것이다.

　넷플릭스는 스트리밍이 가능한 비디오 타이틀을 확대하기 위해 콘
텐츠 확보에 많은 노력을 기울였다. 하나의 사례가 스타즈Starz와의 협
력이었다. 2008년 10월, 넷플릭스는 4년 계약의 일환으로 2,500편의
스타즈 영화 및 TV 프로그램을 스트리밍할 수 있는 권한을 얻었다. 기
존 넷플릭스 가입자는 추가 비용 없이 감상할 수 있었다. 이 계약으로
인해 2007년 시작한 넷플릭스의 온라인 스트리밍 서비스가 우체부를
기다리는 것보다 훨씬 매력적인 서비스라는 사실을 대중이 인지하기
시작했으며 신규 가입자 역시 폭발적으로 증가했다. 이 제휴에 대해
넷플릭스의 최고 콘텐츠 책임자 테드 서랜도스Ted Sarandos는 "스타즈는

훨씬 더 풍부한 콘텐츠를 제공한다. 수백만 명의 넷플릭스 가입자가 시청하기 위해 그들의 대여 희망 목록에 스타즈의 영화들을 포함시키고 있다."라고 언급했다.[38]

스트리밍 비디오는 할리우드 고전에서부터 컬트영화, 외국 영화, 1990년 BBC의 〈하우스 오브 카드〉 시리즈를 포함한 미니 시리즈에 이르기까지 다양한 비디오를 포함하고 있었다. 넷플릭스는 시작부터 경쟁사보다 독립영화, 다큐멘터리, 애니메이션, 해외 콘텐츠, 기타 전문 타이틀 등 롱테일에 해당하는 비디오 확보에 노력을 많이 한 결과 비주류 영화 선택의 폭이 넓다는 점에서 경쟁사보다 우위를 점하고 있었다.

본격적인 스트리밍의 시대를 열다

넷플릭스는 온라인 DVD 대여 시장에서 업계 리더의 자리에 오르면서 가입자 수와 자금력이 늘어났다. 그리고 콘텐츠 공급자와의 라이선스 협상도 유리하게 이끌어갈 수 있었다. 출시 당시 많은 사람들이 아직은 컴퓨터로 영화를 본다는 것에 익숙하지 않았지만, 넷플릭스의 끈질긴 노력으로 이런 인식은 빠르게 개선되었다.[39] 넷플릭스의 스트리밍 서비스는 출시 초기부터 사용자로부터 매우 좋은 호응을 얻었으며, 블록버스터 등이 쉽게 넘볼 수 없는 인기 서비스가 되었다.

하지만 넷플릭스가 스트리밍 서비스를 시작할 때 두 개의 큰 문제를 가지고 있었다. 첫째는 스트리밍이 가능한 비디오 타이틀의 수가 불과

1,000개에 불과하다는 것이었고, 둘째는 아직 인터넷에 연결된 스트리밍 지원 디바이스가 많지 않다는 것이었다.

2006년 당시 할리우드 스튜디오 총수입의 40퍼센트 이상이 DVD 판매에서 비롯되었으므로 할리우드는 DVD 시대가 스트리밍 시대로 넘어가는 것을 원하지 않았다. 상황이 이렇다 보니 넷플릭스는 자사가 보유한 7만 5,000개에 달하는 DVD 콘텐츠의 스트리밍 라이선스를 사들이기 위해서는 10년 이상의 시간이 걸릴 것이라고 예상했다.

그래서 첫 번째 문제를 서둘러 해결하기보다는 두 번째 문제점인 스트리밍 지원 디바이스를 늘리고자 노력했다. 2008년 1월에 가전제품 회사와는 처음으로 넷플릭스는 LG전자의 셋톱박스에 스트리밍 프로그램을 탑재해 가입자들이 인터넷에서 스트리밍되는 영화를 TV로 유선방송처럼 편하게 영화를 볼 수 있도록 했다.[40] 그리고 같은 해 5월 넷플릭스의 주도하에 오디오 플레이어 제조사인 로쿠Roku가 개발한 '로쿠 넷플릭스 플레이어Roku Netflix Player'라고 부르는 넷플릭스 스트리밍 전용 셋톱박스를 출시했다. 큐빅 모양으로 생긴 99달러짜리 로쿠 박스를 사용하면 사용자의 대여 희망 목록을 탐색하고 영화나 드라마 정보를 보고 비디오를 스트리밍할 수 있었다. 넷플릭스 사용자에게는 서비스가 무료로 제공된다. '로쿠 넷플릭스 플레이어'는 우수한 인터페이스, 1만여 편의 영화 타이틀을 가진 스트리밍 카탈로그, 20초의 짧은 로딩 시간 등의 장점과 함께 DVD급 화질의 영상을 자유롭게 감상할 수 있다는 이유로 소비자들로부터 극찬을 받았다. 또 넷플릭스는 애플 및 부두Vudu를 포함한 제조업체와 함께 사용자 중심의 하드웨어 제품도 만들 수 있다는 인식을 업계에 심어주어 브랜드 가치도 높였다.[41]

출처: https://zatznotfunny.com/2008-05/first-netflix-stb-arrives-100/

그림 1-14 로쿠에서 만든 넷플릭스 스트리밍 전용 셋톱박스

로쿠 박스의 큰 인기로 인해 다른 기업들도 넷플릭스에 파트너십을 요청했다. 곧이어 '엑스박스Xbox'에도 넷플릭스의 스트리밍 서비스가 포함되었다. 스트리밍 서비스가 로쿠와 엑스박스에서 성공적으로 출시됨으로써 많은 유사한 스트리밍 서비스 제휴가 뒤따랐다. 이로 인해 수많은 셋톱박스, TV, 블루레이 플레이어, 노트북, 모바일 디바이스에 넷플릭스 소프트웨어가 탑재되어 이후 3년간 200개 이상의 전자제품에서 넷플릭스의 스트리밍 서비스를 이용할 수 있게 되었다.

이와 동시에 넷플릭스는 첫 번째 문제점이었던 취약한 콘텐츠의 보강에도 힘을 기울였다. 그 일환으로 디즈니, CBS, 스타즈 엔터테인먼트 등과 협상을 통해 많은 영화와 드라마를 확보했다. 넷플릭스는 빠른 스트리밍 확산을 목표로 경쟁력 있는 콘텐츠 확보와 기술 문제 해결에 많은 노력을 기울였다. 넷플릭스가 가지고 있던 전략, 즉 넷플릭스가 여러 업체와 제휴를 통해 시장을 주도해나간다면 가전제품 회사 및 영화사들도 향후 스트리밍 시장에서 뒤떨어질 것을 두려워해 넷플릭스와 협력을 강화할 것이라는 예상은 그대로 적중했다.

넷플릭스는 스트리밍 서비스 출시 후 꾸준히 스트리밍의 콘텐츠 라이브러리를 풍부하게 만들었다. TV 드라마 시리즈가 점점 더 많은 점유율을 차지해나갔다. 2013년부터는 자체 오리지널 시리즈를 제작하기 시작해 온디맨드 TV의 배급 모델을 바꾸어 몰아보기_{Binge Watching} 개념을 탄생시켰다.

스트리밍은 초기에 기술적인 제한이 많아서 넷플릭스는 양질의 스트리밍 서비스를 위해 필요한 기술적인 문제 해결에 많은 노력을 기울였다. 예를 들면 전 세계에 퍼져 있는 고객들을 위한 자체 콘텐츠 전송 네트워크_{CPN; Content Delivery Network}와 최적의 비디오 화질을 위한 인코딩 알고리즘이다. 이런 기술과 어플리케이션 소프트웨어의 발전, 다양한 디바이스의 넷플릭스 스트리밍 지원 등으로 인해 기기 간 스트리밍 동기화도 가능해졌다. 2016년부터는 오프라인에서도 시청할 수 있도록 비디오 다운로드 기능을 제공하고 있다.

스트리밍 출시 4년 만인 2011년 넷플릭스 스트리밍 서비스가 미국 인터넷 트래픽의 3분의 1을 차지하게 되었다. 즉, 본격적인 스트리밍 시대가 도래한 것이다. 스트리밍 시대가 왔다는 것은 DVD 시대가 저물고 있다는 것을 의미한다. 이를 반영하듯 2012년에는 온라인으로 스트리밍되는 영화 타이틀의 숫자가 DVD와 블루레이 디스크의 판매량을 앞지르게 되었다.

그리고 넷플릭스는 스트리밍 서비스 출시 10년 만인 2017년 말 기준, 전 세계적으로 1억 1,000만 명의 가입자를 보유하게 되었다. 2018년 말 기준으로 넷플릭스는 전 세계 비디오 스트리밍 트래픽에서 가장 많은 26.6퍼센트의 점유율을 차지했다(유튜브는 21.3퍼센트, 아마존 프라임 비디오는 5.7퍼센트, 페이스북 비디오는 3.4퍼센트, 홀루는 0.4퍼센트). 또한 미국 성인 4명 중 1명이 매일 넷플릭스를 스트리밍한다고 한다. 즉, 미국 성인 2억 5,000만 명 중 5,800만 명이 매일 넷플릭스를 시청하고 있는 셈이다.[42]

DVD 사업을 접지 않는 이유

넷플릭스는 1998년 온라인 DVD 대여 사업으로 시작했지만 2007년 스트리밍 서비스 사업으로 무게 중심을 옮겼다. 이 전환은 블록버스터를 타깃으로 한 비즈니스 모델의 파괴적 혁신이었다. 그러나 그 과정에서 어려운 일들이 발생했다. 넷플릭스도 온라인 DVD 대여 사업을 하고 있었기 때문이었다.

넷플릭스는 우편에 의한 DVD 대여 사업과 스트리밍 사업의 비용 구조가 매우 다르고, 마케팅도 다르게 해야 했기 때문에 각각의 사업체가 독립적으로 성장하고 운영되도록 할 필요가 있었다. 특히 리드 헤이스팅스는 넷플릭스의 미래를 위해서 차세대 유망 사업인 스트리밍 서비스 비즈니스에 모든 노력을 집중시키기를 원했다.

2011년 7월 헤이스팅스는 회사를 DVD 대여 사업과 스트리밍 사업으로 분리하고 DVD 대여 사업을 '퀵스터Qwikster'라는 새로운 독립된 사업체로 분할하려는 계획을 발표했다. 이 계획에 의하면 사용자는 매달 퀵스터와 넷플릭스 두 개의 다른 회사에 월정액을 지불하고 프로필도 두 개를 각각 유지해야 했다. 사용자는 매우 혼란스러워했다. 헤이스팅스의 예측과는 달리 이 결정에 대해 고객과 투자자들은 매우 분노했다.

2만 7,000개에 달하는 비판적인 글들이 홈페이지에 올라왔다. 결국 시행 2주 만에 헤이스팅스는 회사 분할 계획을 취소했다. 그리고 너무나 성급하게 DVD 사업 분사 결정을 한 데 대해서 고객과 주주들에게 사과했다. 넷플릭스는 불과 세 달 동안에 80만 명의 가입자를 잃었고 주가가 7월에 304달러에서 10월에 77달러로 75퍼센트나 폭락했다.[43]

이러한 어려운 상황에도 불구하고 헤이스팅스는 거의 모든 투자자·분석가들과 마찬가지로 "넷플릭스의 미래는 DVD가 아니라 인터넷 스트리밍에 있다고 여전히 믿고 있으며 스트리밍 사업에 박차를 가해야 한다."고 말했다.[44]

넷플릭스는 DVD 우편 구독 서비스 사업과 스트리밍 서비스 사업을 분리하고자 시도했을 당시에 1,400만 명의 가입자들이 DVD를 받아 보고 있었다. 일부 영화 및 TV 프로그램은 넷플릭스의 DVD 대여 서비스를 통해서만 볼 수 있었다. 하지만 2011년 이후에는 매 분기마다 DVD 가입자가 서서히 줄어들기 시작한 반면, 새로운 스트리밍 구독자들은 수백만 명씩 증가했다. 넷플릭스는 2018년 2분기 기준으로 미국에서 약 300만 명의 DVD 가입자와 전 세계적으로 1억 3,000만 명의 스트리밍 가입자를 확보했다. 이에 대해 넷플릭스의 최고 콘텐츠 책임자인 테드 서랜도스는 다음과 같이 말했다. "우리는 DVD 사업을 살리기 위해 단 1분도 소비하지 않았지만 넷플릭스는 여전히 약 300만 명의 가입자들에게 넷플릭스의 빨간 봉투를 통해 DVD를 보내고 있다."[45]

넷플릭스가 스트리밍에 전적으로 집중하기로 회사 방침을 정했음에도 불구하고 DVD 사업을 포기하지 않는 이유가 있다. DVD 사업은 2018년 2분기 동안에만 5,300만 달러의 이익을 내는 등 이익 마진이 여전히 매우 좋았기 때문이다. 이것은 다른 기업의 입장에서 보면 부러운 상황이다.

넷플릭스의 스트리밍 사업의 수익성이 점점 높아져가고 있지만, DVD 사업 역시 오랜 기간 동안 넷플릭스에 기여가 컸다. 실제로 DVD 사업의 수익으로 스트리밍 사업을 구축하기도 했다. 넷플릭스가 2016년에 DVD를 구입하는 데 7,700만 달러, 2017년에는 5,400만 달러를 투자하는 등 DVD 사업 비용이 감소하고 있기는 하지만 완전히 포기한 것은 아니다.[46] 그러나 DVD 사업 이익은 아주 오래 지속되지는 않을 것이다. 넷플릭스는 지난 2년간 매 분기마다 약 19만 명의 DVD 가입자를 잃었다. 이런 추세로 가면, 2022~2025년경에는 DVD 사업을 완전히 접어야 할 것으로 예측하고 있다.

PART 02

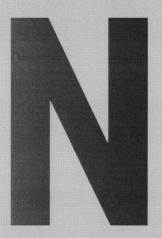

글로벌 기업으로 성장하기 위한
오리지널 콘텐츠 강화 및 글로벌 확장

N

OTT 서비스의
무서운 경쟁자들

미국영화협회Motion Picture Assoc. of America, MPAA에 따르면, 전 세계 비디오 스트리밍 구독자 수는 지난 10년 동안 꾸준히 증가해 2018년에는 전년보다 27퍼센트 증가한 6억 1,333만 명이 되었고 이에 반해 케이블 가입자 수는 2퍼센트 감소한 5억 1,700만 명이 되었다. 처음으로 전 세계 스트리밍 가입자 수가 케이블 가입자 수를 앞지른 것이다.[1] 이는 넷플릭스, 아마존, 훌루 같은 기업이 최근 몇 년간 전통적인 TV 네트워크와 경쟁하며 성장한 것으로 비디오 스트리밍 가입자의 지속적인 증가는 당연한 것으로 받아들여지고 있다. 또 애플, 디즈니 AT&T, NBC유니버설과 같은 새로운 OTT 서비스 강자들이 2019년 말부터 자체 스트리밍 플랫폼을 출시함으로 이러한 수치는 앞으로 더욱 높아질 것이다.

2019년을 시작으로 비디오 엔터테인먼트 산업계는 큰 변화에 직면하고 있다. 미디어 엔터테인먼트 업계의 강자인 디즈니와 애플은 2019년 11월에 OTT 스트리밍 서비스인 디즈니+와 애플TV+를 오픈했고, AT&T는 2020년 5월에 OTT 서비스인 HBO 맥스를 출시했다. 애플TV+는 전 세계에 퍼져 있는 10억 대의 애플 디바이스에서 바로 접근할 수 있는 서비스가 강점이고, 디즈니와 AT&T는 다양하고 풍부한 콘텐츠 경쟁력이 강점이다. 넷플릭스 등이 선점한 OTT 스트리밍 서비스 사업에 콘텐츠와 경험을 겸비한 디즈니, AT&T와 애플까지 공격적으로 진입함에 따라 엔터테인먼트 산업이 1980년대 케이블TV 등장 이후 약 40년 만에 예측이 어려운 격변의 시대로 접어들고 있다.

전통적인 콘텐츠 시청 형태는 스튜디오나 방송사가 드라마를 제작해 케이블이나 인터넷TV 등을 통해 서비스하는 것이었다. 그러나 넷플릭스의 스트리밍 서비스 등장 이후 소비자들이 바라던 대로 콘텐츠 온디맨드 스트리밍에 의한 시청이 가능해지면서 전통적인 시청 형태가 급격하게 바뀌었다. 그 결과로 케이블TV 해지율이 증가하고 있으며, TV 대신 모바일 디바이스로 영상을 보는 사용자가 급증하고 있다.

최근에 상용화된 5G 이동통신은 전송 속도가 빠르고 지연 시간이 매우 짧다. 앞으로 대용량 콘텐츠를 더 빠르게 서비스할 수 있는 5G 이동통신이 전 세계에 확산되면, OTT 서비스 채택률 증가 및 코드 커팅 추세가 더욱 빠르게 진행될 것이다. 결국 기존 방송 및 통신사업자의 거대 기업들이 OTT 스트리밍에 많은 노력을 기울이는 이유는 콘텐츠를 소비하는 방법의 변화에 따라 콘텐츠 스트리밍이라는 새로운 서비스를 고객에게 제공해 주력 사업의 경쟁력을 키우는 동시에 새로운 매출을 창출하겠다는 것이다.

콘텐츠 경쟁력을 무기로 삼은 HBO 맥스

AT&T는 2018년 6월 타임워너Time Warner를 인수해 회사명을 워너미디어WarnerMedia로 바꾸었다. 워너미디어의 OTT 관련 계열사로는 HBO와 워너브라더스 및 워너브라더스 스튜디오가 있다. HBO는 미국의 유료 프리미엄 케이블 네트워크로서 오리지널 TV 드라마와 영화를 주로 방영하고 다큐멘터리, 스포츠, 공연 등도 내보내고 있다. AT&T는 워너미디어의 인수로 HBO를 보유하게 돼 바로 OTT 서비스를 시작할 수 있는 발판을 마련했다.

HBO의 미디어에 대한 역사는 상당히 깊다. HBO는 2019년 11월 기준으로 두 개의 스트리밍 서비스를 운영하고 있다. 2010년 HBO 고HBO Go를 출시했으며 2015년 넷플릭스의 급부상에 대한 대응으로 독립형 OTT 서비스인 HBO 나우HBO Now를 내놓았다. HBO 고와 HBO 나우 서비스는 주로 HBO가 제작한 TV 프로그램 및 영화 스트리밍에 중점을 둔다. 이에 비해 2020년 월 5말에 출범한 HBO 맥스에서는 다양한 워너미디어 브랜드의 콘텐츠와 함께 새로운 콘텐츠를 시청할 수 있다.

HBO 고와 HBO 나우의 주요 차이점은 서비스 접근 방식이다. HBO 나우는 단품 스트리밍 서비스인 반면, HBO 고는 HBO 케이블

출처: https://television.mxdwn.com/news/
hbo-max-announces-future-streaming-
service-content/

그림 2-1 AT&T의 비디오 스트리밍 서비스인 HBO 맥스의 스마트폰 초기 화면

구독 또는 아마존 프라임 등과 함께 무료로 제공되는 서비스다. 가격이 약간 다르지만 콘텐츠는 정확히 동일하다. 디바이스 앱을 통해 구독하든, 훌루와 같은 다른 서비스에서 추가 기능으로 사용하든 관계없이 HBO 나우는 월정 구독료 14.99달러다. 이에 반해, HBO 고는 기본적으로 무료이지만 케이블 제공 업체에서 HBO 가입이 필요하다. 프리미엄 채널인 HBO는 공급자 및 주문 시 제공되는 프로모션에 따라 월 10~18달러의 비용이 들 수 있다. 2019년 2월 기준 HBO 나우 회원 수는 800만 명이다.

HBO 맥스의 구독료는 앞서 이야기한 것처럼 14.99달러로 경쟁사에 비싸다. 하지만 HBO가 세계적으로 인기를 끈 드라마인 〈왕좌의 게임〉, 〈밴드 오브 브라더스〉, 〈프렌즈〉, 〈더 와이어〉 등을 보유하고 있기 때문에 HBO 맥스는 미국에서 최고의 드라마 콘텐츠 경쟁력을 갖춘 서비스라는 평가를 받고 있다. 독점적인 오리지널 프로그램과 워너미디어의 브랜드 및 라이브러리 포트폴리오를 통해 고객에게 서비스할 것으로 알려졌다. 또한 넷플릭스와 경쟁하기 위해 HBO 맥스도 새로운 오리지널 TV 드라마와 영화를 제작할 것으로 알려졌다.

독립형 스트리밍 서비스로서 케이블 가입이 필요하지 않다는 점에서 HBO 맥스는 HBO 고보다 HBO 나우와 유사하다.

AT&T는 HBO의 우수한 콘텐츠 공급을 통해 경쟁사와 차별화를 꾀하고 가입자 유치를 가속화할 예정이다. AT&T는 HBO 맥스 서비스 출시 이후 2025년까지 미국의 5,000만 명 가입자를 포함해 7,500~9,000만 명의 글로벌 가입자를 확보할 계획이라고 발표했다.[2]

화려하고 다양한 콘텐츠의 '디즈니+'

디즈니가 OTT 스트리밍 서비스인 디즈니+를 출범시킨 이유가 무엇일까? 이에 대해서 〈뉴욕타임스〉에서 할리우드를 취재하고 있는 브룩스 반스Brooks Barnes의 기사를 참고해 살펴보자.[3]

넷플릭스가 고속 성장을 하고 있던 2015년 당시 디즈니의 CEO였던 로버트 아이거Robert Iger는 영국에서 '디즈니라이프DisneyLife'라는 비디오 스트리밍 앱을 테스트하고 있었다. 그리고 2016년에는 대형 스트리밍 플랫폼을 구축하는 것과 이에 기반한 스트리밍 사업에 대해서 공개적으로 이야기하기 시작했다. 사실 이 접근 방법은 전통적인 TV 사업을 하고 있는 디즈니로서는 이해충돌이 생길 수 있는 위험한 아이디어였다.

하지만 2017년 6월 디즈니 경영진은 급속하게 발전하고 있는 디지털 기술로 인해서 코드 커팅이 예상보다 빠른 속도로 가속화하고 있으며, 이는 향후 디즈니의 메인 비즈니스 성장을 저해할 것이라는 데 의견을 모았다. 그로부터 2개월이 채 지나지 않아 아이거는 급진적인 계획을 발표했다. 즉, 디즈니는 마블, 픽사, 스타워즈 그리고 전통적인 디즈니 콘텐츠를 포함하는 디즈니+ 서비스와 스포츠 플랫폼인 ESPN+를 만들어 비디오 스트리밍 사업에 우선순위를 둘 것이라는 내용이었다. 아이거는 최근 출판된 회고록 《디즈니만이 하는 것》에서 "우리는 우리 자신의 사업에 파괴적 혁신을 시급하게 적용하고 있다."라고 언급했다. 그는 현재의 광고에 기반한 방송은 오래 지속될 수 없고, 이를 혁신하지 않으면 망한다는 생각을 했다.[4]

디즈니는 넷플릭스를 포함한 OTT 스트리밍 서비스 강자들과의 경쟁을 위해 디즈니의 기존 콘텐츠에 새로 인수한 미디어의 콘텐츠를 더해 2019년 11월에 새로운 OTT 서비스인 디즈니+를 출시했다. 2019년 3월 21세기폭스를 인수해 글로벌 미디어 엔터테인먼트 거인으로 자리매김한 디즈니는 OTT 시장의 차세대 주자로 많은 주목을 받고 있다.

디즈니+는 디즈니의 전통적인 핵심 콘텐츠인 애니메이션뿐만 아니라 다른 경쟁력 있는 콘텐츠 확보를 위해 힘을 모으고 있다. 이미 마블, 픽사, 스타워즈 등의 브랜드를 소유하고 있었던 디즈니는 〈엑스맨〉, 〈판타스틱 4〉와 같은 폭스 소유의 마블 캐릭터도 얻게 되어 전체 마블 제품군을 통합할 수 있게 되었으며 내셔널지오그래픽도 소유하게 되었다. 또한 폭스의 훌루 지분 30퍼센트를 인수해 총 67퍼센트의 지분을 소유하게 되었다(2019년 11월 현재 훌루는 미국과 일본에서만 서비스를 하며, 2018년 기준 약 2,500만 명의 가입자를 확보하고 있다).

디즈니는 OTT 시장에 진입하면서 그동안 넷플릭스에 공급해왔던 자사 콘텐츠 라이선스를 모두 회수하는 결기를 보이고 있다. 디즈니의 좋은 콘텐츠를 보려면 디즈니+를 이용하라는 메시지를 던지고 있는 것이다. 이용 요금도 월 6.99달러로 넷플릭스나 HBO 맥스의 반값 정도로 책정하고 있다.

디즈니+는 2019년 11월 미국, 캐나다, 네덜란드, 오스트레일리아와 뉴질랜드에서 오픈했다. 이어 유럽의 영국, 프랑스, 스페인, 이탈리아, 독일, 아일랜드 등 6개국에서 2020년 3월부터 2차로 서비스를 제공했다. 이번에 제공할 서비스는 디즈니가 보유한 모든 브랜드의 영화와 TV 시리즈를 포함한다.

한국을 포함한 아시아 태평양 지역은 2년 내 서비스 제공이 예고됐으나 동유럽과 라틴아메리카에서 준비가 완료된 후에나 서비스가 가능할 것으로 전망된다. 아시아 태평양 지역은 빨라야 2021년부터 출시될 가능성이 높다.[5]

2019년 12월 현재 디즈니사의 디즈니+, ESPN+, 훌루의 스트리밍 트리오가 5,300만 명 이상의 가입자를 가지고 있다. 디즈니는 2024년까지 디즈니+에서만 6,000만~9,000만 명의 가입자를 전망하고 있는데, 이는 스트리밍 서비스에서 넷플릭스에 버금가는 숫자일 것으로 전망하고 있다.[6]

디즈니는 OTT 시장 경쟁력 강화를 위해 디즈니+ 서비스를 경쟁사인 넷플릭스나 HBO 맥스 대비 반값 정도로 제공하고 있다. 또 ESPN+와 훌루 등의 세 개 서비스를 시청할 수 있는 결합 상품을 월 12.99달러 요금제로 제공하고 있는데, 이는 넷플릭스 표준 월정 구독료와 같

출처: https://www.denofgeek.com/movies/disney-plus-price-deals-bundles-devices-best-options/

그림 2-2 디즈니+ 출범 행사에서 디즈니가 가지고 있는 콘텐츠를 소개하고 있다.

다. 경쟁사를 압도하는 콘텐츠 물량과 인기 히어로물, 스포츠 방송 등이 디즈니+의 가장 큰 경쟁력이다. 고객은 취향에 따라 영화 중심의 디즈니+, 혹은 스포츠 경기 ESPN+, TV 시리즈 위주의 훌루를 골라 볼 수 있다.

앞에서 디즈니의 전 CEO인 아이거가 언급한 것처럼, 디즈니는 디지털 기술의 비약적 발전으로 OTT 스트리밍이 디즈니의 메인 비즈니스를 잠식할 것으로 예측하고 있다. 그래서 고객이 극장에서 콘텐츠를 즐기면서도 서비스 구독을 유지하게 할 별도의 장치가 필요하게 되어 스트리밍 서비스인 디즈니+를 출시하게 된 것이다. 디즈니는 극장 상영과 OTT 스트리밍 서비스의 두 마리 토끼를 다 잡기 위해 자체 스트리밍 서비스인 디즈니+가 그 한 축을 맡아주기를 희망하고 있다.

그런데 극장 상영과 스트리밍 서비스를 동시에 하면 수익이 분산될 가능성이 있다. 스트리밍 서비스의 가격이 낮고 콘텐츠 접근성이 좋다면 극장 수익이 악화할 것이고, 반대로 극장 상영에 초점을 맞추어 홀드백 기간을 길게 잡아 개봉 영화의 스트리밍 출시를 늦춘다면 굳이 스트리밍 서비스를 구독하기보다는 지금처럼 극장에서 콘텐츠를 소비할 것이기 때문이다. 최근 OTT 스트리밍 서비스라는 파괴적 혁신이 극장 상영이라는 전통적 관행을 서서히 무너뜨리고 있는 추세다. 그렇지만 넷플릭스와 달리 디즈니는 전통적으로 주요 수입원인 극장 상영을 포기할 수 없다. 넷플릭스는 매출의 중심이 유료 구독료인 반면 디즈니는 극장 상영이기 때문이다. 이런 상황에서 이 둘의 수익 균형을 유지해나가야 하는 디즈니+ 사업은 고도의 전략이 필요해 보인다.

미국 최대 케이블 사업자 컴캐스트를 등에 업은 피콕

NBC유니버설은 2004년 제너럴일렉트릭의 NBC와 비방디Vivendi 그룹의 비방디 유니버설 엔터테인먼트와의 합병으로 태어났다. 2011년 미국 최대 케이블 사업자 컴캐스트가 NBC유니버설을 합병해 2019년 현재 100퍼센트 지분을 소유하고 있다. NBC유니버설은 MSNBC, CNBC, USA 네트워크를 포함한 다양한 케이블 뉴스, 스포츠 및 엔터테인먼트 네트워크를 소유하고 있으며 스포츠 경기 중계권을 통한 콘텐츠 차별화를 꾀해 성과를 거두고 있다. NBC유니버설은 온라인 비디오 스트리밍 서비스인 훌루의 지분도 33퍼센트를 가지고 있다.

컴캐스트는 NBC유니버설이 2020년 7월 자체 OTT 프리미엄 스트리밍 서비스인 피콕Peacock을 출시한다고 밝혔다. 피콕 서비스에는 유니버설 픽처스, 포커스 피처스Focus Features, 드림웍스 및 일루미네이션Illumination의 영화와 다른 스트리밍 서비스에서 재배치된 TV 시리즈가 포함된다. 예를 들어, 넷플릭스에 제공한 인기 코미디 TV 시리즈인 〈더 오피스〉 라이선스를 2020년에 찾아와서 2021년에는 피콕에서 독점적으로 제공한다. 피콕은 OTT 시장에서의 치열한 경쟁을 위해 방대한 비디오 라이브러리에서 1만 5,000시간 분량의 콘텐츠를 광고 지원 서비스와 구독 기반 서비스 양쪽에서 사용할 수 있도록 계획하고 있다. 피콕의 가입자는 컴캐스트 가입자 수인 5,500만 명이 될 것으로 추정하고 있다.

현재 NBC유니버설은 구독 요금을 공개하지 않았지만 피콕은 가입자 확대를 위해 미국 및 주요 국제 시장에서 유료 TV 가입자에게 광고와 함께 무료로 제공될 것으로 보고 있다.[7]

모든 애플 디바이스에서 접근 가능한 애플TV+

애플은 하드웨어 및 소프트웨어 분야에서 더 이상 뚜렷한 혁신을 이루지 못하고 아이폰을 비롯한 디바이스 판매가 정체되고 있다. 또한 지난 18년 동안 제공해왔던 기존 아이튠즈 서비스에는 음악, 비디오 등 여러 콘텐츠가 섞여 있어서 사용이 쉽지 않다는 의견이 많았다. 따라서 애플은 아이튠즈를 종료하고 애플 뮤직, 애플TV, 애플 팟캐스트의 세 서비스로 나누기로 결정했다. 기존 데스크톱용 애플TV는 타사의 구독 채널과 10만 개가 넘는 영화 및 TV 프로그램을 구매 또는 대여할 수 있는데, 향후 애플TV+를 구독하면 애플TV 앱을 통해서도 이 콘텐츠를 시청할 수 있다.[8]

애플은 2019년 11월 1일에 전 세계 100여 개 국가에 최대 6명의 가족과 공유할 수 있는 계정에 대해 월 4.99달러 요금제로 애플의 오리지널 시리즈와 영화를 독점적으로 볼 수 있는 애플TV+ 스트리밍 서비스를 출시했다. 업계 1위인 넷플릭스의 표준 요금제 월 12.99달러의 38퍼센트 수준이다. 애플TV+에는 넷플릭스와 마찬가지로 광고가 없다.

애플TV+ 서비스의 경쟁력은 애플TV 앱이 설치된 모든 애플 기기에서 접근할 수 있다는 점이다. 이미 전 세계에 깔려 있는 10억 대 이상의 아이폰과 아이패드를 비롯한 애플 디바이스가 애플의 핵심 경쟁력이다. 애플 사용자들은 따로 앱을 다운로드해 계정을 등록할 필요 없이 이미 탑재된 애플TV 앱을 통해 애플TV+ 서비스를 사용하면 된다. 그뿐만 아니라 애플TV+는 일부 경쟁사의 디바이스에서도 사용 가능하다. 애플TV 앱은 삼성의 스마트TV에서 사용할 수 있으며 2019년부터는 로쿠, 아마존의 파이어 TV 장치 및 소니, LG 등의 스마트TV에서도 제공된다.

애플 가입자는 웹사이트tv.apple.com에서도 애플TV+를 볼 수 있다.[9] 애플은 모든 아이폰과 아이패드 이용자에게 일주일간 무료 이용권을 제공하고 있다. 또한 2019년 9월 10일부터 새로운 아이폰, 아이패드, 아이팟터치, 맥북, 또는 애플TV를 구입한 모든 사람들에게 1년 동안 애플TV+ 서비스가 무료로 제공된다.

2019년 9월 10일, 애플은 앞으로 애플TV+에 여덟 개의 오리지널 시리즈와 한 개의 원본 다큐멘터리를 출시할 예정이며 이후 매월 새로운 오리지널 콘텐츠를 출시할 계획이라고 발표했다. 넷플릭스와 달리, 애플TV+는 풀 시즌의 에피소드를 한 번에 일괄 출시하지는 않는다. 대부분의 애플TV+ 시리즈는 처음에 세 개의 에피소드로 시작하고 그 후에는 매주 새로운 에피소드가 하나씩 소개될 것이라고 한다. 하지만 일부 시리즈는 전체 시즌 에피소드가 일괄 출시되기도 할 것이다.

모건스탠리의 투자 분석가 케이티 허버티Katy Huberty에 따르면 애플의 서비스 사업은 애플TV+ 스트리밍 서비스에 힘입어 2020년에 20퍼센트 성장할 것으로 예측했다. 또한 월정 구독료 4.99달러라는 매력적인 요금제, 전 세계에 광범위하게 퍼져 있는 수많은 애플 디바이스 기반으로 인해, 기존 애플 사용자 중 10퍼센트만 애플TV+ 서비스에 가입하더라도 2025년까지 1억 6,000만 명의 유료 가입자를 확보하게 되어 90억 달러 규모의 비즈니스로 성장할 것이라고 예측했다.[10]

훌루를 보면 미디어 기업의 전략을 알 수 있다

훌루는 미국의 OTT 콘텐츠 서비스를 제공하는 엔터테인먼트 기업이다. 주로 TV 시리즈의 스트리밍을 지원해 TV 네트워크 및 콘텐츠 파트너로부터 여러 시리즈를 전달하는 역할을 하고 있다. 넷플릭스의 뒤를 이어 빠르게 성장 중인 스트리밍 서비스 훌루의 탄생 과정을 살펴보면 미디어 소비 패턴 변화에 따른 미국의 기존 미디어 기업의 전략 변화를 알 수 있다.

홀루는 2007년 전통적인 미디어를 대표하는 디즈니, 타임워너, 컴캐스트, 뉴스 코퍼레이션(나중에 21세기폭스로 승계) 등의 합작 프로젝트로 설립되었다. 이후에 이 기업들 간에 인수와 합병이 일어나면서 AT&T, 컴캐스트, 디즈니의 3사로 재구성되었다. 그 후 다시 한번 AT&T와 컴캐스트의 21세기폭스가 홀루의 보유 지분을 디즈니에게 팔면서 홀루는 완전히 디즈니의 자회사가 됐다. 2019년 기준, 디즈니가 67퍼센트, 그리고 컴캐스트의 NBC유니버설이 33퍼센트의 지분을 소유하고 있다. 2019년 현재 홀루는 미국과 일본에서만 서비스를 하며, 2018년 말까지 약 2,500만 명의 가입자를 확보했다고 발표했다.[11]

홀루를 보면 미디어 기업 간의 관계가 급속히 변하고 있음을 알 수 있다. 과거에는 미디어 기업들이 더 많은 시청률을 얻기 위해 경쟁했다면, 지금은 스트리밍 미디어 플랫폼을 통해 협업과 경쟁을 동시에 해야 하는, 말하자면 코페티션copetition 관계로 바뀌었다. 디즈니는 홀루의 최대 주주이지만, 동시에 홀루는 디즈니에서 2019년 11월에 런칭한 스트리밍 서비스 디즈니+의 경쟁사이기도 하다. 또 AT&T의 워너미디어는 스트리밍 사업을 위해 전통적 경쟁사인 NBC유니버설과의 협업 계획을 발표하기도 했다.[12]

N

오리지널 콘텐츠로
성장의 기반을 마련하다

스트리밍 사업으로 시작된 새로운 콘텐츠 전략

성공적인 비디오 서비스 사업을 위해서는 원활한 콘텐츠 확보가 무엇보다도 중요하다. 그런데 콘텐츠 확보 측면에서 DVD를 대여하는 DVD 우편 구독 서비스 사업과 물리적 매체를 대여하는 것이 아닌 비디오 스트리밍 사업의 경우는 판이하게 다르다. 따라서 넷플릭스가 온라인 DVD 대여 사업을 할 때와 비디오 스트리밍 사업을 할 때의 콘텐츠 확보 전략은 완전히 다를 수밖에 없다.

DVD 우편 구독 서비스 사업을 위해서는 적정 수준의 DVD 확보가 필요하다. 이를 위해 넷플릭스가 영화 공급자인 스튜디오와 수익 배분 협상 및 계약에 의해 DVD를 공급받거나(이 경우는 DVD 대금을 선지불하지 않아도 되므로 경제적으로 부담이 적다), 아니면 DVD를 시장에서 직접 구매했다.

저작권이나 상표권 관련해 미국에는 '최초 판매 정책First-Sale Doctrine'이라는 법규가 있어서 저작권이나 상표권 소유자의 지나친 권리를 제한하고 있다. 이는 저작권 소유자가 책을 처음 판매할 때 저작권 소유자의 특정 복사본의 독점 배포권이 종료된다는 개념으로, 새로운 소유자는 저작권 소유자의 추가 허가 없이 해당 사본을 배포할 수 있다. 즉, 저작권이 있는 제품의 유통망, 대여, 기부, 비디오 대여, 그리고 저작권이 있는 작품의 2차 시장, 예를 들면 개인이 합법적으로 구입한 책이나 DVD를 다른 사람에게 대여하거나 재판매하는 길을 열어 놓고 있다.[13]

극장이 영화 상영을 위해 콘텐츠를 구입한다면 제공자와 협상을 해야 하지만 누가 DVD를 직접 대여하는 사업을 하고자 한다면 허가를 받을 필요가 없이 단지 DVD 복사본을 구매해 대여하면 된다. '최초 판매 정책'에 의해 블록버스터, 넷플릭스, 레드박스 등이 DVD 대여 사업을 할 때 영화 스튜디오와 관계없이 DVD를 확보할 수 있었다.

반면에 영화 확보 측면에서, 비디오 스트리밍 사업은 DVD 대여 사업과는 판이하게 다르다.

비디오 스트리밍 사업 영역에서 콘텐츠를 제공하는 영화 스튜디오의 영향력은 엄청나다. 넷플릭스가 스트리밍을 원하는 영화에 대해서는 저작권을 보유하고 있는 영화 스튜디오와 라이선스 협정을 맺어야 한다. 만일 특정 영화에 대해서 스튜디오가 라이선스 협정 맺기를 거부하면 넷플릭스는 그 영화의 스트리밍 서비스를 제공할 수 없다. 비

그림 2-3 넷플릭스의 초창기 오리지널 콘텐츠들

디오 스트리밍 서비스 사업에서 라이선스 확보는 사업의 성패를 가르는 중요한 요소다.

치열해진 비디오 스트리밍 사업 경쟁

넷플릭스는 2007년 스트리밍 서비스를 통해 급성장하면서부터 영화 스튜디오, 콘텐츠 소유자, 그리고 업계 경쟁업자들로부터 다양한 견제를 받으며 어려움을 겪고 있었다. 그중 하나는 이전에는 협력에 우호적이었던 콘텐츠 소유자들이 라이선스 계약 갱신을 거부하고 종료하는 것이었다. 그중 한 사례가 2011년 미국의 프리미엄 케이블 및 위성

TV 네트워크인 스타즈가 넷플릭스와의 계약 갱신을 거부한 것이다.

2007년 넷플릭스가 스트리밍 서비스를 시작할 때 스트리밍이 가능한 비디오 타이틀은 불과 1,000편에 불과했다. 사실 이즈음 넷플릭스는 7만 5,000편의 DVD를 보유하고 있었지만 이들의 스트리밍 라이선스를 받기에는 매우 오랜 시간이 걸릴 뿐 아니라 비용도 많이 들어갈 것으로 예측되었다. 이렇게 어려운 상황에서 2008년 10월, 넷플릭스는 스타즈로부터 향후 4년 동안 2,500편의 영화 및 TV 프로그램을 스트리밍할 수 있는 권한을 얻었다. 스트리밍 가능 비디오 타이틀이 매우 적은 넷플릭스로서는 천군만마를 얻은 듯한 대단히 중요한 제휴였다. 넷플릭스의 기존 가입자는 추가 비용 없이 추가된 2,500편의 콘텐츠를 감상할 수 있었고, 이로 인해 신규 가입자도 크게 증가했다.

그러나 스타즈는 2011년 9월에 자신들의 독점적이고 가치 있는 콘텐츠에 대한 적절한 가격 보장과 브랜드의 프리미엄 특성을 보호하기 위해 넷플릭스와의 4년 계약 만료 후 갱신은 없을 것이라고 발표했다. 이로 인해서 넷플릭스 고객은 스타즈가 제공해오던 히트작들뿐 아니라 넷플릭스 사이트의 '스타즈 플레이Starz Play' 섹션에 있었던 약 1,000편의 다른 영화도 더 이상 볼 수 없게 되었다.[14]

이러한 상황을 인지하고 있는 넷플릭스는 앞으로 콘텐츠 소유자들로부터 영화 라이선스 제공이 줄어들 것이라는 판단과 함께 TV 프로그램 확보 노력을 배가했다. 넷플릭스는 유튜브, 아마존 및 디시 네트워크Dish Network와 같은 영화 콘텐츠를 스트리밍하는 사이트뿐만 아니라 TV 프로그램을 스트리밍하는 사이트와도 경쟁해야 하는 상황에 직면하고 있었다.

스트리밍 사업에서 넷플릭스의 강력한 경쟁자는 1억 명이 넘는 것으로 추정되는 아마존 프라임 가입자를 보유한 아마존과, 훌루를 인수하며 2019년 11월 새롭게 출범한 디즈니+ 등이다. 최근 비디오 스트리밍 사업의 경쟁이 치열해지면서 인기 있는 콘텐츠의 라이선스 확보가 더욱 어려워지고 있다. 스트리밍이 대중화되어 사용자의 요구가 많아지자 넷플릭스의 경쟁자들인 디즈니, 애플, 워너미디어 및 NBC유니버설 등이 2019년 말부터 넷플릭스에 자사의 TV 드라마 및 영화의 라이선스 공급을 중단하고 자체 보유하고 있는 콘텐츠로 직접 OTT 스트리밍 사업을 출범하면서 넷플릭스에 도전하고 있기 때문이다. 한 예로 2016년부터 넷플릭스에 영화를 공급해오던 디즈니가 2019년 11월에 OTT 사업인 디즈니+를 출범하면서 2020년부터 넷플릭스에 제공하고 있는 영화 라이선스 제공을 중단할 것이라고 발표했다.

이에 따라 경쟁 업체의 콘텐츠 라이선스 확보가 점점 줄어들고 있으며, 콘텐츠 라이선스 가격도 상승하고 있다. 사실 넷플릭스는 디즈니, 워너미디어와 같은 미디어 회사들이 자체 서비스를 계획하고 있을 때부터 인기 있는 콘텐츠 공급을 중단할 것을 우려하고 있었다.

예를 들면, 넷플릭스는 2004년 NBC에서 10년간의 방영을 종료한 인기 TV 드라마 〈프렌즈〉를 스트리밍하는 데 연간 약 3,000만 달러를 지불했다. 그러나 2019년부터는 라이선스를 계속 유지하기 위해 콘텐츠 소유자인 AT&T의 자회사 워너미디어에 약 1억 달러를 지불하는 것으로 알려졌다. 그나마 그 이후 계속 라이선스를 유지한다는 보장은 없다. 이렇게 협상이 복잡하게 된 것은 현재 〈프렌즈〉를 소유하고 있는 AT&T가 HBO 맥스가 출시되는 2020년 5월 말부터 자체 스트

그림 2-4 워너미디어의 인기 드라마 〈프렌즈〉의 한 장면

리밍 서비스를 시작했기 때문이다.[15] AT&T뿐만 아니라 디즈니도 넷플릭스에 새로운 영화의 스트리밍 라이선스 계약을 갱신하지 않기로 결정했다. NBC유니버설 및 FX도 자신의 드라마 및 영화를 가져와서 자체 스트리밍 플랫폼을 출시하고 있다.

그러면 넷플릭스 스트리밍 서비스에서 어떠한 콘텐츠들이 고객의 사랑을 받아 인기 상위에 랭크하고 있을까? 또 그중에서 외부 스튜디오에서 라이선스를 받은 것은 얼마나 될까? 도표 2-1은 넷플릭스에서 시청할 수 있는 인기 드라마들을 보여주고 있다. 막대그래프에 있는 숫자는 넷플릭스 전체에 대한 시청 비율이다. 이 차트에서 빨간색 막대는 스트리밍 서비스를 운영하고 있는 디즈니, 폭스, NBC유니버설이 소유한 드라마다. 이들 스튜디오는 이 드라마들을 언제든지 넷플릭스에서 가져올 수 있다. 나열된 20개의 드라마 중에서 회색으로 표시된 일곱 편만이 다른 스튜디오에서 라이선스를 결정하지 않는다.[16]

도표 2-1 2018년 넷플릭스의 상위 인기 드라마 리스트

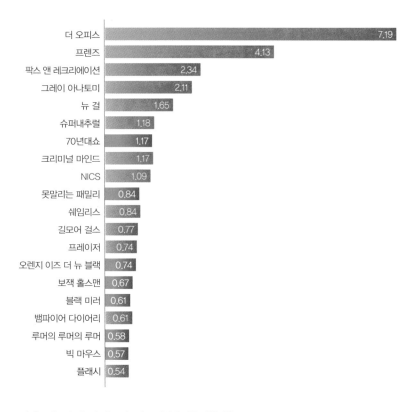

막대 그래프에 있는 숫자는 넷플릭스 전체에 대한 시청 비율(%)
출처: https://www.vox.com/culture/2019/1/7/18166911/netflix-friends-the-office-crisis

이러한 상황으로 인해서 넷플릭스는 다른 스튜디오에서 제작한 영화 및 TV 드라마의 라이선스 도입은 줄이고 오리지널 콘텐츠 비율을 점점 늘려야 한다는 판단을 했다. 이것은 최근 스트리밍 서비스 경쟁 기업들의 발 빠른 움직임을 고려하면 바람직한 결정이다. 디즈니, 워너미디어 및 NBC 유니버설이 모두 자체 스트리밍 서비스를 시작하기

위해 노력함에 따라 시장에서 라이선스를 얻을 수 있는 타이틀은 크게 감소할 것으로 예측하고 있다. 그뿐만 아니라 설령 콘텐츠 라이선스가 가능할 경우에도, 모든 미디어 회사가 자체 스트리밍 서비스에서만 타이틀을 독점적으로 제공하기를 원하기 때문에 인기 콘텐츠의 라이선스 가격은 인상될 것으로 보고 있다.

왜 오리지널 콘텐츠에 집중하는가?

넷플릭스의 성장세가 두드러지면서 콘텐츠 제작자와 경쟁사 OTT들이 넷플릭스를 견제하기 시작했다. 특히 콘텐츠 확보가 점점 더 어려워졌다. 그러자 넷플릭스는 더욱 치열해지는 경쟁을 이겨내고 고객에게 양질의 콘텐츠를 제공하기 위해 오리지널 프로그램 확보를 위한 자체 제작 및 파트너십 제휴를 강화했다. 이와 병행해 각 나라별 입맛에 맞는 로컬 콘텐츠를 제작해 그 지역뿐 아니라 전 세계 고객에게도 제공했다.

콘텐츠 자체 제작은 대개 많은 초기 투자가 필요하다. 또 비즈니스 관점에서 보면, 다른 스튜디오로부터 콘텐츠 라이선스를 받는 것보다 위험 부담이 더 크다. 반면에 몇 년마다 콘텐츠 라이선스 갱신을 위한 재협상이 필요 없기 때문에 안정된 사업 운영을 할 수 있어서 장기적으로 보면 더 적합할 수도 있다.

콘텐츠 업체와의 계약은 미국뿐 아니라 세계 각 지역별로 라이선스를 따로 받아야 한다. 그렇기에 전 세계로 시장을 확장하려면 한 타이틀을 국가별 혹은 지역별로 다시 계약해야 하는 단점이 있다. 또한 계약 기간이 종료되는 시점에는 콘텐츠 소유자와 지루하고 피 말리는 라이선스 연장 협상을 해야 하는데 시간과 노력이 많이 드는 이 협상 작업은 신속한 글로벌 확산에 큰 걸림돌로 작용한다. 그뿐만 아니라 콘텐츠 공급자는 계약을 갱신하는 시점에 라이선스 비용을 인상하는 경향이 있기 때문에 궁극적으로 넷플릭스의 수익 구조에도 긍정적이지 않다. 향후 넷플릭스는 디즈니, 아마존 프라임과 같은 다른 글로벌 강자들뿐 아니라 전 세계 로컬 지역에 기반을 둔 강자들과의 경쟁도 불가피할 것으로 보고 있다.

스트리밍 서비스의 경쟁 가열로 경쟁력 있는 콘텐츠 확보에 어려움을 예견한 넷플릭스는 이미 2011년 1월 콘텐츠 확보 강화를 위해서 자체 오리지널 시리즈를 제작할 것이라고 발표했다. 지금까지 영화 스튜디오에서 제작한 영화나 TV 드라마에만 의존하던 방식에서 벗어나 콘텐츠를 직접 제작하는 것으로 전략을 바꾼 것이다. 이것은 넷플릭스가 기존의 콘텐츠 유통 업체를 넘어 콘텐츠 제작과 소유자로 활동 영역을 확대하겠다는 선언이었다.

넷플릭스는 2012년 2월 처음으로 〈릴리해머〉라는 오리지널 TV 시리즈를 방영했다. TV 시리즈의 경우 보통 한 주에 한 편씩 여러 주에 걸쳐 공개하는 것이 관례였지만 넷플릭스는 이와 같은 기존의 관행을 깨고 파격적으로 〈릴리해머〉 시즌 1의 에피소드 여덟 편을 한 번에 공개했다. 또한 2013년에는 〈하우스 오브 카드〉를 포함한 네 개의 오리지널 시리즈를 제공했다. 이러한 오리지널 시리즈 제공은 기존 가입자를 묶어두는 효과뿐 아니라 새로운 회원 가입에도 큰 도움이 되고 있다.

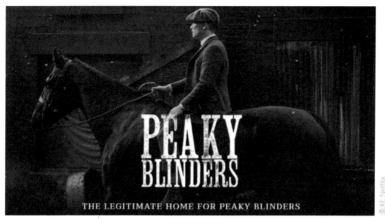

그림 2-5 BBC가 제작했지만 나중에 미국에서 방영한 시리즈로서 '넷플릭스 오리지널'로 간주되는 영화 〈피키 블라인더스〉

이러한 노력은 현재까지 계속되고 있다. 오리지널 시리즈 제작을 위해 넷플릭스는 2017년에 89억 달러, 2018년에 120억 달러, 2019년에 150억 달러를 투자했으며 2020년에는 173억 달러를 투자할 계획이다.[17] 넷플릭스가 오리지널 콘텐츠 제작에 엄청난 투자를 계속하고 있는 한 가지 이유는 경쟁자들의 거센 도전에 대항해 단기적 수익을 창출하는 대신, 경쟁사들이 쉽게 넘을 수 없는 높은 방어벽을 쌓는 데 집중하기 때문이다.

그러면 넷플릭스는 어떤 콘텐츠를 '넷플릭스 오리지널'이라고 부를까? 일반적으로 아래와 같은 콘텐츠에 '넷플릭스 오리지널'이라는 브랜드를 사용한다.[18]

❶ 넷플릭스가 자체 제작한 콘텐츠(〈기묘한 이야기〉, 〈킹덤〉 등)
❷ 다른 스튜디오에서 제작되었지만 넷플릭스에 독점적인 라이선스와 '넷

플릭스 오리지널' 상표를 부여한 콘텐츠(MRC가 제작한 〈하우스 오브 카드〉, '고몽'이 제작한 〈나르코스〉, 소니가 제작한 〈더 크라운〉, '라이언스게이트(Lionsgate)'가 제작한 〈오렌지 이즈 더 뉴 블랙〉 등)

❸ 글로벌 일부 지역에서 TV에 방송되었지만 세계 다른 지역에서는 넷플릭스가 처음으로 공개하는 콘텐츠. 예를 들어 BBC가 2013년부터 제작한 영국의 갱스터 영화 〈피키 블라인더스〉가 이 범주에 속한다. 이 영화는 영국에서 방영한 지 2년 후에 미국에서 넷플릭스가 독점적으로 스트리밍했다. 미국에서 넷플릭스가 방영한 이 드라마의 포스터에 '넷플릭스 오리지널' 스티커를 붙였다. 넷플릭스는 미국에서 이 드라마에 대한 독점적인 스트리밍 권한을 가지고 있기 때문에 훌루나 아마존 프라임에서는 이 영화를 볼 수 없다.

콘텐츠 시청의 패러다임을 바꾼 일괄 출시

'빈지Binge'는 우리말로 '폭식하다'라는 의미다. 빈지 워칭Binge Watching은 TV 드라마 시리즈의 전체 에피소드를 한꺼번에 '몰아보기' 하는 것으로 보통 앉은 자리에서 두세 편의 에피소드를 이어서 시청하는 것을 말한다. 몰아보기는 온디맨드 시청과 온라인 스트리밍이 등장하면서 시작되었지만 2013년 넷플릭스가 〈하우스 오브 카드〉 시즌 전체 에피소드를 동시에 일괄 출시하면서 몰아보기가 대중화되었다. 넷플릭스 설문 조사에 의하면 참여자의 61퍼센트가 정기적으로 몰아보기를 즐기고 있다고 한다.[19] 넷플릭스와 아마존 프라임뿐 아니라 많은 회사들이 이런 일괄 출시 모델을 채택하며 몰아보기 경쟁에 뛰어들고 있다.

넷플릭스는 사용자 중심의 비디오 서비스를 위해서는 고객이 콘텐츠를 소비하는 방법을 혁신할 수 있는 길을 열어주어 기존 미디어 엔터테인먼트 시장의 오래되고 철옹성같이 단단한 틀을 깨뜨릴 필요가 있다고 생각했다. 이를 위한 첫 번째 혁신이 2007년의 미디어 스트리밍 서비스였고, 두 번째가 고객에게 시청 재량권을 주기 위해 모든 에피소드를 한 번에 공개한 〈릴리해머〉의 일괄 출시였다. 넷플릭스가 TV 시리즈 에피소드를 한꺼번에 공개하는 전략은 모든 과정이 파격이어서 그 당시에는 가히 혁명적인 아이디어로 여겨졌다. 우리가 수십 년간 가지고 있었던 선형 TV의 고정관념을 과감하게 버리고, 시청 패러다임에 일대 혁신을 이루었기 때문이다. 넷플릭스가 〈릴리해머〉에 이어 2013년 〈하우스 오브 카드〉의 모든 에피소드를 일괄 출시한 후, 경쟁 기업들은 넷플릭스가 새로운 오리지널 시리즈 제작과 공개를 어떻게 진행해왔는지에 대해서 호기심 어린 눈초리로 지켜보면서 대응책 마련에 많은 노력을 기울였다.

TV 시리즈의 모든 에피소드를 일괄 공개하면서 가능해진 몰아보기의 대중화는 OTT 업체와 TV 네트워크 업체에 다음과 같은 변화와 도전을 가져왔다.

- 여러 달에 걸쳐 한 주에 한두 편의 에피소드를 공개하는 전통적인 TV 시리즈의 경우에 콘텐츠 마케팅은 중간에 하거나 오랜 기간에 걸쳐 할 수 있으며 도중에 마케팅 전략 일부를 수정할 수도 있다. 그러나 한꺼번에 에피소드를 모두 공개하는 일괄 출시 시리즈의 경우, 개봉 영화의 마

케팅과 유사하다. 새로 공개하는 영화의 성공 여부는 개봉 후 며칠 만에 결정된다. 그러므로 영화 개봉 전부터 사인회, 광고 등을 포함한 치열한 마케팅 활동을 전개해 영화의 인지도를 높여야 한다. 일괄 출시 시리즈의 에피소드도 공개 날짜에 맞추어 치열한 마케팅 활동이 전개된다. 그래서 일괄 출시 시리즈의 성공 여부도 영화와 같이 공개 후 며칠 사이에 결정된다.

- 전통적인 TV 시리즈의 경우에는 한 주에 한두 편의 에피소드가 공개되면서 시청자들의 반응을 모니터해 시나리오 일부를 수정할 수도 있고 심지어 인기가 없는 부분은 제외할 수 있는 융통성이 있다. 하지만 일괄 출시 시리즈의 경우 한꺼번에 시리즈의 모든 에피소드가 공개되므로 시나리오 수정이 불가능하다. 그러므로 아주 단단한 시나리오가 요구되어 기획과 작가의 능력이 매우 중요하다.

- 일괄 출시는 콘텐츠 제작 일정에도 영향을 미친다. 오랜 기간 매주 공개하는 TV 시리즈의 경우에는 시나리오 작성, 영화 제작, 편집을 주 단위로 하고 또 작가와 배우들이 협력하며 일정을 맞추려고 노력한다. 이에 반해 일괄 출시 시리즈 경우에는 한 번에 모든 콘텐츠를 촬영해야 한다.

- 네트워크사가 일괄 출시 시리즈를 채택할 경우 수익 채산성을 맞추는 것이 매우 도전적일 수 있다. 특히 광고가 주요 수입원인 경우에는 더욱 그렇다. 전통적인 TV 방영인 경우에는 시청자의 시청 시간이 보통 한 시간 정도이므로 중간에 광고를 삽입해도 큰 부작용은 없다. 하지만 몰아보기의 경우, 시청자가 몇 시간 동안 연속적으로 시청하므로 현실적으로 동일한 광고를 여러 번 삽입하기가 어렵다. 그래서 몰아보기가 증가하는 경우 시청자들에게 광고 삽입이 하나의 문제가 될 수 있다. 가

입자의 월정 구독료로 운영되는 넷플릭스는 이러한 광고 문제에서 자유로울 수 있다.

넷플릭스가 오리지널 드라마 시리즈를 기획 및 제작하고 이를 일괄 출시하면서 풀어야 할 여러 문제들 중 어느 하나도 쉬운 것이 없었다. 하지만 넷플릭스가 지속적으로 견지해온 사용자 중심의 서비스 경영 철학이 이 모든 어려움을 극복할 수 있게 했다. 궁극적으로 오리지널 프로그램을 제작하고, 콘텐츠의 일괄 출시 및 몰아보기를 가능하게 함으로써 넷플릭스는 사용자가 콘텐츠를 시청하는 방법을 획기적으로 바꿨다.

물론 몰아보기 개념이 새로운 것은 아니다. 예전에 일부 소설들은 신문이나 월간 잡지에 내용을 쪼개어 오랜 기간에 걸쳐 조금씩 연재했다. 몇 달에 걸친 연재가 모두 끝난 후, 완성된 소설 전체를 보는 것은 마치 여러 에피소드로 구성된 TV 시리즈를 한 번에 몰아서 보는 것과 유사하다. 엄밀히 말하자면 비디오 콘텐츠의 몰아보기도 훨씬 이전부터 가능했다. 우리는 이미 많은 에피소드로 구성된 TV 시리즈 DVD를 가지고 있기 때문이다. 또 아이튠즈 구독자는 많은 TV 시리즈의 전체 에피소드에 모두 접근할 수 있기 때문에 구독자가 원한다면 모두 구입해 몰아보기를 할 수 있었다.

그렇다면 몰아보기가 왜 2013년 이후에야 대중화되었을까? 그 결정적 이유는 넷플릭스 스트리밍 서비스에서 월정 구독료를 내면 영화나 TV 시리즈 에피소드를 무제한으로 시청할 수 있기 때문이다. 즉, 몰아보기를 하는 데 따로 돈을 지불하지 않아도 된다. 이와 대조적으로, 다른 네트워크 업체에서 제공하는 서비스에서는 에피소드별로 요금을 지불해야 하기 때문에 소비자들은 쉽게 몰아보기를 할 수 없었다. 즉, 개별 결제 시스템이 몰아보기의 활성화에 방해 요소로 작용했다. 사용자들은 작은 액수라 할지라도 요금 지불에 매우 민감하기 때문에 개별 결제 시스템과 넷플릭스의 사용자 중심의 몰아보기 서비스는 큰 차이가 있다.

윈윈을 위한 제작 지원 시스템

TV 시리즈 제작 환경에서는 편성권을 가지고 있는 방송사가 외주 제작사에 대해서 주도권을 가지고 있다. 이 과정에 특히 제작자의 입김이 들어갈 여지가 없으며 방송사로부터 방영 보장을 받기 어렵다. 그러나 OTT의 등장으로 방송할 수 있는 채널이 확대되면서 외주 제작사들의 입지가 조금씩 개선되기 시작했다. 이러한 변화의 중심에 AI/ML 및 데이터 분석 기술과 강력한 혁신 마인드를 가진 넷플릭스가 있었다.

넷플릭스는 오리지널 콘텐츠 제작 프로젝트를 계약할 때 다른 TV 방송사들과는 다르게 제작비를 먼저 지불한다. 또한 대부분의 경우 시리즈의 1~2 시즌을 미리 주문한다. 이를 극명하게 보여주는 사례가 넷플릭스가 2013년 공개한 〈하우스 오브 카드〉 제작 과정이다.

넷플릭스의 접근 방법은 기존 방송사와는 완전히 달랐다. 넷플릭스는 〈하우스 오브 카드〉 시리즈 제작 계약을 하면서 일반적 관행인 파일럿 에피소드 심사 과정을 생략하고, 바로 1억 달러를 투자해 정규 에피소드 26편의 제작을 의뢰하는 파격적 행보를 취했다. 넷플릭스의 AI/ML과 정교한 데이터 분석이 보여준 성공 예측에 근거해 파일럿 과정을 생략하고 거액을 투자했던 것이다. 제작 친화적인 넷플릭스의 또 다른 면은 작가에게 간섭하지 않고 무한한 창작의 자유를 주어 작가의 상상력을 극대화해 좋은 작품을 만들 수 있는 길을 열어놓은 것이다.

넷플릭스가 자체 오리지널 콘텐츠를 제작하면 콘텐츠에 대한 통제력이 당연히 강화된다. 넷플릭스가 전 세계적으로 콘텐츠 권리도 보유하기 때문에 글로벌 확산에 많은 도움이 되며, 영화 스튜디오로부터 글로벌 라이선스와 관련해 더 이상 어려움을 당하지 않아도 된다. 또한 오리지널 프로그램으로 넷플릭스는 비디오 엔터테인먼트 업계뿐 아니라 장난감이나 다른 상품, 심지어 테마파크 명소에 대해서도 라이선스를 가질 수 있는 비즈니스 기회가 창출되었다.

할리우드의 심장을 겨누다

넷플릭스는 자체 콘텐츠 제작에 박차를 가하면서 많은 비용을 투자했다. 도표 2-2에서 볼 수 있듯이, 넷플릭스가 오리지널 프로그램 제작을 시작한 2013년에 24억 달러 투자를 시작으로 계속 증액해, 2019년에는 전년보다 25퍼센트 증가한 150억 달러로 100여 편을 제작했고, 2020년에는 173억 달러를 투자해 130여 편의 오리지널 콘텐츠 출시를 목표로 하고 있다.[20]

도표 2-2 넷플릭스가 콘텐츠 확보에 투자한 비용(단위: 억 달러)

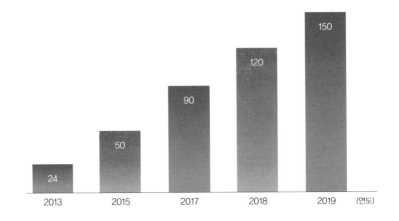

넷플릭스의 오리지널 시리즈 제작 방법은 방송사들의 전통적인 제작 방식과 달리 매우 적극적이고 도전적이었다. 기존의 NBC, ABC 등의 방송국들은 광고 수입에 의존해 드라마를 만들었다. 그리고 시리즈물은 몇 달에 걸쳐 한 주에 한 에피소드씩 감질나게 방영하는 것이 일반적이었다. 이런 전통적인 모델은 아직도 존재하고 있다. 하지만 넷플릭스는 광고 없이, 시리즈물을 한꺼번에 공개하는 획기적인 일괄 출시 방법을 채택했다. 넷플릭스의 최고 목적은 고객에게 즐거움을 주는 것이다. 이러한 모든 것을 염두에 두고 넷플릭스는 2015년에 65편의 새로운 오리지널 시리즈, 다큐멘터리, 영화 등을 제작했다. 또한 HBO, 훌루 등의 스트리밍 경쟁자들에게 뒤지지 않기 위해서 2016년에는 600시간 분량의 오리지널 프로그래밍을 제작했다. 이 중에는 〈기묘한 이야기〉, 〈더 겟다운〉, 〈더 크라운〉 등이 포함되었다.

미국 실리콘밸리 로스 가토스에 본사를 둔 넷플릭스는 콘텐츠 제

그림 2-6 넷플릭스 오리지널 프로그램

그림 2-7 넷플릭스가 효과적인 영화 제작을 위해서 2020년부터 추가로 사용하기로 한 할리우드 소재의 13층 건물

작을 효율적으로 수행하기 위해서 영화 산업의 본거지 할리우드 선셋 블러드에 14층짜리 빌딩을 비롯해 여러 개의 건물을 사용하고 있다. 그뿐만 아니라 영화 제작에 더욱 박차를 가하기 위해 2020년부터는 할리우드의 기존 빌딩 맞은편에 있는 새로운 13층 건물도 사용하기로 했다. 넷플릭스가 콘텐츠 제작에 얼마나 많은 역점을 두고 있는

지를 보여주는 대목이다.

고객의 취향을 넘어 작품성을 인정받다

넷플릭스는 2018년에 약 850개의 타이틀, 1,500시간 분량의 오리지 널 프로그램을 추가했다.[21] 새로운 콘텐츠 확보 비용의 약 85퍼센트가 오리지널 프로그램 제작에 투입될 정도로 전폭적인 투자가 이루어지 고 있다고 넷플릭스의 수석 콘텐츠 책임자 테드 서랜도스는 말했다.[22]

넷플릭스 오리지널 드라마와 영화 콘텐츠의 수가 2018년 처음으로 라이선스 계약을 맺은 외부 TV 드라마와 영화의 수를 능가했다. 2018년 12월, 넷플릭스 오리지널 프로그램이 전체 콘텐츠의 51퍼센트에 달했는데 이는 2년 전인 2016년 12월, 25퍼센트에 비해 두 배나 증가한 것이다.[23] 넷플릭스는 영화나 드라마 외에도 스페셜, 미니 시리즈, 다큐멘터리 등 여러 장르에서 수많은 오리지널 프로그램을 제공해왔다.

'취향 그룹'을 바탕으로 한 프로그램 개발

넷플릭스는 오리지널 콘텐츠의 내용을 결정하는 데 매우 신중한 태도를 취한다. 콘텐츠를 제작하기 전에 고객의 취향 데이터를 면밀히 분석한 후 제작 여부를 결정한다. 넷플릭스의 오리지널 시리즈 담당 부사장인 신디 홀랜드Cindy Holland는 2018년 TV 비평가 협회에 모인 기자들에게 넷플릭스의 프로그램 확보에 대한 전략을 이야기했다.[24]

넷플릭스는 인구통계 자료 기반에 의해서가 아니고, '취향 그룹taste communities' 즉 동일한 콘텐츠를 선호하는 가입자 그룹의 취향에 따라 오리지널 프로그램을 제작해서 성공을 거두고 있다. 나라나 대륙이 달라도 같은 '취향 그룹'의 시청자들은 같은 종류의 영화와 TV 드라마를 즐긴다. 홀랜드는 넷플릭스가 '취향 그룹' 내의 시청 습관을 분석한 데이터를 바탕으로 새로운 프로그램을 개발한다고 말하며, 장르보다 훨씬 더 깊게 숨어 있는 '취향 그룹'은 약 2,000개가 있다고 밝혔다.[25]

풍부한 오리지널 다큐멘터리 제작

넷플릭스는 오리지널 프로그램의 제작을 결정할 때 흥행성뿐만 아니라 비인기 콘텐츠에도 투자한다. 예를 들어 다큐멘터리 작품이다. 2020년 1월 기준으로 넷플릭스에는 405편의 다큐멘터리 작품들을 제공하고 있다.

넷플릭스는 2020년 〈아메리칸 팩토리〉라는 오리지널 콘텐츠로 아카데미 다큐멘터리 부문에서 수상했다. 〈아메리칸 팩토리〉는 버락 오바마 전 미국 대통령 부부가 넷플릭스와 합작해서 만든 화제작이기도 하다. 중국계 기업가가 미국 오하이오주의 버려진 제너럴모터스 공장을 자동차 유리 공장으로 재탄생시키며 일자리를 창출하는 과정에서 미국 진출 중국 기업과 미국인 노동자 간의 불협화음을 사실적으로 그려내 호평을 받았다.

흥미로운 점은 넷플릭스가 아카데미 다큐멘터리 부문에서 4년 연속 수상하고 있다는 사실이다. 2017년에는 시리아 내전에서 활약하고 있는 시리아 반군의 구호를 위한 민간 자원봉사자 구조대원들의 일상을

그림 2-8 2017~2020년 4년 연속 아카데미 다큐멘터리 부문에서 수상한 넷플릭스의 작품들

그린 넷플릭스 오리지널 다큐멘터리 〈화이트 헬멧: 시리아 민방위대〉가 아카데미 단편 다큐멘터리 영화상을 수상했다. 이는 넷플릭스 최초의 아카데미상 수상작이기도 하다. 이후 2018년에는 러시아 자전거 선수들의 국가 주도 차원의 도핑 스토리를 다룬 〈이카루스〉가 아카데미 최우수 다큐멘터리 작품상을 수상했고, 2019년에는 생리가 무엇인지도 모르고, 생리대를 사용해본 적도 없는 인도의 가난한 마을 여성들이 기계로 저렴한 생리대를 만들기 시작하면서 생기는 변화를 그린 〈피리어드: 더 패드 프로젝트〉가 단편 다큐멘터리 부문에서 수상했다.

고품질 콘텐츠로 증가하는 영화제 수상 작품들

'에미상'은 미국에서 TV 작품의 우수성을 인정하는 상으로, 영화 분야에서 아카데미상, 연극 분야에서 토니상, 음악 분야에서 그래미상에 해당하는 상이다.

2017년에 HBO가 모두 110개 부분에서 에미상의 후보 추천을 받아 1위를 차지했고 넷플릭스 콘텐츠도 91편이 추천을 받아 2위를 차지했다. 그리고 2018년에는 드디어 넷플릭스가 112개 부문에서 후보 추천을 받아 108개 부문에서 후보 추천을 받은 HBO를 앞섰다. 지난 17년 동안 HBO는 다른 네트워크, 케이블 공급 업체 또는 스트리밍 서비스보다 매년 더 많은 에미상 후보 추천을 받았지만 2018년에 이 타이틀을 넷플릭스에 내준 것이다.

아카데미상 후보에도 넷플릭스의 여러 작품이 올랐다. 특히 2018년 넷플릭스의 역사적인 드라마 〈치욕의 대지〉는 4개 부문(각색상, 여우조연상, 촬영상, 주제가상)의 후보로 지명되었고, 이 외에도 몇 편의 작품이 다큐멘터리 부문에서 후보로 지명되었지만 아쉽게도 수상의 영광을

그림 2-9 2019년 아카데미상 3개 부문에서 수상한 영화 〈로마〉

얻지는 못했다.

넷플릭스가 제작한 알폰소 쿠아론Alfonso Cuaron의 자전적 작품 〈로마〉
는 2018년 베니스 영화제에서 황금사자상을 수상했으며, 또한 2019년
에는 아카데미상 10개 부문 후보에 올라 아카데미 촬영상, 감독상, 외
국어영화상의 3개 부문에서 수상했다.[26]

2020년에는 마틴 스코세이지Martin Scorsese 감독의 넷플릭스 오리지널
영화 〈아이리시맨〉이 아카데미 작품상을 비롯한 10개 부문 후보에 올
랐으며, 노아 바움백Noah Baumbach 감독의 〈결혼 이야기〉가 아카데미 작품
상을 비롯한 6개 부문 후보로 올라 여우주연상을 수상했다.

N

영화계의
공공의 적이 되다

넷플릭스와 영화계의 계속되는 갈등

넷플릭스가 양적인 성장뿐 아니라 콘텐츠의 질적인 성장까지 이끌어
내자 엔터테인먼트 산업계에서는 두려움을 나타내며 크게 두 종류의
반응을 보였다.

첫째는 콘텐츠 제공 거부다. 디즈니, HBO 등 OTT 서비스 경쟁자들
이 넷플릭스에 부여했던 인기 콘텐츠 라이선스를 거두어들여 더 이상
넷플릭스에서 시청하지 못하게 함으로써 가입자 해지를 유도한 것이
다. 그리고 경쟁 OTT들이 2019년 말부터 한층 강화된 자체 OTT 서
비스를 런칭하고 있다. 2016년 넷플릭스가 한국에 상륙했을 당시에도

국내 미디어 및 방송사들이 넷플릭스를 견제하기 위해 드라마 제공을 거부하는 등 유사한 사례가 있었다.

둘째는 영화제 및 기존 극장가의 넷플릭스 작품에 대한 배타적인 자세다. 영화의 공급 체인은 크게 제작, 유통, 그리고 상영으로 나뉘어 있다. 넷플릭스는 이미 제작과 유통을 하고 있다. 많은 영화 관계자들은 넷플릭스가 자기들이 지배하고 있는 콘텐츠 유통 구조를 혁신하여 결국 영화관의 존재를 위협하는 영화 산업의 파괴자라는 두려움을 가지고 있었다.

영화계의 견제로 인해 넷플릭스가 최근 어려움을 겪고 있는 문제는 상영이다. 넷플릭스는 오리지널 콘텐츠로 유명 국제 영화제에 참여하기를 원했다. 이는 작품의 평가뿐 아니라 넷플릭스 영화 제작에 유명 감독이나 연기자들의 참여를 설득하기 위한 필요조건이기도 했다.

그러나 영화제 수상 후보로 선정되려면 먼저 영화제와 극장 체인 등이 규정한 규칙을 준수해야 한다. 즉, 극장에서 먼저 일정 기간 동안 상영해야 한다는 것과, 극장 개봉 후 일정 기간(미국 90일, 프랑스 36개월 등)이 경과한 후에야 스트리밍 등 2차 부가 판권으로 넘어갈 수 있다는 것이다. 이는 OTT 스트리밍 서비스를 하고 있는 넷플릭스로서는 받아들이기 어려운 규칙이다. 이 문제가 미국의 아카데미와 프랑스의 칸 국제영화제에서 불거졌고, 국내에서도 대형 멀티플렉스 3사가 2017년 〈옥자〉, 그리고 2018년 〈로마〉의 극장 상영을 거부해 이슈가 되었다. 넷플릭스는 최근 어려움을 겪고 있는 '상영' 문제를 해결하기 위해서 뉴욕시의 유서 깊은 '파리 극장'을 장기 임대했다. 가까운 장래에 넷플릭스가 기술력을 바탕으로 직접 파격적인 극장 사업까지 병행할 수도 있다.

많은 영화 관계자들이 넷플릭스가 영화 산업의 파괴자라고 생각하기 때문에, 그들이 주축이 되어 움직이고 있는 아카데미 역시 넷플릭스에 대해서 결코 우호적일 수 없었다. 아카데미에서 투표권을 가진 일부 회원들은 "할리우드를 파괴할 것이라고 생각되는 넷플릭스와 같은 회사는 지원할 수 없다."고 말한다. 말하자면, 그들이 영위하고 있는 할리우드의 기득권을 지키기 위해서 넷플릭스를 할리우드 사회의 일원으로 인정하지 않겠다는 입장이다.

영화 제작사로 비상하고 있는 넷플릭스와 이를 견제하려는 기존 영화계가 피할 수 없는 갈등 구조를 그리는 이유는 기존 극장 소유주와 넷플릭스 사이에 영화 개봉 일정에 대한 견해의 차이가 있기 때문이다.

전통적인 영화 공개 일정에 따르면, 영화가 제작되면 먼저 영화관에서 상영되고, 그 후 보통 '홀드백'이라고 불리는 유예 기간이 지나야 DVD나 VOD 서비스로 제공된다.[27] 영화의 라이프 사이클 조사에 의하면, 95퍼센트의 영화 티켓이 공개 후 6주 안에 판매된다. 따라서 영화관 소유주들은 수익 보장을 위해서 홀드백 기간을 줄이려는 시도에 대해 반대하며 매우 민감하게 반응한다.

한편 넷플릭스는 '고객들은 자신이 원하는 어떤 플랫폼에서든 개봉하는 영화를 보기를 원한다'고 생각한다. 따라서 사용자 중심의 서비스를 추구하는 넷플릭스는 영화 개봉을 '동시 공개day-and-date release' 개념, 즉 같은 날에 영화관뿐 아니라 DVD와 스트리밍으로도 볼 수 있어야 한다고 생각한다. 이러한 동시 공개가 미래의 물결이며, 또한 영화의 미래를 위해 피할 수 없는 길이라고 믿고 있다.

이러한 할리우드의 분위기에서 2019년 1월 넷플릭스의 영화 〈로마〉가 제91회 아카데미 시상식에서 최우수 작품상 후보에 올랐다는 소식이 알려지자 넷플릭스에 대한 비판적인 목소리가 여기저기서 터져 나왔다.

우선 메이저 영화관 체인인 AMC 시어터스AMC Theatres, 리걸 시네마Regal Cinemas, 시네마크 시어터스Cinemark Theaters 는 〈로마〉를 연례 최우수 작품 쇼케이스의 라인업에 포함시키지 않을 것이라는 성명을 발표했다. 이 영화들은 홀드백 90일을 규정한 정책 때문에 넷플릭스의 영화를 상영하는 것을 거부한다고 말했다.

영화 〈로마〉의 아카데미상 수상 자격은 미국 영화계에서 논란의 여지가 있는 문제였는데, 이 영화가 제한된 형태지만 극장 개봉을 했음에도 불구하고 많은 사람들이 〈로마〉가 VOD 스트리밍을 위해 만들어졌다고 믿었기 때문이다. 2019년 3월 영화감독 스티븐 스필버그Steven Spielberg는 스트리밍 영화가 아카데미 시상식 감독상을 차지한 데 대해 난색을 표했다. 비록 명확한 제목을 지칭하지는 않았지만 관련자들은 〈로마〉에 대한 반응이라는 것을 짐작할 수 있었다. 스필버그는 "확실히 좋은 쇼라면, 에미상을 받을 자격이 있지만 아카데미상은 받을 자격이 없다."라고 말하며 이어서, "일주일도 안 되는 기간 동안 그저 몇 개의 극장에서 상영된 영화는 아카데미상 후보에 올릴 자격이 없다고 생각한다."라고 말했다.[28, 29]

이에 대해서 넷플릭스 역시 비록 스필버그를 지칭하지는 않았지만, 그의 지적에 아래와 같이 응답했다.

우리는 영화를 사랑합니다. 그리고 여기 우리가 사랑하는 몇 가지가 더
있습니다.

– 영화를 볼 여유가 없거나, 극장 없는 마을에 사는 사람들을 위한 상영

– 누구나 어디서나 신작 영화를 동시에 즐길 수 있는 권리

– 영화 제작자에게 영화를 사람들과 공유할 더 많은 기회

영화 사랑과 이런 것들은 상호 배타적이지 않습니다.[30]

넷플릭스의 비전과 행보에 대해서 스필버그와 같이 경직된 관점을
가진 영화인들도 있지만, 그 반대의 의견을 가진 진취적인 영화인들
도 적지 않았다. 예를 들어 한 아카데미 회원은 "넷플릭스는 영화 제
작자들이 영화를 제작하고 세상으로 나갈 수 있도록 하는 데 많은 일
을 한다."라고 말했다. 또한 〈더 롱기스트 웨이브〉의 감독인 조 벨링
거Joe Berlinger는 "나는 아카데미 회원으로서 아카데미가 사람들이 엔터
테인먼트를 소비하는 방식에서 일어나고 있는 엄청난 변화를 과연
이해하고 관심을 가지고 있는지 염려된다. 영화가 극장에서 잠시 공
개된 후 바로 글로벌 스트리밍되는 것이 우리 자녀 세대가 보는 미래
다."라고 말하면서 아카데미가 시대의 흐름을 따라가지 못하는 태도
를 걱정했다.[31]

〈로마〉가 3개 부문의 아카데미상을 얻는 기염을 토하자, 이제 많은
할리우드 영화인들도 시대가 빠르게 변하고 있는 것을 느끼며 넷플릭
스의 움직임을 긍정적으로 판단하고 있다. 넷플릭스를 보는 시각이 변
하고 있는 것이다.

넷플릭스와 칸 영화제와의 마찰

프랑스는 법률로 영화의 극장 상영과 스트리밍 서비스의 개시 사이에 36개월의 홀드백 기간을 정해두었는데, 이 기간 때문에 넷플릭스는 2017년부터 칸 영화제와 분쟁을 벌이고 있다. 이는 넷플릭스가 추구하는 디지털 중심 비즈니스 모델과 부합하지 않았기 때문이다. 참고로 미국의 주요 영화관 사업자는 극장 개봉과 스트리밍 공개 사이에 90일의 홀드백을 지킬 것을 요구하고 있으나 넷플릭스는 이를 준수하지 않아 비난을 받곤 했다.

넷플릭스와 칸 영화제 측의 대결은 2017년 5월부터 논쟁의 불씨가 피어올랐다. 넷플릭스가 제작하고 배급하고 있는 두 편의 영화, 〈옥자〉와 〈메이어로비츠 이야기〉가 칸 영화제에 출품되었기 때문이다. 넷플릭스는 다른 곳에서와 마찬가지로 프랑스의 스트리밍 플랫폼에서도 영화를 공개할 계획이었다.

그러나 프랑스 영화계는 전통적인 상영 방식을 존중하지 않는 영화를 초청해선 안 된다며 〈옥자〉와 〈메이어로비츠 이야기〉의 칸 영화제 초청에 반발해왔다. 프랑스의 전국 영화 배급사 협회는 2017년 5월 "칸 영화제에 진출한 넷플릭스 영화들이 영화 생태계를 위험에 처하게 한다."고 비판했다.

넷플릭스가 프랑스 극장에서 영화를 공개하려면 프랑스의 관련 법률을 준수해야 하고, 따라서 36개월 이후에야 스트리밍이 가능하다. 하지만 이것은 넷플릭스가 영화 개봉과 관련해 고수하고 있는 '동시 공개' 원칙과 직접적으로 상충된다. 넷플릭스는 자사의 영화를 프랑스에서 더 빨리 스트리밍으로 공개하기를 원했기 때문에 프랑스 극장에서 영화를 상영하지 않았다.

그러자 칸 영화제 측은 2018년부터 프랑스에서 극장 개봉을 하지 않은 영화는 칸 영화제의 주요 경쟁에 출품이 금지될 것이라고 선언했다. 이는 세계적으로 유명한 칸 영화제에서 넷플릭스 영화가 주요 상을 수상할 수 없다는 것을 의미했다. 이에 넷플릭스의 최고 콘텐츠 책임자인 테드 서랜도스는 2018년 4월 11일 칸 영화제의 경쟁 부문뿐만 아니라 다른 모든 부문에서도 완전히 철수할 것이라고 말했다.

서랜도스는 "철수는 우리의 결정이 아니다. '칸 영화제의 주요 상을 놓고 경쟁하고 싶다면 프랑스에서 영화를 개봉해야 한다'는 새로운 규칙은 전 세계 어떤 영화제의 정신과도 완전히 상반되는 것이다."라고 언급했다. 그는 또 "우리는 칸 영화제가 규칙을 바꾸기를 희망한다. 그리고 그들이 현대화되기를 바란다. 하지만 우리는 영화와 모든 영화 제작자들을 계속해서 지원할 것이다. 칸이 세계 영화계에 다시 합류할 것을 권한다."라고 말하면서 칸 영화제 측이 변화하고 있는 영화계 환경을 이해하고 이 흐름에 동참해줄 것을 희망했다.[32, 33] 이후 넷플릭스는 2018년에 이어 2019년에도 칸 영화제에 참여하지 않았다.

사회와 기술의 발전에 의해서 영화 제작과 유통 방식은 급격하게 변하고 있다. 영화계에서 이 변화를 받아들이는 시각은 입장에 따라 판이하게 갈린다. 새로운 변화와 흐름에 대해 거부감을 보이는 보수적인 입장도 있고, 기술 발전에 따른 변화를 과감하게 받아들여야 한다는 진취적인 입장도 있다. 2017년의 칸 영화제는 시대의 흐름을 대하는 세계 영화인들의 입장 차이를 극명하게 보여주는 장이었다. 2017년

칸 영화제에 출품한 넷플릭스 영화〈옥자〉를 바라보는 시각이 그랬다. 아이러니하게 작품에 대한 논란이 아니라, 영화 유통 방식에 대한 시각 차이로 일어난 논란이었다.

넷플릭스, 아마존, 디즈니+ 등과 같은 스트리밍 거인들의 등장으로 영화 배급의 미래에 대한 논쟁은 점점 더 커지고 있으며, 엔터테인먼트 생태계가 매우 불안정한 상태로 접어들고 있다. 예전에는 영화를 먼저 극장에서 공개한 후, 이를 DVD나 블루레이로 출하하고 그 후에나 TV나 케이블 회사에 라이선스를 제공했다. 하지만 넷플릭스가 기존의 극장 개봉을 포기하고 '동시 공개'로 곧바로 다양한 디바이스에 영화를 스트리밍한다면 이러한 관행은 더 이상 지켜지기 어렵다. 넷플릭스가 강하게 주장하고 있는 콘텐츠 제작과 유통에 대한 파괴적 모델로 인해서 기존 비디오 엔터테인먼트 생태계가 붕괴되고, 완전히 새로운 구도로 재편성될 가능성을 배제할 수 없다.

국내에서도 이어진 멀티플렉스사와의 갈등

넷플릭스와 영화 산업 관계자들과의 갈등은 국내에서도 크게 다르지 않다. 2017년 넷플릭스의 영화〈옥자〉그리고 2018년〈로마〉개봉을 앞두고 국내 상영관의 90퍼센트를 차지하는 멀티플렉스 3사(CJ CGV, 롯데시네마, 메가박스)가 이 두 영화의 개봉을 거부했다. 이는 보통 국내에서 극장 개봉 영화는 3주의 홀드백Holdback 기간을 거친 후에 IPTV나 OTT 플랫폼 등으로 2차 부가 판권이 넘어가지만, 넷플릭스 영화는 며칠 후 자사 스트리밍 플랫폼을 통해 공개되기 때문에 국내 영화 생태계를 혼란시킨다는 이유에서였다.

〈옥자〉는 국내 멀티플렉스가 상영을 보이콧했기 때문에 대한극장, 씨네큐브 등 단관극장, 예술영화 전용 극장 등에서 개봉했다. 알폰소 쿠아론 감독의 〈로마〉 역시 2018년 12월 12일부터 국내 극장에서 개봉했지만 멀티플렉스 3사가 스크린 배정을 거부하며 넷플릭스와 갈등을 빚었다. 이 결과 국내에서 〈로마〉를 볼 수 있는 극장은 예술영화 전용관을 비롯해 전국에 불과 40여 개의 상영관에 불과했다. 그리고 넷플릭스는 〈로마〉를 개봉한 지 이틀 만인 12월 14일부터 넷플릭스 플랫폼에서 스트리밍했다.

다행히 2017년부터 시작된 넷플릭스와 멀티플렉스 3사의 갈등 구조는 2019년 말부터 조금씩 해소되는 조짐이 보였다. 멀티플렉스 3사 가운데 메가박스가 최초로 넷플릭스 영화를 스크린에 올렸다. 메가박스는 2019년 10월 23일 넷플릭스 영화 〈더 킹: 헨리 5세〉를 개봉했다. 넷플릭스는 극장 개봉 9일 후인 11월 1일에 이 영화의 스트리밍을 시작했다. 이와 관련해 여러 미디어에서는 아래와 같이 코멘트를 하고 있다.

- 멀티플렉스는 3주보다 짧은 홀드백 기간을 이유로 〈옥자〉와 〈로마〉 등 훌륭한 영화의 극장 상영을 거부해왔다. 그런데 CGV 등 멀티플렉스사가 스스로 이미 3주 홀드백 기간 원칙을 무시하고 있다는 주장이 제기되고 있다. 멀티플렉스사들이 수익률이 낮은 작은 독립 영화 등을 상영 1~2주 만에 극장에서 내리고 VOD로 동시에 개봉하는 일이 계속 일어

나고 있다는 것이다. IPTV, OTT 서비스가 전면적으로 등장하는 상황에서 비즈니스를 고려하지 않은 엄격한 홀드백의 준수가 불필요한 규제가 될 수 있다는 것이다.

_〈스포츠조선〉(2019. 10. 22)

- 영화 배급 관련해 '상영 거부'라든지 '단독 개봉' 등 배타적 성격의 말이 떠돌고 있다. 최근 몇 년간 멀티플렉스 사업자들이 경쟁적으로 추진하고 있는 '단독 개봉' 형태가 극장 생태계를 교란시키고 있다는 주장이 대두되고 있다. 단독 개봉이 늘면서 다른 극장에는 배급하지 않거나 지연 공급하는 사례가 늘어나고 있다. 단독 개봉을 이유로 인기 영화들이 특정 멀티플렉스 영화관에서만 독점적으로 상영되면서 영화를 공급받지 못하는 영화관이 피해를 입고 있다. 이러한 상황에서 멀티플렉스 사업자들이 넷플릭스 영화만 상영 거부 등의 차별을 두는 것은 공정하지 않다는 주장이다.

_〈씨네21〉(2016. 07. 29)

넷플릭스를 비롯한 OTT 플랫폼들은 지속적으로 고품질 오리지널 콘텐츠를 제작해 공개하고 있다. 넷플릭스 역시 전 세계에서 인정받는 거장 감독들과 배우들을 대거 영입하고 많은 자본을 투자해 수준 높은 작품을 계속해서 제작하고 있다. 넷플릭스의 비전은 '고객이 원하는 영화를 고객이 원하는 곳에서 즐길 수 있도록' 하는 것이다. 영화 시청을 원하는 곳이 극장일 수도 있지만 집이나 카페일 수도 있다. 이것은 고객이 선택하는 것이지 넷플릭스나 영화 사업자가 정하는 것이 아니다. 따라서 멀티플렉스와 넷플릭스 양측 모두 넷플릭스 영화를 극장에서 보고자 하는 대중의 요구가 있으면 홀드백 기간과 관계없이 이 요구에 응해야 하는 시대를 맞이하게 되었다. 넷플릭스와 멀티플렉스가 고객의 목소리를 겸허하게 듣고 함께 사는 길을 모색하는 것이 필요하다. 이러한 기조하에 메가박스는 넷플릭스 영화 보이콧 입장을 철회했고, 넷플릭스도 극장과 플랫폼의 동시 출시라는 원칙에서 한 발 물러나 9일의 홀드백 기간을 두었다고 생각한다.

메가박스의 이러한 변화는 넷플릭스를 필두로, 디즈니+, 국내 OTT 기업 등 비디오 스트리밍 서비스 전성시대를 대비한 움직임으로 짐작된다.

극장 사업으로 새로운 길을 모색하다

앞에서 본 갈등은 기존의 오프라인 극장과 온라인 OTT 스트리밍 서비스의 피해갈 수 없는 전쟁과도 같다. 이 현상은 과도기적인 것으로, 본질적으로 우리가 흔히 보아왔던 소위 브릭 앤드 모르타르brick and mortar (오프라인 매장) 기반 비즈니스와 온라인 비즈니스와의 갈등 구조와 다름없다. 예를 들면, 많은 오프라인 소매점과 아마존의 경쟁도 본질적으로 같은 성격이다. 이러한 갈등 구조의 끝이 어떤지 우리는 이미 다른 산업계를 통해 그 결과를 잘 알고 있다. 다만 도서, 옷 등을 취급하는 소매 유통에서는 이러한 갈등 구조가 시기적으로 좀 더 빨리 노출되었을 뿐이다.

영화 사업은 크게 투자 및 제작, 배급, 상영의 세 분야로 나누어볼 수 있다. 국내 멀티플렉스 3사의 입지가 공고한 이유는 이 세 가지 분야를 수직화해 관객을 끌어들여 흥행시킬 수 있다는 자신감에서 비롯된다. 하지만 이것은 옛날 생각이다. 문제는 최근 몇 년 사이에 부쩍 성장한 OTT 스트리밍이다. 극장주들은 극장 개봉과 스트리밍 서비스를 동시에 진행하는 것은 극장 입장에서는 치명적이기 때문에 꼭 막아야 한다는 생각이다. 스트리밍 서비스와의 동시 공개만 막는다면 수직화한 영화 산업에 빈틈이 없어 OTT 스트리밍이 침투해 들어올 여지가 별로 없다는 판단이다. 하지만 정말 그럴까? 만일 넷플릭스가 막강한 자금력을 동원해 극장 체인을 인수하고, 자사 소유의 극장에서 개봉하는 동시에 스트리밍 서비스를 시작한다면 기존 극장 체인들은 어떤 대책이 있을까?[34]

과거에 넷플릭스로 인한 코드 커팅 현상이 일어나자 케이블TV 업체는 요금 인하 혹은 마케팅 자금에 의한 프로모션으로 대응했다. 그리고 버라이즌과 컴캐스트 등은 넷플릭스 콘텐츠에 대해서 차별적으로 전송 속도를 저하시킴으로 대항했다.[35] 넷플릭스 콘텐츠를 시청할 때 리버퍼링이 자주 일어나게 만들거나 화질을 저하시켜 넷플릭스 사용자들의 불만을 초래할 작정이었다.

어찌 보면 국내 멀티플렉스 3사의 상영 거부는, 비록 영화 배포와 상영이라는 공급 체인에서의 위치는 다르지만, 버라이즌과 컴캐스트의 대항과 닮았다. 극장의 대형 스크린에 넷플릭스 작품 상영을 막아서 소비자가 얻을 수 있는 넷플릭스 영화에 대한 좋은 경험을 차단하겠다는 것이다.

출처: https://visla.kr/news/etc/107125/

그림 2-10 〈결혼 이야기〉를 상영 중인 뉴욕의 '파리 극장'

만일 넷플릭스가 직접 극장 사업을 한다면, 현재 스트리밍 서비스 사업을 하면서 활용하는 AI, 기계학습, 데이터 분석, UX(사용자 경험), 추천 등의 첨단 기술을 극장 사업에 반드시 같이 적용할 것이다. 이는 극장가에 가공할 만한 위협으로 다가올 수 있으며, 먼 장래의 일이 아닌 것으로 보인다.[36]

이제 넷플릭스가 자체 혹은 임대 극장 확보에 매우 열심이라는 사실에 초점을 맞추어보자. 넷플릭스는 뉴욕시에 있는 유서 깊은 단관 극장인 '파리 극장'과의 장기 임대 계약을 통해 상영관에서의 입지를 확대하고 있다. 70여 년의 역사를 가진 이 영화관은 유서 깊은 예술 영화관이고 현재 뉴욕에서 유일하게 남은 단관 상영관이다. 이 극장은 넷플릭스 같은 스트리밍 OTT 서비스가 확산되면서 경쟁에서 도태돼 2019년 8월 문을 닫았지만 3개월 만에 넷플릭스에 의해 부활했다. 매체들은 넷플릭스가 파리 극장을 장기 임대한 것은 온라인을 넘어 오프라인 극장까지 영향력 안에 두기 위해서라고 분석했다. 넷플릭스는 전통 영화관을 자체 오리지널 영화의 상영관으로 활용함으로써 투자/제작, 유통/배급, 그리고 상영의 수직 구도를 완성했다. 넷플릭스는 여기서 멈추지 않고 로스앤젤레스에 있는 '이집트 극장'도 구매하기 위해 계획 중이다.[37]

넷플릭스가 마틴 스코세이지나 노아 바움백과 같은 유명 영화 제작자와 계속 일하기를 원한다면 넷플릭스 오리지널 영화를 상영할 수 있는 극장을 확보하는 것은 필수적이라고 할 수 있다. 왜냐하면 좋은 제작자와 연기자를 확보하는 데에는 제작비 지원이 아니라, 아카데미 시상식과 같은 국제 영화제 출품 등 레드카펫에 서는 기회를 제공하는 것이 더 효과적이기 때문이다.

이제 넷플릭스는 극장을 확보함으로써 원할 때는 언제든지, 그리고 얼마든지 오랫동안 영화를 상영할 수 있는 자유를 얻었다. 홀드백 협상도 없다. 그에 더해 유서 깊은 파리 극장은 명품 극장의 경험을 맛보고 싶어 하는 거물급 영화 제작자들을 끌어들이는 견인차 역할도 할 것이다.

현재 넷플릭스는 '파리 극장' 외에도 소규모 극장을 몇 개 소유하고 있다. 앞으로 디즈니+, HBO 맥스와 같은 OTT 스트리밍 사업자와의 경쟁에서, 넷플릭스가 경쟁자들을 따돌릴 방법의 하나로 극장 사업을 생각하고 있는 것으로 보인다. 극장 사업은 넷플릭스의 미래에 있어서 선택 사항이 아니라 꼭 필요한 상수가 되었다.

N

마침내 글로벌 기업으로
도약하다

글로벌 기업으로의 첫발을 내딛다

넷플릭스는 철저하게 가입자들의 월정 구독료에 의해 운영된다. 따라서 가입자 유치가 매우 중요하다. 그러나 미국 내 스트리밍 비디오 서비스 시장의 성장이 정체되면서 신규 가입자 증가세는 점점 둔화했다. 이로 인한 재정적 압박을 상쇄하기 위해서 넷플릭스는 글로벌 확산 전략에 총력을 기울였다.

효과적인 글로벌 확장을 위해 넷플릭스는 DVD 대여 서비스에서 스트리밍 서비스로 완벽하게 전환하는 데 주력해야만 했다. 스트리밍 서비스로의 전환은 DVD 우편배달 비용과 해외 거점 물류센터 비용을 줄이는 대신 해외 스튜디오나 방송 사업자들과의 새로운 콘텐츠 라이선스 계약이 필요하게 되었다. 또 해외에서는 넷플릭스가 잘 알려져 있지 않으므로 브랜드 인지도 향상을 위한 마케팅 비용도 필요했다. 넷플릭스가 글로벌 스트리밍 사업에 역점을 두고 전방위적으로 노력한 결과, 드디어 2010년에 미국 지역을 벗어나 해외에서도 스트리밍 서비스 제공이 가능하게 되었다.

넷플릭스가 글로벌 확산을 시도했던 2010년, 당시 전 세계의 대다수의 나라들은 인터넷 보급률은 낮았고 일반적인 기술 인프라도 열악했다. 이런 상황에서 글로벌 확장을 하는 것은 위험 부담이 매우 컸다. 하지만 넷플릭스가 캐나다를 시작으로 글로벌 확산을 시작한 후 인터넷의 발전은 급격하게 이루어졌고 태블릿 및 스마트TV를 비롯한 디바이스가 고속 성장했다. 결과적으로 넷플릭스의 글로벌 확산 전략은 큰 성공을 거두었다.

넷플릭스는 2010년 9월에 해외 지역에서는 처음으로 캐나다에서 스트리밍 서비스를 시작했다. 이어서 2011년에는 브라질, 아르헨티나, 칠레, 페루, 멕시코를 포함한 중남미 지역에서, 2012년에는 영국, 아일랜드, 덴마크, 스칸디나비아 국가들을 비롯한 유럽에서, 2015년에는 일본에서 스트리밍 서비스를 시작했다. 이에 더해 넷플릭스는 2016년 1월 라스베이거스에서 열린 가전협회전시회 CES_{Consumer Electronics Show}에서 한국을 포함한 전 세계 190개 국가에 스트리밍 서비스를 제공하게 되었다고 발표했다. 해외 지역에서도 스트리밍 서비스를 제공하게 되자 넷플릭스 가입자 수가 가파르게 증가해 2017년에는 글로벌 가입자 수가 미국 가입자 수를 능가하게 되었다(도표 2-3 참조). 이에 따라

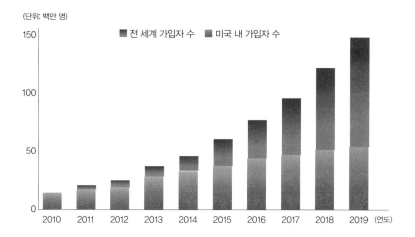

(단위: 백만 명)

출처: https://www.cnbc.com/2019/12/23/netflix-was-the-top-stock-of-the-decade-delivering-over-4000percent-return.html

넷플릭스의 기업 가치도 가파르게 상승했다.

글로벌 확장을 위한 치밀한 전략들

넷플릭스는 해외에서 서비스를 시작한 지 단 5년 만인 2010년에 50개 국가로 서비스를 확장했으며 그로부터 불과 2년 만에 전 세계 190개 국으로 대폭 확산해 운영하고 있다. 2018년 2분기에는 글로벌 스트리 밍 매출이 처음으로 미국 내 스트리밍 매출을 초과했다. 넷플릭스가 2010년 이전까지는 미국 내에서만 사업을 했다는 점을 감안하면 실로 놀라운 성적표다. 글로벌 확장을 통해서 기업 성장을 도모하겠다는 넷플릭스의 의지와 전략의 결과라고 볼 수 있다. 넷플릭스의 미국 내 신규 고객 유치가 정체되면서 해외 점유율은 점점 더 상승하고 있다. 이러한 추세로 가면 궁극적으로 글로벌 고객이 전체 고객의 90퍼센트에 육박할 것이라는 예측도 나오고 있다.

넷플릭스의 글로벌 확장은 지역 선정과 타임라인을 치밀하게 편성해서 이루어졌다. 넷플릭스는 시기적으로 먼저 진행했던 글로벌 확장에서 얻은 경험을 매우 소중히 여겼다. 그동안 미국 내에서 쌓아온 지식과 앞서 진출한 지역에서의 경험, 그리고 고객 중심 운영 방침을 새로 진출하는 지역에 충실히 적용해나갔다. 이러한 확장 전략으로 넷플릭스는 업계 예측보다 훨씬 더 빠른 속도로 글로벌 확장을 할 수 있었다. 세계 여러 지역에서 운영되고 있기 때문에 각 지역의 데이터를 분석해 서로 다른 접근 방식을 시도할 수도 있었다.

넷플릭스는 신규로 진입한 지역에서 우선 그 지역의 얼리어댑터를 타깃으로 한 서비스를 제공한 다음, 더 많은 일반 고객을 끌어들일 수 있는 기능이나 마케팅 활동을 지속적으로 추진했다.

넷플릭스는 인터넷 기업이자 동시에 콘텐츠 기업이다. 넷플릭스가 세계로 진출할 때 풀어야 할 문제 중 상당 부분은 콘텐츠 기업이라는 데서 기인한다. 기본적으로 콘텐츠는 해당 스튜디오로부터 진출 지역마다 새로 라이선스 계약을 해야 한다. 예를 들어, 유럽에 진출하면 이미 그 타이틀의 북미용 라이선스를 가지고 있더라도, 유럽에서 스트리밍 서비스를 할 수 있는 라이선스를 다시 받아야 한다. 그리고 일정 주기마다 콘텐츠 소유자와 짜증나는 라이선스 연장 협상을 해야 한다. 많은 노력을 요하는 이 작업은 글로벌 확산에 걸림돌로 작용하고 있었다. 이에 넷플릭스는 각 지역마다 따로따로 계약해오던 라이선스 협상을 지양하고, 한 번에 전 세계에 공급할 수 있는 라이선스 계약을 맺기 위해 노력해왔다.

점증하는 경쟁을 이겨내고 고객에게 양질의 콘텐츠를 제공하기 위해 콘텐츠에 대한 독점적 라이선스를 획득하고, 넷플릭스 오리지널 프로그램 확보를 위한 파트너십 제휴에 많은 노력을 기울였다. 그리고 이와 병행해 로컬 콘텐츠를 제작했으며 또 이 로컬 콘텐츠를 전 세계 고객에게도 제공하고 있다. 이렇게 함으로써 콘텐츠 제공자에 대한 의존도를 낮출 수 있었다. 앞으로 넷플릭스는 디즈니, 아마존 프라임과 같은 다른 글로벌 강자뿐만 아니라 로컬 지역의 강자들과의 치열한 경쟁도 불가피할 것으로 보고 있다. 그런 점에서 넷플릭스는 글로벌 콘텐츠와 로컬 콘텐츠를 적절히 조합하는 정책을 더욱 강화시켜 나갈 것으로 예측된다.

세계는 넓고 해결해야 할 문제는 많다

지역이나 국가마다 환경과 정서가 다른 상황에서 넷플릭스는 다음과 같은 사항에 중점을 두며 글로벌 스트리밍 사업을 추진해나갔다.

- 글로벌 현지 시장에서 신속한 적응과 각종 현안의 효과적 대응을 위해 각 지역의 정치, 제도, 규제, 기술, 문화, 고객 및 경쟁자 영역 전반에 걸쳐 광범위한 지식과, 특히 각 지역에서 적용되고 있는 콘텐츠 규제에 대

한 이해 필요.

- 지역과 국가 특성에 맞는 콘텐츠 확보를 위해 새로 진입한 지역의 로컬 콘텐츠 제작자, TV 사업자, 통신 회사 등과의 협력.
- 기존 네트워크 인프라가 열악한 개발도상국에서는 대부분 모바일로 인터넷에 액세스하므로 회원 가입, 인증, 결제 등의 모바일 환경 개선.
- 고객의 사용성에 영향을 주는 디바이스 제조 업체, 모바일 및 TV 사업자, 인터넷 서비스 제공 업체 등의 이해 관계자들과 협력 강화.
- 영어가 불편한 글로벌 회원을 위한 현지어 자막 제공 및 현지어 콘텐츠 제작.
- 무료 비디오 콘텐츠에 익숙한 지역 사용자에게 유료 스트리밍 서비스 가입을 유도하는 프로모션 전략.

넷플릭스가 글로벌 확장을 하기 위해서는 미국뿐 아니라 진출한 지역 국가의 규제를 따라야 한다. 지역 국가의 규제는 주로 콘텐츠의 검열에 관련된 것이다. 예를 들어 넷플릭스는 2020년 초에 발간한 〈환경 사회 거버넌스 Environmental Social Governance〉보고서를 통해 넷플릭스가 2015~2020년 동안 정부 기관 요청으로 콘텐츠 목록에서 삭제한 콘텐츠 수는 모두 아홉 편이라고 밝혔다. 정부나 지역 기관에서 삭제를 요청한 콘텐츠들은 대부분 종교와 관련한 민감한 내용, 로컬 지역민의 정서에 반하는 내용, 혹은 마약 등 로컬 지역에서 불법인 소재를 다루고 있는 영화들이다. 자세한 내용은 아래와 같다.[38]

- 2015년 뉴질랜드에서 거부감을 줄 수 있다는 이유로 영화 〈더 브릿지〉

를 삭제.

- 2017년 베트남에서 영화 〈풀 메탈 자켓〉을 삭제.
- 2017년 독일에서 호러 영화 〈살아 있는 시체들의 밤〉을 삭제.
- 2018년에는 싱가포르에서 대마초 관련한 동영상인 〈쿠킹 온 하이〉, 〈카운터컬처 420〉, 〈대관절 해피니스〉를 제거했고, 이에 더해 영화 〈그리스도 최후의 유혹〉과 브라질 코미디 〈더 라스트 행오버〉도 제거.
- 2019년 사우디아라비아에서 미국 토크 쇼 〈하산 미나즈 쇼〉 중에서 정권에 비판적인 내용이 있는 1편 '사우디아라비아'를 삭제.

각국 정부 요청으로 삭제된 콘텐츠들은 금지를 요청한 국가 사용자에게만 제공이 중단되며, 다른 지역에서는 계속 액세스할 수 있다.

2020년 현재 넷플릭스는 190개 국가에서 서비스를 제공하고 있지만 26개 언어만을 지원하고 있다. 이것은 각 지역 국가에서 비즈니스를 하고 있는 로컬 콘텐츠 제공자와 경쟁해야 하는 넷플릭스로서 매우 불리한 상황이다. 이 점을 타개하기 위해서 넷플릭스는 많은 투자로 로컬 콘텐츠 제공자와 제휴하고 있다.

글로벌 확장을 위한 견인차, 다국어 자막과 더빙

전 세계 로컬 제작사들과 협력해 현지어 콘텐츠 제작에 힘을 기울인 넷플릭스는 '좋은 콘텐츠는 세계 어디서나, 언어에 관계없이 통한다'는 신념을 가지고 있었다. 그뿐만 아니라 어느 지역에서, 어떤 언어로 제작된 콘텐츠라도 글로벌 시청자들이 즐길 수 있어야 한다는 원칙을 가지고 있었다. 이 원칙을 실현하기 위해 언어의 로컬라이제이션 전략 기조 위에 외국어 자막과 더빙 서비스 제공에 많은 노력을 기울이고 있다.

현지어 자막과 더빙의 중요성

2020년 1월 아카데미 시상식의 전초전으로 불리는 골든글로브 시상식Golden Globe Awards에서 봉준호 감독의 영화 〈기생충〉이 외국어영화상을 수상했다. 봉준호 감독의 수상 소감은 큰 화제를 모았다. 그는 "자막의 장벽은 장벽도 아니죠. 한 1인치 정도 되는 자막의 장벽을 뛰어넘으면 여러분들이 훨씬 더 많은 영화를 즐길 수 있습니다."라고 말했다. 자막이 있는 외국어 영화를 배타적인 눈으로 바라보는 미국인들에게 자막을 읽을 노력을 기울이면 세계 각 지역에서 제작되는 다양하고 재미있는 영화를 즐길 수 있다는 충고였다. 역설적인 시각에서 보면, 콘텐츠가 글로벌 시청자의 사랑을 얻기 위해서는 자막이 장벽으로 느껴지지 않도록 자막의 품질이 우수해야 한다는 것을 시사하고 있다.

전 세계 190개 국가에서 스트리밍 사업을 하고 있는 넷플릭스는 각 지역에서 현지 제작자·연기자들과 그들의 언어로 된 로컬 오리지널 콘텐츠를 제작한다. 각 콘텐츠는 그 지역의 문화와 정취가 묻어나는 스토리와 스타일을 내포하고 있어 독특한 매력을 품고 있다. 넷플릭스는 전 세계 어디에서 어떤 언어로 제작된 콘텐츠라도, 모든 회원들이 접근해 즐길 수 있도록 콘텐츠의 내용과 분위기를 잘 전달하기 위해 힘쓰고 있다. 이것은 자막과 더빙을 통해 이루어진다. 최근 OTT 서비스가 확산되면서 세계 각 지역에서 제작되는 콘텐츠가 전 세계로 유통되는 기회가 많아지면서 자막과 더빙이 더욱 중요시되고 있다.

자막은 고도화된 번역이다. 번역은 콘텐츠를 소스 언어로부터 타깃 언어로 옮기는 작업이다. 예를 들어 한국 드라마 〈킹덤〉을 폴란드에서 방영할 버전을 만들 경우, 소스 언어는 한국어이고 타깃 언어는 폴란드어가 된다. 영화에서 1~2초 동안 보이고 바뀌는 자막들은 등장인물의 감정, 분위기, 전후 장면의 다이내믹을 짧은 문장 안에 녹여내야 하는 고도의 창작물이다. 이러한 이유로 영화 콘텐츠의 자막을 생성하기 위한 번역은 일반 도서의 번역보다 복잡도와 난이도가 훨씬 높다. 번역가에 따라 결과물의 품질이 천차만별이다. 원본 콘텐츠가 아무리 뛰어나도 외국어 자막이나 더빙의 품질이 미흡하면 외국에서는 저평가되는 결과를 초래하고, 이는 결국 흥행 실패로 이어진다.

넷플릭스의 다국어 콘텐츠 제작 확대와 성공

넷플릭스는 우수한 스트리밍 서비스로 글로벌 확장에 성과를 내고 있다. 2019년 6월 기준 전체 회원의 60퍼센트 이상이 미국 외 지역 거주자다. 또 2019년 1분기에 가입한 960만 명 중 790만 명이 미국 외 지역 가입자였다. 그들은 소스 언어와 상관없이 콘텐츠를 즐기길 원한다. 일반적으로 영어권 시청자는 외국어 콘텐츠를 안 볼 것이라고 짐작하지만 이는 사실이 아니다. 언어의 장벽을 뛰어넘는 자막과 더빙이 제공된다면, 언어와 상관없이 좋은 스토리는 세계 어디서든지 성공한다.

넷플릭스의 많은 콘텐츠들이 제작 국가뿐 아니라 언어가 다른 글로벌 지역에서도 성공을 거둔 예는 많다. 포르투갈어로 제작된 브라질의 오리지널 스릴러 〈3%〉는 아프리카 국가에서 큰 인기를 끌었다. 독일어로 제작된 사이언스 픽션 시리즈 〈다크〉는 방글라데시, 칠레, 캐나다에서 많은 관객을 끌어 모으며 독일 내에서보다 아홉 배나 많은 시간을 스트리밍했다. 2017년 스페인어로 제작된 〈종이의 집〉은 세계적으로 가장 많이 시청하는 비영어 드라마로 비스페인어 국가에서도 전에 없던 큰 성공을 거두고 있다. 넷플릭스는 다양한 더빙과 자막 옵션을 제공해 시청 경험을 높이고 있다. 〈종이의 집〉은 2018년 스페인에서 처음으로 에미 인터내셔널의 '베스트 드라마' 부문에서 수상했다.

'음성 설명' 기능을 적극적으로 제공

넷플릭스는 시청자 경험을 향상시키기 위해 자막과 더빙에 더해 '음성 설명Audio Description' 기능을 적극적으로 제공하고 있다. 이 기능은 영화나 드라마에서 연기자들의 신체적 행동, 얼굴 표정, 의상, 설정, 장면 배경 및 전환을 포함해 화면에서 일어나고 있는 상황을 음성으로 간략히 설명하는 내레이션으로, 보통 연기자들의 대사 중간에 제공된다. 예를 들어 〈킹덤〉(시즌 1, 1화) 시작에서 "어둠 속에 상투를 튼 남자가 누워 있고 몸 위로 뜸 연기가 피어오르고 있다. 뜸 사이사이로는 침이 놓아져 있다……."라는 음성 설명이다.

대사와 함께 음성 설명을 들으면 콘텐츠를 보다 깊이 이해할 수 있다. 특히 연기자의 대사만으로는 드라마를 이해하기 어려운 시각장애인들이 음성 설명을 들음으로써 드라마 전체의 흐름을 이해하는 데 큰

그림 2-11 스페인어로 제작된 〈종이의 집〉은 세계적으로 가장 많이 시청하는 비영어 드라마다. 이 드라마는 시청자 경험 향상을 위해 다양한 더빙과 자막 옵션을 제공하고 있다.

도움이 된다. 음성 설명은 자막과 더빙처럼 시청자가 선택하는 기능이다. 예를 들어 위의 사진에서 보이는 〈종이의 집〉의 자막과 더빙 옵션에서 '영어-음성 설명'과 '유럽식 스페인어-음성 설명'을 선택해 활성화하면 내레이션을 들을 수 있다.

음성 설명은 대부분의 넷플릭스 오리지널 작품, 일부 영화 및 TV 프로그램에서 제공된다. 넷플릭스는 스튜디오 및 콘텐츠 소유자와 협력해 스마트TV, 태블릿, 스마트폰을 비롯해 더욱 다양한 디바이스에서 음성 설명을 제공하고 있다. 한국어 음성 설명이 제공되는 콘텐츠는 넷플릭스 홈페이지 메인 화면 하단에 '음성 지원' 항목에서 확인할 수 있다.

피봇 언어 대사 리스트(PLDL)의 적극적 활용

미디어 산업에서 영어 소스 언어 콘텐츠의 경우 여러 언어로 동시에 번역된다. 그러나 영어 이외의 소스 콘텐츠를 다른 모든 언어로 번

역할 때 소스 언어-타깃 언어의 특정한 두 언어에 능통한 번역가의 수가 부족해 어려움을 겪는다. 이러한 어려움을 극복하고 번역 워크플로우를 보다 효율적으로 진행하기 위해 중간 브릿지 성격을 띠는 피봇 언어를 사용해왔다. 피봇 언어로는 가용 번역가의 풀이 가장 넓은 영어가 사용되어왔다.

넷플릭스는 소스 언어가 영어가 아닌 콘텐츠에 대해 더빙과 자막 제작을 위해 먼저 영어로 된 '피봇 언어 대사 리스트Pivot Language Dialogue List, PLDL'를 작성한다. 이 리스트는 더빙된 모든 언어에 걸쳐 일관된 번역을 유지하기 위한 기준이 되므로 피봇 언어로의 번역은 원래 의도에 충실하게 이루어져야 한다. 넷플릭스는 비영어 콘텐츠를 서비스하는 지역의 파트너에게 피봇 언어 대사 리스트 데이터를 제공해 자막 업무를 지원한다. 넷플릭스는 뛰어난 '피봇 언어 대사 리스트' 프로세스에 힘입어 어떤 지역, 어떤 언어로 제작된 콘텐츠라도 전 세계 회원들이 감상할 수 있도록 문화와 분위기를 반영한 품질 높은 자막과 더빙을 만들어낸다.

피봇 언어 대사 제작도 문화가 다른 아시아권과 서구권은 각각 다르게 만든다. 예를 들어 〈킹덤〉 중에서 신하들이 세자를 맞이하는 장면에서 "세자 저하를 뵈옵니다."라는 대사가 있다. 서구권 국가가 채택하는 피봇 언어에는 이 대사를 "Long live our crown prince(황태자 만세)."로 번역했다. 서구권 봉건 왕국에서의 전통적인 표현을 쓴 것이다. 하지만 한국과 비슷한 문화를 가진 아시아 국가 언어로 옮길 때는 원문 대사를 살려 "We greet Your Highness(세자 저하께 문안드립니다.)"로 표현했다.[39]

〈킹덤〉 시즌 2의 글로벌 흥행 성공의 비결

넷플릭스 오리지널 시리즈 〈킹덤〉 시즌 2가 2020년 3월 13일 넷플릭스 플랫폼을 통해 글로벌 시장에 공개되었다. 결론부터 말하자면 대박을 터뜨렸다. 15개국 이상에서 '일간 톱10' 안에 들었다. 북미 영화 전문 사이트 IMDB에서도 '가장 인기 있는 TV쇼' 9위에 올랐다. 아카데미 수상작인 영화 〈기생충〉의 IMDB 평점 8.6보다 높은 평점 8.9를 기록했다.

〈킹덤〉 시즌 2의 글로벌 흥행 성공 이유는 세 가지를 꼽을 수 있다. 첫째, 뛰어난 극본과 훌륭한 연기자들, 둘째, 넷플릭스 플랫폼을 통해 전 세계에 동시 공개를 했다는 점, 그리고 셋째, 넷플릭스의 뛰어난 로컬라이제이션인 자막과 더빙으로 한국을 모르던 국가에까지 〈킹덤〉을 알릴 수 있었다는 점이다. 또한 음성 설명 기능이 제공되어 각 장면에서 벌어지는 일들과 분위기를 잘 전달할 수 있어서 '조선 시대-좀비' 장르에 다소 생소한 시청자들도 이 드라마를 보다 심층적으로 감상할 수 있다.

〈킹덤〉은 전 세계 29개 언어로 자막이 제작되었으며 영어, 일본어, 스페인어 등 13개 언어 더빙판으로도 개봉되어 자막에 익숙하지 않은 시청자들의 감상 경험을 향상시켰다. 〈킹덤〉은 조선 시대를 배경으로 한 매우 한국적인 드라마이므로 〈킹덤〉의 대사를 전 세계 29개 언어로 옮기는 것은 매우 어려운 작업이다. 〈킹덤〉에 자막과 더빙을 입히는 데 총 4개월 이상 걸렸다고 한다. 이러한 노력의 결과, 전 세계 현지어로 된 자막과 더빙을 덧입은 〈킹덤〉을 전 세계인들이 즐길 수 있게 됐다. 넷플릭스는 보통 영어, 스페인어를 비롯한 서너 개 언어 자막과 더빙을 제공하는 다른 OTT 서비스와는 규모나 번역의 품질 면에서 차이가 크다.[40]

글로벌 기업, 넷플릭스의 역사

2010년, 미국과 가장 유사한 시장 캐나다로

넷플릭스는 2010년 9월, 캐나다에서 스트리밍 서비스를 출시했다. 캐나다는 미국과 지리적으로 가까울 뿐 아니라 언어, 콘텐츠를 보는 인식 등에서 미국과 많은 공통점이 있어서 글로벌 시장으로 가장 먼저 선택되었다.

당시 캐나다에서는 넷플릭스를 월정액 7.99달러로 시청할 수 있었다. 그러나 캐나다에서 볼 수 있는 콘텐츠 수는 많지 않았다. 2012년 미국에서는 넷플릭스 비디오 라이브러리에 1만 600개의 비디오 타이틀이 있었지만 캐나다에서는 고작 2,600개 밖에 없었다. 이는 미국과 캐나다는 콘텐츠 배급에 관한 라이선스 계약에서 차이가 있었기 때문이다(이러한 상황은 많이 개선되어 2018년 7월 기준 미국과 캐나다 넷플릭스 영화 카탈로그에는 각각 5,707개와 5,500개의 영화가 있다).[41] 비록 스트리밍 콘텐츠가 제한적이었지만, 넷플릭스는 1년 만에 캐나다 인구의 3퍼센트에 해당하는 100만 명의 가입자를 확보했다.

캐나다의 예와 같이 넷플릭스는 다른 국가에 비해서 비교적 익숙한 지역, 그러나 세부적으로 들어가면 영화 스트리밍 라이선스 등의 여러

도표 2-4 넷플릭스의 글로벌 확장 타임라인

2010년 9월	2011년 9월	2012년 1월	2012년 10월	2013년 9월	2014년 9월	2015년 5월	2015년 9월	2015년 10월	2016년 1월
캐나다	중남미	영국 아일랜드	핀란드 덴마크 스웨덴 노르웨이	네덜란드	독일 스위스 프랑스 오스트리아 벨기에 룩셈부르크	오스트레일리아 뉴질랜드	일본	스페인 포르투갈 이탈리아	기타 (북한과 중국, 시리아, 크림반 도를 제외한 전 세계)

문제가 잠재되어 있는 지역에서 하나씩 배우며 글로벌 확장 역량을 키워나갔다. 그렇게 함으로써 넷플릭스는 미국 내 시장을 넘어 글로벌 시장 개척에 필요한 핵심 기능을 확장하고 강화해나갔다.

2011년, 미국의 두 배가 넘는 시장을 가진 중남미

2011년 7월 넷플릭스는 중남미와 카리브해 전역의 43개국에서 스트리밍 구독 서비스를 개시할 것이라고 발표했다. 사실 업계 전문가들은 넷플릭스가 2010년 9월 캐나다에 진출한 후, 2011년에는 일단 숨고르기를 하고 한두 국가에서만 스트리밍 서비스를 시작할 것으로 예상하고 있었지만 이런 예상은 빗나갔다.

중남미 및 카리브해에는 약 6억 명의 인구가 있다. 이는 미국의 두 배에 달하는 사람들에게 접근할 수 있다는 것을 의미한다. 2011년 당시 넷플릭스는 미국과 캐나다에 2,300만 명의 가입자가 있었는데 중남미 및 카리브해로 진출하게 되면 가입자를 대폭 증가시킬 수 있다는 기대를 가졌다. 넷플릭스는 이 지역 국가들을 하나의 동일체로 보면서

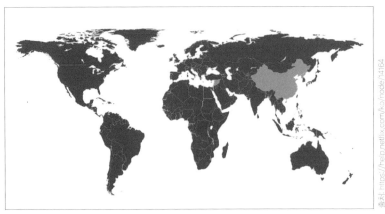

출처: https://help.netflix.com/ko/node/14164

그림 2-12 넷플릭스의 190개국으로의 글로벌 확장

한 번에 전체 시장을 다루려는 전략을 가지고 있었다.

이러한 전략으로 중남미 지역의 미디어와 엔터테인먼트 분야를 먼저 개척함으로써 넷플릭스는 이 지역 시장이 성숙해지기 전에 영향력을 획득할 수 있었으며 보다 쉽고 저렴한 비용으로 사업을 운영해나갈 수 있게 되었다. 또한 6억 명의 인구가 주는 규모의 경제에서 비롯되는 경제적 이익은 이미 성숙한 시장인 프랑스, 영국 등의 유럽 시장에서는 찾아볼 수 없는 매력적인 것이었다. 이러한 점 때문에 중남미로의 스트리밍 서비스 확장을 발표하자 넷플릭스 주가는 즉시 8퍼센트 급등해 291달러라는 사상 최대 주가를 기록했다.

실제로 넷플릭스는 2011년 9월부터 중남미, 카리브해 지역에 영어, 스페인어, 포르투갈어로 콘텐츠를 제공하기 시작했다. 브라질은 9월 5일 중남미에서 스트리밍 서비스를 시작한 첫 번째 국가다. 가격은 약 월 9.10달러에 제공되어 미국과 캐나다보다 비쌌다. 그 뒤를 아르헨티나, 칠레, 콜롬비아, 멕시코 4개국이 이었다. 그 후 몇 주 동안 다른

38개국으로 서비스가 확산되었다.

중남미에서의 런칭은 곳곳에 어려움이 도사리고 있었다. 중남미에서도 캐나다처럼 넷플릭스에 필적할 뚜렷한 경쟁자는 없었다. 아이러니하게도 어떤 면에서는 경쟁자의 부재가 넷플릭스의 스트리밍 사업 성장을 둔화시켰다. 캐나다의 새로운 가입자들은 다른 경쟁 회사들에 의해 스트리밍이 무엇이고 그 장점이 무엇인지 이미 알고 있었던 반면에, 중남미 시청자들에게 스트리밍 서비스는 개념조차 없는 완전히 새로운 것이었고, 일부 사람들은 그 전망에 대해 회의적이기까지 했다. 넷플릭스 CFO 데이비드 웰스David Wells는 "중남미 지역에서 가장 큰 문제 중 하나는 넷플릭스가 운영되는 영어권 국가와 달리 중남미 소비자들은 영화와 TV 드라마를 온라인으로 시청한다는 생각에 회의적"이라고 말했다. 그는 이어서 "중남미에서 우리가 배웠던 핵심은 경쟁자가 있는 시장이 실제로는 우리에게 도움이 될 수 있다는 것이다. 우리가 사람들에게 클릭 앤드 워치click-and-watch, 인터넷 등에 의해서 제공되는 엔터테인먼트가 실제로 작동할 것이라고 설득하거나 설명할 필요가 없기 때문이다."라고 덧붙였다.[42]

스트리밍이라는 상품에 대한 이해 부족뿐만 아니라, 이 지역이 안고 있는 근원적인 인프라 문제도 빠른 성장의 발목을 잡았다. 낮은 광대역 인터넷 보급률과 디바이스 보급률, 인터넷을 통한 결제 프로세스의 복잡성 등 온라인 사업을 위한 필수 항목들이 문제였다.

넷플릭스의 중남미 지역으로의 확장은 예상보다는 느리게 진행되었지만 대부분의 문제는 예측했던 지역적 특이성에 기인한 것이었고 극복할 수 있는 것들이었다.

2010~2011년 동안 추진한 초기 글로벌 확장 노력, 즉 캐나다와 중남미, 카리브해 지역으로의 진출은 모두 성공적인 것으로 평가되었다.

2012년, 영국과 아일랜드를 시작으로 유럽 진출

넷플릭스는 2012년 1월 영국과 아일랜드에서 서비스를 제공하면서 유럽 진출을 시작했다. 10월에는 덴마크, 핀란드, 노르웨이, 스웨덴에서 스트리밍 서비스를 제공하게 되었다.

영국과 아일랜드에서는 넷플릭스 가입자가 캐나다보다도 빠르게 증가해 7개월 만에 100만 명을 돌파했다. 이러한 결과의 근본적인 이유는 영화 및 TV 시리즈 콘텐츠의 제공이며, 또한 넷플릭스 스트리밍 서비스 기능이 킨들 파이어, 새로운 위유Wii U, 윈도우 기반 핸드폰 및 소니 엔터테인먼트 네트워크 등의 새로운 디바이스와 플랫폼에 추가되어 이용이 가능하게 되었기 때문이다. 이로 인해 소니 브라비아 TV, 블루레이 플레이어, 플레이스테이션 3 소유자들이 이 서비스를 사용할 수 있게 되었다.[43] 이는 넷플릭스가 스트리밍 비디오 접근이 가능한 디바이스를 대폭 확대하기 위해 디바이스 제작사 및 IT 업체와 꾸준히 협력한 결과였다. 영국의 넷플릭스 구독자 수는 2020년에 950만 명에 이를 것으로 예측하고 있다.[44]

2013년, 네덜란드

2013년에 들어와서 넷플릭스는 글로벌 확장을 잠시 늦추었고 유일하게 네덜란드에서만 스트리밍 서비스를 출시했다. 2013년 마지막 분기에 넷플릭스는 유럽 확장을 시작한 이후 처음으로 미국보다 해외에서 더 많은 신규 가입자를 확보해 글로벌 확장이 점점 더 중요해졌다.

2014년, 유럽 전체로 시장을 확대하다

2014년에는 오스트리아, 벨기에, 프랑스, 독일, 룩셈부르크, 스위스 및 인도에서도 넷플릭스 서비스를 출시했다. 프랑스를 제외한 유럽 국가들의 반응은 좋았다.

프랑스에서는 미디어 거인으로 간주된 넷플릭스 서비스의 시작이 자국의 미디어 산업을 위협할 것이라는 우려 때문에 상당히 적대적이었다. 사실 프랑스는 넷플릭스와 같은 외국 서비스로부터 자국의 영화와 음악 산업을 보호하기 위해 세계에서 가장 까다로운 규칙을 가지고 있다. 바로 '문화적 예외Cultural Exception'라는 개념이다. 이는 프랑스의 예술가와 문화적 요소를 보호하고 증진하기 위해 외국 예술 작품의 보급을 제한하거나 국가 문화 정책에 따라 창조적 작업을 위한 보조금을 책정해야 한다는 것을 명시한 것이다.[45] 예를 들면, 스트리밍 방송사의 콘텐츠 중 40퍼센트는 프랑스어로 현지에서 제작되어야 하며, 프랑스 TV 및 영화 산업에 자금을 지원하기 위해 추가로 세금을 내야 한다. 흥미로운 점은 이 때문에 넷플릭스는 영어로 만든 〈하우스 오브 카드〉 시리즈를 리메이크한 〈마르세유〉라는 시리즈를 프랑스어로 만들기로 결정했다.[46]

도표 2-5의 자료에 의하면 프랑스의 넷플릭스 사용자는 2014년 50만 명에서 2019년 9월 현재 535만 명으로 가파르게 증가하고 있으며, 프랑스 넷플릭스의 시청률은 14.3퍼센트에 이르고 있다.

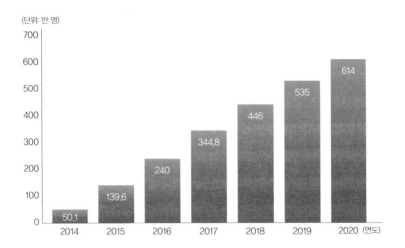

(단위: 만 명)

출처: https://www.statista.com/statistics/607819/netflix-subscribers-in-france/

  넷플릭스의 가입자 수는 2010년 글로벌 확대 전에는 연평균 240만 명씩 성장했다. 하지만 이후 캐나다, 중남미, 유럽으로 확장한 후에는 가입자가 연평균 700만 명씩 늘어나 넷플릭스의 지속적인 글로벌 시장 성장을 위한 열쇠가 되었다.[47] 2013년 〈포브스〉는 글로벌 스트리밍 확산이 넷플릭스 가치의 15퍼센트를 점하고 있다고 판단했다.[48]

  넷플릭스가 글로벌 지역을 선택하는 기준은 대상 지역과 유사한 지역에서의 지난 경험 유무, 우호적 소비자의 존재, 광대역 인터넷의 유무 등이다. 넷플릭스가 2015년까지 50개국으로 확산한 후, 전광석화의 속도로 190개국으로 확산할 수 있었던 것은 이전 진출 국가에서 배운 지식과 경험을 효과적으로 사용했기 때문이다. 지역 사람들이 선호하는 콘텐츠 확보, 영어 외 현지어 콘텐츠 추가, 개인 맞춤형 알고리즘 제공, 다양한 장치, 서비스 운영 및 결제 파트너 관계에 대한 지원을 확대하는 데 주력했다. 그 예로, 2016년 폴란드와 터키에 런칭한 지 6개월 만에 넷플릭스는 사용자 인터페이스, 자막 및 더빙에 폴란드어와 터키어를 추가했다.

2015년, 아시아 진출의 시작, 일본

넷플릭스가 미국과 캐나다, 중남미와 유럽 이후 관심을 가진 지역은 아시아였다. 특히 일본에 대한 관심이 높았다. 일본은 기술 선진국이며, 특히 네트워크와 인터넷 품질이 세계 최고 수준이다. 일본은 미국 이외의 해외에서는 가장 큰 시장 중 하나로 넷플릭스에는 무척 매력적이었다. 일본에는 3,600만 가구가 광대역 인터넷을 사용하고 있으며 평균 광대역 속도는 세계에서 가장 빠르다. 애니메이션, 만화, 영화 등을 포함한 콘텐츠에 대한 관심이 많고 기술도 매우 뛰어나다. 1억 3,000만 명에 달하는 인구도 넷플릭스로서는 매우 매력적이었다.

넷플릭스는 일본으로 사업을 확장하기 전 조심스러운 자세로 많은 사전 조사를 했다. 먼저 일본에서 실패한 훌루로부터 교훈을 얻었다. 훌루는 한 달 구독액이 약 2,000엔(20달러)으로 고가였을 뿐 아니라 현지 콘텐츠도 제공하지 않았다. 2014년 초, 결국 훌루의 일본 사업은 니혼TV에 매각되었다.[49, 50]

넷플릭스는 2015년 9월 아시아에서는 최초로 일본에 비디오 스트리밍 서비스를 출시하며 미국과 동일한 세 가지 패키지를 제공했다. 즉 기본(5.40달러), 표준(7.90달러), 프리미엄(12달러)이다. 일본 지역의 스트리밍 시장을 신속히 들어가기 위해서 넷플릭스는 해외와 일본 로컬 콘텐츠의 혼합 비율을 다른 지역과 다르게 책정했다. 다른 국가에서의 스트리밍 콘텐츠는 보통 현지에서 제작한 콘텐츠 비율이 20퍼센트 정도를 차지하지만 일본에서는 40퍼센트 정도로 상향 조정해 운영했다. 이는 일본의 주요 채널이 다른 국가에 비해서 해외 콘텐츠를 적게 방영하고 있는 것을 반영한 것이다.[51]

넷플릭스가 세계로 진출할 때 새로운 지역에서 겪는 어려움 중의 하나는 구독료 결제 방법이었다. 넷플릭스는 일본에서 새로운 서비스를 가능한 한 빨리 시작하기 위해 고객이 구독료를 쉽게 지불할 수 있도록 이동통신사를 가지고 있는 소프트뱅크와 계약을 체결했다. 소프트뱅크 통신사 고객은 소프트뱅크의 상점, 웹사이트 및 콜센터를 비롯해 주요 전자제품 소매 업체를 통해 넷플릭스에 가입할 수 있으며, 넷플릭스 요금은 소프트뱅크에서 받는 통신료의 월별 청구서에 추가된다. 이렇게 함으로써 3,700만 명의 소프트뱅크 모바일 고객이 넷플릭스 서비스를 구독하고 구독 요금을 쉽게 지불할 수 있는 길을 터놓았다.[52] 또 넷플릭스는 소니, 도시바, 파나소닉 등의 일본 가전 회사들과 협력해 2015년 중반 일본에서 판매되는 TV에 넷플릭스 버튼을 통합하기 시작했다.

일본 서비스 출시 관련해 넷플릭스 CEO인 리드 헤이스팅스는 다음과 같이 말했다. "일본은 풍부한 문화와 창조적 전통으로 전 세계 사람들에게 그들이 좋아하는 스토리를 제공하려는 우리 계획의 중요한 구성 요소다. 우리는 아시아로 확장함에 따라 넷플릭스 회원이 점점 좋아하는 영화 및 TV 프로그램에 쉽게 접근할 수 있게 되어 매우 기쁘다."[53]

도표 2-6의 그래프에 의하면 2020년 일본의 넷플릭스 유료 가입

도표 2-6 일본 넷플릭스 서비스의 유료 가입자 추이(2014~2025)

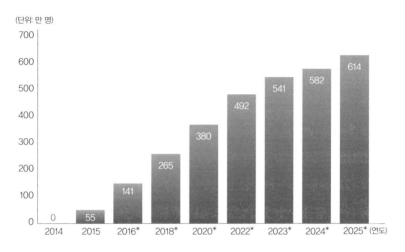

(단위: 만 명)

자는 380만 명에 이를 것으로 예측하고 있다. 2015년에는 넷플릭스의 스트리밍 서비스가 일본을 포함해 오스트레일리아, 뉴질랜드, 그리고 유럽의 이탈리아, 스페인, 포르투갈 등 유럽 전역으로 계속 확장되었다.

2016년, 마침내 전 세계 190개국으로

넷플릭스는 2016년 1월 라스베이거스에서 매년 개최되는 가전협회전시회에서 전 세계 새로운 130개국에 스트리밍 서비스를 제공한다고 발표했다. 이로써 넷플릭스는 미국 정부가 제재 중인 중국, 북한, 시리아, 크림 반도 등을 제외한 글로벌 190개국에 서비스를 제공하게 되었다. 그리고 글로벌 확장의 일환으로 콘텐츠에 한국어, 중국어, 아랍어를 추가 지원한다고 발표했다. 이로써 넷플릭스가 자막, 캡션 및 대체 오디오를 제공하는 언어는 모두 27개로 늘어났다.[54]

PART 03

넷플릭스 최고의 경쟁력,
추천 시스템과 웹사이트

N

AI와 인간의 협업으로
최고의 추천 시스템을 만들다

고객 만족을 최고의 가치로 여기는 넷플릭스는 2000년에 영화 추천 시스템인 시네매치 서비스를 출시했다. 시네매치는 사용자가 좋아할 만한 영화를 예측해 추천해주는 추천 알고리즘이다. 인기 영화의 추천뿐만 아니라 잘 알려지지 않거나 혹은 오래된 영화지만 사용자의 취향에 맞을 만한 다양한 영화를 추천해 마진율이 높은 고전이나 비인기 비디오의 구독 증가를 꾀하는 역할을 한다. 또한 최신작에 몰리는 수요도 적절히 조절한다. 이렇게 함으로써 시네매치는 고객의 만족도를 향상시키고 동시에 비디오 콘텐츠 확보에 드는 비용도 절감했다. 시네매치는 블록버스터와의 경쟁에서 승리할 수 있는 아주 중요한 툴로 작용했다. 넷플릭스 시네매치와 아마존의 추천 시스템은 전 세계에서 가장 우수한 '협업 필터링Collaborative Filtering'이라는 알고리즘을 기반으로 개발되었다.

기업의 운명을 좌우하는 추천 시스템

매 시간 엄청난 양의 데이터를 분출하고 있는 인터넷과 소셜미디어 플랫폼의 수가 증가하고 있는 오늘날, 우리는 거대한 데이터 기반 환경에서 살고 있다. 기업은 많은 데이터를 수집·분석해 고객 만족도 향상, 마케팅, 매출 증가 등의 여러 목적으로 사용하고 있다. 특히 대부분의 기업 활동이 인터넷 공간에서 실시간으로 이루어지는 온라인 기업에서는 더욱 그렇다.

고객은 자신의 필요에 정확하게 맞는 개인화된 제품이나 서비스를 제공받기를 원하고 있다. 이 같은 움직임은 리테일, 여행, 문화, 패션, 제조 등을 포함한 모든 산업에서 감지된다. 고객들의 요구는 더욱 세분화되고 까다로워지고 있으며 또 환경에 따라 변하고 있다. 이러한 시장 변화에 민감한 기업들은 이미 강력한 데이터 분석 기능을 보유하고 있다. 고객의 요구에 발맞추어 그들의 취향에 맞춘 제품이나 서비스를 제공하는 것은 고객의 만족도를 높일 수 있을 뿐 아니라 시장 경쟁력을 가진다. 이는 궁극적으로 매출 증대로 연결되기 때문에 기업 입장에서는 추천 시스템이 매우 중요하고 매력적인 기술이다. 실제로 아마존은 전체 주문의 3분의 1이 추천에 의해 이뤄지고 있고, 넷플릭스는 시청 콘텐츠의 4분의 3이 추천에 의해 이루어지므로 추천 시스템은 기업의 비즈니스에 지대한 영향을 미친다. 이것이 넷플릭스나 아마존이 보다 정교한 추천 시스템을 확보하기 위해 긴 호흡으로 노력을 아끼지 않는 이유다.

아마존과 같은 온라인 소매 웹사이트에서는 방문객이 이전에 검색한 것이나 구매한 제품과 비슷한 제품을 추천하거나, 혹은 방문객과 유사한 취향을 가진 고객들의 구매 행동을 참고해 제품을 추천한다. 트립어드바이저, 부킹, 익스피디아와 같은 온라인 여행사의 추천 시스템은 웹사이트 방문객의 검색 및 예약 히스토리 또는 유사한 사용자들을 바탕으로 그들의 일정과 목적지, 예산에 맞는 항공편, 호텔, 렌터카 추천 서비스를 제공하고 있다.

넷플릭스는 2019년 5월 기준으로 전 세계적으로 1만 3,612개의 타이틀을 보유하고 있다. 각 타이틀에 따라 라이선스가 다르기 때문에 각 나라에서 시청할 수 있는 타이틀의 숫자는 이보다 훨씬 적다. 예를 들면 미국의 넷플릭스 라이브러리가 5,087개로 제일 많고, 영국은 2,986개, 일본은 2,651개, 한국은 956개다.[1]

넷플릭스는 고객별로 개인화된 추천 서비스를 제공해 고객이 좋아하는 영화 및 TV 드라마를 쉽게 찾도록 도와준다. 고객이 넷플릭스 서비스에 접속할 때마다 넷플릭스 추천 시스템이 작동해 최소한의 노력으로 고객의 취향에 맞는 콘텐츠를 신속하게 찾도록 도움을 주는 것이다.

고객이 방대한 비디오 라이브러리 중에서 원하는 콘텐츠를 직접 찾아 선택하기는 어렵다. 넷플릭스가 실시한 소비자 조사에 따르면 일반적인 넷플릭스 회원은 10~20개의 타이틀을 검토한 후 자신이 시청하고 싶은 영화를 결정하지 못하면 60~90초 후에 흥미를 잃는다고 한다.[2] 그렇기 때문에 넷플릭스는 오랜 기간에 걸쳐, 전 세계 전문가들과의 오픈 이노베이션 방법으로 추천 시스템의 정확성을 높이기 위해 노력해왔다.

넷플릭스가 스트리밍 서비스 사업을 하면서부터 수집하는 데이터는 일반인의 상상을 초월한다. 고객 정보, 콘텐츠 관련 정보, 시청자 평가는 기본이고, 시청자가 비디오를 시청할 때 어느 부분에서 일시정지를 하고 어느 부분에서 되감기를 하는지, 또 주중에 언제 어디서 영화를 보았는지 등의 정보도 가지고 있다. 이러한 방대한 데이터를 활용해 넷플릭스는 AI/ML 기술로 고객이 선호할 가능성이 높은 콘텐츠를 추천할 뿐 아니라 고객의 홈페이지 화면 및 아트워크 구성의 최적화를 꾀하도록 한다.

넷플릭스 추천 시스템은 통계, 빅데이터 분석, 기계학습을 포함한 AI 기술을 활용해 사용자의 성향을 분석해 영화를 추천해주는 것은 기본이고, 사용자가 넷플릭스에 가입하면 섬네일과 아트워크를 포함한 전체 페이지가 사용자의 취향에 맞춤형으로 구성되는 수준으로까지 발전했다.

지금부터는 넷플릭스 추천 시스템의 출시 배경, 기술, 넷플릭스 프라이즈 콘테스트 등에 대해서 알아보도록 하자.

기내식과 비디오 추천 시스템의 공통점

넷플릭스는 고객과의 관계를 매우 중요시한다. 따라서 고객이 어떠한 비디오를 보기 원하며 이를 제대로 선택할 수 있는가에 대해 매우 민감하다. 여기에 기업의 흥망이 걸려 있기 때문이다. 비디오 라이브러리에서 영화 편수가 많으면 고객들의 비디오 선택 범위가 넓어져 좋기는 하지만, 수많은 콘텐츠 중 몇 편을 선택하는 것은 결코 쉬운 일이 아니다. 고객은 아마 결정 장애를 호소하며 스트레스를 받을 수 있다.

이러한 예는 우리 생활 공간에서도 쉽게 찾아볼 수 있다. 의류점에서 옷을 구매할 때 종류가 너무 많으면 고객은 어떤 것을 사야 할지 머뭇거리게 된다. 또 음식점에서 메뉴가 너무 많으면 무엇을 먹을 것인지 망설이게 되고 심지어는 음식점을 떠나는 경우도 있다. 만일 음식점에서 음식을 잘 아는 웨이터가 고객 입맛에 맞는 음식을 추천해준다면 고객은 만족해할 것이다.

요즘은 비디오의 종류가 많은 것보다 고객이 원하는 비디오를 짧은 시간 안에 제대로 찾도록 도움을 주는 것이 더 중요해졌다. 이에 넷플릭스는 많은 콘텐츠를 확보하려는 노력과 함께 고객 취향에 부합하는 콘텐츠를 정확히 찾아주는 시스템 확보에 지속적인 노력을 기울이고 있다.

항공기를 이용해 장거리 여행을 하면 기내식이 제공된다. 기내식 메뉴는 대개 서너 종류의 음식으로 제한된다. 예측에 의해서 각 음식의 양도 조정한다. 그런데 예측과 달리, 대부분의 승객들이 한 종류의 음식만 집중해 선택한다면 이 음식은 금방 동이 나게 되며, 이 음식을 선택했으나 제공받지 못한 승객은 불만을 가지게 된다. 또 선택되지 못한 음식은 버려야 하는 경우도 발생한다. 이런 경우 이들 음식 사용의 균형을 맞추기 위해, 또 불만을 토로한 승객을 달래기 위해 기내 승무원들이 진땀을 흘린다.

고객의 비디오 타이틀 요구 상황도 비행기 기내식 사례와 크게 다르지 않다. 넷플릭스의 비디오 라이브러리에는 오래되었거나 비인기 비디오가 많다. 그러나 대부분의 고객은 새로 출시된 신작 영화를 보기 원한다. 이런 까닭으로 넷플릭스는 1998년 우편을 통한 온라인 DVD 대여 서비스를 시작하면서 고객들의 신작에 대한 쏠림 현상을 해결해야만 했다.

신작 DVD 영화를 원하는 고객을 위해서 넷플릭스는 고가의 신작 DVD를 대량으로 확보하기 위해 많은 비용을 지불해야만 했다. 그렇다고 하더라도 넷플릭스가 보유할 수 있는 특정 영화의 DVD 수는 제한적일 수밖에 없다. 따라서 고객이 원하는 신작 DVD를 얻기 위해서는 다른 고객이 반납할 때까지 기다려야 했다. 결국 고객이 원하는 DVD는 원하는 시간 내에 배달되기가 어려우므로 고객 만족도는 크게 떨어지게 된다. 사용자 중심 경영을 추구하는 넷플릭스 입장에서는 매우 심각한 문제가 아닐 수 없었다.

넷플릭스는 이 문제를 추천 시스템을 이용해 해결했다. 고객의 취향을 분석해 신작뿐 아니라 넷플릭스가 보유하고 있는 고전 혹은 비인기 비디오 타이틀, 즉 롱테일에 속하는 비디오들도 적극적으로 추천했다.

넷플릭스가 수행하던 DVD 우편 구독 서비스는 고객이 웹사이트에서 검색해 보고 싶은 영화를 자신의 대여 희망 목록에 넣으면 해당

DVD를 우편으로 배달하는 시스템이었다. 이러한 서비스를 제공하면서 넷플릭스는 어떻게 하면 사용자들이 예전에 블록버스터의 비디오 대여 매장을 방문해 DVD를 빌리면서 느꼈던 것과 유사한 사용자 경험을 넷플릭스의 온라인에서 재현할 수 있을까에 대해서 생각했다. 특히 고객이 비디오 대여점을 방문해서 비디오를 빌릴 때 데스크 점원들이 제공하는 비디오 추천 서비스 경험을 대체할 수 있는 기능이 필요하다고 판단했다.

시네매치, 넷플릭스 최고의 경쟁력

넷플릭스가 DVD 사업을 할 때, 신작 타이틀에 고객의 수요가 집중되는 문제를 해결하기 위한 방법으로 추천 알고리즘을 이용했다. 고객의 취향에 기반해 신작 영화와 비디오 라이브러리에 이미 포함된 롱테일 영화를 균형 있게 추천해줄 수 있다면, 고객은 신작 타이틀 대신 넷플릭스가 추천하는 타이틀도 적극적으로 고려할 것이다. 또한 추천 알고리즘은 최신작에 몰리는 수요도 적절히 조절할 수 있으며 마진율이 높은 오래된 영화나 비인기 비디오의 구독 증가를 꾀한다.

이러한 배경에서 넷플릭스가 고객이 보고 싶은 영화를 예측해 추천하는 서비스가 2000년에 공개한 시네매치다. 시네매치는 사용자의 비디오 대여 기록과 시청한 영화에 대한 평가를 기반으로 고객의 시청 습관과 취향을 분석해 고객이 좋아할 만한 콘텐츠를 추천해주는 서비스다. 넷플릭스에 따르면 시네매치의 추천 알고리즘은 매우 정교해 넷플릭스 고객의 75~80퍼센트 정도가 시네매치의 추천 타이틀을 긍정적으로 받아들여서 자신의 비디오 대여 희망 목록에 입력했다고 한다.[3]

추천 알고리즘을 활용해 넷플릭스는 사용자마다 각각 다른 맞춤형의 서비스 초기 화면을 제공할 수 있게 되었다. 이를 통해 고객은 이전에 전통적인 비디오 매장에서 점원이 도와주던 영화 추천 도움의 경험을 시네매치를 통해 온라인에서 받을 수 있게 되었다.

넷플릭스는 경쟁사인 아마존 프라임과 비교하면 콘텐츠 수가 적었다. 그러나 넷플릭스는 고객의 취향에 맞는 콘텐츠를 정확히 추천해 고객이 만족스럽게 시청하도록 함으로써 오히려 고객 만족도와 글로벌 시장 점유율 모두 더 높게 나타났다.

넷플릭스의 가치는 고객이 좋아하는 비디오를 찾는 일에 최고의 대응을 하는 것이다. 앞에서 언급했던 것처럼, "넷플릭스 사용자가 웹사이트에 올라온 10~20개의 타이틀에서 시청할 영화를 결정하지 못하면 60~90초 후에는 흥미를 잃는다."고 한다면 가장 중요한 일은 그 웹사이트 상의 10~20개의 타이틀을 어떻게 추천하는가에 달렸다. 사람들이 검색창에 보고 싶은 비디오를 입력하기만 한다면, 이것을 찾는 것은 쉬울 것이다. 그러나 넷플릭스는 비디오 선택의 20퍼센트만이 검색에서 비롯되고 나머지 80퍼센트는 추천에서 나온다고 추정했다. 그러므로 넷플릭스가 비디오 추천을 정확하게 하는 것이 필수적이다.

시네매치의 최종 목표는 회원이 넷플릭스 홈페이지에 들어와서 재빨리 뭔가 흥미있는 비디오를 찾을 수 있도록 도와서 회원 이탈을 방지하는 것이다. 넷플릭스는 자사의 개인화된 추천 엔진이 아니었다면 가입자들이 가입을 해지함으로써 매년 10억 달러 이상의 손실을 보았

을 것이라고 믿고 있다.[4]

DVD 대여 서비스에서 스트리밍 서비스로 전환되면서 넷플릭스의 추천 서비스는 더욱 정교하게 진화했다. 넷플릭스는 초기에는 사용자의 성향을 파악해 좋아할 만한 영화를 예측해 추천해주는 단순한 시스템에서 출발했지만, 최근에는 사용자가 로그인하는 순간 해당 사용자의 취향에 맞춰 전체 페이지가 구성되는 수준까지 발전했다.

추천 알고리즘의 정확성을 높이기 위해, 고객의 콘텐츠 시청 이력에 더해 비디오 스트리밍 재생에 관한 고객의 선택과 행동 데이터도 수집해서 분석했다. 예를 들어 고객이 일주일 중 혹은 하루 중 언제 시청하고 어디에서 시청했는지, 시청한 시간의 날씨는 어떠했는지, 한 번에 몇 편의 에피소드를 몰아보기 했는지, 어느 장면에서 중단해 되돌려보기를 했는지 혹은 어느 부분에서 빨리 재생을 했는지 등에 대한 데이터를 모아 분석하고 있다.

또한 넷플릭스는 추천 시스템의 예측 정확성을 높이기 위해 외부와 오픈 이노베이션을 시도했는데, 그 대표적인 사례가 지난 2006년부터 3년간 시행한 넷플릭스 프라이즈Netflix Prize 콘테스트였다. 넷플릭스의 추천 시스템은 그렇게 지속적으로 업데이트되어 성능이 개선되어 왔다.

넷플릭스 양자이론

넷플릭스는 2020년 3월 말 기준, 전 세계적으로 1억 8,300만 명의 유료 구독자를 보유하고 있다. 하나의 계정에 최대 4명의 사용자가 있다는 것을 고려하면 4억 개 이상의 액티브 프로파일이 존재할 것으로 추측하고 있다.[5] 각 프로파일은 해당 고객이 과거에 어떤 콘텐츠를 보았는지 시청 행동 관련한 데이터를 포함하고 있다. 사용자의 프로파일 정보는 콘텐츠의 내용을 이해하기 위해 더 많은 데이터와 결합된다.

넷플릭스에는 신작 영화, TV 시리즈, 애니메이션 등의 새로운 콘텐츠가 들어오면 약 30명의 콘텐츠 분석 전문가들이 해당 콘텐츠를 일일이 감상하고 분석해 카테고리 태그와 메타데이터를 생성한다. 그들은 이 작업을 위해서 일주일에 20시간 정도 TV와 영화를 몰아보기 한다. 넷플릭스 분석 전문가들은 도서관의 사서처럼 콘텐츠를 정확하게 분류할 수 있는 능력이 있고, 이에 더해 TV 드라마나 영화들이 서로 어떤 연관이 있는지를 알아내야 하므로 콘텐츠에 대한 높은 수준의 지식을 가지고 있어야 한다. 이에 대해서 IT 매거진 〈패스트 컴퍼니Fast Company〉는 넷플릭스 분석 전문가의 자격으로 다음의 세 가지를 언급했다. 첫째, 다양한 영화와 TV 장르에서 콘텐츠의 뉘앙스를 구별할 수 있는 능력, 둘째, 영화/드라마의 본질을 추출해 이를 간결하게 전달할 수 있는 능력, 셋째, 영화 및 방송 업계에서 5년 이상의 경험이다.[6] 이러한 작업은 AI가 하지 못하는, 인간만이 할 수 있는 영역이다.

메타데이터는 기본적으로 출시 연도, 언어, 감독, 출연자 목록, 그리고 선정성 같은 콘텐츠에 대한 객관적인 정보를 포함한다. 여기에 더해 분석 전문가가 모든 넷플릭스 콘텐츠를 감상한 후 생성한 주관적인 태그를 메타데이터에 포함시켜 콘텐츠를 더욱 생생하게 표현하고 있다. 이 메타데이터는 콘텐츠 분류, 탐색 혹은 추천에 직접 활용된다.

넷플릭스의 분석 전문가로 일하고 있는 셰리 굴마하마드_{Sherrie Gulmahamad}는 "콘텐츠에 내재되어 있는 의도와 분위기를 포착하기 위해 톤과 스토리라인 팔레트를 사용해 작업하며, 태그들이 도출되면 콘텐츠의 분위기를 더욱 잘 전달하기 위해 편집을 한다."라고 분석 전문가로서의 작업을 말했다. [7]

경쟁사 제품을 면밀히 분석해 설계 개념, 적용 기술, 특징 및 성분 등을 파악해 이 제품의 재현을 시도하는 것을 '리버스 엔지니어링reverse engineering'이라고 한다. 콘텐츠의 태깅 작업은 마치 콘텐츠를 리버스 엔지니어링하는 것과 유사한 과정을 거친다. 즉, 콘텐츠를 감상하고 분석한 뒤에 장르, 주제, 분위기, 스토리라인 등 콘텐츠를 제작할 때 의도했던 주요 특성을 추출해내는 매우 복잡하고 정교한 작업이다. 그래서 넷플릭스의 분석 전문가들은 이 프로세스를 가이드하는 36쪽에 달하는 교육 자료에 따라 해당 콘텐츠와 관련 있다고 생각되는 모든 태그를 꼼꼼하게 채워넣는다.[8]

이 작업을 내부적으로 '넷플릭스 양자이론Netflix Quantum Theory'이라 부르는데, 콘텐츠 정보를 더 이상 쪼갤 수 없는 수준까지 쪼갠다는 의미라고 한다.[9] 이 콘텐츠 태깅 작업은 노력과 시간이 많이 들어가는 노동집약적 작업으로서, 아이러니하게도 비디오 콘텐츠 추천에서 넷플릭스가 다른 경쟁사보다 훨씬 우월한 이유 중 하나다.

콘텐츠 태깅 작업

그러면 이제 태깅의 결과 사례를 보자. 도표 3-1에 소개된 콜롬비아의 스페인어 드라마 〈시크릿 위치Always A Wicth〉는 2019년 1월에 방영된

10편의 에피소드로 구성된 넷플릭스 오리지널 시리즈다. 이 시리즈를 제작하기 오래 전에 이를 제작할지 말지 투자 결정을 하기 위해서 우선 각본에 기반해 이 시리즈의 태깅 작업을 했다.

도표 3-2의 그래프에서 가로축은 시간을, 세로축은 예측 인기도를 표시한다. 실제 콘텐츠를 방영하기 전에 여러 단계에 걸쳐 인기도, 즉 성공 가능성을 예측한다. 이 도표에서 직선 형태의 점선은 이 콘텐츠가 공개된 후 한 달 뒤의 실제 인기도를 나타낸다. 이 예측 시스템은 넷플릭스가 사용하고 있는 기계학습 모델을 사용하는 등 많은 면에서 추천 시스템과 유사하다. 제일 왼쪽에 기획 단계 다음에 있는 수직선에서 첫 번째 의사 결정을 해야 한다. 이 단계에서는 아직 구체적으로 보이는 콘텐츠가 존재하지 않으므로 각본과 감독, 주연 배우 그리고 이 콘텐츠의 태깅 정보 등 아주 제한적인 데이터를 분석해 이 콘텐츠가 성공할 것인지를 예측하고, 또 직접 제작할 것인지 아니면 라이선싱을 할 것인지 등 투자 결정을 내려야 한다. 기획 단계에서 아주 중요한 결정이 이루어지지만 사용하고 있는 모델이 제공하는 예측은 제한된 데이터로 인해 정확하지 않을 수 있다.

다음 제작 단계는 아주 긴 기간이다. 이 단계에서는 모든 연기자들이 확정되며 여러 가지 의사 결정이 이루어진다. 어떤 연기자를 섭외하느냐에 따라 비용과 성공 가능성이 달라지므로 트레이드-어프에 의한 최적의 의사 결정이 내려져야 한다.

다음은 콘텐츠 제작 이후 '프리런칭pre-Launching' 단계다. 타깃 지역의 언어로 번역 및 자막 제작, 마케팅 광고, 예고편 제작, 그리고 마케팅 예산 규모를 결정해야 한다. 마지막으로 콘텐츠가 공개된 후에는 매

도표 3-1 넷플릭스 오리지널 시리즈인 〈시크릿 위치〉의 태깅과 메타데이터 결과

정교한 태깅은 콘텐츠 이해에 도움이 된다

• 장르 판타지, 드라마
• 톤 풍부한 상상력, 훈훈한 분위기, 기이함
• 스토리라인 마녀&마법사, 자기 개발, 시간 여행, 적응력, 마법
• 지역 카르타헤나, 콜롬비아
• 결말 느낌 감동적
• 로맨틱 요소 부차적
• 욕설 중간
• 폭력성 중간

출처: https://www.youtube.com/watch?v=0CGQvdAbNcc 13:20/22:20

도표 3-2 각 시기별로 인기도를 예측한 그래프

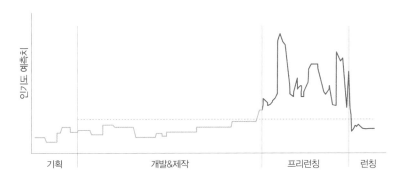

출처: https://www.youtube.com/watch?v=0CGQvdAbNcc 16:00/22:20

우 정확한 시청 데이터를 수집할 수 있으므로 보다 정확한 분석을 할 수 있다.[10]

자세한 태그의 예를 들면, 초자연적인 콘텐츠에 사용할 수 있는 태그에는 좀비, 마녀, 용, 식인종, 미친 과학자, 돌연변이, 천사, 악마, 악한 아이들이 있을 수 있다. 또 로맨틱 콘텐츠를 나타내는 것으로는 비극적 사랑, 짝사랑, 금지된 사랑, 결혼, 이혼, 데이트, 불륜, 첫사랑, 에로틱한 만남 등 모든 종류의 낭만적인 관계를 나타내는 태그가 있다. 모든 정보는 1~5점 사이의 점수로 입력된다. 넷플릭스의 콘텐츠 태그는 전 세계적으로 동일하다. 이러한 태그는 넷플릭스 앱에 보이는 그룹화된 영화 및 TV 드라마의 섬네일 행의 제목으로 직접 사용되기도 한다.

마이크로장르 분석

넷플릭스는 태그 유형을 1,000개 이상 개발했다. 이 태그 유형들은 2014년까지 비디오 콘텐츠를 7만 6,897개의 마이크로장르micro-genre 혹은 알트 장르alt genre를 정의하는 데 도움이 되었다. 이것이 넷플릭스의 축적된 데이터와 결합해서 아무도 흉내 내지 못하는 넷플릭스만의 차별적 경쟁력을 만들어냈다. 우리가 주목해야 할 점은 넷플릭스는 태그나 마이크로장르 생성을 위해서 기계학습, 데이터 분석 등의 자동화된 많은 AI 기법들을 활용하지만 최적의 결과를 도출하기 위해서 분석 전문가와 같은 사람을 함께 활용하고 있다는 점이다.

마이크로장르의 예는 아래와 같다.

- 액션 & 어드벤처: 1365

그림 3-1 '가상현실 영화'로 그룹화된 영화를 보여주는 넷플릭스의 화면

- 액션/스릴러: 43048
- 어드벤처: 7442
- 외계인 & SF: 3327
- 이탈리아 영화: 8221
- 일본 영화: 10398
- 키즈, 신앙 & 영성: 751423
- 한국 영화: 5685
- 한국 드라마 & 버라이어티: 67879
- 심야 코미디: 1402

- 다큐멘터리/밀리터리: 4006

- 미스터리: 9994

- 로맨스/엉뚱하고 기발: 36103

- 영성 다큐멘터리: 2760

- 호러/좀비 영화: 75405

마이크로장르에 속하는 콘텐츠를 보려면 넷플릭스에 로그인해 브라우저 URL 창에 www.netflix.com/browse/genre/NNNN을 입력해 넷플릭스 라이브러리의 수천 가지 마이크로 장르 중 하나를 불러온다. 여기서 'NNNN'은 숫자로, 예를 들어 1089는 가상현실 영화, 920은 실화 바탕 영화, 5685는 한국영화, 67879는 한국 TV 드라마, 12549는 축구 영화 등이다.

중요한 것은 마이크로장르는 저절로 주어진 데이터가 아니라 필요에 의해서 돈과 시간을 들여 자체적으로 만들어낸 데이터라는 것이다. 넷플릭스는 콘텐츠의 마이크로장르 분류를 비디오 추천 엔진과 결합해 고객에게 보다 정확한 콘텐츠 추천을 할 수 있게 되었다.

AI가 잘하는 일과 인간이 잘하는 일

넷플릭스의 콘텐츠는 '비평가들로부터 호평을 받은 감성 언더독 영화Critically Acclaimed Emotional Underdog Movies' 또는 '1970년대 중국의 행동과 모험 영화Gritty Chinese Action & Adventure from the 1970s'와 같이 수만 개의 마이크로장르로

분류된다. 그런 다음 콘텐츠의 마이크로장르 태그와 사용자의 시청 히스토리, 습관 및 행동 데이터를 결합하고 기계학습을 적용해 콘텐츠에 대해 동일한 취향을 가졌다고 간주되는 '취향 그룹'을 만든다. 2019년 기준으로 넷플릭스는 2,000개가 넘는 취향 그룹이 있다.

취향 그룹에 따른 개인화

취향 그룹은 시청 행동에 의해서만 결정된다. 이것은 특정 사용자가 시청하는 콘텐츠와 같은 종류의 콘텐츠들을 시청하는 사람들에 관한 것이다. 한 시청자는 여러 취향 그룹에 속할 수 있다. 취향 그룹은 고객이 홈페이지에서 하는 행동과 지금까지 시청한 콘텐츠를 기반으로, 그에게 무엇을 보여줄 것인지를 예측하는 데 도움을 준다.

각 고객의 취향 그룹 정보는 개인 홈페이지 상단에 나타나는 추천 콘텐츠와 그 아래에 위치한 행에서 보이는 콘텐츠의 장르, 또는 각 행에 속해 있는 영화들의 배치 순서에 영향을 준다.[11]

2016년 이전까지 넷플릭스는 시청자가 세계 어디에 있느냐에 따라 콘텐츠 취향이 다를 것이라고 가정했다. 예를 들면, 한국 가입자는 캐나다 가입자와 다른 취향을 가질 것이라고 가정했다. 그래서 시청자의 국적, 또는 거주 지역에 따라 다른 추천을 했다. 전통적인 TV 네트워크도 그들의 시장 세분화를 위해 나이, 인종 또는 지역과 같은 표준적인 인구 통계 데이터를 사용한다. 그러나 넷플릭스의 연구 결과, 거주 지역, 성별, 연령 및 기타 전통적인 인구 통계 데이터는 시청자가 좋아하는 콘텐츠와 큰 관계가 없다는 것을 알았다. 따라서 넷플릭스는 2016년에 130개 국가에 새롭게 진출한 후에는 지리적 위치에 따

른 추천 시스템을 사용하지 않고 취향 그룹에 따른 추천 시스템을 이용하고 있다.[12]

넷플릭스에 수많은 콘텐츠가 존재한다고 해서 사용자가 그 모든 것을 검토하지는 않는다. 보통 30~40개의 콘텐츠만 검토한다. 추천 시스템은 사용자가 시청한 콘텐츠를 바탕으로 이와 유사한 콘텐츠를 찾아준다.[13] 사실 넷플릭스가 추천해주는 콘텐츠만 시청해도 충분히 만족할 수 있으므로 넷플릭스를 이용하면 검색할 필요가 없다. 우수한 넷플릭스 추천 시스템의 정확성은 기계학습 기반으로 사용자 취향에 맞는 영화를 정확하게 찾아주는 알고리즘뿐 아니라, 넷플릭스가 수많은 시간과 노력을 투자해 노동집약적 방식으로 개발한 콘텐츠 태그, 마이크로장르와 취향 그룹에서 나온다.

또한 넷플릭스의 추천 시스템은 사용자 개인의 데이터뿐만 아니라 지역에서 어떤 장르의 콘텐츠를 선호하는지 분석한 후 현지 사용자의 추천 시스템에 반영한다. 예를 들어 검객 영화의 인기가 높은 일본에서는 사무라이 영화를 추천하고, 마약 갱 영화 인기가 높은 중남미에서는 〈나르코스〉와 유사한 콘텐츠를 추천하는 것이다.

홈페이지 개인화

사용자가 처음 넷플릭스에 가입하면 신규 회원에 대한 정보가 전혀 없기 때문에 자신의 취향에 맞는 콘텐츠 세 편을 고르도록 안내된다. 그러면 넷플릭스는 세 개의 입력 콘텐츠에 붙은 태그를 바탕으로 추천 알고리즘이 사용자 취향에 맞는 콘텐츠를 찾아준다. 이후 사용자가 콘텐츠를 많이 시청하면 할수록 넷플릭스에 더 많은 개인 데이터를 제공하는 셈이기 때문에 더욱 정확한 콘텐츠 추천 결과를 보여준다. 추천 콘텐츠는 기계학습 알고리즘을 활용해 수많은 태그를 일일이 대조한 후 사용자 취향에 맞게 홈페이지에 노출이 되는데 이런 시스템에 의해 넷플릭스의 메인 화면은 사용자마다 다르게 보인다. 전세계에 1억 8,300만 명의 넷플릭스 가입자가 있고, 한 계정에 평균 2.5명의 사용자가 있기 때문에 약 4억 개의 넷플릭스 메인 화면이 존재한다고 할 수 있다.

넷플릭스는 전통적인 할리우드 스튜디오와는 달리, 가입자를 늘리기 위해 전적으로 마케팅에만 의존하지 않는다. 대신 고객이 선호하는 콘텐츠를 노출시켜 시청하게 함으로써 고객을 끌어들이고 넷플릭스 마당에 오래 머물도록 한다. 가입자가 클릭, 시청, 검색, 재생 및 일시 중지하는 방식을 분석하고 이 데이터를 사용해 넷플릭스 고객 홈페이지에 표시되는 화면을 조정하는 것이다.

넷플릭스의 오리지널 제품 책임자인 올리비아 드 카를로Olivia De Carlo는 취향 그룹이 정적인 구조가 아니라 매 순간마다 변한다면서 "당신의 넷플릭스는 나의 넷플릭스가 아니다. 왜냐하면 우리는 복잡한 존재이며, 시간에 따라 기분도 바뀌기 때문이다."라고 말했다.[14]

그림 3-2에서 넷플릭스 홈페이지 상의 '넷플릭스 인기 콘텐츠Popular on Netflix' 행에서 보이는 영화는 보편적으로 인기 있는 것이 아니라 이 계정의 사용자와 비슷한 시청 히스토리를 가진 사람들에게 인기 있는 영화를 보여준 것이다. 사실 넷플릭스의 고객 홈페이지에서 보이는 모든 것, 예를 들면 행에 있는 제목, 영화 타이틀의 배치 순서 등은 추천에 의해 이루어진다.[15]

그림 3-2 넷플릭스 인기 콘텐츠를 보여주는 '실화 바탕' 카테고리 화면

넷플릭스는 인간 전문가와 기계학습을 포함한 AI와의 협업으로 실제 현업에서 필요한 추천 알고리즘을 발전시켰다. 그렇다면 어떤 협업이 이루어졌을까?

사과 농장에서 예를 찾아보자. 농장에서는 여러 과정에서 기계를 사용하지만 사과를 분류할 때는 사람이 수작업으로 진행한다. 이 검사 및 분류(태깅) 작업은 상당한 경험을 필요로 하기 때문에 기계보다는 인지력이 뛰어난 사람이 훨씬 잘하고 정확하게 할 수 있다. 사람의 손으로 직접 해야 하는 노동집약적 작업인 것이다. 이 태깅 과정 후의 후속 작업은 기계에게 맡길 수 있다. 사과의 분류 작업처럼 사람이 잘할 수 있는 작업과 기계가 잘할 수 있는 업무를 잘 분할하면 좋은 결과를 얻을 수 있다.

이처럼 AI의 변별력과 정확성을 높이기 위해서는 힘든 노동집약적 전처리 과정인 사람의 자연지능 적용이 선행되어야 한다. 전문가가 해야 할 업무와 AI가 잘할 수 있는 업무를 잘 나누는 능력이 기업의 경쟁력이다. 경쟁사 대비 넷플릭스의 뛰어난 점은 이러한 점을 아주 잘 수행하고 있다는 것이다.

N

넷플릭스 최고의 경쟁력,
추천 시스템의 비밀

어떻게 영화를 추천할 것인가?

넷플릭스 추천 시스템은 대여 매장에서 직원들이 도와주는 비디오 추천 경험을 재현하고, 요구가 많은 신작과 오래된 타이틀을 효과적으로 분산하며, 고객의 취향에 맞는 비디오를 제시해 시청을 유도하기 위한 것이다. 이러한 점들은 고객 서비스 측면뿐 아니라 기존 가입자의 해지 방지 등 넷플릭스의 사업을 위해서 매우 중요하다.

　넷플릭스가 2000년 공개한 시네매치 추천 시스템은 간단히 말해서 오라클 데이터베이스다. 시네매치 시스템은 개념적으로 말하자면, 타깃 사용자가 과거에 시청한 영화들이 속한 클러스터(마이크로장르) 내

도표 3-3 시네매치의 추천 개념

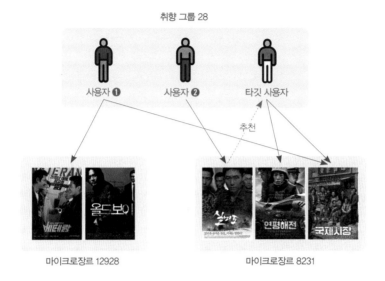

시네매치의 추천 개념을 간략히 나타낸 것이다. 검은색 화살표는 동일 취향 그룹에 속한 사용자들이 이미 시청해 높은 평가를 받은 영화를 표시한 것이다. 붉은 점선 화살표는 각 사용자가 좋아하는 영화를 기반으로 시네매치가 타깃 사용자에게 추천한 영화를 나타낸 것이다.

에서 그 고객이 아직 시청하지 않은 작품 중 동일 취향 그룹에 속한 시청자들로부터 높은 평가를 받은 영화들을 추천한다(도표 3-3 참조).

예측 정확도를 높이기 위해 넷플릭스는 시네매치를 지속적으로 개선해왔다. 2007년 비디오 스트리밍 서비스 출시 후에는 그 전의 DVD 우편 구독 서비스 사업을 할 때의 비디오 추천 환경이 변해 고객 만족을 위한 추천 시스템이 더욱 중요해졌다. 또한 글로벌 확장으로 인해서 여러 지역에서도 사용할 수 있는 추천 시스템이 필요하게 되었다.

추천 시스템에서 사용자와 아이템(영화) 간의 평점 데이터베이스는 '사용자-아이템 평가 매트릭스'로 불리는 매트릭스로 표현된다. 도표

도표 3-4 '사용자-아이템 평가 매트릭스' 예시

※평점 = [1-5] 점수로 평가

	올드보이	해운대	실미도	연평해전	국제시장
철수	5	3	4	4	?
민성	3	1	2	3	3
영희	4	3	4	3	5
화영	3	3	1	5	4
현석	1	5	5	2	1

3-4가 한 예다. 혼돈이 없는 경우에는 간단히 '인터랙션 매트릭스'로 지칭한다.

도표 3-4는 5명의 사용자가 다섯 편의 영화에 대한 평점을 나타낸 것이다. 평가 점수는 1에서 5까지이며, 숫자가 높을수록 좋은 평가다. 예를 들어 철수는 〈올드보이〉에 최고점인 5점을 주었고, 현석은 〈연평해전〉에 2점을 주었다.

추천 시스템은 도표 3-5에서와 같이 크게 협업 필터링, 콘텐츠 기반 필터링, 그리고 하이브리드 기반 필터링으로 구분된다. 협업 필터링 알고리즘은 다시 메모리 기반 협업 필터링과 모델 기반 협업 필터링이라는 두 개의 범주로 구별된다. 메모리 기반 협업 필터링은 잠재된 모델 없이 인터랙션 매트릭스에 있는 모든 평점 데이터가 메모리에 기억되며 이 평점만을 참고해 예측 및 추천을 계산한다. 이에 반해 모델 기반 협업 필터링은 기계학습을 이용해 사용자-아이템 간의 평점을 예측할 수 있는 모델을 만드는 방식이다. 도출된 모델을 이용하면 아직 평점이 없는 셀의 평점을 계산할 수 있게 된다.

도표 3-5 추천 시스템 알고리즘의 종류

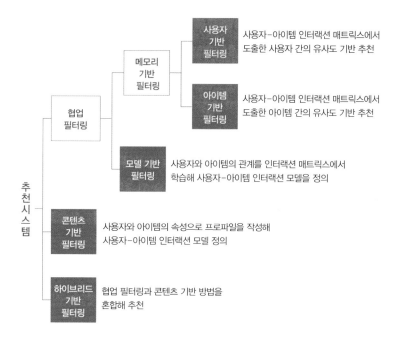

메모리 기반 협업 필터링은 유사성의 대상에 따라 '사용자 기반 협업 필터링User-basd Collaborative Filtering'과 '아이템 기반 협업 필터링Item-based Collaborative Filtering'으로 나눌 수 있다.

사용자 기반 협업 필터링과 아이템 기반 협업 필터링은 아이디어가 동일하지만 '유사한 대상'이 사람이냐 아니면 아이템이냐에 따라 달라진다. 예를 들면, 어떤 타깃 사용자에게 영화를 추천하고자 한다면 그와 취향이 유사한 사람들이 좋아했던 영화를 추천해주는 것이 사용자 기반 협업 필터링이고(도표 3-6의 A 참조), 타깃 사용자를 제외한 다른 사용자들이 좋아하는 영화 중 타깃 사용자가 좋아하는 영화와 유

도표 3-6 사용자 기반 협업 필터링과 아이템 기반 협업 필터링

A 사용자 기반 협업 필터링

B 아이템 기반 협업 필터링

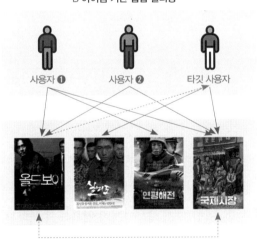

사용자 기반 협업 필터링과 아이템 기반 협업 필터링 추천의 간단한 사례. 검은색 화살표는 사용자들이 이미 시청해 높은 평가를 받은 영화를 표시한 것이고, 붉은 점선 화살표는 추천 알고리즘이 타깃 사용자에게 추천한 영화를 나타낸 것이다.

사한 영화를 추천하는 방식이 아이템 기반 협업 필터링에 해당된다(도표 3-6의 B 참조). 기본적으로 사용자 기반 협업 필터링은 사용자 간의 유사성에 기반한 것이고, 아이템 기반 협업 필터링은 아이템 간의 유사성에 기반한 것이다.

도표 3-6(A)에서 타깃 사용자가 본 영화는 〈실미도〉와 〈국제시장〉이다. 사용자 1과 사용자 2가 타깃 사용자가 본 〈실미도〉와 〈국제시장〉을 감상했는지를 [〈실미도〉 보았는가?, 〈국제시장〉 보았는가?] 형식으로 나타낸다면 사용자 1은 [Yes, Yes], 사용자 2는 [Yes, No] 가 된다. 타깃 사용자는 물론 [Yes, Yes]다. 따라서 사용자 1과 타깃 사용자는 유사 취향 그룹에 속한다고 볼 수 있다. 이 결과 사용자 1이 본 〈올드보이〉와 〈연평해전〉을 타깃 사용자에게 추천한다. 이런 접근 방법이 사용자 기반 협업 필터링에 의한 추천이다. 도표 3-6(B)는 아이템 기반 협업 필터링에 의한 추천 방식을 보여주고 있다. 여기서 타깃 사용자를 제외한 사용자 1과 사용자 2가 각 영화를 감상했는지를 [사용자 1이 보았는가?, 사용자 2가 보았는가?] 형식으로 나타낸다면, 〈올드보이〉는 [Yes, Yes], 〈실미도〉는 [No, No], 〈연평해전〉은 [Yes, No], 〈국제시장〉은 [Yes, Yes] 가 된다. 이 결과 〈올드보이〉와 〈국제시장〉은 [Yes, Yes]의 동일 패턴을 보여 유사 아이템으로 간주된다. 타깃 사용자가 본 영화는 〈실미도〉와 〈국제시장〉인데, 이 중 〈국제시장〉의 유사 아이템인 〈올드보이〉를 추천하게 된다.

일반적으로 단일 알고리즘으로는 아주 정확하게 예측하고 추천하는 것은 어렵다. 넷플릭스에서 운영하고 있는 실제의 추천 시스템은 업계에서 많이 사용하고 있는 여러 형태의 협업 필터링 알고리즘, 콘텐츠 기반 필터링 알고리즘 등을 적절히 혼합한 하이브리드 기반 필터링 알고리즘을 사용하고 있다.

유유상종을 바탕으로 한 메모리 기반 협업 필터링

메모리 기반 협업 필터링은 사용자가 제공한 전체 사용자-아이템 평점 데이터베이스를 액세스해 사용자와 항목 간의 상관관계를 계산해 유사 그룹을 찾는 것이다. 메모리 기반 추천 알고리즘은 일반적으로 사용자 및 항목 기반 협업 필터링으로 나뉜다.

비슷한 성향을 가진 사람들은 대체적으로 관심 분야나 취향이 비슷할 것이라고 추정한다. '협업 필터링Collaborative Filtering, CF'의 기본 개념은 사람들이 같은 관심을 가지고 있다면 그들이 향후에도 같은 관심을 가질 것이라는 가정에서 출발한다. "같은 것끼리 통한다."는 유유상종類類相從의 개념과 같다.

협업 필터링은 사용자나 콘텐츠의 구체적인 프로파일에 의존하지 않고 사용자의 이전 시청 기록transaction이나 평가 등급rating과 같은 사용자의 과거 행동만으로 예측을 하는 것이다. 협업 필터링이라는 용어는 1990년대 초 제록스 PARC에서 메일과 저장시스템을 위한 '태피스트리Tapestry' 시스템을 개발할 때 데이터를 수집하는 방법을 지칭할 때 처음 사용했다.[16]

메모리 기반 협업 필터링의 한 종류인 사용자 기반 협업 필터링은 기존의 많은 사용자의 행동 정보를 분석해 타깃 사용자와 비슷한 성향의 사용자들이 선호했던 항목을 추천하는 기술이다. 예를 들어, 데이터 분석을 통해 '철수'와 '영희'의 도서 구매 기록에 공통점이 많아 동일 취향 그룹에 속한다고 가정해보자. 이 경우 '철수'가 최근에 '영희'는 아직 읽지 않은《아웃라이어》라는 책을 구매했다면 추천 시스템은 '영희'에게《아웃라이어》를 추천한다. 이렇게 함으로써 수많은 아이템 중에서 관심 있는 아이템만을 골라낼 수 있게 되는데(필터링), 이 목적을 위해 많은 사람들이 자신은 인지하지 못하지만 결과적으로 서로 협업하는 형태를 갖추므로 '협업 필터링'이라고 한다.

사용자 기반 협업 필터링

대부분의 추천 알고리즘은 타깃 고객이 시청해 평가한 콘텐츠들을 이미 시청했고 평가한 '유사 취향 그룹'을 추출함으로 시작한다. 이 알고리즘은 유사 취향 그룹에 속하는 사용자들이 선호하는 모든 비디오 중에서 타깃 고객이 이미 시청했거나 평가한 비디오를 제외한 콘텐츠를 추천한다.

사용자 기반 협업 필터링 알고리즘의 기본 단계

❶ 타깃 사용자와 가장 유사한 사용자들(유사 취향 그룹)을 파악한다.

❷ 유사 취향 그룹의 사용자들이 좋아했던 영화들을 추출한다.

❸ 이 영화들 각각에 대해 타깃 사용자가 부여할 것 같은 등급을 예측한다.

❹ 이 예측 등급에 근거해 상위 몇 개의 영화들을 추천한다.

하나의 예를 들어보자. 앞의 도표 3-4에서와 같이 추천 시스템에서 사용자와 아이템(영화) 간의 평점은 '사용자–아이템 평가 매트릭스'로 표현된다. 이 매트릭스는 5명의 사용자가 다섯 편의 영화에 대한 평점을 나타낸 것이다. 우리의 목적은 사용자 기반 협업 필터링 기법을 활용해 '철수가 아직 보거나 평가하지 않은 영화 〈국제시장〉을 얼마나 좋아할지 예측'하는 것이다. 만일 철수가 〈국제시장〉을 아주 좋아할 것이라는 예측 결과가 나오면 영화 〈국제시장〉을 철수의 추천 리스트에 포함시킨다. 이를 위해 철수와 유사한 성향을 가진 사용자들을 찾아서, 그 사용자들이 매긴 〈국제시장〉의 평점을 기반으로 철수의 평점을 예측한다.

제일 먼저 철수가 다른 시청자(민성, 영희, 화영, 현석) 중에 누구와 가장 유사한지를 파악해야 한다. 유사도Similarity 파악은 협업 필터링에서 아주 중요한 척도다. 왜냐하면 이 척도를 이용해 사용자 간의 유사도, 혹은 아이템 간의 유사도를 계산할 수 있기 때문이다. 계산된 유사도를 이용해 가장 유사하다고 생각되는 사람이나 아이템을 선정할 수 있다. 그리고 선정된 사람이나 아이템을 통해 타깃 사용자에게 무엇을 추천하는 것이 좋은지를 결정할 수 있다.

유사도 계산에는 일반적으로 널리 통용되는 '피어슨 상관계수Pearson Coefficient' 방법을 사용한다. 피어슨 상관계수는 비교 대상이 되는 두 개의 항목이 선형적인 관계인지를 추정하는 방법으로, 항목들의 값이 동일한 방향으로 움직이는지, 그렇지 않은지를 파악해 비례 관계인지, 반비례 관계인지 아니면 관계가 없는지를 추정할 수 있다. 유사도가 '+1'이면 매우 유사, '–1'이면 전혀 유사하지 않음을 뜻한다. 피어슨 상관관계 공식에 의하면, 철수와 다른 사용자(민성, 영희, 화영, 현석)와의 유

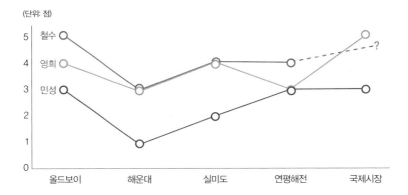

(단위: 점)

사도는 각각 0.85, 0.70, 0.00, -0.79로 계산된다. 철수와 민성, 그리고 철수와 영희의 유사도가 각각 0.85와 0.70으로 민성과 영희가 철수와 취향이 가장 유사하다고 볼 수 있다. 이들의 유사성은 도표 3-7에서도 관찰할 수 있다.

따라서 철수와 유사 취향 그룹에 속하는 민성과 영희의 데이터를 이용하면 철수가 아직 평가하지 않은 〈국제시장〉의 평점을 예측할 수 있다. 이를 이용한 타깃 사용자인 철수의 〈국제시장〉 예측 평점은 4.87로 계산된다(이 계산은 이 책의 수준을 벗어나므로 관심 있는 독자는 후주의 자료를 참고).[17] 이 계산 결과로, 타깃 사용자 '철수'의 〈국제시장〉 예측 평점이 4.87이므로 추천 시스템은 철수에게 이 영화를 강하게(4.87/5.00) 추천하게 된다. 만일 예측 평점이 2.0이하면 추천 시스템은 철수에게 이 영화를 추천하지 않는다.

Customers who viewed this item also viewed

The Hundred-Page
Machine Learning Book
› Andriy Burkov
★★★★☆ 159
#1 Best Seller in Machine
Theory
Paperback
$30.49 √prime

Artificial Intelligence: A
Modern Approach (2nd
Edition)
Stuart Russell
★★★★☆ 73
Hardcover
$45.99 √prime

Applied Artificial
Intelligence: A Handbook
For Business Leaders
› Mariya Yao
★★★★☆ 100
Paperback
$22.46 √prime

Artificial Intelligence: A
Modern Approach
[ARTIFICIAL INTELLIGENCE
3/E] [Hardcover]
★★★★☆ 5
Paperback
7 offers from $95.10

그림 3-3 아마존에서 아이템 기반 협업 필터링에 의한 추천 사례

아이템 기반 협업 필터링

아이템 기반 협업 필터링 알고리즘은 유사한 고객이 아니라 유사한
아이템을 발견하는 데 초점을 맞춘 것이다. 아이템 기반 협업 필터링
을 활용한 추천의 흔한 사례는 그림 3-3과 같이 아마존과 같은 온라
인 쇼핑 사이트에서 볼 수 있는 "이 상품을 본 고객이 함께 살펴본 상
품들 리스트"다.

좀 더 구체적인 예를 들면, '아기 기저귀'를 구입한 사용자가 '맥주'
를 구입한 경우가 많으면 '아기 기저귀'를 구입하는 구매자에게 '맥주'
를 추천하는 경우다. 또, 넷플릭스에서 드라마 〈릴리해머〉를 본 시청
자가 〈기묘한 이야기〉를 시청한 경우가 많으면 〈릴리해머〉를 시청한
사람에게 〈기묘한 이야기〉를 추천하는 방식이다. 매우 단순한 아이디
어지만 현실 세계에서 잘 작동하므로 많은 추천 시스템에서 사용하고
있는 기술이다. 이 알고리즘은 결과가 매우 직관적이며, 항목의 구체
적인 내용을 분석할 필요가 없다는 장점이 있다. 이 경우는 '아기 기

저귀'와 '맥주'가 아기 용품 혹은 식품인지 아닌지, 또 서로 같이 사용하는 것인지 등을 분석할 필요가 없다. 다만 사용자가 두 제품을 같이 구매한 경우가 많다는 데이터만을 바탕으로 새로운 사용자에게 추천하는 시스템이다.

아이템 기반 협업 필터링 알고리즘의 기본 단계

❶ 타깃 사용자가 평가한 아이템(영화)을 추출한다.

❷ 추출된 아이템과 타깃 아이템이 얼마나 유사한지 평가벡터를 이용해 계산한다. 유사도 계산에는 다른 사용자들이 과거에 매겼던 평가만 사용한다.

❸ 가장 유사한 몇 개의 아이템을 선택한다.

❹ 타깃 사용자가 가장 유사한 아이템에 부여한 평점들의 가중 평균치를 예측치로 한다.

앞의 도표 3-4에 있는 5명의 사용자가 다섯 편의 영화를 보고 평가한 것을 나타낸 '사용자-아이템 평가 매트릭스'에서 타깃 사용자 '철수'가 〈국제시장〉을 어떻게 평가할지 예측해보자. 타깃 사용자 '철수'가 평가한 아이템들은 〈올드보이〉, 〈해운대〉, 〈실미도〉, 〈연평해전〉 등 네 편이다. 각 아이템에 대해서 사용자가 매긴 평점을 '평가벡터'라고 하자. 먼저 다른 영화들의 평가벡터를 보고 〈국제시장〉을 평가한 것과 유사한 영화를 찾아보자.

철수 외의 다른 사용자인 민성, 영희, 화영, 현석이 〈국제시장〉에 매긴 평점은 각각 [3, 5, 4, 1]이다. 이를 〈국제시장〉의 평가벡터는 [3, 5,

4, 1]이라고 하자. 이 예에서 타깃 아이템인 〈국제시장〉의 평가벡터 [3, 5, 4, 1]은 〈올드보이〉의 평가벡터 [3, 4, 3, 1]과 〈연평해전〉의 평가벡터 [3, 3, 5, 2]와 유사하지만 영화 〈해운대〉와 〈실미도〉의 평가벡터와는 많이 다르다. 아이템 기반 협업 필터링에서는 유사도 계산에 '표준 코사인 유사도Adjusted Cosine Similarity' 계산법이 가장 많이 사용된다.[18] 표준 코사인 유사도도 피어슨 상관계수처럼 +1이면 매우 유사, −1이면 전혀 유사하지 않음을 나타낸다. 표준 코사인 유사도 계산에 의하면 타깃 아이템인 〈국제시장〉과 〈올드보이〉와의 유사도는 0.80, 〈연평해전〉과의 유사도는 0.42로 계산된다.

아이템 기반 추천은 유사 아이템들에 대해서 타깃 사용자인 철수의 평가를 예측하는 것이다. 아이템 기반 협업 알고리즘에서는 이런 다른 유사 아이템들의 평점의 가중 평균을 계산한다. 타깃 아이템들과 유사한 아이템들(〈올드보이〉와 〈연평해전〉)에 대해서 타깃 사용자인 철수의 평점 가중 평균치를 계산함으로써 철수의 〈국제시장〉 평점을 예측할 수 있다. 앞의 도표 3-4에 있는 영화 평가 데이터베이스에서 철수는 〈올드보이〉를 '5'로 평가했고, 〈연평해전〉을 '4'로 평가했다. 타깃 사용자 철수가 가장 유사한 아이템인 〈올드보이〉와 〈연평해전〉에 매긴 평점들의 가중 평균치가 〈국제시장〉 평가의 예측치가 되는데, 산출식에 의하면 4.66으로 계산된다(이 계산은 이 책의 수준을 벗어나므로 관심 있는 독자는 이 장의 후주 17의 자료를 참조). 따라서 〈국제시장〉을 타깃 사용자 '철수'에게 추천할 수 있다. 흥미로운 점은 아이템 기반 협업 필터링에 의한 예측치 '4.66'은 앞의 사용자 기반 협업 필터링에 의한 예측치인 4.87과 매우 유사하다는 것이다.

메모리 기반 협업 필터링의 한계점

메모리 기반 협업 필터링의 장점은 구현이 간단하고 이해하기가 쉽다는 점이다. 사용자나 아이템 간의 유사도 계산이 간단하고 예측 평점을 구하는 것이 단순한 계산으로 가능하다. 반면에 몇 가지 단점도 있다.

첫째, 신규 사용자 혹은 아이템이 생길 때 발생하는 '콜드 스타트Cold Start'와 데이터 부족 현상이다. 협업 필터링을 위해서는 상당량의 축척된 기존 데이터가 필요하다. 기존에 없던 새로운 항목이 추가되는 경우는 데이터가 존재하지 않아 추천 항목의 후보가 될 수 없다. 예를 들면, 신작 비디오가 출시되면 이를 추천할 수 있도록 사용자들이 감상하고 남긴 평가 데이터가 어느 정도 쌓일 때까지 추천 대상이 되기가 어렵다. 마찬가지로 새로운 가입자가 생길 경우, 그가 어느 정도 영화를 시청하고 남긴 평가가 있어야 의미 있는 예측을 할 수 있다.

둘째, 메모리 기반 협업 필터링은 컴퓨팅 양이 많은 알고리즘이다. 영화 추천의 경우, 영화 작품 수보다 사용자 수가 훨씬 많다. 넷플릭스의 경우, 전 세계 유료 가입자 수가 1억 8,300만 명이 넘는다. 따라서 참고할 사용자 수가 증가하면 계산량이 많아지고 시간이 많이 걸려서 신속하고 효율적인 예측 및 추천을 도출하기가 어렵다.

셋째, 롱테일 문제다. 추천 대상 항목이 많다 하더라도 보통 사용자들은 소수의 인기 항목에만 관심을 보인다. 따라서 사용자들의 관심이 적은 다수의 항목은 추천을 위한 충분한 정보가 부족한 경우가 많다.

위의 세 가지 이유, 즉 콜드 스타트, 많은 계산량, 롱테일 문제로 메모리 기반 협업 필터링은 적용 분야에 따라 한계가 있을 수 있다.

고객 평가를 기반으로 한 모델 기반 협업 필터링

'넷플릭스 프라이즈'에서 우승한 알고리즘은 메모리 기반 협업 필터링에 해당하는 사용자 및 아이템 기반 협업 필터링과 더불어 '행렬 분해_{Matrix Factorization}'를 활용한 '모델 기반 협업 필터링'을 사용하고 있다.

모델 기반 협업 필터링은 기존 항목 간의 유사성을 단순하게 비교하는 것에서 벗어나 사용자와 아이템에 내재된 혹은 숨어 있는 '잠재 모델_{latent model}'의 패턴을 이용하는 기법이다.[19] 모델 기반 알고리즘은 기계학습에 의해 겉으로 드러나지 않은 사용자 선호도를 추측하기 위한 모델을 생성하며, 이를 이용해 사용자가 이전에 보지 못한 특정 영화에 대한 사용자의 평점을 예측하는 데 사용된다.

예를 들어 어느 사용자가 한국영화 〈클래식〉을 좋아한다면 이 정보를 단순히 그대로 사용하는 것이 아니라, 주위의 정보를 이용해 선호 이유를 도출해 사용하는 것이다. 그 사용자가 〈클래식〉의 주연 배우인 '손예진' 때문에 좋아할 수도 있고, 그 영화 OST인 '너무 아픈 사랑은 사랑이 아니었음을'이 좋아서 선호할 수도 있으며, 로맨스 장르를 선호해서 선택할 수도 있다. 많은 양의 정보를 분석함으로써 이러한 평가에 영향을 미친 잠재 모델을 이끌어내고, 이를 추천에 이용하는 것이다.

구체적인 예를 들어보자. 4명의 시청자가 다섯 편의 영화에 대해서 도표 3-8의 사용자-아이템 평가 매트릭스와 같이 1~5의 평점을 매겼다고 가정하자. 이 매트릭스에서는 어느 사용자가 어떤 영화에 대해서 왜 그 평점을 주었는지 이유를 밝히지 않는다.

도표 3-8 4명의 시청자가 다섯 편의 영화에 내린 '사용자-아이템 평가 매트릭스'

	영화 1	영화 2	영화 3	영화 4	영화 5
철수	3	1	1	3	1
민성	1	2	4	1	3
영희	3	1	1	3	1
화영	4	3	5	4	4

또 현실적으로 아래 도표 3-9의 사용자-아이템 평가 매트릭스처럼 모든 시청자가 모든 영화의 선호도 평점을 매기지는 않는다. 이런 경우 종종 사용자 혹은 아이템 기반 협업 필터링 기법을 이용해 미평가된 부분을 예측해왔다. 그러나 콜드 스타트 문제로 이러한 방식의 예측은 정확성을 기대하기 어려운 경우가 많다.

도표 3-9 미평가된 부분이 많은 사용자-아이템 평가 매트릭스

	영화 1	영화 2	영화 3	영화 4	영화 5
철수	3		1		1
민성	1		4	1	
영희	3	1		3	1
화영	4	3		4	4

이러한 문제를 해결하기 위해서 잠재 모델이란 개념을 도입했다. 잠재 모델이란 사용자와 아이템이 주어진 속성attribute에 어떤 관련이 있는가를 작은 매트릭스에 표현하는 기법이다. 이 중 한 방법으로, 사용

도표 3-10 좌측은 '사용자-장르 취향' 매트릭스이고 상단에 있는 것은 '영화-장르' 매트릭스다.

	영화 1	영화 2	영화 3	영화 4	영화 5
로맨스	3	1	1	3	1
액션	1	2	4	1	3

	로맨스	액션
철수	1	0
민성	0	1
영희	1	0
화영	1	1

	영화 1	영화 2	영화 3	영화 4	영화 5
철수	3	1	1	3	1
민성	1	2	4	1	3
영희	3	1	1	3	1
화영	4	3	5	4	4

자와 아이템 관련된 속성의 연관 값을 동적으로 변화시키면서 기계학습에 의해 작은 새로운 사용자-아이템 매트릭스를 생성한다.

모델 기반 방법에서는 과거의 사용자 평점 데이터를 이용해 모델을 만들었기 때문에 부분적으로 사용자가 매긴 평점 정보가 부족하다 하더라도 특정 아이템에 대한 사용자의 평점을 예측할 수 있다.

예를 들면, 도표 3-10에서 좌측 매트릭스는 4명의 시청자의 취향을 나타낸 '사용자-장르 취향' 매트릭스다. 철수와 영희는 로맨스 영화는 좋아하지만 액션 영화는 선호하지 않는 반면, 민성은 액션 영화는 좋아하지만 로맨스 영화는 선호하지 않는다. 화영은 두 장르 모두 좋아한다는 것을 알 수 있다. 그리고 상단에 있는 매트릭스는 다섯 편의 영화의 장르를 표시한 '영화-장르' 매트릭스다. 예를 들어 '영화 1'은 로맨스가 '3'이고 액션이 '1'로써 약한 편이다. 반면, '영화 3'은 로맨스가

	영화 1	영화 2	영화 3	영화 4	영화 5
로맨스	3	1	1	3	1
액션	1	2	4	1	3

	로맨스	액션		영화 1	영화 2	영화 3	영화 4	영화 5
철수	1	0	철수	3		1		1
민성	0	1	민성	1		4	1	
영희	1	0	영희	3	1		3	1
화영	1	1	화영	4	3		4	4

'1'로써 약하고 액션은 '4'로써 강한 편이다.

　왼쪽 '사용자-장르 취향' 매트릭스와 상단 '영화-장르' 매트릭스를 곱하면 '사용자-아이템 평가 매트릭스'가 도출된다. 이것을 '행렬 분해'라고 한다.

　사실, 우리에게는 사용자-영화의 인터랙션 매트릭스가 먼저 주어진다. 그러면 기계학습에 의해서 행렬 분해 작업이 수행되어 '사용자-장르 취향' 매트릭스와 '영화-장르' 매트릭스가 도출된다. 새로이 도출된 이 두 매트릭스를 '잠재 모델'이라고 칭한다.

　메인 '사용자-아이템'에 행렬 분해와 기계학습 알고리즘이 적용되어 '사용자-장르 취향' 매트릭스와 '영화-장르' 매트릭스가 도출할 수 있다. 예를 들면, 앞의 도표 3-9의 미평가 부분이 많은 '사용자-아이템 평가 매트릭스'에 행렬 분해와 기계학습 알고리즘이 적용되면 도

도표 3-12 미평가 부분의 평점 예측 결과

	영화 1	영화 2	영화 3	영화 4	영화 5
로맨스	3	1	1	3	1
액션	1	2	4	1	3

	로맨스	액션
철수	1	0
민성	0	1
영희	1	0
화영	1	1

	영화 1	영화 2	영화 3	영화 4	영화 5
철수	3	1	1	3	1
민성	1	2	4	1	3
영희	3	1	1	3	1
화영	4	3	5	4	4

표 3-11과 같이 좌측과 상단에 각각 '사용자-장르 취향' 매트릭스와 '영화-장르' 매트릭스가 생성된다. 생성된 이 두 잠재 모델 매트릭스를 활용함으로써 '사용자-아이템 평가 매트릭스'에 있는 미평가 셀의 평점을 예측할 수 있다.

- (철수, 영화 2) : $1 \times 1 + 0 \times 2 = 1$
- (철수, 영화 4) : $1 \times 3 + 0 \times 1 = 3$
- (화영, 영화 3) : $1 \times 1 + 1 \times 4 = 5$

이런 식으로 예측 계산이 되어 도표 3-12처럼 평점 예측을 할 수 있게 된다.

왼쪽의 '사용자-장르 취향' 매트릭스와 위쪽의 '영화-장르' 매트릭스는 원래 메인 매트릭스보다 차원이나 사이즈가 매우 작아서 스토리

지도 크게 차지하지 않는 장점이 있다.[20]

협업 필터링을 이용해 추천 시스템을 구축한 후 실제로 이를 출시하기 전에 성능을 테스트해보아야 한다. 넷플릭스는 경우에 따라 온라인에서 하는 평가와 오프라인으로 하는 평가를 적절히 적용하고 있다.

온라인 평가는 실제 환경에 추천 시스템을 적용하고, 사용자의 행동을 보고, 추천 시스템의 성능을 파악하는 방식이다. 일반적으로 웹페이지나 신약을 개발할 때에는 A/B 테스팅을 사용한다. 이 추천 시스템 평가도 마찬가지다. 먼저 사용자 그룹을 A와 B 두 개의 그룹으로 나눈다. 그룹 A는 기존 추천 시스템을 사용하게 하며(혹은 추천 시스템을 사용하지 않거나), 그룹 B는 새로운 추천 시스템을 사용하게 한다. 그후 정해진 시간이 지난 후에 그룹 A와 B의 CTRClick Through Rate과 같은 수치를 비교한다. 만약 그룹 A의 CTR이 5퍼센트였고, 그룹 B의 CTR이 15퍼센트였다면 새로운 추천 시스템이 기존 대비 3배 정도 성능이 좋다고 평가하는 것이다.

오프라인 평가에서는 추천 시스템의 성능을 평가하기 위해 과거의 데이터를 이용한다. 넷플릭스가 주최한 '넷플릭스 프라이즈 콘테스트'가 오프라인 평가의 대표적인 사례다. 참여자들이 새로운 추천 시스템을 개발한 후 넷플릭스가 제공한 과거 데이터를 적용해 얼마나 정확하게 예측하는지를 평가하는 것이다. 오프라인 평가는 표준화된 평가 방법과 항목을 사용하기 때문에 새로운 추천 시스템의 평가에 많이 적용된다.

도표 3-13 **협업 필터링과 콘텐츠 기반 필터링의 차이**

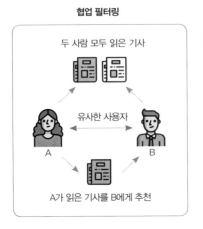

출처: https://medium.com/@james_aka_yale/the-4-recommendation-engines-that-can-predict-your-movie-tastes-bbec857b8223

콘텐츠 기반 필터링

콘텐츠 기반 필터링은 협업 필터링과는 근본적으로 다른 방법으로 추천한다. 기본적으로 협업 필터링은 사용자 혹은 아이템 사이의 연관성 파악이 분석 대상이지만, 사용자와 아이템 자체에 대한 정보는 필요하지 않다. 하지만 아이템(영화) 자체의 정보를 분석해 타깃 사용자가 과거에 좋아했던 아이템들과 비슷한 아이템을 추천하는 것이 더 효과적일 수 있다. 이것이 바로 콘텐츠 기반 필터링이다. [도표 3-13]에 협업 필터링과 콘텐츠 기반 필터링의 개념을 나타내고 있다.

예를 들어 유명 음악 사이트인 판도라 라디오는 콘텐츠 기반 필터링에 의한 음악 추천을 한다. 사용자-아이템 연관 또는 등급에 대한 개념을 사용하지 않고, 타깃 사용자가 듣는 음악 콘텐츠를 분석해 그에게 유사 음악을 추천한다.

이를 위해 판도라 라디오는 많은 음악에서 장르, 멜로디, 조화, 리듬, 형태, 음색, 작곡, 가사의 특성을 포괄하는 약 450개의 음악적 특성을 분석해 '음악 프로파일'을 생성한다. 타깃 사용자로부터는 '좋아요'를 받은 음악의 특색을 바탕으로 해당 '사용자 프로파일'을 도출한다. 그리고 음악 프로파일과 사용자 프로파일을 비교함으로써 사용자가 선호할 만한 음악을 제공하게 된다. 이 기법은 콘텐츠의 내용을 분석해야 하므로 아이템의 분석 알고리즘이 추천의 정확성을 좌우하게 된다.

여러 가지 기술을 종합한 하이브리드 기반 필터링

이처럼 추천 시스템에는 크게 협업 필터링 시스템과 콘텐츠 필터링 시스템이 있는데, 이 두 가지 외에도 두 시스템을 결합한 하이브리드 접근법도 있다. 하이브리드 추천 시스템은 각 방법들 간의 시너지를 얻기 위해서 여러 기술들을 합치는 것이다. 앞에서도 이야기했지만 온라인 사이트에서 널리 사용되는 협업 필터링 추천 시스템은 평가 데이터가 희소하다든지, 신규 가입자들의 경우에 발생하는 콜드 스타트 cold start 문제가 있다.

하이브리드 추천 방법은 데이터 양이 너무 적어서 알고리즘을 적용하기 어려운 콜드 스타트와 희소 평가 데이터 같은, 추천 시스템이 갖는 공통적인 문제를 극복하는 데 효과적으로 작용할 수 있다. 하이브리드 필터링 구현에는 상황과 목적에 따라 여러 방법이 있을 수 있다. 예를 들면 두 가지 방법을 별도로 적용한 후 예측 결과를 병합하는 방법, 콘텐츠 기반 필터링 모델에 협업 필터링의 특성을 추가하는 방법, 협업 필터링과 콘텐츠 기반 필터링 모델 모두의 특성을 통합한 단일 통합 권장 모델 등이다.

하이브리드 추천의 좋은 예로서 넷플릭스 추천 시스템을 들 수 있다. 넷플릭스는 사용자가 높게 평가했던(콘텐츠 기반으로) 영화와 비슷한 특성을 가진 영화를 추천하고, 비슷한 사용자(사용자 협력 기반으로)들의 검색 습관과 시청 히스토리를 비교 및 결합함으로써 추천한다.

N

추천 시스템의 개혁을 위해
콘테스트를 열다

넷플릭스, 방대한 데이터를 공개하다

회원들의 구독료가 주요 수입원인 넷플릭스 사업의 기본 전략은 가입자를 늘리는 것이다. 넷플릭스가 오랫동안 깊이 생각한 비즈니스 문제는 어떻게 하면 보다 많은 사람이 넷플릭스 회원으로 가입할 수 있는가, 그리고 어떻게 기존 회원의 가입 해지를 최소화하는가였다. 이 목적을 달성하기 위해서는 회원들이 좋아하는 영화를 쉽고 정확하게 찾아 시청하도록 해 고객의 만족도를 높여서 가능한 한 넷플릭스 화면에 오래 머물도록 해야 한다.

　넷플릭스가 보유한 방대한 비디오 라이브러리 중에서 회원이 좋아하는 영화를 어떻게 찾아 낼 수 있을까? 이를 위해서는 회원이 아직 시청하지 않았거나 평가하지 않은 영화에 대해 회원이 생각하는 평점을 정확하게 예측하는 시스템이 필요하다는 결론에 이르렀다. 추천의 정확성이 높아야 고객이 추천 영화를 시청할 가능성이 높기 때문이다.

그래서 넷플릭스는 2006년 10월 2일 시네매치 알고리즘 향상 대회인 넷플릭스 프라이즈 콘테스트를 발표했다. 기존 시네매치 알고리즘을 10퍼센트 이상 개선하는 알고리즘을 개발한 첫 번째 사람 혹은 팀에게 100만 달러의 상금을 수여하는 대회였다. 이것은 개선된 알고리즘이 넷플릭스에 가져다주는 이익이 최소한 100만 달러를 초과할 것이라는 믿음이 있다는 것을 암시했다.

그리고 무엇보다 의미심장한 것은 넷플릭스가 오픈 이노베이션에 의한 혁신에 대해 확고한 신념이 있었다는 것이다. 넷플릭스는 자신이 보유하고 있는 방대한 데이터를 외부에 공개해 생길 수 있는 리스크보다는 크라우드 소싱 개념으로 전 세계의 수많은 전문가들이 경쟁과 협력을 통해서 얻는 결과가 훨씬 많을 것이란 생각을 가지고 있었다.

추천 알고리즘 연구를 촉진한 넷플릭스 프라이즈

초기 시네매치 시스템은 '1'에서 '5'까지의 점수를 매기는 별점 평가 방법을 채택해 사용하고 있었다('1'이 아주 나쁨이고 '5'가 아주 좋음). 시네매치 예측의 정확도는 예측 알고리즘에서 많이 사용되는 RMSE_{Root Mean Square Error} 방식을 사용했는데, RMSE 수치가 낮을수록 예측 성능이 좋은 것이다. 어떤 사용자가 영화 〈라이언 일병 구하기〉에 별점 4를 주었는데 추천 시스템에서 해당 사용자는 〈라이언 일병 구하기〉에 별점 3.6을 줄 것이라고 예측했다면 0.4의 에러가 발생한 것이다. 참고로 이 대회에서 기준이 되었던 넷플릭스 시네매치 알고리즘의 RMSE는 0.9525였는데, 이것은 시청자가 어떤 영화를 보고 실제로 매긴 별점 결과와 시네매치 시스템이 예측한 결과의 오차가 별 1개 정도 난다는 의미다.

넷플릭스 프라이즈 콘테스트에서 각 팀이 개발한 예측 시스템의 성능을 테스트하기 위해 넷플릭스는 데이터를 트레이닝용과 테스트용으로 나누어 제공했다. 처음에 아무런 정보 없이 모든 데이터를 예측하는 것은 불가능하기 때문에 넷플릭스는 학습을 위해 '평가자USER, 영화MOVIE, 평점RATING'의 3요소로 이루어진 트레이닝 데이터를 제공해 학습하도록 했다. 평점은 1~5의 값을 가질 수 있다. 각 팀에서 트레이닝 데이터를 활용해 개발한 예측 시스템은 '평가자, 영화, 평점'으로 되어 있는 테스트 데이터에서 '평점'을 예측하게 했다. 즉, 평가자가 영화를 보고 매길 평점을 예측하는 것이다. 물론 넷플릭스는 실제 '평점' 값을 알고 있다. 개발 시스템이 예측한 '평점' 값과 실제 평점을 비교하는 것으로 RMSE를 계산하게 된다.

넷플릭스는 실제 테스트에서는 모든 참가 팀에게 48만 명의 사용자가 1만 8,000개의 영화에 대해 평가를 한 1억 개의 '평가자, 영화, 날짜, 평점' 포맷의 트레이닝 데이터세트Training Dataset를 제공하고 이를 기반으로 예측 시스템을 만들도록 했다. 이 데이터는 넷플릭스가 DVD 우편 구독 서비스 사업을 하던 1998년 10월부터 2005년 12월 사이에 수집된 것이다.

개발한 시스템의 예측 성능을 평가하기 위해서 140만 개의 '평가자, 영화, 날짜' 포맷의 프로브 데이터세트Probe Dataset를 가지고 확인했다. 목적은 각 '평가자, 영화, 날짜'의 데이터로 평점을 예측하는 것이었다. 이 콘테스트는 2006년에 시작되어 수많은 추천 알고리즘 연구를 촉발시켰다.

넷플릭스 프라이즈의 진행 과정

넷플릭스는 넷플릭스 프라이즈 콘테스트에서 보통은 접근하기 어려운 실제 데이터를 일반에 공개를 했다. 당시에는 그와 같이 큰 규모의 실제 데이터가 없었으므로 전 세계 많은 전문가들은 이 콘테스트가 자신들이 습득한 데이터 분석, 통계, 기계학습, AI 기술 등을 적용할 수 있는 좋은 기회이며, 또 이를 통해서 이러한 학문을 더욱 고도화할 수 있다고 생각했다. 결과를 보면 실제로 그랬다. 2009년 끝난 넷플릭스 프라이즈 콘테스트는 통계, 데이터 분석, 인공지능 분야의 수준을 한층 더 끌어올렸다.

넷플릭스가 내건 '기존 시네매치 예측 정확성보다 10퍼센트 개선'이라는 조건에는 미치지 못했어도, 매년 제일 우수한 결과를 도출한 팀에게 5만 달러의 '진보상Progress Prize'이라는 상이 주어졌다(이 상을 수상하기 위해서는 알고리즘이 이전 진보상 수상 결과보다 적어도 1퍼센트 이상 개선되어야 했다). 이전에 없었던 이러한 기회에 전 세계의 많은 전문가들이 관심을 표명했고 콘테스트에 적극적으로 참여했다.

2006년 10월 2일에 콘테스트가 시작한 후, 1년 이내에 전 세계 161개 국가에서 2만 7,000명이 참가했다. 2007년 6월까지 650개 팀이 넷플릭스의 기존 시네매치보다 좋은 결과를 도출했다. 이 팀들의 90퍼센트 이상이 시네매치의 예측 정확도 보다 적어도 5퍼센트 이상 개선을 이루었다.

2007년 11월 진보상은 시네매치보다 8.43퍼센트 개선된 예측 시스템을 개발한 KorBell 팀(3명의 AT&T 연구원으로 구성)에 수여되었다. 이 팀은 넷플릭스 프라이즈 콘테스트 규정에 의해서 그들이 개발한 예측 시스템의 알고리즘을 넷플릭스와 다른 팀들과 공유했다. 사실 KorBell뿐 아니라 모든 참가 팀들은 1년 동안 많은 노력을 했고 수많은 경험을 쌓았다. 첫해에 이룩한 8.43퍼센트 개선으로 최종 목표인 10퍼센트 개선은 곧 성취할 수 있을 것 같은 분위기였다. 하지만 모든 최적화 문제가 그러하듯이, 마지막 2퍼센트를 개선하는 것은 매우 도전적인 일이었다.

콘테스트 두 번째 해인 2008년 진보상은 시네매치보다 9.443퍼센트 개선된 시스템을 개발한 'BellKor in BigChaos' 팀에게 주어졌다. 'BellKor in BigChaos' 팀은 2007년 수상 팀인 KorBell 팀과 주 경쟁 팀이었던 BigChaos 팀이 힘을 합친 팀이었다. 이와 같이 이 콘테스트에서는 여러 사람이나 팀들이 자유분방한 소통을 통해 시스템 개선을 위해서 힘을 합해 노력했고, 또 기존 팀이 서로 통합되는 경우도 있었다. 많은 외부 전문가들과의 협력을 통한 오픈 이노베이션 및 크라우드 소싱 노력이 활발히 이루어졌다.

마지막 해인 2009년 기준으로, 전 세계 186개국에서 5만 1,051명(4만 1,305팀)이 이 콘테스트에 참여했다. 대회 규정에 의해서, 마지막 경쟁에 참여하고 싶은 모든 팀들은 그들이 개선한 시스템을 2009년 7월 26일까지 제출해야 했다. 각고의 노력 끝에 10퍼센트 개선은 'BellKor's

출처: http://www.shalomeir.com/2014/12/netflix-prize-3/

Pragmatic Chaos' 팀에 의해서 성취되었다. 도표 3-14에서와 같이 'BellKor's Pragmatic Chaos'팀은 'BellKor in Big Chaos'에 세 번째 팀인 'Pragmatic Theory' 팀이 합쳐져서 만들어진 팀이다.

넷플릭스 프라이즈 콘테스트의 최종 마감 시간에 'BellKor's Pragmatic Chaos' 팀과 'The Ensemble'이라는 두 팀에서 독립적으로 개발한 예측 시스템이 동일하게 시네매치 대비 10.06퍼센트 개선율을 나타냈다. 여러 팀이 동률일 경우에는 먼저 제출한 팀이 이긴다는 규칙이 있어서 'The Ensemble' 팀보다 24분 먼저 제출한 'BellKor's Pragmatic Chaos' 팀이 100만 달러의 우승 상금을 거머쥐게 되었다. 흥미로운 사실은 'BellKor's Pragmatic Chaos'의 7명의 멤버는 미국, 캐나다, 오스트리아, 이스라엘에 흩어져 원격으로 작업하고 소통해 2009년 9월 21일 시상식에서야 비로소 모든 멤버들의 얼굴을 직접 볼 수 있었다는 사실이다.

넷플릭스 프라이즈가 이루어낸 것

넷플릭스 프라이즈 콘테스트는 2006년 10월 시작해 3년 만에 10퍼센트 이상의 개선이라는 목표를 달성했다.

넷플릭스 프라이즈 콘테스트의 최종 상위 열두 팀 리스트와 그들이 성취한 개선값은 도표 3-15에 나타난 바와 같다.

넷플릭스 프라이즈 콘테스트는 대표적인 추천 알고리즘인 협업 필터링이 한층 발전되는 계기가 되었다. 많은 개발자들이 협업과 공유를 통해 조금이라도 나은 추천 결과를 만들기 위해 노력했다. 넷플릭스 프라이즈 우승 팀을 포함한 대부분의 팀들이 채택한 가장 보편적인 접근 방법은 다수의, 어떤 경우는 100개가 넘는 독립적인 알고리즘과 기계학습 모델을 사용해 중간 결과를 만든 후 이를 다시 통합하고 분석해 예측 정확성을 높이는 앙상블 모델Ensemble Modelling을 기반으로 한 것이었다. 이 접근 방식은 복잡성을 증가시키지만 매우 정확한 예측 결과를 도출한다.

우승 팀을 포함해 대부분의 참가 팀들이 활용했던 단일 알고리즘으로는 앞에서 소개한 '모델 기반 협업 필터링'에서 사용자 평가에 내재된 '잠재적 요소'들을 도출하는 데 사용된 행렬 분해에 이용되는 SVD Singular Vector Decomposition라는 기법이었다. 넷플릭스의 평가 예측 모델에는 전통적인 협업 필터링 기법에 더해 SVD 및 이와 유사한 기능을 가진 RBMRestricted Boltzmann Machines 알고리즘 등의 앙상블 알고리즘이 사용되고 있다.

그림 3-4 넷플릭스 프라이즈 우승자인 'BellKor's Pragmatic Chaos' 팀에 100만 달러가 수여되었다.

도표 3-15 넷플릭스 프라이즈 콘테스트의 최종 상위 12팀과 개선율

	팀명	점수	개선율	제출시기
1	BellKor's Pragmatic Chaos	0.8567	10.06	2009-07-26 18:18:28
2	The Ensemble	0.8567	10.06	2009-07-26 18:38:22
3	Grand Prize Team	0.8582	9.90	2009-07-10 21:24:40
4	Opera Solutions and Vandelay United	0.8588	9.84	2009-07-10 01:12:31
5	Vandelay Industries!	0.8591	9.81	2009-07-10 00:32:20
6	PragmaticTheory	0.8594	9.77	2009-06-24 12:06:56
7	BellKor in BigChaos	0.8601	9.70	2009-07-24 17:18:43
8	Dace_	0.8612	9.59	2009-07-24 17:18:43
9	Feeds2	0.8622	9.48	2009-07-12 13:11:51
10	BigChaos	0.8623	9.47	2009-04-07 12:33:59
11	Opera Solutions	0.8623	9.47	2009-07-24 00:34:07
12	BellKor	0.8624	9.46	2009-07-26 17:19:11

출처: Netflix

넷플릭스는 기대를 뛰어넘는 성공적인 대회로 인해 큰 마케팅 효과를 얻었다. 또한 넷플릭스가 기술 기반 기업이라는 이미지를 확실히 심어주는 계기가 되었을 뿐 아니라, 넷플릭스 영화 추천 시스템의 성능 향상에도 많은 도움이 되었다. 넷플릭스 프라이즈 콘테스트의 성공적인 개최로 그 이후에 유사한 대회가 많이 열리게 되었다. 그런데 이러한 데이터 분석 및 예측 대회는 고도의 전문 기술을 필요로 하기 때문에 이를 주관 운영하는 전문 기관이 필요했다. 이로 인해 2010년 예측 모델 및 분석 대회 플랫폼을 제공하는 캐글KAGGLE과 같은 기업이 생겨났다(2017년 구글이 인수). 기업이나 단체에서 데이터와 과제를 등록하면 사람들은 누가 이 문제를 더 잘 해결하는 모델을 만드는지 경쟁을 하게 된다.

넷플릭스 프라이즈 콘테스트 진행 중에 외부 개발자뿐 아니라, 넷플릭스도 넷플릭스 프라이즈의 활성화를 위해서 많은 노력을 했다. 넷플릭스는 2008년에 공식 API를 제공함으로써 전 세계 수백만 명의 다른 개발자들에게 넷플릭스 프라이즈 콘테스트에 참여할 수 있는 길을 열어놓았다.

프라이버시 침해 논란에 무너진 넷플릭스 프라이즈 시즌 2

넷플릭스는 2009년 9월 넷플릭스 프라이즈 콘테스트 시상식을 마친 바로 후에 조금 더 도전적인 문제를 해결하기 위해서 100만 달러의 상금을 걸고 넷플릭스 프라이즈 시즌 2 개최 계획을 발표했다. 넷플릭스 프라이즈 시즌 2를 기획한 목적은 영화를 평가해본 적이 없는 고객을 배려하기 위한 것으로 그들을 위한 추천의 정확도를 개선하고자 하는 것이었다.

이번 콘테스트는 여러 해에 걸쳐서 진행하는 것보다는 정해진 타임라인을 생각하고 있었다. 즉 시작 후 6개월 뒤에 최고의 결과를 낸 팀에게 50만 달러의 상금을 수여하고, 스코어 개선 정도에 관계없이 18개월 뒤 최고 점수를 성취한 팀에게 50만 달러의 상금을 수여하는 것이었다. 시즌 1에서는 고객이 매긴 영화의 평점 데이터만 제공된 반면, 시즌 2 콘테스트 참여자에게 제공되는 데이터는 넷플릭스 시즌 1에 제공했던 데이터에 더해, 익명 유저의 성별, 나이와 주거지의 우편번호, 지난 20차례의 영화 대여 기록 등과 같은 더 많은 개인 정보 데이터도 포함된다고 발표했다. 그런데 예상치 않은 역풍을 만났다. 이 발표로 인해 프라이버시 옹호자들로부터 거센 비판을 받으며 넷플릭스 CEO 헤이스팅스는 예상치 못한 소송에 휘말리게 되었다.

2009년 12월 19일, 넷플릭스가 넷플릭스 프라이즈 콘테스트를 통해서 고객의 개인 정보를 유출했다는 혐의로 FTC_{Federal Trade Commission}가 콘테스트를 중지시켰으며 또 일부 집단은 넷플릭스를 상대로 집단 소송을 제기했다. 넷플릭스는 원고와 협의 후 합의에 이르렀다. 이것은 더 이상 넷플릭스 프라이즈 콘테스트는 없다는 것을 의미했다. 넷플릭스는 2010년 3월 12일 웹사이트에 넷플릭스 프라이즈 시즌 2의 취소를 공식 발표했다.

한 단계 도약한 넷플릭스의 평점 시스템

그림 3-5는 아마존 온라인 스토어 상품 카탈로그에 있는 신발이고 그림 3-6은 넷플릭스 화면에 있는 드라마 상품이다. 별점 평가 시스템에서 두 상품 모두 호감 가는 평점 4.5를 부여받았다. 그렇다면 과연 이 4.5의 의미는 무엇인가?

아마존과 같은 전자상거래에서 보여주는 상품의 평점은 그 상품을

그림 3-5 아마존 온라인 스토어의 상품

그림 3-6 넷플릭스 TV 드라마 〈시간 여행자〉의 별점

구매한 사용자들이 평가한 점수의 '평균값'이다. 이것은 넷플릭스를 제외한 비디오 스트리밍 서비스를 제공하고 있는 비디오 엔터테인먼트 사이트에서도 마찬가지다. 그러니까 아마존 스토어에 있는 신발의 평점 4.5는 구매자 혹은 사용자들이 매긴 평점을 평균한 값이다.

그러면, 넷플릭스의 경우는 어떤가? 사람들은 넷플릭스가 운영하는 별점 평가 시스템도 아마존 등의 별점 평가 시스템처럼 사용자들의 평가들을 평균한 값과 동일하다고 쉽게 단정해버린다. 별점 평가 시스템을 채택하고 있는 모든 인터넷 사이트에서 그렇게 하기 때문이다.

이에 대해 설명하기에 앞서 상품 평가에 관련된 사용자들의 심리를 좀 더 깊이 이해할 필요가 있다. 즉 사람들이 나는 그저 어떤 상품을 평가하는 많은 사람들 중의 하나에 불과하다고 생각했을 때 그 상품을 자신의 관점에서 성실하게 평가하려는 의욕이 사라지는 경향이 있다. 그들은 자신이 직접 경험하고 느끼는 평가를 더 많이 할수록 시스템이 자신의 취향을 더 잘 이해해 향후 더 좋은 서비스로 보답할 것이라는 사실을 알지 못했다.

넷플릭스는 처음부터 '개인화'된 독특한 별점 평가 등급 시스템을 운영해왔다. 2017년 4월 전까지 넷플릭스도 별점 평가 시스템을 채택해 사용했으나 다른 인터넷 기업들이 사용하고 별점 평가 등급 시스템과는 그 의미가 완전히 달랐다. 넷플릭스 사이트 영화에 있는 별점 평가 시스템의 원래 의도는 시청자들이 그 영화를 평가한 평점의 평균값이 아니라, 어느 특정한 시청자가 그 영화를 시청한 후 평가할 평점을 넷플릭스가 예측한 점수를 의미했다. 그것은 그 고객과 취향이 비슷한 사람들이 이미 내린 평가를 기반으로 예측한 평가다. 따라서 A와 B 두

그림 3-7 넷플릭스 오리지널 시리즈 〈마르코 폴로〉의 두 가지 다른 평점 사례. 위의 화면은 평점 5
를, 아래의 화면은 평점 4를 나타내고 있다.

사람이 각각 자기 넷플릭스 사이트에 들어가서 동일한 영화를 찾았을
때 보이는 평점이 각각 다를 수 있다. 왜냐하면 그 평점은 개개인에 맞
춘 넷플릭스 예측 시스템이 판단한 평가이기 때문이다. 사실 넷플릭
스 고객 중에서도 많은 사람들은 넷플릭스의 이렇게 고도화되고 개인
화된 평점 시스템을 이해하지 못했다.

　넷플릭스 오리지널 시리즈 〈마르코 폴로〉의 구체적인 사례를 살펴
보자. 그림 3-7의 위의 화면은 평점 5이지만 아래는 평점 4를 보여주
고 있다. 이것은 두 화면의 고객이 다르기 때문이다. 넷플릭스 예측 시

스템은 왼쪽화면의 고객이 오른쪽 화면 고객보다 〈마르코 폴로〉를 더 좋아할 것이라고 예측한 것이다.

이렇게 개개인에 맞춘 넷플릭스의 평점 시스템에도 문제는 있었다. 넷플릭스의 최고 제품 책임자CPO 닐 헌트Neil Hunt가 분석한 이전 평점 시스템의 본질적인 문제는 콘텐츠를 평가할 때 사람들이 무의식적으로 '비평가'가 되려고 한다는 사실이다. 그들이 영화나 TV 드라마를 별점 평가 방식으로 평가할 때, 자신이 시청하면서 얼마나 즐거웠는지를 반영하는 것이 아니라, 제삼자의 관점에서 객관적으로 영화 품질을 평가하는 경향이 있다는 것이다. 따라서 별점 평가는 사람마다 기준이 달라서 오히려 데이터를 해석하기에 어려웠다는 것이다.[21]

예를 들어 어떤 고객이 엉성하게 느껴지는 영화를 재미있게 보았다고 하자. 시청 후 그가 그 영화를 평가할 때 유명 평론가가 좋지 않은 점수를 주었다는 것을 알았기 때문에 그도 별 2개 등급을 부여했다고 가정해보자. 이런 경우 넷플릭스 평가 시스템에 문제가 생긴다. 왜냐하면 이 경우 넷플릭스 시스템은 그가 이 영화를 재미없게 보았고 싫어한다고 판단하기 때문이다. 실제로 사용자들이 매긴 평가와 그들의 실제 만족도에는 차이가 있다. 예를 들면, 사람들은 어떤 영화를 낮게 평가하지만 계속 보고, 또 보는 경우가 있다. 이러한 점으로 인해서 넷플릭스 별점 평가 시스템은 고객의 취향을 정확하게 파악하지 못할 가능성이 높았다.

넷플릭스는 별점 평가 시스템이 전통적으로 콘텐츠의 질을 나타내는 데 사용되어왔기 때문에 사용자들은 때때로 등급을 평가하는 방법에 대해 혼란을 겪는다고 판단했다. 넷플릭스가 정작 알고자 하는 '고

출처: Netflix

출처: Netflix

그림 3-8 2017년 이전의 넷플릭스 초기 화면(위)과 2017년 이후의 넷플릭스 초기 화면(아래)

객이 타깃 영화를 얼마나 재미있게 시청했느냐'에 대한 평가는 실종되는 경향이 많았다.

앞에서 언급한 별점 평가 시스템의 문제점 때문에, 넷플릭스의 닐 헌트는 그동안의 별점 평가 시스템을 간단하면서 합리적인 것으로 대체하기를 원했다.[22] 그래서 2017년 4월부터 넷플릭스가는 별점 평가 시스템을 버리고 보다 단순한 평가 시스템을 채택했다. 넷플릭스는 영화가 객관적으로 얼마나 좋았는지가 아니라, 고객이 실제로 얼마나 즐거

윘는지를 파악하는 새로운 두 가지 방법을 사용하고 있다.[23]

하나는 Thumbs Up/Down Like/Dislike으로, 이 바이너리 평가 방법이 이전의 별점 평가보다 덜 세분화된 것처럼 보일 수 있지만 넷플릭스는 이 방법이 고객의 실제 평가 결과와 더 가깝다고 판단했다. 다른 하나는 매치지수Percent Match다. 이는 넷플릭스 화면 영화 제목 아래에 백분율로 표시되는 숫자로서, 고객이 영화를 얼마나 좋아할지를 예측하는 철저히 개인화된 지표다. 데이트 사이트에서 남녀 커플이 얼마나 잘 매치되는지를 나타내는 지표와 유사하다.

그림 3-8 위 화면의 2017년 이전의 넷플릭스 초기 화면을 보면, 영화 섬네일 상단에 선택된 영화가 보이는데 여기에 영화 제목 바로 아래 붉은색의 별점 평가 시스템 기반의 평점이 자리 잡고 있었다. 그러나 2017년 4월부터는 그림 3-8 아래 화면처럼 별점 평가 대신에 초록색으로 '98퍼센트 매치'와 같은 매치지수를 숫자로 보여준다. 그리고 화면 아래에 그냥 '좋아함/싫어함'을 나타내기 위해 'Thumbs Up/Down'으로 표시된 단순 평가 장치가 있을 뿐이다.

넷플릭스는 영화에 대한 평가 시스템이 달라지면 개인화된 평가를 추구하는 넷플릭스의 처음 의도를 잘 지원하는지에 대해서 그것이 확실한 것인지 확인하기를 원했다. 넷플릭스의 제품 혁신을 리드했던 캐머런 존슨은 'Thumbs Up/Down'의 그 단순한 변화로 인해 영화 평가 활동이 두 배 이상 늘었다고 말했다.[24]

N

사용자 중심의 웹사이트를 위한
끝없는 개혁

글로벌 기업으로 우뚝 선 넷플릭스가 변함없이 고수하는 제일의 원칙은 사용자 중심 서비스다. 1998년 시작한 넷플릭스는 고객과의 모든 인터랙션과 비즈니스는 온라인 웹을 통해 이루어진다. 그러므로 사용성 만족이 최우선 가치이며 모든 것이 UI User Interface(사용자 인터페이스) 및 UX User Experience(사용자 경험)로 귀결된다.

전 세계 1억 8,300만 명의 넷플릭스 사용자가 2,200종이 넘는 디바이스를 사용하고 있으며, 사용하는 언어도 다양하다. 이러한 환경에서 넷플릭스는 각 고객의 취향과 행동에 개인화된 맞춤형 콘텐츠 추천 및 화면을 제공하고 있다. 1998년 온라인 DVD 대여 사업을, 2007년에는 비디오 스트리밍 사업을 출범한 뒤, 2010년에는 캐나다를 시작으로 글로벌 확장을 시작했다. 온라인 사업을 하는 넷플릭스의 중심에는 항상 웹사이트와 UX가 자리 잡고 있었다.

웹사이트 개선을 위한 A/B 테스팅

넷플릭스가 스트리밍 서비스를 시작했던 초창기만 해도 넷플릭스의 UX는 과거 10년 동안 지속적으로 이용해오던 우편배달을 통한 온라인 DVD 대여 서비스를 기반으로 제공되었다. 당시 넷플릭스 UX는 전자상거래 플랫폼을 기반으로 한 단품 거래 트랜잭션 중심으로 설계되어 있었다. 웹사이트에서 고객이 감상하고 싶은 DVD를 대여 희망 목록에 추가해놓으면 며칠 뒤에 우편으로 받아 DVD 플레이어를 통해 시청하는 방식이었다. 웹사이트 디자인은 효율성과 고객이 사이트에서 소비하는 시간을 최대한 줄이는 데 초점이 맞춰져 있었다.

2007년 넷플릭스는 고객이 영화를 즉시 시청할 수 있도록 일부 영화의 제목 아래에 '재생Play' 버튼을 추가했다. 재생 버튼을 클릭하면 별도의 창이 열리고, 브라우저 플러그인을 설치해 영화를 재생하는 방식이었다. 당시에는 넷플릭스 웹사이트에서만 스트리밍이 가능했지만, 이 기능은 더 이상 영화를 우편으로 배달될 때까지 기다리지 않고 바로 볼 수 있다는 점에서 혁신적이었다.

DVD 우편 구독 서비스 사업 시절에는 고객이 주로 시청하는 영화가 무엇인지, DVD를 반납하기 전에 영화가 만족스러웠는지 등을 파악할 수 있는 방법이 없어서 전혀 알지 못했다. 하지만 스트리밍 서비스를 시작하면서부터 '고객이 서비스를 이용하는 방식'과 '더욱 향상되고 개인화된 경험'에 대한 인사이트를 얻을 수 있었다.

스트리밍 방식이 넷플릭스 웹사이트의 주요 기능이 되면서 UX가 비디오 콘텐츠 소비를 촉진하기 위한 하나의 수단으로 진화했다. 따라서 넷플릭스는 스마트폰, 태블릿, TV 등 다양한 디바이스에서 재생을 지원하는 인터페이스를 만들었고, 다양한 실험을 통해 고객이 원하는 콘텐츠를 손쉽게 접하고 즐길 수 있는 방안을 모색했다. 넷플릭스는 초기의 트랜잭션 기반 전자상거래를 지원하는 목적에서 벗어나 사용자가 콘텐츠를 좀 더 쉽게 선택하며 알 수 있도록 혁신적인 인터페이스를 만들기 위해 많은 노력을 기울였다.

넷플릭스는 구독 기반 서비스다. 그래서 오랜 기간 수집된 많은 데이터를 분석해 고객의 요구와 만족도를 비교적 쉽게 파악할 수 있다. 넷플릭스는 지역과 문화가 다른 전 세계 고객의 취향을 파악하고, 그들의 마음을 사로잡기 위한 인터페이스를 제공하기 원한다. 이러한 목적을 효과적으로 이루기 위해 UI나 UX 관련 아이디어를 두 가지 이상의 버전으로 만든다. 그리고 이 중 더 좋은 버전을 선정하기 위해 전체 사용자를 대상으로 실시간으로 선호도를 시험하는 A/B 테스팅 작업을 지속적으로 수행하고 있다.

A/B 테스팅은 단순히 선호도 조사이기 때문에 쉽고 직관적이다. 과거에는 A/B 테스팅을 위한 환경을 갖추는 데 많은 비용이 필요했기 때문에 A/B 테스팅을 효과적으로 사용하기가 어려웠다. 하지만 오늘날에는 관련 기술이 발전해 좋은 소프트웨어 도구가 등장하고 있어서 전문 엔지니어들에 의존하지 않고도 사용할 수 있어서 A/B 테스팅이 UI

및 UX 결정을 위한 강력한 도구로 자리매김하고 있다. 넷플릭스 또한 A/B 테스팅을 통해 해당 아이디어가 전 세계 고객 확보와 고객 만족도에 어떠한 영향을 미치는지를 파악하고, 개선해야 할 부분에 대한 인사이트를 얻고 있다. 그런 다음 1억 8,300만 명의 가입자를 보유한 넷플릭스 서비스에 정식 출시하기 전에 테스트를 진행해 효과를 입증한다.

굿UI_{goodui.org}의 야쿠프 리노브스키_{Jakub Linowski}가 2019년 2월 '굿UI'에 기고한 '아무도 눈치 채지 못해 실패한 넷플릭스 홈페이지 재설계 실험'이라는 제목의 글에서 흥미로운 A/B 테스팅 사례를 소개한다.[25]

리노브스키는 2019년 1월 2일에 넷플릭스가 A/B 테스팅을 하고 있는 홈페이지의 두 버전의 스크린 샷을 찍었다. 버전 A는 현재 홈페이지이고 버전 B는 새로운 아이디어에 의한 것이었다. 그는 혹시 A를 대신해 B가 웹사이트에 보이지 않을까 하는 기대를 가지고 기다렸다. 2월 들어 A/B 테스팅 실험이 끝나고 결정이 내려졌다는 것을 짐작했다. 2월 4일에 나타난 결과에 의하면 넷플릭스는 B를 채택하지 않고 기존 버전인 A를 그대로 유지했다.

A/B 테스팅에 의한 결과로 버전 A는 넷플릭스에 의해 구현되었지만 B는 채택되지 않았다. A/B 테스팅은 단순히 선호도 조사이기 때문에 쉽고 직관적이다. 이와 같은 테스트는 매우 가치가 있지만 여러 가지 다른 변경에 의한 호불호를 병합해 인과관계를 희석시킬 수 있다. A/B 테스팅을 진행 중일 때는 테스터들이 어떤 부분을 왜 선호하는지와 같은 심층 조사를 할 수 없다. 결국 우리는 이러한 개별 변경 중 어느 것이 실제로 긍정적이었는지 혹은 부정적이었는지 알 수 없다. 개별 변경의 구체적인 효과를 자세히 파악하기 위해서는 개별 테

그림 3-9 2019년 2월 4일 넷플릭스 웹페이지의 스크린샷

그림 3-10 2019년 초에 넷플릭스 웹사이트 후보로 테스트한 스크린샷

스트를 거쳐야 한다.

다음은 버전 A가 버전 B보다 좋다고 결정된 이유를 이해하고자 몇 개의 개별 변경 사항에 대해서 논의해보고자 한다(위의 웹페이지 스크린샷에 있는 번호를 따라 설명).

❶ 헤드라인: 최신 영화 보기 어디서나 시청

버전 A의 헤드라인 또는 가치 제안은 시청자가 '모든 기기에서 시청' 대신 '다음에 무엇을 볼지'를 약속한다. 버전 A는 이미 구현되었다는 것을 감안할 때, 이것은 고객이 어떤 방식으로 비디오를 시청하느냐보다 새로운 콘텐츠나 최신 콘텐츠가 더 중요하게 여겨지기 때문일 것이다. 그리고 시청자들은 넷플릭스가 다시 언급하지 않아도 어디서 시청할지를 이미 알고 있을 것이다.

❷ 영화 프리뷰 섬네일

두 버전의 첫 번째 극적인 차이점은 고객이 이미 보고 있는 버전 A에 더 많은 섬네일이 있다는 것이다. 버전 A의 영화 섬네일은 B보다 더 크고 눈에 잘 띄어서 위에 있는 '다음에 무엇을 볼지'와 매치가 잘 된다.

❸ 일관성 있는 메시지와 클릭

버전 A에는 기본 클릭 유도 문안 두 개가 모두 '한 달 무료 가입'으로 표시되어 있다. 반면 버전 B에는 네 가지의 다양한 메시지와 함께 클릭 유도 문안을 보여준다. 이러한 다양한 메시지와 버튼은 사용자에게 불안감을 줄 가능성이 높다.

❺ 가격 질문에 대한 답변

버전 A에는 가격이 즉시 표시되지 않지만 '가격 선택' 탭을 클릭하면 한 번의 클릭으로 바로 확인할 수 있다. 반면에 버전 B는 '하나의 낮은 수수료'를 언급하지만 실제로 얼마인지는 표시하지 않고 있다. 사용자를 불안한 상태로 만들 수 있다.

❻ 쉽게 취소할 수 있도록 함

인터넷 서비스 사용자들이 호소하는 제일 큰 불만 사항은 가입 해지가 어렵다는 것이다. 따라서 사용자들은 버전 A가 제공하는 '언제 어디서나 쉽게 취소할 수 있다'는 메시지를 아주 좋아한다. 이렇게 함으로써 가입 진입 장벽을 낮추고 신뢰할 수 있게 한다.

매력적인 타이틀로 사용자들을 사로잡아라

"백번 듣는 것보다 한 번 보는 것이 낫다百聞不如一見"는 말이 있다. 넷플릭스는 이 말의 의미를 잘 알고 있다. 신문 광고를 제외하고는 영화를 선전하는 마땅한 미디어가 없었던 1960~1970년대에, 영화관들은 현재 상영하는 영화를 나타내는 대형 이미지 포스터를 붙여 관객의 호기심을 자극했다. 영화관 앞에 지나는 사람들에게 몇 분 안에 좋은 인상을 주어 영화를 관람하게 유도해야 한다. 이것은 온라인 스토어나 OTT에서 보여주는 미디어 광고에도 똑같이 적용된다.

인터넷과 웹사이트가 발달한 오늘날 점점 더 많은 양의 이미지들이 생성되고 있다. 이들을 처리해 비즈니스에 이용하고자 하는 니즈가 많아지고 있다. 온라인 스토어에서 사람들이 제품을 선택하는 여러 요소 중에 중요한 것은 제품의 이미지가 갖는 심미적 특징이다. 이미지들을 심미적 선호도에 의해 분류 및 탐색해야 하는 필요성이 점점 증가하지만 이러한 처리가 쉬운 일은 아니다.

넷플릭스는 사람들이 시청할 새로운 드라마와 영화를 찾는 데 이미지가 매우 중요한 역할을 한다는 것과, 시각적으로 매력적인 타이틀일수록 선호도가 높다는 것을 익히 알고 있다. 그렇기에 넷플릭스 웹페이지 상에서 개인화된 섬네일과 이미지 아트워크의 자동 생성 기능이 원활히 작동해야 한다.

넷플릭스에서는 기존 영화나 드라마에 내재되어 있는 수천 개의 비디오 프레임이 섬네일 생성의 시작점이 된다. 이러한 이미지들에 주석을 단 후, 고객이 어떤 섬네일에 클릭할 가능성이 가장 높은지 식별하기 위해 각 이미지에 순위를 매긴다. 이 계산은 그 고객과 취향이 비슷한 다른 고객들이 클릭했던 것을 기반으로 이루어진다.

드라마나 영화를 선전하기 위한 광고 이미지들은 소스 비디오 콘텐츠에서 직접 추출한 정적 비디오 프레임들이다. 보통 이러한 광고 이미지는 소스 콘텐츠에 대해 상당한 식견을 가진 전문 큐레이터나 편집자가 제작하고 선택한다. 이렇게 만들어진 많은 이미지들 중 고객이 선호하는 이미지를 A/B 테스팅을 통해 골라낸다. 이렇게 얻은 고품질의 이미지를 고객에게 보여줌으로써 고객은 가능한 한 많은 작품을 탐색하고 시청함으로써 고객의 시청 시간을 늘리고 사용성도 향상시킬 수 있게 된다.

특정 영화나 드라마의 비디오 프레임에서 얻은 대량의 이미지를 분석해 해당 타이틀을 대표하는 이미지로 설정한다. 일반적으로 비디오 타이틀을 대표할 수 있는 최적의 타이틀 이미지를 선택하기 위해 이 콘텐츠에서 뽑은 수만 개의 비디오 프레임을 살펴보아야 한다. 넷플릭스 오리지널 시리즈인 〈기묘한 이야기〉의 한 에피소드는 약 8만 6,000개의 정적 비디오 프레임으로 구성되어 있다. 이렇게 많은 프레임들을 보면서, 콘텐츠와 시청자와의 연결뿐 아니라 스토리의 요점을 잘 전달해주는 완벽한 타이틀 이미지를 찾는 것은 아주 어려울 수 있다. 기하급수적으로 증가하는 넷플릭스 타이틀 카탈로그의 사이즈를 생각하면, 편집자가 비디오 프레임을 수동적으로 조사하고 스크리닝하는 노동집약적 작업은 많은 노력과 시간이 소요되기 때문에 최적의 이미지를 발굴해내는 것을 기대하기는 어렵다.[26]

이미지들을 미학적 기준에 의해 분류하고 탐색해야 하는 필요성이 점점 증가하지만 이 작업은 쉽지 않았다. 약 10편의 에피소드로 구성된 TV 드라마는 거의 900만 개의 프레임이 포함되어 있다. 비디오 편집자가 많은 비디오 프레임을 탐색해 타깃 시청자의 관심을 끌 수 있는 하나의 비디오 프레임을 추출하는 것은 매우 지루하고 비효율적인 작업이다.

이러한 문제를 해결하기 위해 2012년 스페인 바르셀로나 대학의 연구팀은 제록스사와 협력해 AVA Aesthetic Visual Analysis (심미적 이미지 분석 도구)라는 연구 프로젝트를 통해 개발된 효과적인 방법을 공개했다. 이 프로젝트에는 25만 개 이상의 이미지가 포함된 방대한 데이터베이스가 포함되어 있다. 각각의 이미지는 이미지의 미적 점수와 60개 이상의 이미지 분류 및 기타 여러 특성을 포함한 메타데이터를 가지고 있다. AVA는 표준 편차, 평균 점수 및 분산과 같은 통계 개념을 사용해 이미지를 평가한다. 이러한 통계 값으로부터 계산된 분포를 기반으로 데이터베이스에 적합한 이미지를 선택한다.[27]

더 나은 아트워크를 위한 또 한 번의 개혁

넷플릭스는 타깃 영화 타이틀을 나타내는 데 최적의 대표 프레임들

도표 3-16 소스 비디오로부터 대표 이미지 후보 추출 단계들

을 신속하고 효과적으로 발굴하기 위해 AVA 도구를 활용했다.[28] 이 과정은 [도표 3-16]에서와 같은 단계로 이루어진다. 먼저 여러 가지 메타데이터를 포함한 프레임 주석Frame Annotation을 생성해 비디오의 모든 프레임에 대해 측정 가능한 객관적인 지표를 부여했다. 그다음, 최적의 이미지를 채택하기 위해 주연 배우, 창의성 및 다양성, 문제 이미지의 유무 등을 기준으로 이미지들의 채택 선호도 순위를 결정한다.[29]

넷플릭스는 AVA 기술을 사용함으로써 편집 시간을 줄일 수 있을 뿐 아니라, 수백만 개의 이미지들 중에서 몇 개의 우수한 이미지를 골라내는 데 소요되는 비용을 줄였다. 이러한 접근 방식으로 넷플릭스는 비디오 콘텐츠에서 의미 있는 이미지를 얻을 수 있게 되어서 크리에이티브 팀은 멋진 아트워크를 디자인하는 데 더 많은 시간을 투자할 수 있게 되었다. 사용자 측면에서 보면, 좋은 타이틀 이미지는 그들을 콘텐츠 연기자와 스토리라인에 더 깊이 연결시켜 전반적인 사용성 경험을 향상시킨다.

이미지 프레임에 메타데이터 정보로 구성된 주석 붙이기

AVA는 이 단계에서 비디오의 모든 개별 프레임에 세 가지 종류의

그림 3-11 넷플릭스 시리즈 〈기묘한 이야기〉의 한 정적 이미지의 메타데이터. 메터데이터는 인간에 있어서 지문과 같은 개념이다.

메타데이터로 구성된 주석을 달아 프레임에 포함된 스토리의 내용을 잘 요약하고 특징을 부여한다. 정적 이미지의 메타데이터는 지문과 같은 것이다. 증가하는 콘텐츠 카탈로그에 포함된 비디오를 빠르고 효과적으로 처리하기 위해서 넷플릭스는 아처Archer라는 대규모 분산 컴퓨팅 플랫폼을 개발해 비디오를 아주 작은 비트로 분할해 이들을 병렬로 처리한 후 통합한다. 이렇게 함으로써 비디오 처리 파이프라인의 효율성을 높이고, 더 많은 콘텐츠 처리 알고리즘을 활용하도록 함으로써 많은 비디오 콘텐츠도 처리할 수 있게 되었다.

도출한 프레임의 메타데이터를 구축하기 위해 이미지 인식 알고리즘을 적용한다. 메타데이터는 이미지 프레임에 개요를 붙이기 위해 다음과 같은 시각적, 맥락 및 구성 정보를 포함한다.

- **시각적(Visual) 메타데이터**: 밝기, 선명도 및 색상.
- **맥락(Contextual) 메타데이터**: 프레임에서 연기자의 행동 또는 움직임, 사물 및 카메라의 동작 또는 움직임에서 의미를 도출하기 위해 결합된 요소의 조합이다(예: 얼굴 감지, 모션 추정, 물체 감지 등).
- **구성(Composition) 메타데이터**: 심도 및 대칭과 같은 사진, 영화 촬영 및 시각적 디자인의 핵심 원칙을 기반으로 복잡한 이미지의 세부 정보를 제공한다.

이미지의 랭킹 정하기

타깃 비디오의 모든 프레임을 처리하고 주석을 붙이고 나면, 다음 단계는 자동화된 아트워크 파이프라인을 통해 나오는 프레임들 가운데 최상의 이미지를 선택하는 것이다. 최상의 이미지는 아래와 같이 주연 배우, 이미지의 특성, 피해야 할 민감한 이미지의 필터링 등의 세 가지 중요한 면을 고려해 선택된다.

- **주연 배우**: 이미지 내에 주연 배우들의 존재 유무는 시각적으로 타이틀을 인식하는 데 많은 영향을 미치기 때문에 우선적으로 그들을 골라내는 작업을 한다. 특정 에피소드의 핵심 연기자를 추출하기 위해 AVA는 얼굴들을 클러스터링하고, 배우 안면 인식 알고리즘을 통해 주연 배우가 있는 이미지는 높은 우선순위를 매겨서 선택될 확률을 높인다.
- **이미지 프레임의 다양성**: 콘텐츠 타이틀에 대한 다양한 이미지들을 표시하기 위해 AVA 데이터베이스에 포함시킨 시각적 특성은 비디오 프레임에 존재하는 카메라 위치 및 촬영 유형, 밝기, 색상, 명암과 같은 이

미지의 세부 사항이다. 이러한 특성을 기계학습의 파라미터로 유사한 이미지 프레임들을 클러스터링 한다. 이렇게 함으로써 영화에서 추출한 이미지를 시각적 선호도에 따라 점수를 매길 수 있도록 지원한다.

- **문제 이미지의 필터링**: 다양한 고객층에 제공되기 때문에 유해하거나 불쾌한 요소가 포함된 이미지는 편집 단계에서 제외해야 한다. 폭력성, 선정성, 광고 등과 회피해야 할 요소가 포함된 이미지 프레임은 채택 순위가 낮게 책정되어 필터링된다.

넷플릭스가 섬네일과 이미지를 이용하는 방법

데이터 분석과 AI에 의한 넷플릭스의 개인화는 영화 추천에 그치지 않고, 그 추천이 개인 홈페이지 화면에 어떻게 나타낼지에 대해서도 작용한다. 이는 콘텐츠의 태그와 고객이 속한 취향 그룹 데이터를 기반으로 이루어진다.

넷플릭스는 개인 홈페이지 화면의 섬네일을 생성하기 위해서 기존 영화나 TV 드라마의 수천 개의 비디오 프레임 이미지를 사용한다. 이미지는 천 마디의 말보다 가치가 있다. 넷플릭스는 이러한 프레임 이미지에 주석을 붙인 후 사용자가 클릭할 가능성이 가장 높은 섬네일을 찾는 작업을 위해 각 이미지에 순위를 매긴다. 이러한 순위는 타깃 고객과 비슷한 다른 사용자들이 어떤 이미지를 클릭했는지에 기초해 계산된다. 이 과정에서 발견한 것은 여러 특정 배우 혹은 영화 장르를 좋아하는 사용자가 동일 배우나 장르의 이미지 속성이 있는 섬네일을

그림 3-12 가장 많이 시청하는 영화로 '기묘한 이야기'를 꼽은 넷플릭스의 '취향 그룹'은 각 고객의 홈페이지 화면에 전혀 다른 섬네일을 보이고 있다.[30]

클릭할 가능성이 더 높다는 것이다.

웹사이트에서 CTRClick Through Rate은 페이지 또는 광고를 보는 모든 사람 수 대비 특정 링크를 클릭하는 사용자의 비율을 일컫는데, 일반적으로 특정 웹사이트에 대한 접속률을 측정하기 위해 사용된다. 넷플릭스는 기계학습, 이미지 프로세싱 등을 포함한 AI 기술을 사용해 CTR이 높아질 수 있도록 각 고객의 홈페이지에 있는 영화 이미지와 섬네일을 여러 가지로 변형 및 조정한다(섬네일은 축소된 그림 또는 비디오 버전으로서, 이미지를 인식하고 구성하는 데 사용된다. 웹페이지에서 섬네일 이미지의 목적 중 하나는 이미지 사이즈를 줄임으로써 대역폭과 다운로드 시간을 줄이는 것이다).

위의 이미지는 어느 고객의 홈페이지에서 보여지는 섬네일 화면이다. 가장 많이 시청하는 영화로 〈기묘한 이야기〉를 꼽은 넷플릭스의

'취향 그룹'에 속한 고객들의 화면인데 같은 취향 그룹이지만 각각이 전혀 다른 섬네일을 보이고 있다.

　각 고객의 화면 인터페이스의 상단에 표시되는 추천부터 장르 행이 표시되는 방식, 특정 행의 구성 방식에 이르기까지 모든 사항이 고객에 따라 다르다. 예를 들면, 넷플릭스의 인기 오리지널 시리즈인 〈기묘한 이야기〉를 화면에 디스플레이할 때 넷플릭스는 고객이 속한 취향 그룹과 장르에 따라 그림 3-12는 다른 이미지를 사용한다. 어떤 이미지를 보여줄지에 대해서는 먼저 한 영화에서 여러 개의 이미지를 추출한 후, A/B 테스팅을 통해 '이런 종류의 이미지가 저런 종류의 시청자들에게 좋은 반향을 일으키고 있다'라는 사실을 확인한 후 결정한다.[31] 또한 넷플릭스는 웹사이트에서 보여주는 동일한 영화의 이미지

그림 3-13 넷플릭스는 다른 장르 영화를 선호하는 고객들에게 각각 다른 이미지를 보여준다.[32]

도 고객의 선호 장르에 따라 다양한 아트워크artwork를 보여준다. 실제로 영화 〈기묘한 이야기〉의 아트워크 이미지는 아래 사진처럼 다양하다.

넷플릭스는 고객에게 취향을 맞추기 위해 다양한 타이틀 이미지를 사용한다. 고객이 홈페이지에서 콘텐츠 이미지를 보았을 때 '이 콘텐츠는 내 취향인 것 같다'라는 효과를 얻기 위함이다. 넷플릭스는 전 세계적으로 인기를 끌고 있는 〈기묘한 이야기〉 이미지로 이에 대해 설명했다. 그림 3-15와 같이 총 여섯 가지 타이틀 이미지를 두고 국가별로 선호하는 이미지를 예로 들었다. 한국 시청자들은 괴물 이미지를 선호하는 데 반해 미국 시청자들은 스릴러 느낌의 타이틀 이미지를 선호했다. 하지만 넷플릭스는 특정 국가별로 이용자 취향을 구분하지는 않는데, 이것이 넷플릭스가 내세우는 강점 중 하나다. 미국 이용자라 하더라도 괴물 이미지를 선호하는 것으로 콘텐츠 추천 시스템이 작동한다면, 괴물 이미지를 제공한다.[34]

그림 3-14 영화 〈기묘한 이야기〉의 다양한 아트워크 이미지들

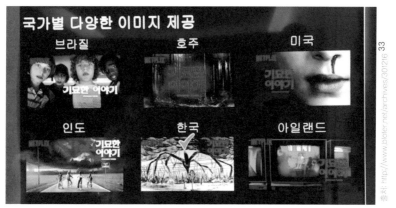

출처: http://www.bloter.net/archives/301216 33

그림 3-15 넷플릭스는 국가별로 다양한 콘텐츠 이미지를 제공한다.

이미지 아트워크의 개인화가 의미가 있는 시나리오를 살펴보자. 고객마다 영화 시청 이력이 다른 예를 생각해보자. 그림 3-16의 이미지를 보자. 왼쪽 세 개의 이미지는 고객이 과거에 시청한 영화이며, 화살표 오른쪽에는 넷플릭스가 고객에게 추천한 영화 〈굿 윌 헌팅〉의 아트워크다. 그런데 왼쪽에 보여준 시청 이력에 따라 같은 영화이지만 비주얼 아트워크가 다르다. 동일한 〈굿 윌 헌팅〉의 경우라 해도 로맨틱 영화 팬으로 식별된 고객에게는 맷 데이먼Matt Damon과 미니 드라이

출처: Netflix

그림 3-16 동일한 영화의 이미지 아트워크도 고객의 취향에 따라 로맨틱 혹은 코미디 성향으로 달리 만든다.

그림 3-17 동일한 영화의 이미지 아트워크도 고객의 출연 배우 선호에 따라 달라질 수 있다.

버Minnie Driver가 등장하는 키스 섬네일이 표시된다. 반면에 코미디 팬으로 식별된 고객에게는 로빈 윌리엄스Robin Williams의 섬네일이 표시된다.[35]

영화의 장르나 취향 그룹 측면뿐 아니라, 출연 배우에 대한 환경 설정이 영화 아트워크 개인화에 영향을 미칠 수도 있다. 예를 들어 그림 3-17에서 영화 〈펄프 픽션〉의 아트워크 개인화에 대해 생각해보자. 우마 서먼Uma Thurman이 등장하는 영화를 자주 보는 고객은 그녀가 포함된 〈펄프 픽션〉 아트워크에 긍정적으로 반응할 것이고, 존 트래볼타John Travolta의 팬은 이미지 아트워크에 그가 포함되어 있어야 더 관심을 가질 것이다.

섬네일은 영화 추천의 일부다. 하지만 그 역할이 점점 중요해지고 있다. 사용자에게 어떤 영화를 추천했을 때 우리는 또 다른 비즈니스 문제에 부딪히게 된다. 즉, 고객에게 영화 추천 내용을 언제, 어떤 방식으로 제시하는 것이 고객의 시청률과 충성도을 극대화할 수 있을지, 또는 어떤 종류의 섬네일을 제공하는 것이 바람직할지, 그리고 이미지 섬네일을 조정하면 시청률이나 구독자의 충성도에 긍정적인 영향을 미칠 것이라고 얼마나 확신하는지 등의 문제다. 2014년 이전에 넷플릭스에서 일부 제품의 담당자들은 이와 동일한 질문을 가지고 있었다.

그리고 그들은 2014년 UX 및 관련자와 함께 사용자의 행동 데이터를 기반으로 "이미지 섬네일이 보여주는 내용과 시청률 사이에 밀접한 연관이 있다."는 가설을 확인하기 위한 연구를 했다. 넷플릭스에서 창의적 서비스 분야의 글로벌 매니저인 닉 넬슨Nick Nelson은 2014년 초, 넷플릭스 웹페이지를 검색하는 동안 사용자가 시청할 타이틀 결정에 이미지 아트워크가 가장 큰 영향을 미친다는 것과, 사용자의 82퍼센트는 아트워크에 관심이 집중되어 있다는 것, 그리고 각 타이틀 이미지를 보면서 생각하는 데 평균 1.8초를 소비한다는 사실을 확인했다고 발표했다. 그리고 넬슨은 이어서 "우리는 섬네일에 있는 타이틀 이미지가 훌륭한 콘텐츠를 찾는 사람에게 얼마나 많은 영향을 미치는지, 그리고 그들의 관심을 유지할 시간이 얼마나 짧은지에 대해서 깨닫고는 무척 놀랐다."고 말했다.[36]

넷플릭스 웹사이트의 변천사

'UX 타임라인' 사이트를 운영하는 자상트 부상Jacinthe Busson이 넷플릭스 초기부터 현재까지 넷플릭스 웹사이트의 진화 과정을 정리했다.[37] 그리고 이를 '비즈니스 인사이더'의 네이선 맥얼론Nathan McAlone이 코멘트한 글을 참고해 넷플릭스 웹사이트의 진화에 대해 기술하고자 한다. 웹사이트 외관의 발전 과정은 다음과 같다.[38, 39]

1999년 초창기 넷플릭스의 웹사이트

1999년 8월 당시의 넷플릭스 웹사이트다. 이 당시 넷플릭스의 웹사이트에서는 아직 이 회사의 색깔인 빨간색으로 정착되지 않았음을 보여주고 있다. 그리고 'Net'과 'Flix'를 두 개의 분

그림 3-18 1999년 웹사이트

리된 실체로서 강조했고 이름은 'NetFlix'라고 브랜딩되었다. 왼쪽 상단에 있는 'FlixFinder' 박스가 영화 검색 기능이었다.[40]

2004년 DVD 우편 구독 서비스 사업 전성기

2004년까지 넷플릭스는 고유한 웹사이트 모양으로 변화해 어느 정도 자리를 잡았다. 이 당시까지만 하더라도 여전히 스트리밍 사업 전의 DVD 우편 구독 서비스 사업의 모습이 강하게 남아 있었다.

그림 3-19 2004년 웹사이트

그림 3-20 **2008년 웹사이트**

그림 3-21 **2009년 웹사이트**

2008년 스트리밍 서비스 소개를 시작하다

2008년은 스트리밍 서비스를 출시한 지 얼마 되지 않은 시점이라서 스트리밍을 (기존 DVD 구독자에게는) 무료로 제공하고, DVD의 연장선상으로 소개했다. 그리고 엑스박스, LG전자, 로쿠 등의 파트너 디바이스를 통해서 TV에서 시청할 수 있다는 언급과, 스트리밍은 언제나 시청할 수 있고, 30초 이내에 비디오가 시작한다는 스트리밍의 본질을 언급했다.

2009년 스트리밍을 DVD 서비스의 보너스로 소개하다

넷플릭스는 2009년 홈페이지에서 '넷플릭스 영화를 같이 보면서 즐기는 행복한 가족' 이미지를 소개했다. 이 시점까지도 DVD 비즈니스가 메인이었고, 스트리밍은 DVD 구독의 보너스 서비스로서 로쿠 및 엑스박스 360과 같은 하드웨어 장치가 있는 TV에서만 작동했다.

그림 3-22 2010년 웹사이트　　　　　그림 3-23 2012년 웹사이트

2010년 스트리밍이 메인 사업으로 자리 잡기 시작하다

2010년부터 스트리밍은 드디어 DVD 대여의 보너스 상품이 아니라 주요 상품으로 소개되기 시작했다. 그리고 스트리밍 관련된 사항이 홈페이지에서 메인으로 자리 잡기 시작했다.

2012년 스트리밍을 초기 브랜드인 '즉시 시청'으로 소개하다

2012년이 되자 넷플릭스는 대부분의 사람들이 2007년 출시한 넷플릭스의 스트리밍 개념을 완전히 이해했다고 판단해 스트리밍에 대한 교육 부분을 홈페이지에서 제외시켰다. DVD도 완전히 자취를 감추었다. 스트리밍을 '즉시 시청Watch Instantly'이라는 말로 소개하고 있으며, 볼 수 있는 파트너 디바이스도 PS3, Wii, 엑스박스, PC, 매킨토시, 모바일, 태블릿 등으로 많이 증가했다.

그림 3-24 2013년 웹사이트　　　　　　그림 3-25 2016~2019년 웹사이트

2013년 넷플릭스 오리지널 프로그램을 출시하다

웹페이지에 빅타이틀에 대해서 강조하는 공간이 생겼다. 그리고 넷플릭스가 2013년부터 출시한 오리지널 프로그램에 대한 부분이 강조되기 시작했다.

2016~2019년 유연한 서비스를 강조하다

이것은 일반 온라인 가입자들이 해지 시에 겪어왔던 어려움을 배제함으로써 가입 문턱을 매우 낮추는 효과를 주고 있다. 또한 어디서나 시청할 수 있고 가입자가 구독 요금제를 선택할 수 있다는 메시지를 담고 있다.[41]

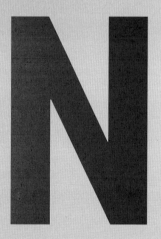

PART 04

고품질 스트리밍을 가능하게 한
독보적 기술력의 핵심

N

콘텐츠를 전송하는
넷플릭스만의 노하우

데이터를 아마존 AWS 클라우드로 이전하다

넷플릭스 데이터센터를 아마존 클라우드로 이전하는 일은 2008년 8월에 시작해 2016년에 끝났다. 데이터 이전 작업에 관련한 자세한 내용은 넷플릭스의 '클라우드 플랫폼 & 플랫폼 엔지니어링' 부문 책임자인 유리 이즈라일에브스키Yury Izrailevsky가 넷플릭스 미디어 센터에 올린 보고서에 잘 나타나 있다.[1]

2007년에 넷플릭스가 비디오 스트리밍 서비스를 출시한 후 넷플릭스 유료 가입자 수는 2007년 748만 명에서 2008년 940만 명, 2009년 1,227만 명 등 매년 30퍼센트 내외로 가파르게 증가했다. 그뿐만 아니라 콘텐츠의 양도 증가했다. 고객 데이터와 콘텐츠의 증가로 넷플릭스는 자체 데이터센터를 구축했는데 사전 경험이 없었던 넷플릭스로서는 구축과 운영에 많은 어려움을 겪었다. 기기 부품의 주문과 구축에 어려움이 있었지만 보다 본질적인 어려움은 넷플릭스의 급격한 성장과 더불어 데이터센터 능력도 비례해서 유동적으로 늘려야 한다는 데 있었다.

2008년 8월 넷플릭스 자체 데이터센터의 관계형 데이터베이스에서 오류가 발생했다. 이 오류로 인해 전체 서비스가 종료되고 3일 동안 DVD 배송이 중단되었다. 넷플릭스로서는 용납할 수 없는 대형 사고였다. 이 사건으로 넷플릭스는 데이터 저장 장치와 컴퓨팅 자원을 자체적으로 운영하는 것이 바람직한지 되돌아보게 되었다. 넷플릭스는 가파르게 성장하고 있었고 비디오 콘텐츠와 수천만 명의 고객이 매일 엄청난 양의 데이터를 생성하고 있었다. 사용자 중심 경영을 하는 넷플릭스로서는 데이터 분석이 매우 중요하다.

넷플릭스는 두 개의 옵션 중 하나를 선택해야 했다. 거대한 투자를 통해서 넷플릭스가 세계적인 데이터센터를 운영하거나, 아니면 넷플릭스 서비스를 퍼블릭 클라우드로 이전하는 것이다. 지속적으로 증가하는 데이터를 제때에 처리할 수 있을 만큼 빠른 속도로 자체 데이터센터의 서버 및 저장 장치를 증설하기는 어려웠지만, 클라우드를 사용한다면 몇 분 안에 수천 대의 가상 서버와 페타바이트의 저장 공간을 용이하게 추가할 수 있을 것으로 판단했다. 따라서 두 옵션 중 클라우드로의 이전은 분명하고 합리적인 선택이었다.[2]

넷플릭스는 디지털 유통 업체로서 고객에게 양질의 비디오 시청 경험을 제공하는 것이 핵심 역량 혹은 본업이라고 생각해왔다. 핵심 역량 강화에 도움이 되지 않더라도 필요한 업무라면 수행해야 하지만 넷플릭스 자체가 할 일은 아닌 것으로 판단했다. 본업이 아닌 비본질적 업무는 이를 잘하는 전문 업체에 맡기고, 넷플릭스는 모든 역량을 모아 본업의 고도화에 충실하는 것이 바람직하다고 결론을 내렸다. 또한 당시 글로벌 확산을 꿈꾸고 있던 넷플릭스는 운영과 신속한 확장이 매우 어려운 데이터센터를 자체 구축하지 않고 글로벌 서비스를 할 수 있기를 원했다.

그래서 2008년 넷플릭스는 데이터센터를 AWS로 옮기기로 결정했다. 컴퓨팅 자원인 EC2_{Elastic Cloud Computer}와 저장 장치인 S3_{Simple Storage Service}를 포함하는 AWS 서비스가 막 출시되고 있는 시점이어서 전반적으로 AWS도 클라우드에 경험이 많지 않았다. 이러한 상황에서 넷플릭스가 AWS를 선택한 것은 실패 위험 부담을 안은 매우 과감한 조치였다. 넷플릭스가 그만큼 절실했다는 반증이기도 하다. AWS가 최선을 다한 끝에 매우 안정적인 데이터베이스, 스토리지 및 중복 데이터센터를 넷플릭스에 제공했다. 넷플릭스의 모든 데이터를 옮기는 방대한 작업은 7년간의 작업 끝에 2016년 초에 완결되었다. 넷플릭스는 아마존 클라우드에서 수만 대의 서버와 수십 페타바이트의 스토리지를 운영하고 있다. AWS 클라우드로의 이전으로 인해서 넷플릭스는 서비스의 확장성과 가용성을 높였다. 그리고 짧은 시간 내에 새로운 콘텐츠, 서비스 기능, 인터페이스 및 상호 작용 기능을 출시할 수 있게 되었다.

넷플릭스는 현재 글로벌 190개국에서 스트리밍 비디오를 서비스하고 있으며 지속적으로 확장하고 있다. 새로운 기능이 계속 도입되고 있으며 데이터 사용량도 지속적으로 증가하고 있다. 만일 넷플릭스가 AWS 클라우드로 이전하지 않았다면 자체 데이터센터에서 이러한 급성장을 지원하기는 어려웠을 것이다. 그러나 클라우드의 탄력성 덕분에 이제 수천 개의 가상 서버와 페타바이트급 저장 용량을 단 몇 분 내에 추가할 수 있게 되어 빠른 확장이 가능해졌다.

넷플릭스의 스트리밍 비즈니스는 더 이상 자체 데이터센터를 운영하지 않는다. 고객이 콘텐츠 재생을 위해 '플레이' 버튼을 누르기 전에 일어나는 모든 일은 AWS에서 실행되는 백엔드에서 일어난다. 그것은 모든 고객의 서비스 가입, 비디오 검색, 개인화 및 추천, 비즈니스 로직, 새로 들어오는 비디오 준비 그리고 다른 장치로부터의 요청을 처리하는 것 등을 포함한다. 그러나 모든 데이터가 AWS에 있는 것은 아니다. 비디오 스트리밍에 관련된 것은 넷플릭스가 직접 운영하고 있다.

고품질 영상을 끊김 없이 전송하라

고객에게 양질의 비디오 시청 경험을 제공하는 것이 넷플릭스의 핵심 경쟁력이다. 이를 위해서는 고객이 시청할 가능성이 높은 콘텐츠를 물리적으로 가까운 곳에 미리 전송해 저장해놓는 게 바람직하다. 특히 전 세계에 산재되어 있는 고객에게 콘텐츠를 전송해 스트리밍 서비스를 제공하는 넷플릭스로서는 이러한 기능이 더욱 절실하다. 넷플릭스가 효과적인 콘텐츠 전송을 하는 CDN에 많은 시간과 노력을 투자하는 이유다.

도표 4-1 사용자를 인터넷에 연결해주는 통로, ISP

PC

ISP

인터넷

출처: http://www.forumiuris.it/caso-previti-vs-wikimedia-responsabilita-dellinternet-service-provider/

먼저 인터넷 동작을 이야기할 때 흔히 사용되는 아래 용어를 살펴
보자.

- **인터넷 서비스 제공자**(ISP, Internet Service Provider): 인터넷 서비스를
  제공하는 회사다. [도표 4-1]에서 보는 바와 같이, ISP는 사용자가 인터
  넷에 접근하는 통로를 제공한다. 즉, 집이나 직장에서 인터넷을 연결할
  때마다 ISP를 통해 연결된다.
- **콘텐츠 제공자**(CP, Contents Provider): 인터넷 콘텐츠를 서비스하며,
  ISP에서 회선을 받는다.
- **인터넷 교환 지점**(IXP, Internet eXchange Point): ISP와 NSP(Network
  Service Provider)의 인터넷 트래픽이 원활히 소통하도록 상호 교환해주
  는 최상부 네트워크이며 인터넷 트래픽의 교차로라고 할 수 있다. 한국
  에는 네 개의 업체가 있다.

인터넷 이용자가 정보를 주고받으려면 각자가 이용하는 ISP들이 서로 연결되어 있어야 하는데 이는 현실적으로 불가능하다. 따라서 ISP들을 쉽게 연결할 수 있는 교차로 같은 것이 필요한데, 이 역할을 하는 것이 IXP다. ISP들이 하나의 IXP에만 연결되어 있으면 모든 ISP를 연결한 효과를 낸다. 인터넷 사용자가 콘텐츠를 이용하려면, 사용자와 콘텐츠 제공자가 각각 이용하는 ISP들이 서로 연결되어 있어야 한다.

넷플릭스 스트리밍 시청자가 디바이스에서 영화를 감상하려면 해당 영화 이미지에 떠 있는 '재생(플레이)' 버튼을 누른다. 그러면 디바이스 플레이어는 원하는 비디오 파일을 찾아 디바이스에 '로딩 중'이라는 메시지와 함께 로딩을 시작한다. 이 시점부터 영화가 화면에 보이는 순간까지의 소위 '대기 시간'이 길어지면 시청자는 불편해한다. 따라서 사용자가 시청하고자 하는 비디오 콘텐츠를 찾아 신속히 로딩하며, 중간에 끊기지 않고 재생하는 것은 사용성과 고객 만족도 면에서 매우 중요하다.

긴 대기 시간 및 재생 중단 현상의 첫 번째 요인은 비디오 스트리밍 서버가 물리적으로 시청자로부터 너무 멀리 위치해 있다는 데 있다. 예를 들어, 도표 4-2(a)와 같이 베를린에 있는 시청자가 미국 뉴욕에 위치한 콘텐츠 서버에서 스트리밍되고 있는 비디오 콘텐츠를 보고 있다고 상상해보자. 이 경우 비디오 스트림은 해저 케이블을 포함한 많은 네트워크를 거쳐 전달되므로 전송 속도가 느려질 뿐 아니라 영상이 중간에 끊기는 등 신뢰성이 저하될 가능성이 높다. 이 경우 도표 4-2(b)와 같이 베를린에 CDN 캐시 서버를 설치하여 서비스함으로써 전공 속도 및 영상 품질을 높일 수 있다.

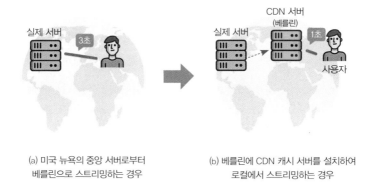

(a) 미국 뉴욕의 중앙 서버로부터   (b) 베를린에 CDN 캐시 서버를 설치하여
베를린으로 스트리밍하는 경우   로컬에서 스트리밍하는 경우

출처: https://www.imperva.com/learn/performance/what-is-cdn-how-it-works/

　긴 대기 시간 및 재생 중단의 두 번째 요인은 네트워크 병목bottleneck 현상이다.

　통계에 의하면 미국 인터넷에서 넷플릭스, 유튜브 등의 트래픽이 대략 전체의 3분의 1을 차지한다. ISP 네트워크에 연결되어 있는 사용자들이 한꺼번에 영화와 같은 대용량 콘텐츠의 스트리밍을 요청할 수 있다. 특히 저녁 시간대에 흔히 있을 수 있는 상황이다. 사용자들이 요청한 비디오를 콘텐츠 제공자가 그 ISP를 통해 전송할 경우 네트워크에 트래픽이 과도하게 증가해 데이터 전송 속도가 느려지는 네트워크 병목 현상이 발생한다. 명절에 귀성 차량이 많아지면 고속도로가 막히는 현상과 같다. 이로 인해 콘텐츠 로딩에 상당한 시간이 걸릴 뿐 아니라 시청 중에 영상이 자주 끊기는 '시청-중단-재로딩-시청'의 현상이 반복적으로 발생한다.

이러한 현상이 자주 발생하면, 사용자들은 네트워크 운영자인 ISP 혹은 스트리밍 OTT 사업자인 넷플릭스에 대한 불만이 쌓이게 된다. 심한 경우에는 사용자가 ISP 혹은 넷플릭스 가입을 해지할 수도 있다. 따라서 이 문제는 ISP와 OTT 사업자가 협력해 해결해야만 한다.

그렇다면 스트리밍 서비스 품질 저하를 초래하는 이러한 문제의 해결을 위해 넷플릭스는 CDN을 어떻게 활용하고 있을까?

기본적으로 CDN의 일부 속성은 '데이터 캐싱'이다. 데이터 캐싱은 향후 어느 시점에 특정 데이터에 대한 요청이 있을 경우 이를 신속하게 액세스할 수 있도록 데이터를 로컬 스토리지에 저장하는 프로세스다. 더 빈번히 요청되는 데이터를 우선적으로 저장한다. 웹 브라우저에서의 데이터 캐싱은 로컬 드라이브에 정적 데이터Static Data의 복사본을 저장한다. 캐싱을 사용함으로써, 다음에 동일한 데이터의 요청이 있을 경우, 웹 서버에까지 여러 번 왕복하는 대신 로컬 스토리지에 저장된 데이터를 가져오면 되기 때문에 시간을 절약할 수 있다. CDN에 의한 콘텐츠 캐싱을 활용하는 이유도 이와 유사하다. 다만 뒤에서 설명하겠지만, 넷플릭스가 하는 CDN 캐싱은 자주 요청되는 콘텐츠를 캐싱하는 것이 아니라 사용자가 내일 시청할 가능성이 높은 콘텐츠를 캐싱해두는 것이 큰 차이점이다.

CDN이란 지리적 혹은 물리적으로 멀리 떨어져 있는 사용자에게 콘텐츠 제공자 혹은 콘텐츠 중앙보관소의 콘텐츠를 더 빠르게 제공할 수 있는 기술을 말한다. 기본적으로 멀리 떨어진 곳에 위치한 실제 서버로부터 비디오, 음악, 이미지, 문서 등의 콘텐츠를 다운로드하면 가까이 있는 서버에서 받는 것보다 시간이 오래 걸린다(도표 4-3 (a) 참

도표 4-3 CDN이 없는 경우와 CDN 인프라를 사용하는 경우

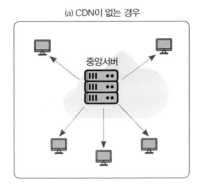
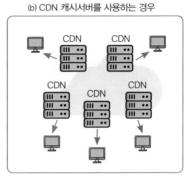

조). 이 문제를 해결하기 위해 사용자와 가까운 곳에 위치한 CDN 캐시서버에 콘텐츠를 미리 저장하고 있다가, 나중에 사용자가 해당 콘텐츠를 요청하면 캐시서버가 보내준다. 따라서 사용자는 가까운 곳에 있는 CDN 캐시서버로부터 콘텐츠를 받게 되므로 실제 서버에서 받는 것보다 빨리 콘텐츠를 이용할 수 있게 된다(도표 4-3 (b) 참조).

진화하는 콘텐츠 전송 시스템

넷플릭스는 자체 제작한 소형의 CDN, 제3자 CDN, 오픈 커넥트 어플라이언스OCA, Open Connect Appliance 등 세 종류의 CDN을 사용해왔다.[3]

2007년 넷플릭스가 스트리밍 서비스를 시작했을 때 이를 지원하기 위해 미국 내 몇 개 지역에 자체적으로 개발한 간단한 CDN을 구축했

다. 그 당시 넷플릭스 비디오 카탈로그는 사이즈가 크지 않아서 각 지역에 있는 CDN은 모든 비디오 타이틀을 포함하고 있었다.

넷플릭스는 스트리밍 서비스 출시 초기에 자체 CDN 구축을 위해 상당히 많은 노력을 쏟았다. 그러나 투자한 시간과 노력에 비해 넷플릭스의 시장 경쟁력 제고에는 별로 도움이 되지 않았다. 그리고 넷플릭스는 디지털 미디어 유통이 핵심 역량이지 네트워크 회사가 아니므로 자신들은 핵심 역량에 집중하고 CDN은 전문 기업에 맡기는 것이 바람직하다고 판단했다. 이런 이유로 2009년 넷플릭스는 자체 구축한 CDN이 아니라 전문 기업의 CDN을 사용하기로 결정하고, 아카마이 테크놀로지, 라임라이트, 레벨-3 등의 전문 CDN 서비스 제공 회사와 계약을 맺어 서비스를 받기로 했다. 이렇게 함으로써 넷플릭스는 사용자들이 최고 품질의 비디오를 시청하는 데 필요한 보다 중요한 분야에 더 많은 시간과 노력을 할애할 수 있게 되었다.

2년여의 기간 동안 제3자 CDN 솔루션에 의존했던 넷플릭스는 글로벌 확산을 공격적으로 추진 중이던 2011년경 다음과 같은 두 가지 이유로 자체 전용 CDN 솔루션이 필요하다고 판단했다. 첫째, 글로벌 확산을 위해서는 많은 CDN이 필요한데 고가의 외부 CDN 서비스 대신 넷플릭스 자체 CDN을 개발해서 사용한다면 많은 비용을 절약할 수 있다. 둘째, 전 세계 어디서나 스트리밍 서비스를 신속하게 지원하면서 양질의 비디오 시청 경험을 제공하기 위해서는 넷플릭스가 컨트롤할 수 있는 자체 시스템 보유가 절실하다.

제3자 CDN은 일반적인 모든 콘텐츠를 지원해야 하는 반면, 넷플릭스 CDN은 넷플릭스가 스트리밍하는 제한된 종류의 비디오만 지

도표 4-4 넷플릭스의 CDN 서비스 변화

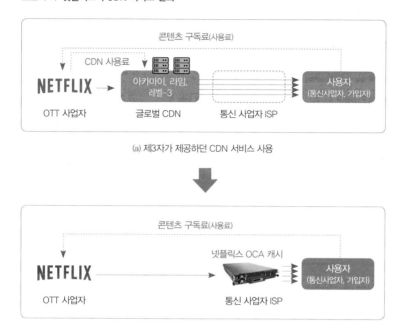

(a) 제3자가 제공하던 CDN 서비스 사용

(b) 넷플릭가 자체 개발한 CDN인 OCA(Open Connect Appliance) 캐시를 사용

출처: https://www.netmanias.com/ko/?m=view&id=blog&no=5719 변형

원하면 되므로 CDN을 최적화할 수가 있다. 또한 넷플릭스는 고객들을 잘 알고 있으며 그들이 어떤 비디오를 좋아하고 언제 콘텐츠를 즐겨 보는지를 안다. 이런 정보를 이용해 넷플릭스는 성능이 아주 뛰어난 CDN을 만들 수 있었다.

넷플릭스는 2012년에 자체 CDN 캐시서버인 OCA를 출시했다. 넷플릭스는 캐시서버를 제3자 CDN 벤더나 사업자의 도움 없이 자체적으로 개발해 ISP에 무상으로 공급하는 넷플릭스 전용 CDN을 구축했다. 그것이 넷플릭스의 OCA다.

출처: Netflix, https://openconnect.netflix.com/en/

그림 4-1 넷플릭스의 OCA

OCA는 사용 목적에 따라 여러 종류가 있다. 넷플릭스 비디오 카탈로그 전체를 저장할 수 있는 대용량 OCA도 있고, 비디오 카탈로그 일부만 저장할 수 있는 소형 OCA도 있다.

넷플릭스는 정교한 데이터 분석에 의해 전 세계에 있는 가입자들이 감상하고 싶어 하는 콘텐츠가 무엇인지, 또 그것을 언제 감상할 것인지에 대해서 아주 정확하게 예측한다. 고객 근처에 위치한 소형 OCA들은 매일 '채우기 시간대Fill window'라고 부르는 오프피크 시간 동안에, 고객에게 필요하다고 예측된 비디오 콘텐츠를 다운로드해 OCA 캐시 서버에 캐싱해놓아야 한다. 이것을 '능동적 캐싱'이라고 부른다.[4]

각각의 OCA는 정기적으로 AWS에 있는 컨트롤 플레인 서비스에 사용자들에게 제공하기 위해 어떤 비디오 콘텐츠를 캐싱하고 있어야 하는지를 묻는다. 그러면 AWS 서비스는 익일 OCA가 캐싱하고 있어야 하는 비디오 타이틀 리스트를 각 OCA에 보내서 알려준다.[5] 보내온 타이틀 리스트와 각 OCA에 현재 저장된 타이틀 사이에 차이가 있으면 각 OCA는 새 타이틀 또는 업데이트된 타이틀 리스트에 포함된 비디오들을 보내줄 것을 요청한다. 이 요청에 응답해 AWS의 컨트롤 플레인은 필요한 비디오 타이틀을 각 OCA로 보낼 조치를 취한다. 각 OCA는 '채우기 시간대' 동안에 받은 비디오를 캐시서버에 저장해놓는다.

CDN의 중요 운영 지표로서 '캐시 미스Cache miss'라는 것이 있다. 이것은 고객이 특정 비디오를 CDN에 요청했는데 그 CDN이 요청한 비디오를 가지고 있지 않은 경우를 말한다. 넷플릭스는 고객 개인화 및 예측 기능이 매우 뛰어나기 때문에 OCA에서 캐시 미스가 발생하지 않는다. 하지만 넷플릭스의 OCA와 달리 다른 CDN에서는 캐시 미스가 발생한다.

넷플릭스의 오픈 커넥트 CDN과 다른 상용 CDN과의 중요한 차이점은 고객에게 필요한 콘텐츠를 복사해 저장하는 '능동적 캐싱' 기능이다. 넷플릭스는 그들의 고객들이 무엇을 볼 것인지와 언제 볼 것인지를 예측할 수 있기 때문에, 오프피크에 해당하는 '채우기 시간대'에 넷플릭스 네트워크의 OCA에 대부분의 콘텐츠의 업데이트를 다운로드 한다. 능동적 캐싱은 다른 경쟁사에는 없는 넷플릭스의 경쟁력이며 넷플릭스 가입자들에게는 매우 큰 이점이다. 사실 다른 CDN 사업자는 넷플릭스와 달리 미디어 사업자가 아니므로 고객이 시청하고 싶은 콘텐츠를 미리 예측할 수 없으므로 능동적 캐싱이라는 개념이 없다. 일반적으로 널리 사용되고 있는 캐싱 방법은 LRU_{Least Recently Used} 캐싱, 즉 캐시서버에 있는 항목을 사용 순서대로 정리해 가장 오랫동안 요청되지 않은 항목을 교체하는 방법이다.

넷플릭스만의 전송 시스템을 완성하다

인터넷의 본질은 다른 네트워크끼리의 상호 연결이다. 우리가 흔히 '인터넷 회사'라고 부르는 ISP는 인터넷 접속에 필요한 장비와 통신회선을 갖추어 개인, 기업, 또는 콘텐츠 제공자에게 인터넷에 접속하는 수단을 제공하는 기관을 의미한다. IXP는 ISP 및 CDN과 같은 인터넷 인프라 회사가 서로 연결되는 인프라로서 네트워크의 최상단에 위치하고 있으며, 네트워크들이 빠르고 효율적으로 트래픽을 교환할 수 있도록 해 회선 비용을 낮추면서 효율적인 ISP간 접속 경로를 제공한다. IXP는 마치 예전 시골에서 사람들이(개념적으로 여기서 각 사람은 각 ISP에 해당) 각자 생산한 것을 가지고 와서 서로 교환하는 물물교환 시장과 유사한 개념이다.

넷플릭스가 자체 CDN인 OCA를 개발하면서 동시에 추진한 일은 전 세계 ISP와 협상해 그들의 네트워크 내부에 OCA 혹은 OCA 클러스터를 배치한 것이다. 우리가 집이나 직장에서 인터넷에 접속할 때는 ISP를 통해 인터넷에 연결되는 것이다. 이러한 역할을 하는 ISP는 왜 넷플릭스가 OCA를 자사 망 내부에 설치하는 것을 수용했을까?

이에 대한 답을 하기 전에, 먼저 일반적으로 OCA가 배치되는 형태에 대해서 알아보자. 넷플릭스가 오픈 커넥트 자료에서 기술한 OCA의 여러 배치 형태 중 여기서는 다음의 세 가지 사례를 예시한다.[6] 우선 OCA를 항상 IXP에 배치하는 것으로 가정했다.

도표 4-5는 OCA가 IXP에 배치된 경우다. 이 형태에서는 트래픽 전송은 운송 비용과 혼잡을 피하기 위해 로컬 IXP에 배치된 넷플릭스 OCA로부터 최종 사용자에게 전달된다.

도표 4-6은 파트너 ISP에 OCA를 내장해, 오프피크 시간 동안에 콘텐츠 채우기 및 업데이트를 가능하게 하는 경우다. 이러한 OCA는 IXP의 OCA와 동일한 기능을 가지고 ISP 네트워크 내부에 직접 배치된다. 넷플릭스는 자격을 갖춘 ISP에 OCA를 무료로 제공한다. 넷플릭스는 서버 하드웨어를 제공하고 ISP는 전력, 공간 및 연결을 제공한다.

도표 4-7은 ISP에 속한 두 개의 사이트에 배치된 두 개의 OCA(OCA1, OCA2)로 구성된 OCA 클러스터 경우다.

그럼, 이제 네트워크가 어떻게 작동하는지 이해할 필요가 있다. 인터넷은 서로 함께 운용되는 많은 사적 네트워크로 구성되어 있다. 대부분의 사람들은 인터넷 서비스를 제공하는 ISP에 가입되어 있다. 어느 고객이 버라이즌의 인터넷 서비스를 이용한다고 가정하자. 이것은 그의 집이 버라이즌 네트워크에 연결되어 있다는 의미다. 버라이즌의 네트워크가 그의 네트워크다. 구글 검색을 하고 싶다고 하자. 그리고 고객이 브라우저 위에 검색어를 입력하고 '엔터'키를 쳤다. 구글에 대한 그의 요청은 먼저 버라이즌의 네트워크를 통해 전달된다. 구글은 버라이즌의 네트워크 안에 있지 않지만 고객의 검색 요청은 어떻게든 구글의

도표 4-5 IXP 내에 OCA가 배치된 경우

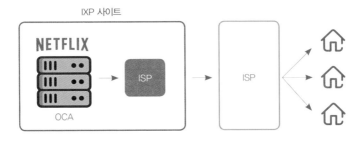

도표 4-6 ISP 내에 OCA를 설치한 경우

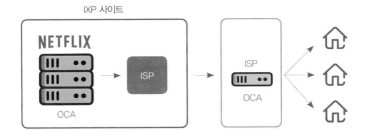

도표 4-7 ISP 네트워크 내에 OCA 클러스터를 설치한 경우

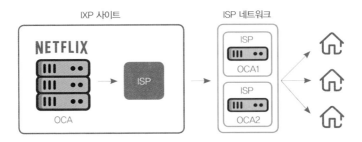

네트워크에 도달해야만 한다. 이것이 바로 인터넷의 역할이다. 인터넷은 네트워크의 상호 연결이다. 인터넷은 버라이즌의 네트워크를 구글의 네트워크에 연결한다. 고객의 구글 검색어가 버라이즌의 네트워크를 벗어나 인터넷으로 라우팅되면 그것은 인터넷 백본이라고 불리는 것에 있다가 구글의 네트워크에 들어가게 된다. 거기서 얻은 검색 결과 트래픽은 다시 역순으로 진행해 고객에게 전달된다.

만일 넷플릭스 고객들이 시청하고자 하는 대용량 비디오 콘텐츠를 위의 구글 검색 처리와 유사한 과정을 거쳐 다운로드해서 본다면 전 세계 네트워크는 결코 지금과 같은 기능을 하지 못할 것이다. 왜냐하면 엄청나게 많은 대용량 비디오 파일의 트래픽이 로컬 ISP를 넘어 인터넷 및 인터넷 백본 네트워크를 마비시킬 것이기 때문이다. 이러한 현상을 피하기 위해 넷플릭스가 OCA를 전 세계 ISP 네트워크 내부에 배치하는 전략을 채택한 것이다. 간단한 예로, 어떤 버라이즌 고객이 넷플릭스 콘텐츠를 시청한다면 그 콘텐츠는 버라이즌의 네트워크 안에 배치된 OCA에서 스트리밍된 것이다. 그가 시청한 모든 비디오의 트래픽은 버라이즌 네트워크 내에 머물러 있을 뿐 인터넷 접속은 필요로 하지 않는다. 즉, 넷플릭스 스트리밍 비디오를 볼 때는 인터넷을 통하지 않아도 된다.

그러면 ISP가 넷플릭스의 OCA 클러스터를 자사 망 내부에 설치하면 넷플릭스와 ISP가 얻는 이점은 무엇인가?

넷플릭스의 이점
- 넷플릭스 고객은 가까이 위치한 OCA 캐시서버를 통해서 비디오 스트

리밍을 받음으로 대기 시간 단축 및 화면 품질을 개선해 고객 만족도가 상승된다.

- 넷플릭스가 OCA 클러스터를 보다 정교하게 컨트롤할 수 있게 되므로 비디오 스트림을 효율적으로 전달할 수 있다.

ISP의 이점

- OCA 클러스터가 사용자의 ISP 네트워크 내에 설치되면 이 OCA에서 스트리밍된 비디오 데이터가 해당 ISP 자사 망을 떠나 인터넷으로 전송될 필요가 없다. 이것은 지연 시간과 인터넷 트래픽을 줄인다.
- OCA 클러스터가 ISP 자사 망 내에 배치되어 있으면 ISP 망 외부로부터 유입되는 넷플릭스 비디오 트래픽이 많이 줄어 비용이 경감되고 백본망 증설 비용도 절감된다.
- ISP가 넷플릭스 트래픽을 처리하기 위해 비용을 들여 직접 CDN을 구축하지 않아도 넷플릭스가 자체 CDN 캐시서버를 무상으로 제공하고 관리해주므로 CDN 구축 및 운영 비용이 들지 않게 된다.

넷플릭스의 자료에 따르면, 2016년 기준으로 전 세계적으로 넷플릭스의 트래픽 중 약 90퍼센트는 오픈 커넥트 CDN과 넷플릭스 가입자들이 인터넷 접속에 사용하는 ISP 사이의 직접 연결을 통해 전달되었다. 이 결과 사용자가 시청하기를 원하는 비디오 콘텐츠가 빠르게 전달되어서 로딩 속도를 줄일 수 있게 되며, 네트워크 병목 현상도 줄어들게 되었다.[7]

흥미로운 점은 비디오 콘텐츠 전달 방법에서 넷플릭스와 경쟁사의 접근 방식이 전혀 다르다는 것이다. 유튜브나 아마존과 같은 다른 비디오 서비스 업체들은 그들의 백본 네트워크를 통해 비디오를 전달한다. 이 회사들은 사용자에게 비디오를 제공하기 위해 매우 복잡하고 비용이 많이 드는 자체적인 글로벌 네트워크를 구축했다. 이에 반해, 넷플릭스는 CDN을 구축하기 위해 전혀 다른 접근 방식을 취했다. 자체 네트워크지만 데이터센터를 운영하지 않는다. 대신에 넷플릭스는 ISP들에게 OCA를 무료로 제공해 그들의 데이터센터에 OCA를 내장하도록 했다. 또한 넷플릭스는 OCA를 IXP에 설치했다. 이런 접근 방식으로 사용자에게 안정되고 높은 품질의 비디오 스트리밍 서비스를 효율적인 비용으로 제공할 수 있게 되었다.

넷플릭스 콘텐츠의 재생 과정

넷플릭스에서 비디오가 재생되는 과정을 좀 더 자세히 살펴보자.[8]

도표 4-8은 넷플릭스 고객이 디바이스에서 어떤 콘텐츠를 시청하기 위해 요청한 비디오가 아래의 단계에 따라 재생되는 프로세스를 보여주고 있다.[9]

❶ 각 OCA가 기기 상태, 경로 정보 및 각 OCA에 저장되어 있는 콘텐츠를 AWS에 있는 캐시 제어 서비스에 정기적으로 보고한다.

❷ 사용자는 디바이스에서 시청할 비디오를 선택해 (AWS에서 실행 중인 넷플릭스의 플레이백 애플리케이션 서비스에) 비디오 재생 요청을 보낸다.

도표 4-8 넷플릭스에서 '재생' 버튼을 클릭했을 때의 프로세스

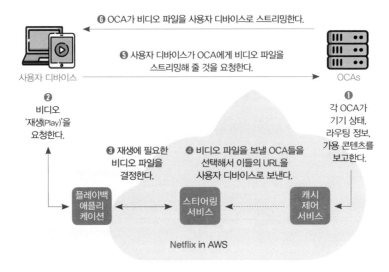

출처: https://openconnect.netflix.com/Open-Connect-Overview.pdf

❸ AWS의 플레이백 애플리케이션 서비스는 사용자 인증 및 비디오 라이
선스를 확인한다. 그 후 재생 요청을 처리하기 위해 디바이스 화면 특
성과 현재 네트워크 조건을 고려해 특정 스트리밍 비디오 파일을 결
정한다.

❹ AWS의 스티어링 서비스는 캐시 제어 서비스에 저장된 정보를 참조
해 요청된 특정 비디오의 스트리밍을 보내기 제일 좋은 열 개 이내의
OCA를 선택해 그들의 URL을 플레이백 애플리케이션 서비스에 전달
한다.

❺ 플레이백 애플리케이션 서비스는 사용자 디바이스 클라이언트의 IP 주
소와 ISP 관련 정보를 고려해, 보내온 OCA의 URL 중 최적의 OCA

클러스터를 선택해 클라이언트 디바이스에 전달한다. 디바이스 클라이언트는 선택된 OCA로부터의 비디오 스트림을 받기에 최적인 루트를 알아낸다.

❻ 사용자 클라이언트가 확정된 OCA에 연결되고 디바이스로 비디오 스트리밍을 시작한다. 네트워크 전송 속도가 저하되면 클라이언트는 비디오 품질을 그에 맞게 낮춘다. 품질이 너무 떨어지면 스트리밍은 다른 OCA로 전환되어 계속된다.

OCA는 정적 콘텐츠Static Content의 효율적 배포에 사용된다. 정적 콘텐츠란 사전에 제작된 후 부가적인 처리 없이, 서버에 있는 콘텐츠 그대로 최종 사용자에게 전달되는 데이터를 일컫는다. 정적 HTML 페이지, 단순 텍스트, 이미지, 비디오 파일 등이 포함된다. 정적 콘텐츠는 모든 사용자에게 동일한 파일이 전달되므로 인터넷을 통해 전송할 수 있는 가장 간단하고 효율적인 콘텐츠 유형이다.

넷플릭스는 뛰어난 데이터 분석 능력으로 특정 고객이 어떤 콘텐츠를 하루 중 언제 볼 것인지 정확하게 예측한다. 이러한 예측 정보를 참고해 네트워크 OCA들에 옮겨 배포해야 할 콘텐츠 업데이트를 결정한 후, 옮겨야 할 대부분의 콘텐츠 업데이트를 고객이 시청하기 전의 오프피크 기간 동안에 OCA에 다운로드한다. ISP 네트워크에 배치된 OCA들 사이에는, 각각 업데이트된 콘텐츠를 상호 다운로드할 수 있으므로 인터넷 백본 사용량이 매우 적어지므로 경제적이다.

넷플릭스 자료에 따르면, 넷플릭스는 2016년 기준 전 세계 1,000여 곳에 OCA를 두고 있다. 전 세계 대도시는 물론이고, 그린란드, 칠레의 푸에르토몬트 등의 외진 곳, 심지어 아마존 열대 우림에 있는 마나우스에도 OCA를 두고 있다. 따라서 넷플릭스 고객 대다수는 자신의 거주 지역에 있는 ISP의 네트워크 내부에 있거나 직접적으로 연결된 서버로부터 넷플릭스 비디오를 받게 된다.[10]

N

고품질 스트리밍을 위한
인코딩과 재생

넷플릭스의 고성능·고품질을 위한 스트리밍 전략

스트리밍 사용자는 비디오 시청을 할 때 재생 중간에 리버퍼링으로 인한 화면 정지 없이 최적의 화질을 즐길 수 있는 고품질 비디오 스트리밍 경험을 원한다. 이를 위해서는 무엇보다 이 장에서 다룰 비디오 인코딩이 중요하다. 인코딩에 대해서 논의하기 전에 OTT 스트리밍을 위한 비디오 파일이 만들어지는 과정을 살펴보자.

사용자의 스트리밍 경험을 개선하기 위해, 디바이스에서 사용자가 느끼는 QoE Quality of Experience 지표를 검토한다. QoE의 주요 평가 지표 중 하나는 리버퍼링 빈도인데, 이것은 디바이스 클라이언트의 로컬 버퍼

도표 4-9 비디오 소스로부터 비디오 재생까지의 플로우

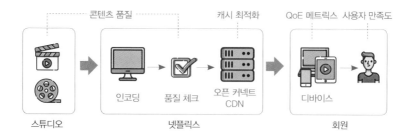

출처: http://broabandtrafficmanagement.blogspot.com/2014/06/how-does-netflix-use-big-data-to.html

가 거의 비어서 더 이상 재생할 데이터가 없을 때 버퍼를 채우기 위해 서버에서 더 많은 데이터를 다운로드하는 동안 재생이 일시적으로 중단되는 현상이 얼마나 자주 일어나는가 하는 것이다. 또 다른 QoE 지표인 비트레이트는 재생되는 화면의 품질을 가리킨다. 비트레이트가 낮으면 흐릿한 화면이 제공된다.

리버퍼링율과 비트레이트 사이에는 흥미로운 관계가 있다. 네트워크 용량이 제한되어 있기 때문에 비트레이트를 너무 높게 선택하면 화질은 좋으나 디바이스 버퍼의 데이터가 빨리 소진되어 재생을 일시 중지해 버퍼를 충전해야 한다.

새로운 비디오 콘텐츠가 출시되면 콘텐츠 공급자는 원본 '비디오 소스'를 넷플릭스 콘텐츠 운영팀으로 보낸다. 콘텐츠는 보통 테라바이트 크기의 HD High Definition 포맷으로 전송된다. 넷플릭스는 보내온 비디오를 살펴보고 데이터 전송 과정에서 생길 수 있는 잘못된 영상, 색상 변경, 또는 누락된 프레임이 있는지 검증 및 품질 관리를 한다. 검증을 마친 비디오 소스는 '미디어 파이프라인'으로 들어간다.

이 시점에서 인코딩, 넷플릭스 플랫폼으로의 통합 등 다양한 추가적인 일들이 처리된다. 특히 인코딩 단계에서는 여러 인터넷 전송 속도를 감안해 인코딩된 비디오, 자막 등 콘텐츠와 관련된 자산을 다시 패키징해 넷플릭스의 콘텐츠 저장소인 아마존 S3에 저장한다. 출시 및 배포가 준비된 S3에 저장된 콘텐츠는 넷플릭스 자체 CDN인 OCA에 배포된다.

고품질 스트리밍을 가능하게 한 고성능 인코딩

TV가 나온 초창기에는 가족이 함께 거실에 둘러앉아 TV 프로그램을 시청했다. 그 당시에는 한 가구에 하나 이상의 TV를 사용한다는 것은 상상하기 어려웠다. 이제는 가족이 모여서 TV를 시청하는 모습이 낯설다. 2017년 조사에 의하면 미국 가정은 평균 일곱 개의 스크린을 가지고 있다. TV가 93퍼센트로 선두이고, 다음으로 스마트폰, 노트북, 태블릿, PC, 게임기기 등의 디지털 디바이스 순서다.[11] 최근에는 플랫폼, 운영 체제, 디바이스 유형이 다양해짐에 따라 넷플릭스 스트리밍 비디오를 지원하는 디바이스의 수가 증가해 총 2,200종에 이른다.[12] 넷플릭스 고객들은 인터넷 환경, 장소, 시간마다 다른 여러 개의 디바이스로 비디오를 시청하는데 이렇게 다양한 디바이스와 고객들의 요구를 넷플릭스는 어떻게 지원할 수 있었을까?

넷플릭스 스트리밍을 지원하는 디바이스에는 넷플릭스 클라이언트 앱이 설치되어 있다. 이를 통해 스마트폰이나 태블릿으로 영화와 TV 프로그램을 볼 수 있다. 안드로이드, 애플, 윈도우 모바일 기기 소유자들은 모두 넷플릭스 모바일 앱에 접속할 수 있다. 각 디바이스는 화면 크기, 해상도 등이 모두 다르다.

예전에 기존 전화선을 그대로 이용한 ADSL이나 다른 모뎀에 기반한 인터넷으로 비디오를 시청하던 시절에는 사용자가 시청 전에 몇 가지 화면 품질 중 하나를 선택했던 때가 있었다. 이제는 그러한 선택을 요구하지 않는다. 오늘날에는 디바이스에서 넷플릭스를 시청할 때 언제 어디서나 스트리밍을 통해 고품질 비디오를 시청할 수 있게 되었다. 이것은 비디오 스트리밍에 사용되는 콘텐츠를 처리하는 인코딩 기술이 발전된 까닭이다. 특히 2000년 초부터 많은 관심이 있었고 2009년부터 널리 활용되기 시작한 ABR_{Adaptive Bit Rate} 스트리밍 기술 때문이다.

프로그레시브 다운로드의 장단점

ABR 스트리밍 기술로 발전된 점은 사전에 화면 품질 지정으로 생기는 번거로움이 없어졌다는 점뿐만이 아니다. 제일 크게 달라진 점은 비디오 재생 시 버퍼링으로 인한 화면 정지 없이 부드러운 재생을 보장받기 위해 화면 품질 수준을 자동으로 전환하는 기능이다.

ABR 스트리밍은 무엇이고 어떻게 동작할까? ABR 스트리밍을 알아보기 전에 먼저 이에 대비되는 프로그레시브 다운로드_{Progressive Download}에 대해서 알아보자.

프로그레시브 다운로드는 HTTP 웹 서버에서 노트북이나 스마트폰과 같은 디바이스로 미디어를 스트리밍하는 데 사용되는 기법이다. 단일 비디오 파일이 사용되며, 다운로드 완료 전이라도 미디어 재생을 시작할 수 있다. 기술적으로 스트리밍과 프로그레시브 다운로드 모두 온라인으로 비디오를 전달하는 방법이다. 다만 스트리밍은 전용 스트리밍 서버를 통해 비디오를 전송하는 데 비해, 프로그레시브 다운로드는 단순히 인터넷 HTTP 웹 서버를 통해 전송한다는 것이 다르다.

프로그레시브 다운로드 기능을 사용하면 디바이스 플레이어에 비디오 파일의 일부만 다운로드되어도 바로 재생을 시작할 수 있어 사용성이 크게 향상된다. 반대로 프로그레시브 다운로드 기능이 없으면 사용자는 비디오 재생을 시작하기 전에 먼저 미디어 파일 전체를 다운로드해야 하는데, 이렇게 되면 비디오를 보기 전에 상당한 시간을 기다려야 한다. 특히 보통 80분 이상의 상영 시간이 걸리는 일반 영화는 파일 사이즈가 커서 다운로드하는 데 시간이 오래 걸린다.

프로그레시브 다운로드는 네트워크 환경이나 재생하는 디바이스에 관계없이 동일한 단일 비디오 파일을 사용하기 때문에 시스템이 간단하다는 장점이 있다. 그러나 사용성 면에서 두 가지 큰 단점이 있다. 첫째는 화면 품질이다. 재생되는 다양한 디바이스의 화면 크기에 맞도록 축소되거나 늘어난다. 예를 들면 1280×720의 비디오 파일을 1920×1080인 화면을 가진 디바이스에서 재생하면 약간 화질이 낮아져 품질이 저하된다. 둘째는 리버퍼링이다. 버퍼링은 디바이스의 플레이어가 비디오를 계속 재생할 수 있을 만큼 빨리 비디오 파일을 다운로드 할 수 없는 경우에 발생한다. 프로그레시브 다운로드에서 인터넷 전송 속도가 느려져 비디오 파일을 일정 시간 내에 다운로드 할 수 없으면 비디오 재생이 일시 중단되고 재생하기에 충분한 데이터가 다운로드될 때까지 기다린 후 다시 재생되므로 사용성이 낮아진다. 이러한 상황은 큰 건물, 터널, 높은 산, 지하, 혹은 큰 경기장 등 사용자 위치에 따라 인터넷 연결 품질이 크게 다를 수 있는 모바일 환경에서 자주 발생한다.

그렇다면 스트리밍에서 화면 품질 저하와 버퍼링을 개선할 방안은 없을까? 이에 대한 대답이 넷플릭스, 유튜브 등이 사용하고 있는 ABR 스트리밍이다.

중단 없는 스트리밍을 위한 ABR 스트리밍 기술

비디오 기술이 점점 발전하면서 프로그레시브 다운로드와 달리, 네트워크 환경의 변화에 관계없이 중단 없는 비디오 서비스와 최적의 비디오 품질을 제공하기 위한 여러 방법들이 모색되었다. 그중 하나가 새로 프로토콜을 만드는 대신 기존의 HTTP를 이용해 구현한 ABR 스트리밍이다. 넷플릭스의 콘텐츠 전달 방식은 기본적으로 HTTP ABR 스트리밍 방식이다.

ABR 스트리밍은 미디어 플레이어가 스트리밍 세션 중에 네트워크 상태에 따라 비디오 스트림의 품질을 다이내믹하게 조정할 수 있는 멀티 비트레이트 비디오 스트리밍 기술이다.

도표 4-10에서처럼 인코딩을 하기 위한 비디오 파일이 있다고 가정하자. 이 그림에서 가로축은 비디오의 시간적 길이를 나타낸다. 세로축은 비디오의 비트 전송률인 비트레이트를 나타내는데 비디오의 시청 품질로 볼 수 있다. 즉, 높은 비트 전송률의 비디오는 매초마다 더 많은 비디오 데이터를 사용할 수 있으므로 화질이 더 우수하다. 이 도

도표 4-10 비디오 데이터가 담긴 파일

출처: http://broabandtrafficmanagement.blogspot.com/2014/06/how-does-netflix-use-big-data-to.html

표에서 비디오의 파일 크기는 사각형 넓이에 비례한다.

　사용자가 '재생' 버튼을 누르면 디바이스 플레이어가 비디오 다운로드를 시작하고, 곧 재생이 시작된다. 비디오의 다운로드 속도가 재생 속도보다 빠르면 재생 버퍼가 줄어들지 않으므로 사용자는 중단 없이 전체 비디오를 시청할 수 있다. 그러나 비디오 다운로드 속도가 재생 속도보다 느려 버퍼에 재생할 콘텐츠가 없으면 일정 분량의 비디오 콘텐츠가 다운로드될 때까지 재생이 일시적으로 중단되는 '리버퍼링Rebuffering' 현상이 발생한다. 대용량 비디오 콘텐츠거나, 인터넷 속도가 느린 환경에서 자주 발생하는 현상이다. 네트워크가 붐빌 때에도 재생이 중단되는 현상을 피하고 사용자들이 계속 비디오를 감상할 수 있도록 하기 위해서 많은 스트리밍 서비스 제공자들은 이제 ABR 스트리밍을 사용하는 디바이스 플레이어를 제공한다. 넷플릭스도 그중 하나다.

다양한 디바이스를 위한 변형 비디오 생성

　ABR 스트리밍을 제공하기 위해서는, 프로그레시브 다운로드와는 다르게, 고화질의 원본 비디오 소스 파일을 서비스하고자 하는 디바이스 지원 해상도 및 비트레이트의 종류만큼 여러 개의 파일로 인코딩하는 과정이 선행되어야 한다.

하나의 비디오 소스를 특정 디바이스 프레임 폭(예를 들어 1280×720)과 네트워크 비트레이트(예를 들어 4mbps)에 맞도록 인코딩된 각각의 비디오 버전을 '변형 비디오Rendition'라고 한다. 만일 도표 4-10의 비디오 파일을 6mbps로 전송률을 가지는 1080p 화면의 디바이스, 4mbps 전송률의 720p 화면 디바이스, 1mbps 전송률의 480p 화면 디바이스의 세 가지를 지원하도록 인코딩하면 도표 4-11과 같이 세 개의 변형 비디오가 생긴다. 세그먼트의 표현 스타일은 '아이빈 기술' 사의 자료를 참고했다.[13]

도표 4-11 세 가지 변형 비디오 데이터 파일

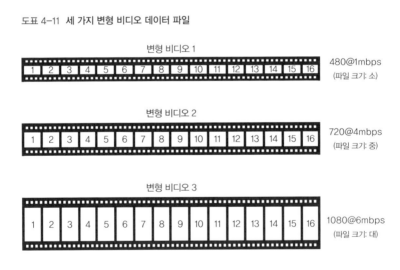

세 가지 다른 화면 레절루션과 전송률을 가진 디바이스를 지원하기 위한 인코딩 결과로 생성된 세 개의 변형 비디오들. 박스 안에 있는 숫자는 인코딩 시 생성된 세그먼트를 나타낸다.

각 변형 비디오의 세그먼트 생성

비디오 파일이 어댑티브 포맷으로 인코딩되면 한 변형 비디오 안에서 2~10초 길이의 짧은 여러 '세그먼트Segment'로 쪼개어져 각각 한 개의 파일로 저장한다. 예를 들어 3분짜리 비디오를 다섯 개의 비트레이트로 ABR 스트리밍하기로 하고 6초 단위로 세그먼트 비디오를 생성한다고 하자. 그러면 각 비트레이트 별로 30개의 세그먼트(180÷6)가 생성되므로 총 150개의 파일이 생기게 된다. 도표 4-12는 한 변형 비디오가 16개의 세그먼트로 분할된 것을 나타낸다.

비디오 세그먼트는 일련의 프레임으로 구성되어 있는데, 각 프레임은 정지 이미지지만 순서대로 재생하면 동영상이 만들어진다. 어떤 변형 비디오의 한 세그먼트 재생이 끝나면 같은 변형 비디오 내의 다음 세그먼트를 계속해서 재생할 수도 있고, 경우에 따라서 다른 변형 비디오에 있는 세그먼트를 재생할 수도 있다.

비디오 파일이 변형 비디오들, 그리고 각 변형 비디오 파일이 세그먼트들로 분할될 때 이들의 정보를 담은 '매니페스트 파일'이 함께 생성된다. 예를 들면, 도표 4-13은 앞에서 언급한 세 개의 변형 비디오와 세그먼트들이 생성될 때 매니페스트 파일이 함께 만들어진 것을

도표 4-12 하나의 변형 비디오 내에 분할된 세그먼트들

도표 4-13　변형 비디오가 세그먼트들로 분할될 때 세그먼트들의 정보를 담은 매니페스트 파일이 생성됨

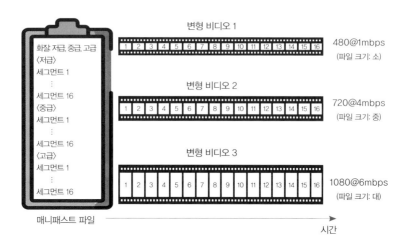

나타낸다. 여러 개의 다른 비트레이트의 세그먼트들에 대한 정보, 예를 들면 각 변형 비디오에 속한 세그먼트의 위치가 매니페스트 파일에 저장되어 디바이스 플레이어로 보내진다. 넷플릭스 스트리밍은 풀 Pull 기반 스트리밍이다. 풀 기반 스트리밍은 디바이스의 비디오 플레이어가 특정 비디오를 요청해 OCA에 미리 저장되어 있는 변형 비디오 및 세그먼트를 선택해 디바이스로 가져오는 것이다. 매니페스트에 담긴 정보는 디바이스 플레이어가 비디오 스트리밍을 하는 과정에서 어떤 변형 비디오에 속한 특정 세그먼트를 가져올 때 어디서 가져와야 하는지를 알려준다.

　넷플릭스는 다양한 네트워크 속도에 최적화된 여러 파일을 생성한다. 동일 비디오 콘텐츠라도 시청자의 디바이스 유형(플랫폼, 웹 브라우저, 엑스박스, 로쿠 등)과 CDN(아카마이, 라임라이트, OCA 등)에 따라 비디

오 파일 요청 방식과 포맷이 다르다. 넷플릭스는 스트리밍을 위해 모든 영화에 대해 한 편당 약 1,200개의 파일을 생성한다. 스트리밍에 필요한 모든 파일이 만들어지면 이것들은 OCA 서버로 보내진다. 파일 수가 매우 많은 비디오도 있다. 아홉 개의 에피소드로 구성된 〈기묘한 이야기〉(시즌 2)는 많은 파일로 구성되어 있다. 8K로 촬영되어 비디오 소스 파일도 매우 많고 용량도 몇 테라바이트에 이른다. 한 시즌 비디오를 인코딩한 결과 비디오, 오디오, 텍스트 파일을 합쳐 모두 9,570개의 파일이 생성되었다.[14] ABR 스트리밍을 제공하기 위해서는 앞에서 본 단일 비디오 파일로 서브하는 프로그레시브 다운로드에 비해 엄청나게 많은 파일이 필요하고 복잡도가 높다.

ABR 스트리밍에 기반한 비디오 재생

앞에서도 언급했듯이 ABR 스트리밍은 멀티 비트레이트 비디오 스트리밍 기술을 이용해 미디어 플레이어가 스트리밍 중에 네트워크 상태에 따라 비디오 품질을 다이내믹하게 조정한다. 버퍼링 혹은 리버퍼링은 플레이어가 비디오를 계속 재생할 수 있을 만큼 빨리 비디오 파일을 다운로드 할 수 없는 경우에 발생한다. ABR 스트리밍은 중단 없는 비디오 재생을 위해서 비디오 품질의 저하를 감수하도록 한다. 이것은 화질이 일시적으로 저하되는 것이 중간에 재생이 중단되는 것보다는 시청자의 사용성이 높다는 현실적 이유에서 기인한다. 네트워크 전송 속도가 낮아져 중단 없는 재생이 유지될 만큼 빠르게 비디오 스트림을 가져오지 못할 경우, 디바이스 플레이어는 이를 감지해 비트레이트가 더 낮은(따라서 화면 품질도 더 낮은) 비디오가 사용되도록 한다. 이렇게 함으로써 동일 기간 동안 전송되는 데이터의 양이 줄어들어 화면 품질은 다소 저하되더라도 중간에 재생이 중단되는 리버퍼링 현상을 막아준다. 이것이 ABR 스트리밍의 핵심이다.

ABR 스트리밍 제공자는 여러 가지 품질의 스트림을 동시에 생성한다. 예를 들어 350kbps의 모바일 스트리밍용, 800kbps의 와이파이를 통한 일반 SD 스트리밍용, 1.4Mbps의 고화질 HD 스트리밍용 등 여러 품질의 스트림을 제작하는 것이다. 또한 자연스럽고 연속적인 비디오 재생을 위해 다른 품질의 스트림 간의 동기화를 지원한다.

ABR 스트리밍이 시작되면 사용자의 디바이스 플레이어는 재생할 비디오의 각 비트레이트별 세그먼트 정보를 담은 매니페스트 파일을 서버에 요청해 받은 후, 이 파일이 담고 있는 비트레이트의 종류와 세그먼트에 대한 정보, 어떤 해상도의 퀄리티들을 사용할 수 있는지, 그리고 어디서 해당 세그먼트들을 받을 수 있는지를 파악한다. 각 비디오패키지에는 여러 변형 비디오들이 포함되어 있으며 각 변형 비디오에는 여러 세그먼트가 포함되어 있다.

사용자의 미디어 플레이어는 사용자의 네트워크 대역폭을 측정하고 매니페스트 파일을 참조해 가장 최적의 비디오 품질을 선택한다. 그 후에 가장 적합한 스트리밍 비트레이트를 선택하고 필요한 세그먼트를 변형 비디오에 요청해 다운로드해 재생한다. 그뿐만 아니라, 네트워크 상태가 개선되거나 나빠지더라도 비디오 재생을 종료하거나 리버퍼링 없이 세션 중에 비트레이트를 다이내믹하게 변경할 수 있다.[15]

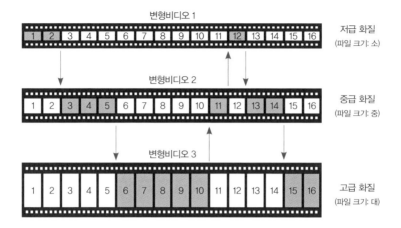

화살표는 비디오 재생 중에 변환 비디오를 전환하는 것을 나타낸다. 붉은색으로 표현된 세그먼트는 스트리밍되고 있는 액티브한 세그먼트를 나타낸다.

시청자의 디바이스 플레이어는 일관된 고품질 재생을 위해 디바이스 프레임과 수시로 변하는 인터넷의 비트레이트 상황하에서 가능한 최고 품질의 변형 비디오/세그먼트를 요청해 재생한다.

ABR 스트리밍의 작동을 이해하기 위해 도표 4-14의 예제를 보자. 일반적으로 스트리밍을 시작할 때 디바이스 플레이어는 최저 비트레이트 변환 비디오에서 세그먼트를 요청한다(세그먼트 1, 2). 최저 품질 변환 비디오에서 첫 번째 세그먼트를 요청해 시작한 다음, 정지 또는 버퍼링 없이 최고 품질을 재생하기 위해 품질 수준을 향상시킨다(세그먼트 1, 2 → 세그먼트 3, 4, 5 → 세그먼트 6, 7, 8, 9, 10). 세그먼트가 재생되는 동안 연결 속도가 모니터링되고 디바이스 플레이어는 연결 속도에 따라 비디오 비트레이트를 늘리거나 줄여서 다이내믹하게 다른 변환 비

도표 4-15 ABR 스트리밍에 의해서 선택된 세그먼트들의 흐름

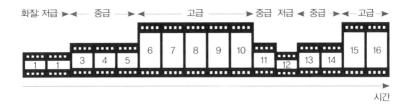

디오를 선택할 수 있다. 즉, 네트워크 다운로드 속도가 현재 다운로드된 세그먼트의 비트레이트보다 더 빠른 것으로 판명되면, 플레이어는 더 높은 비트레이트 세그먼트를 요청한다. 반대로 네트워크 다운로드 속도가 다운로드된 세그먼트의 비트레이트보다 낮다고 판명되면 더 낮은 비트레이트 세그먼트를 요청하게 된다(세그먼트 10 → 세그먼트 11 → 세그먼트 12). 이렇게 비디오 플로우의 업다운이 다이내믹하게 진행된다. 이 결과 전체적인 세그먼트의 흐름은 도표 4-15와 같이 된다. 화면의 화질이 변하는 것을 볼 수 있다.

넷플릭스 화면이 처음에는 화질이 나쁘다가 갑자기 화질이 크게 향상되는 것을 느낄 수 있다. 주의 깊게 관찰하면 비디오 재생이 시작될 때부터 화질이 개선되는 데 걸리는 시간은 보통 한 세그먼트 길이인 2~10초 사이임을 알 수 있다. 또 다른 예로, 우리가 기차를 타고 가면서 태블릿으로 넷플릭스 비디오를 보고 있다고 하자. 오픈 공간에서는 네트워크 연결이 양호해서 비디오가 문제없이 스트리밍된다. 그런데 기차가 터널 속으로 들어가 네트워크 연결이 나빠지면 데이터 전송 속도가 현저히 떨어지기 시작한다. 그러면 ABR 스트리밍을 사용하는 태블릿의 넷플릭스 플레이어는 데이터가 느리게 들어오고 있음

을 인식하고 리버퍼링을 피하기 위해 즉시 작은 비디오 파일에 의한 스트리밍으로 전환해 끊김 없이 재생한다.

넷플릭스는 최신의 ABR 스트리밍 기법을 적용해, 비디오 재생 중에 고객 디바이스 플레이어가 순간순간 변하는 네트워크의 상태를 감지하고 이에 따라 '변형 비디오/세그먼트'를 다이내믹하게 채택해 고객에게 최적화된 스트리밍 품질을 제공하고 있다.

PART 05

넷플릭스,
인공지능과 파괴적 혁신으로 날개를 달다

N

넷플릭스 최고의 전략,
AI

몇 년 전부터 한국에서는 AI 때문에 기업, 사회, 대학교, 정부, 미디어 모두가 열병을 앓고 있다. 특히 2016년 3월 서울에서 열린 알파고와 이세돌의 세기의 바둑 대국 이후로 부쩍 심해졌다. 한국에서 많은 관심을 끌고 있는 4차 산업혁명 성공의 주요 견인차가 AI를 비롯한 ICT 기술이므로 AI에 대한 관심도가 어느 때보다 높다. 기업이나 정부에서 새로운 돌파구가 필요하면 AI를 도입하겠다는 각오를 밝힌다. 교육 분야에서도 인공지능 대학 및 학과 설립이 줄을 잇고 있다. 각종 미디어에서도 AI를 해야 한다는 소리를 높인다. 국내외 저명인사들도 "미래는 AI 시대이므로 AI에 투자를 해야 한다."라고 힘주어 말한다. 하지만 해결하고 싶은 문제가 무엇인지, 그리고 그것을 어떻게 성취할 것인가에 대해서는 원론적인 말 이외에는 가슴에 와 닿는 소리가 별로 들리지 않는다.

지난날을 돌아보면 AI 효과는 마케팅 부서가 내놓은 홍보성 멘트가 대부분이었다. 정작 AI 기술을 적용해 회사가 안고 있었던 어떤 난제를 해결했다든지, 새로운 서비스를 개발했다든지, 경영에 도움이 되었다든지 하는 따끈따끈한 스토리는 별로 들리지 않는다. 왜 이런 현상들이 계속되는 것일까? 기본적으로 AI의 실체가 무엇이고, 이것을 어떻게 개발하고 사용해야 하는지에 대한 지식과 경험이 부족했기 때문이다. AI는 기존 시스템이 해결하기 어려운 문제를 해결해 줄 수 있는 약이다. 잘 써야 효과가 있지 오용하면 효과가 없고 부작용만 생긴다.

AI 는 고사양 하드웨어, 클라우드, 알고리즘 등을 갖춘다고 되는 게 아니다. 고스펙의 인력이 있다고 되는 것도 아니다. 고가의 AI 솔루션을 섣불리 적용한다고 되는 것도 아니다. 오히려 실망스러운 결과와 함께 책임만 커질 따름이다. AI 프로젝트들이 실패하는 가장 큰 이유는 회사가 갖고 있는 기존 시스템에 새로이 개발한 AI 솔루션을 결합하여 하나의 시스템으로 만드는 것에 성공률이 낮기 때문이다. 이의 근본적인 원인은 이루어야 할 목적이 불분명해 이해 당사자들끼리 AI 프로젝트에 대한 합의가 미흡했기 때문이다.

성공적인 AI 프로젝트를 위해서는 먼저 해결해야 할 문제가 무엇이며 목적이 무엇인지를 확실히 해야 한다. 그리고 기획, 개발 및 사용자들 간에 이에 대한 확실한 합의가 있어야 한다. 문제와 목표가 잘 정의되었다면 회사의 기존 시스템과 업무 프로세스를 잘 알고 AI를 잘 접목시킬 수 있는 인력이 참여해야 한다. 그리고 무엇보다도 회사 프로세스로부터 잘 정제된 고품질의 데이터가 지속적이고 안정적으로 공급되도록 해야 한다. 아무리 우수한 AI 시스템이라도 공급되는 데이터의 질이 나쁘면 좋은 결과를 기대할 수 없기 때문이다. 넷플릭스는 인공지능과 기계 학습을 원칙에 따라 매우 효율적으로 활용해 회사의 현안 문제를 해결하고 사용자에게 가치를 제공하고 있다.

넷플릭스는 AI를 어떻게 활용하는가?

AI/ML은 아주 뛰어난 솔루션이지만, 우리는 그 솔루션을 적용하기 전에 먼저 문제를 확실하게 정의해야 한다. 그러나 기업에 있는 엔지니어는 해결해야 할 문제나 비즈니스 필요를 먼저 정확하게 정의하지 않고 지적 호기심이나 유행에 떠밀려 AI/ML, 혹은 데이터 분석 기술을 서둘러 적용하려는 경향이 있다. 이런 기술의 적용에는 고급 기술 인력과 기업의 자원이 소요되지만 결과는 미미하다.

여기서 AI가 무엇인가에 대해서 생각해보자. 1956년 존 매카시 John McCarthy 교수를 비롯해 10여 명의 교수들이 주관해 개최한 'AI 다트머스 여름 연구 프로젝트 Dartmouth Summer Research Project on AI' 컨퍼런스에서 내린 인공지능의 정의는 아래와 같다.[1]

"학습의 모든 과정이나 지능의 다른 특징들은
원칙적으로 매우 정확하게 표현될 수 있으므로,
그것을 시뮬레이션할 수 있는 기계(컴퓨터)를 만들 수 있다."

(Every aspect of learning or any other feature of intelligence can in principle be so precisely described that a machine can be made to simulate it.)

위의 AI 정의에 비추어보면, 넷플릭스에는 AI/ML과 관련된 실제 문제가 사방에 널려 있다. 지엽적인 문제는 제쳐놓더라도, 비디오 검색 및 추천, 기계학습을 포함한 빅데이터 분석, 각 고객마다 개인화된 웹페이지, 시장 및 경쟁사 미래 예측, 네트워크 운영 최적화, 오리지널 시리즈 제작 시 영화 장르 및 주연 배우 결정 등 모두가 넷플릭스 사업의 성패를 좌우하는 핵심 주제다. 따라서 분석과 학습의 정확성은 결국 사업의 성패를 좌우한다. 넷플릭스는 AI 문제의 복합체로 보인다.

넷플릭스가 AI/ML을 활용하는 모습을 보면 AI를 매우 잘 이해하고 있다는 사실을 알 수 있다. 1956년 과학자들이 내린 AI 정의에서 "원칙적으로 매우 정확하게 표현될 수 있으므로"라는 말은 사실 현실과 상당히 동떨어진 희망 사항일 뿐이다. 인간은 자신이 학습하는 과정이나 지능의 특징을 정확히 표현할 수가 없다. 이 부분이 지금까지 AI에 대해 지나치게 기대하는 부분이다. 지식 기반 시스템이나 추론 등의 분야는 아직 걸음마에 불과하다.

넷플릭스는 AI/ML이 잘하는 부분이 있고 취약한 부분이 있다는 것을 잘 인지하고 있다. 그래서 AI/ML과 사람과의 협업을 조화시킨다. 주로 감정, 심미성, 사회성 등 AI가 취약한 부분은 사람 전문가가 담당하게 하는데 이런 부분은 넷플릭스가 다루는 영화, TV 드라마, 애니메이션 콘텐츠와 깊은 관계가 있다. 콘텐츠의 깊은 특성을 표현하는 태깅 작업과 세부 장르 설정 같은 것은 AI에게 시키지 않고 많은 콘텐츠 전문가가 노동집약적 형태로 직접 수행한다.

넷플릭스만큼 AI/ML 기술을 잘 이용해 현업의 핵심 문제를 해결한 기업은 거의 없다. 흥미로운 점은 내가 아는 한 넷플릭스가 발행한 문서나 인터뷰 내용 어디에도 AI/ML이라는 말을 필요 이상으로 언급하고 있지 않다는 점이다. 단지 넷플릭스 직원들이 그들이 하고 있는 업무를 논문 혹은 컨퍼런스 등에서 발표하면서 AI/ML을 언급하는 정도다. 넷플릭스는 AI를 마케팅 목적으로 사용하지 않는다. 정작 AI를 잘 이해하고 수행하는 기업은 소리가 없다. 다만 결과로만 이야기할 뿐이다.

넷플릭스의 성공은 가입자와 콘텐츠에 대한 상세한 지식, 그리고 AI와 빅데이터 기술을 적극적으로 활용한 개인 맞춤형 서비스에 중점을 둔 전략을 이해하지 않고서는 설명할 수 없다. 넷플릭스는 AI/ML 기술을 활용해 하루에 수백만 건에 달하는 고객들의 평가와 검색, 콘텐츠 재생 활동에 관련한 데이터를 분석하고 있다. 또 한 달에 수십억 시간 분량의 시청 기록을 수집하고 분석해 어떻게 각 고객의 필요를 이해하고 효과적으로 서비스할지에 대해서 고심하고 있다. 현업에서 필요한 여러 분야에 데이터 분석 및 기계학습을 비롯한 AI 기술을 적절하게 활용하고 있는 것이다.

넷플릭스의 개인화 서비스는크게 구분해 개인 맞춤형 추천과 개인 홈페이지의 맞춤형 이미지 및 화면 구성이 있다. 넷플릭스는 위의 두 분야뿐 아니라 훨씬 다양한 분야에도 AI/ML을 적용해 효율과 고객 만족도를 높인다. 기계학습은 넷플릭스의 여러 중요한 영역에 적용되어 큰 영향을 미치고 있다. 기계학습은 오프라인 실험과 온라인 A/B 테스팅을 통해 모델과 알고리즘을 연구, 설계, 구현, 평가, 생산하는 많은 영역과 추천 알고리즘에 사용되고 있다.

넷플릭스 스튜디오에서 오리지널 프로그램 및 TV 드라마 제작을 최적화하는 데에도 기계학습의 도움을 받는다. 기계학습을 통해 비디오 및 오디오 인코딩, ABR 선택 및 넷플릭스 콘텐츠 전송 네트워크를 최적화할 수 있다.

인간의 역할과 AI의 역할을 적절히 배분하라

우리는 보통 AI 프로젝트라고 하면 문제의 처음부터 끝까지 기계가 해결해줄 것으로 기대한다. 즉, AI를 만병통치약으로 여긴다. 이것은 AI를 잘못 이해한 무지에서 비롯된 생각이다. 이러한 이유로 한국에서 규모 있는 AI 프로젝트 중 성공한 사례를 찾기가 어렵다. 인간의 손길이 없는 AI 적용은 완전하지 않다. AI 기술은 제한적이기 때문에 기계적이거나 자세하게 프로그램이 된 업무는 잘 수행하지만, 처음부터 끝까지 모든 과정을 자율적으로 수행할 수는 없다. 따라서 인간이 지속적으로 컨트롤하며 가이드해주든지, 전체 업무를 인간이 할 일과 AI가 할 일을 나누어 수행해야 원하는 바를 달성할 수 있다.

AI의 새로운 혁신은 인간의 능력을 대체하는 것이 아니라 보완하는 것이다. 따라서 우리가 실제 문제를 풀기 위해서는 인간이 할 일과 기계가 할 일을 정확히 구별해 협업하도록 해야 한다. 실제 문제에서

AI를 최대로 활용하기 위해서는 해결하고자 하는 문제와 연관된 비즈니스를 잘 이해하는 조직 및 전문가가 AI가 하기 어려운 감정적이거나 사회적인 이슈를 처리한 후 AI를 활용하는 것이 바람직하다. 넷플릭스는 이러한 협업이 조화를 이루었으며, 그래서 AI를 활용한 과실을 많이 수확할 수 있었다.

인간의 '(자연)지능'은 적은 양의 데이터와 많은 학습이 없어도 상당히 정확한 결론을 이끌어낼 수 있다. 인간은 사물을 두세 번 정도만 보면 다음에 이를 정확히 판별할 수 있다. 이에 비해 AI는 많은 양의 데이터로 오랜 시간에 걸쳐 학습시켜야만 겨우 쓸 수 있는 지능을 가지게 된다. 그리고 인간에 비해 융통성이 많이 떨어진다. 예를 들어 오버피팅overfitting 현상, 즉 현재 보유하고 있는 데이터로 너무 많이 훈련시키면, 다음에 이와 꼭 같은 입력이 들어오면 이를 정확히 판별해내지만, 조금만 데이터가 변형되어도 잘 구별해내지 못한다. 따라서 (자연)지능이 잘할 수 있는 일을 AI에 전적으로 맡기면 안 될 뿐 아니라 결과도 좋지 않다.

넷플릭스에서 수행하는 인간과 AI 간 협업의 예를 들어보자. 넷플릭스는 전 세계에 1억 8,300만 명의 유료 회원과 다양한 콘텐츠를 가지고 있다. 또 하루 수억 시간 분량의 스트리밍을 한다. 이로부터 비롯된 데이터의 양은 엄청나므로 이를 활용해 분류, 개인화 및 추천과 관련된 업무 프로세스를 기계학습 등의 기술을 이용해 자동화하고 있다. 자동화는 단순히 반복적이고 단조로운 작업을 수행하는 가장 저렴하고 효율적인 방법이다. 넷플릭스는 인간이 효율적으로 할 수 없는 작업을 기계에 할당해 자동화하지만, 관련 주제에 대한 지식과 통찰력을 가진 전문가를 기계와 협력하도록 해 최종 결과를 최적화해 정확하고 강력한 개인 추천 시스템과 맞춤형 홈페이지 화면을 제공한다.[2] 예를 들어 콘텐츠 전문가는 한 영화를 주의 깊게 감상한 후 그 영화의 미묘한 내용을 대표하는 태그를 붙이는 작업을 정확하게 해낸다. 인간은 과거 시청 경험을 바탕으로 스스로 이를 일반화해 즉시 영화의 장르를 결정할 수 있다. 반면에 AI에 영화 태그나 장르를 구별할 수 있는 표준화된 가이드라인을 주는 것은 사실상 불가능하다.

AI 활용을 위한 4단계 프로세스

"우리나라에 AI 프로젝트 50개를 추진하라." "우리 회사는 AI에 성과가 없다." "AI 사업 추진을 위한 AI 전문가를 영입하라." "한국에는 AI 인력이 많이 부족하다." 등의 말은 AI와 관련해 우리가 미디어에서 자주 듣는 이야기다. 이런 미디어 기사에서도 보듯이 한국의 AI 수준은 세계와 견주었을 때 한참 뒤처졌다고 판단된다. 하지만 모든 문제가 AI로 통하지는 않는다. AI는 만병통치약이 아니라 오히려 꼭 필요한 곳에 잘 쓰면 효험이 좋은 청심환과 같은 존재다. 그렇다면 AI는 어떻

도표 5-1 일반적인 AI 활용 프로세스

게 활용해야 할까?

기업이나 연구소에서 AI 활용을 위해서는 도표 5-1과 같이 4단계의 프로세스를 따르는 것이 합리적이다. 그래야 AI 기술을 성공적으로 적용할 수 있다.

❶ **문제점의 파악/정의**: 기업/사회에서 중요한 문제로 인식되고 있지만 아직 풀리지 않고 있는 어렵거나 고질적인 문제를 파악한다. 보통 내부 멤버로 구성된 TF팀이나 외부 컨설팅 회사가 관여해 문제점을 파악한다.

❷ **솔루션 탐색**: 도출된 어려운 문제를 풀기 위해, 전통적인 솔루션을 우선적으로 고려하며, 적절한 솔루션이 없거나 보다 효과적이며 나은 결과 도출을 위해 AI 기술 적용을 고려해본다. 최근에는 이 두 접근 방법을 적절히 혼합해 적용하는 트렌드가 있다. 오늘날, AI 알고리즘이나 솔루션들은 대부분 오픈 소스 소프트웨어 형태로 나와 있어서 쉽게 접근할 수 있다.

❸ **시스템 구축**: AI 과제라고 해도, 구현 단계에서 70~80퍼센트 정도의 노력과 비용은 서버, 클라우드, 데이터베이스, 데이터 분석, UX/UI 등의 노동집약적인 '시스템 통합(System Integration)'에 소요된다. 자연어 처리, 이미지 처리, 지식 기반 시스템 등 일부 AI 프로젝트를 제외하고는 AI 기술 비용은 20퍼센트 이하다.

❹ **테스팅 및 지속적 개선**: 대부분의 AI 알고리즘은 경험적 탐색이나 기계학습에 기반한 것이므로 AI 시스템은 많은 데이터에 의해 오랫동안 학습되어야 비로소 현실 문제 해결에 적용할 수 있다. 이에 더해 솔루

션이 출시되더라도 현업에 적용하려면 적어도 1년, 보통 3~5년 정도의 개선 작업이 필요하다.

넷플릭스는 AI 기술을 여러 분야에 적용하고 있지만 가장 눈에 띄는 분야는 시스템 성능과 사용자 경험을 크게 향상시키기 위한 독보적인 콘텐츠 추천 시스템과 홈페이지의 고객 맞춤형 이미지 추출 및 화면 구성 기술이다. 이로 인해서 넷플릭스는 미디어 엔터테인먼트 업계에서 가장 파괴적이고 우수한 기업으로 자리매김하게 되었다.

AI 및 데이터 기반 실험 활동이 넘치는 넷플릭스

기업에서 사용성 증진을 위한 실험을 중시하는 문화를 활성화하려면 이에 대한 최고 경영자들의 의지가 확고해야 한다. 넷플릭스의 기업 문화는 무엇이든 의사 결정을 할 때는 데이터에 의해서 검증이 선행되어야 한다는 것이다.

이를 지원하기 위해서 플랫폼을 사용해 새로운 아이디어를 테스트하는 데 필요한 단계를 자동화하고, 실험의 여러 단계에서 분석 보고서 및 시각화의 자동 생성을 수행할 수 있도록 한다. 넷플릭스는 가능한 한 많은 비즈니스 영역을 실험하며, 그 후 의사 결정은 사람의 의견이 아닌 데이터과학적 방법에 의해 이루어진다.

매년 20억 달러를 마케팅에 사용하는 넷플릭스는 "마케팅 자금을 어디에 사용하는 것이 가장 효과적일까?" 등의 마케팅 최적화를 위해 기계학습 모델을 사용하고 있다. 마케팅 결과가 미흡하면 데이터 전문가와 협의해 데이터와 모델이 정확한지를 점검하는 데이터 및 모델 확인 과정을 거친 후 다시 실험을 수행한다.

또한 넷플릭스는 구성원들이 제품에 대한 어떤 문제를 인지했을 경우, 이를 적극적으로 제기하고, 개선할 새로운 아이디어를 제안하고 실험하는 것을 장려한다. 이 실험을 통해 그들이 제안한 혁신적인 아이디어의 채택 여부를 결정하는 데 사람의 의견이 아닌 데이터가 사용되도록 하는 프레임워크를 제공한다. 제품 개선을 위한 새로운 아이디어를 구현하고 테스트해 수집된 데이터가 보여주는 사용자의 선호도에 따라 이 아이디어를 제품 개발에 반영하거나 혹은 폐기한다.

넷플릭스에는 제품과 관련해 의사 결정이 필요한 항목들이 많다. 예를 들면 새로운 영화 추천 알고리즘, 유저 인터페이스 기능, 콘텐츠 프로모션 전략, 오리지널 시리즈 출시 전략, 스트리밍 알고리즘, 새로운 회원 가입 절차 및 지불 방법 등이다. 이 항목들에 새롭고 혁신적인 아이디어가 제기되면 이를 반영한 제품 변경 여부를 테스트하기 위해 실험 환경에 따라 A/B 테스팅 등의 방법을 사용한다.

마케팅 담당자가 제일 바라는 목표는 아마 높은 '전환율Conversion Rate; CVR'일 것이다. 전환율이란 마케팅 활동에 의해서 사용자가 자사의 제품에 호감을 가지게 되어 가입 및 구매 등의 매출로 이어지는 비율이라고 말할 수 있다. 웹사이트에서 방문자가 고객으로 전환되는 평균 전환율은 2퍼센트에 불과하다. 그것은 웹사이트를 방문하는 98퍼센트의 사람들은 고객으로 전환되지 않는다는 것을 의미한다. 그물 안에 들어온 고기를 놓치는 꼴이다. 그렇다면 어떻게 해야 전환율을 개선할 수 있을까? 이를 위한 강력한 방법이 앞서도 설명했던 A/B 테스팅이다. 아마존, 구글, 넷플릭스 등 강력한 마케팅이 필요한 많은 글로벌 기업의 상당수가 이 테스팅 방법을 사용하고 있다.

오바마의 대선 캠프에서도 사용한 A/B 테스팅

기업에서 웹사이트를 만들려고 할 때 기획자, 개발자, 디자이너, 마케터는 많은 고민을 한다. 홈페이지 메뉴를 어느 쪽에 배치해야 할지, 사진은 크게 보여줄지 작게 보여줄지, 어떤 폰트를 사용할지, 섬네일을 몇 열로 배치할지, 전체 색깔이나 톤을 어떻게 할지 등 결정해야 할 사안이 매우 많다. 과거엔 기존 웹사이트나 템플레이트 디자인을 따라하거나 웹 기획자나 디자이너의 취향에 따라 웹사이트 디자인을 결정했다. 또 이를 위한 데이터를 얻기 위해 복잡한 기술을 이용하고 기술 및 마케팅 전문가의 도움도 필요했다. 하지만 이제는 다르다. A/B 테스팅 방법을 사용하면 된다. A/B 테스팅을 통해 분석 데이터를 얻어 전환율을 높이거나 신규 가입자를 늘릴 수 있게 된 것이다.

  A/B 테스팅이란 마케팅에서 두 가지 이상의 버전을 비교해 최적화된 안을 선정하기 위해 전체 사용자를 대상으로 실시간으로 선호도를 조사하는 방법이다. 이때 두 버전(A와 B)이 비교되는데 사용자의 행동에 영향을 미칠 수 있는 일부 특징의 변형을 제외하면 동일하다. 버전 A는 현재 사용되는 버전('Control'로 불림)이고 버전 B는 특정 목표를 더 효과적으로 달성할 수 있다고 생각하는 변형 버전('Treatment'

로 불림)이다.

사용자들을 무작위로 두 그룹으로 나누어 각각 버전 A와 B를 실시간으로 사용하도록 해 선호도가 높게 나온 버전을 선택한다. 예를 들어 두 개의 서로 다른 제목을 가진 동일한 뉴스 레터를 독자들에게 보내 어느 버전이 더 많이 읽히는지를 조사하는 것이다. A/B 테스팅은 단순히 선호도 조사이기 때문에 쉽고 직관적이지만, 사용자가 어떤 부분을 왜 선호하는지와 같은 심층 조사를 할 수 없다. 그렇기 때문에 결과에 대한 분석이 뒤따라야 한다.

과거에는 A/B 테스팅을 위한 환경을 갖추는 데 많은 비용과 IT 리소스가 필요했기 때문에 A/B 테스팅을 효과적으로 사용하기가 어려웠다. 하지만 오늘날에는 관련 기술이 발전해 A/B 테스팅을 위한 좋은 소프트웨어 도구가 충분히 등장했다. 그로 인해 이제는 마케팅 담당자들이 전문 엔지니어들에 의존하지 않고 A/B 테스팅 툴을 쉽게 사용할 수 있게 되어 A/B 테스팅이 데이터 기반 의사 결정을 위한 가장 강력한 도구 중 하나로 자리매김하고 있다. A/B 테스팅은 구글, 아마존, 넷플릭스, 그리고 다른 최고의 기술 회사들의 성공을 이끄는 데 큰 역할을 하고 있다. 심지어 버락 오바마 전 미국 대통령도 2012년 대선 때 A/B팀이 그들의 선거 웹사이트를 테스트했다.

오바마 대통령의 대선 디지털 팀은 웹페이지에서 이메일에 이르기까지 캠페인 모금 전략의 거의 모든 면을 최적화했다. 대선 캠프가 약 500회에 이르는 A/B 테스팅을 20개월 동안 수행해 후원금 모금 사이트를 운영했다. 이 팀은 웹페이지 방문자를 이메일 가입자로, 또 이메일 가입자를 기부금 제공자로의 전환시키기를 원했다. 이를 위해 심리

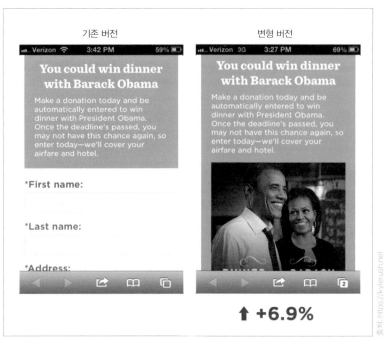

그림 5-1 오바마 선거 캠프의 디지털 팀은 A/B 테스팅을 통해 기증자들이 대통령의 이미지에 긍정적으로 반응한다는 것을 발견해 사진을 추가한 결과 기부금이 6.9퍼센트 증가했다.

를 기반으로 한 사용자 조사 통찰력 및 가설과 함께 구글 애널리틱스 Google Analytics를 사용해 사용자 행동에서 정량화가 가능한 측정에 중점을 두었다. 지속적인 A/B 테스팅을 위해 항상 다섯 개의 A/B 테스팅 버전을 마련했고, 옵티마이즐리Optimizely A/B 테스팅 툴을 활용해 A/B 테스팅을 수행했다. 이 결과 온라인 기부금 전환율이 49퍼센트 개선되었고, 온라인 가입 전환율은 무려 161퍼센트 증가했다.[3]

넷플릭스의 A/B 테스팅 사용법

넷플릭스는 A/B 테스팅의 신봉자로 알려져 있다. 넷플릭스는 데이터 과학자, 제품 디자인팀, 엔지니어가 항상 제품 개선을 위해 노력하고 있다. 그들은 새로운 아이디어를 반영한 제품을 대규모 사용자들에게 제공하기 전에 모든 것을 A/B 테스팅을 통해 검증한다. 넷플릭스에서는 다음의 분야에 A/B 테스팅을 적용했다.[4]

웹디자인 테스팅

넷플릭스는 새로운 유료 가입자를 확보하기 위해서 다양한 노력을 기울인다. 그중 하나가 새로운 가입자를 유도하기 위해 개선된 웹 등록 페이지를 만드는 시도다. 제품 디자인 팀이 등록 페이지의 개선 사항을 제시하면 이 아이디어를 확인하기 위해 A/B 테스팅을 준비한다. 이러한 아이디어 중 하나는 "비회원이 가입하기 전에 콘텐츠 탐색을 할 수 있다면 더 많은 사람들이 넷플릭스에 가입하게 될 것이다."라는 가설이다. 이 아이디어는 실제로 사용자 피드백에서 나왔고 일리가 있다고 판단되어 2013년 제품 디자인 팀은 A/B 테스팅을 사용해 이 가설을 테스트했다. 그들은 버전 B로 콘텐츠 탐색을 허용하는 등록 페이지를 구축했다. 테스트를 시작했을 때 사이트를 방문한 일부 방문자는 자신도 모르게 버전 B 웹페이지로 안내되어 콘텐츠 탐색이 가능했던 반면, 나머지는 원래 디자인(버전 A)을 보았기 때문에 콘텐츠 탐색이 불가능했다.

이 A/B 테스팅을 통해 버전 B가 버전 A에 비해 더 많은 유료 가입자를 유도할 수 있는가를 테스트했다. 넷플릭스는 이 A/B 테스팅을 다섯 번 실행했다. 각 버전마다 다른 콘텐츠 탐색 기능의 버전 B 디자인을 사용해 콘텐츠 탐색 기능이 없는 원래 디자인과 비교했다. 예상과 달리, 다섯 개의 버전 B는 모두 원래 디자인보다 좋은 결과를 얻을 수 없어, 디자인 팀의 가설이 잘못된 것으로 판명되었다. 그러나 넷플릭스는 이러한 테스트를 통해 사람의 추측과 사실은 다를 수 있다는 귀중한 교훈을 얻었다. 그럴듯한 새로운 아이디어를 바로 제품에 적용해 모든 사용자에게 사용하게 하는 대신, 먼저 아이디어를 테스트해 그 가치를 확인한 후 제품에 적용하는 것이 보다 효과적이라는 것이다. 넷플릭스의 제품 디자이너 애나 블레이록Anna Blaylock은 2015년에 한 연설에서 "이 테스트에서 우리는 다섯 번 실패했지만 다섯 배 더 스마트해졌다."라고 말했다.[5]

웹페이지의 아트워크 이미지 최적화 테스팅

PART 4에서도 언급했듯이 넷플릭스는 홈페이지에 있는 특정 유저 인터페이스의 사용성 향상을 꾀하기 위해 A/B 테스팅을 이용한다. 예를 들어 어떤 회원의 홈페이지에 있는 콘텐츠 섬네일의 배열과 제목을 결정하는 데 A/B 테스팅을 이용한다.

넷플릭스가 실시한 A/B 테스팅 초기 시험 중 하나는 다큐멘터리인 〈더 쇼트 게임The Short Game〉을 위한 테스트였다. 이 테스트는 각 실험 그룹에 서로 다른 타이틀 아트워크 여러 개를 보여주고, 어떤 것이 가장 좋은 결과를 도출하는지를 분석했다. 이 다큐멘터리는 초등학생들이 골프 게임에서 서로 경쟁하는 것에 대한 이야기다. 만약 사용자가 도

도표 5-2 다큐멘터리 〈더 쇼트 게임〉에 사용된 기본 타이틀 아트워크와 변형된 두 버전

아트워크	기본 타이틀	변형 1	변형 2
	실패한 아트워크	14% 개선	6% 개선

출처: Netflix

표 5-2의 첫 번째에 있는 기본 타이틀 아트워크를 본다면, 그것이 어린이들에 관한 것이라는 것을 쉽게 깨닫지 못할 수도 있으므로 그냥 지나쳐버릴 수도 있다. 이에 비해 변형 1과 변형 2 아트워크 이미지들은 이것이 어린이 골프에 관한 것이라는 것을 확실히 보여주어 시청 시간을 증가시키는 결과를 낳았다.

A/B 테스팅으로 넷플릭스는 타이틀 아트워크를 최적화함으로써 효과적인 결과가 가능하다는 것을 입증했다. 그 후 넷플릭스는 보다 많은 콘텐츠를 대상으로 더욱 정교한 테스트를 계속했다. 또한 이 테스트들을 통해 '최적화된 타이틀 아트워크를 제공하면 실제로 시청자들의 총 시청 시간을 증가시킬 수 있다'는 사실을 확인했다.[6]

기계학습을 통한 넷플릭스만의 마케팅 전략

넷플릭스의 수익은 회원들이 지불하는 구독료에 의존한다. 그러므로 전 세계 각국에서 새로운 회원 유치를 위해 많은 노력을 기울인다. 이를 위해서 넷플릭스는 '잠재 회원들이 자사의 콘텐츠에 매력을 느껴 유료 회원으로 가입할 의사가 있는지'를 파악하는 것을 최우선 목표로 한다. 이는 여러 실험을 통해서 확인된다. 넷플릭스에서 수행되는 연구와 실험은 회사의 성장 영역을 발굴하는 데 도움이 되는 모델들을 중심으로 진행된다. 예를 들어, '어떤 시장(지역)에서 마케팅 활동을 우선적으로 해야 하는지'에 대한 판단을 도와준다. 넷플릭스는 신규(혹은 잠재) 고객을 위해 광고비, 광고 소재, 채널 믹스 등을 최적화한다. 이를 위해 다양하고 많은 실험을 하며, 자동으로 최적화할 수 있는 알고리즘을 개발하고 있다.[7]

회원 확보를 위한 콘텐츠 선택에 활용

기업에서 마케팅 대상을 결정하는 것은 신규 회원을 확보하고 기존 회원의 이탈을 방지하는 데 필수적이다. 넷플릭스는 자체 서비스가 제공하는 매력적인 가치를 알지 못하는 새로운 회원을 확보하려고 노력하고 있다. 이를 위해 넷플릭스는 페이스북, 구글 및 유튜브와 같은 주요 온라인 광고주와 협력해 잠재적 신규 회원에게 접근해 광고 메시지를 전한다. 이 과정에서 어려운 과제 중의 하나는 광고 메시지에 어떤 영화 타이틀을 사용하는 것이 가장 적합한지 알아내는 것이다. 잘 선택한 영화 타이틀의 사용은 잠재 회원의 호기심을 자극해 넷플릭스에 긍정적인 시각을 부여한다. 넷플릭스는 기계학습을 사용해 여러 다른 맥락에서 잠재 회원들에게 좋은 인상을 줄 수 있는 콘텐츠를 선택한다.

적정 마케팅 비용 책정에 활용

아마 글로벌 온라인 기업이 자주 당면하고 있는 질문은 '신규 회원 확보를 위해 홍보 마케팅에 얼마를 지출하는 것이 적합할까?' 혹은 '글로벌 지역에서, 어떤 시간대 및 어느 채널에서 광고 마케팅을 하는 것이 적절한가?' 등일 것이다.

이를 위해서는 회원이 '어떻게 가입했고 무엇을 시청했는지'를 추적함으로써 가장 효과적인 곳에 마케팅을 집중하는 것이 바람직할 것이다. 예산을 미세하게 조정해 신규 회원 확보에 가장 효과적인 마케팅 비용을 책정할 수도 있다.

그러나 이것은 넷플릭스와 같이 전 세계에 걸쳐 많은 마케팅 활동을 하고 있는 기업에 쉬운 문제가 아니다. 전통적으로 마케팅 방법과 비용의 결정은 사람이 해왔다. 하지만 세계 많은 지역에서 이와 같은 결정을 자주 내려야 하므로 이를 자동화할 필요가 있는데, 넷플릭스는 이 과정을 기계학습을 활용해 해결했다. 기계학습 알고리즘은 인과 모델링 기법을 활용해 특정 노출에 의한 광고 가치를 결정해 그에 대한 마케팅 금액을 결정한다.

N

넷플릭스,
AI 활용의 교과서가 되다

개개인의 취향에 맞는 영화를 추천하다

아마존이나 넷플릭스 사이트에서 선호하는 아이템이나 콘텐츠를 찾고 선택하는 일은 상당한 집중이 필요하다. 상품 선택은 시간과 노력이 많이 드는 작업이므로 사람들은 자신이 원하는 것을 쉽고 빨리 선택할 수 있기를 바란다. 자신들이 원하는 것을 일정 시간 내에 찾지 못하면 종종 찾기를 포기한다. 넷플릭스는 이를 '90초 타임 윈도'라고 부른다. 아마존 CEO 제프 베이조스 Jeff Bezos 는 온라인 스토어에서 신속한 선택의 중요성에 대해서 언급했다. "우리는 물건을 팔 때 돈을 버는 것이 아니다. 우리는 고객이 구매 결정을 내릴 때 돈을 버는 것이다."[8] 간단한 말이지만 고객이 아무리 상품 검색 활동을 많이 해도 선택이 이루어지지 않으면 쓸모가 없다는 것이다.

고객이 콘텐츠를 선택하는 데 걸리는 시간이 짧을수록 시청할 가능성도 높아지고 사용자 경험이 좋아진다. 또 스트리밍 서비스에서 고객의 콘텐츠 시청 시간이 많을수록 고객이 가입 상태를 계속 유지할 가능성이 높다. 이는 월정 구독료가 주요 수입원인 넷플릭스로서는 매우 중요하다. 이러한 이유로 넷플릭스는 고객의 참여를 유지하고 선호하는 콘텐츠를 제안하기 위해 고객 데이터와 AI/ML 기술을 적극적으로 활용해 콘텐츠를 추천하는데, 이 콘텐츠 추천 시스템은 넷플릭스가 경쟁사와 차별화되는 주요 기능이다.

1억 8,300만 명의 넷플릭스 유료 회원이 1만 2,000개가 넘는 콘텐츠를 시청한다. 넷플릭스는 사용자의 시청 습관과 관련한 데이터의 패턴을 분석하고 우수한 예측 알고리즘을 사용해 각 고객의 취향에 맞는 콘텐츠를 추천함으로써 최적의 시청 경험을 얻을 수 있도록 한다. 70~80퍼센트의 넷플릭스 고객은 넷플릭스 플랫폼에서 추천하는 콘텐츠를 받아들인다.

넷플릭스는 사용자의 직접 데이터와 간접 데이터를 추출한다. 직접 데이터는 사용자가 콘텐츠에 대한 피드백을 직접 입력하는 데이터다. 예를 들면 어떤 영화를 시청하고 난 후 누른 '좋아요'와 같은 피드백 데이터다. 그러나 많은 유용한 데이터는 대부분 간접 데이터, 즉 사용자가 의식하지 못하는 데이터로, 본질적으로 사용자의 행동에 관한 데이터다. 예를 들어 시청자가 어떤 영화를 감상한 후 '좋아요' 피드백을 하지 않았다고 해도 며칠 후 같은 영화를 다시 시청했다면 이는 그 시청자가 이 영화를 좋아한다는 것을 암시하는 데이터다. 넷플릭스가 수집하는 다른 간접 유형의 데이터 중 일부는 아래와 같다.

- 콘텐츠 시청 날짜 및 요일, 시간, 장소.
- 콘텐츠 시청에 사용한 디바이스.
- 화면에서 행한 콘텐츠 검색, 마우스 움직임 및 스크롤 동작.
- 콘텐츠 시청 시 행한 일시 정지, 빨리 감기, 되감기 및 중단한 지점 및 내용.

이 외에도 앞에서 다룬 콘텐츠 기반 협업 필터링, 모델 기반 협업 필터링 알고리즘 등에 기반한 넷플릭스 추천 시스템을 위해서 다른 종류의 데이터가 필요하다. 비디오 콘텐츠 자체에 대한 데이터, 콘텐츠의 장르 데이터 등이 필요하다. 콘텐츠를 장르로 구분하는 작업을 위해 전 세계 모든 콘텐츠의 내용을 잘 알고 있는 많은 콘텐츠 전문가가 태그를 지정한다. 그들은 영화에 폭력성, 전투, 긴장감, 공포감, 불길함과 같은 느낌이나 어려움에 처한 가족, 사랑에 빠진 친구, 유괴 당한 자녀와 같은 스토리라인 태그를 부여한다. 또 넷플릭스는 콘텐츠 유형과 사람들이 보고 싶어 하는 것 사이에 여러 가지 연관성이 있고, 이는 콘텐츠 장르보다 훨씬 더 복잡한 관계가 있다는 것을 발견했다. 넷플릭스는 이들을 '취향 그룹'이라고 부른다. 앞에서도 언급했지만 한 고객이 여러 취향 그룹에 속해 있을 수 있다.

개인 맞춤형 서비스에 취향 그룹은 큰 역할을 한다.

콘텐츠 기획과 성공 가능성을 예측하다

넷플릭스가 엔터테인먼트 산업계의 거인으로 두각을 나타내면서 이전에는 사업 파트너였던 할리우드 스튜디오나 TV 방송국 등의 콘텐츠 제공자들로부터 강한 견제를 받고 있다. 넷플릭스는 이 상황을 벗어나기 위해서 자체 오리지널 콘텐츠를 제작해 엔터테인먼트 시장 지배력의 축을 옮겨야 한다고 판단했다. 넷플릭스가 자체 콘텐츠 제작을 통해서 어떻게 지배력의 축을 옮겼는지를 알기 위해서는 먼저 TV 시리즈 제작 프로세스를 이해할 필요가 있다.

TV 시리즈는 보통 몇 개의 '시즌'이 있고 한 시즌은 10편 내외의 '에피소드'로 구성되어 있다. 예를 들면, 우리가 잘 아는 넷플릭스의 오리지널 시리즈인 〈하우스 오브 카드〉는 전체 6개의 시즌으로 되어 있다. 시즌 1~5는 각각 13편, 그리고 시즌 6은 8편의 에피소드로 구성되어 있다. 한 편의 에피소드 러닝 타임은 대략 40~50분 분량이다.

먼저 TV 시리즈를 제작하는 과정을 생각해보자.

첫째, TV 시리즈를 제작하기 전에 다수의 TV 시리즈 제작사는 방송 편성 권한과 주도권을 가진 대형 방송사에게 자신이 계획하고 있는 TV 시리즈의 개념을 보여주는 피치Pitch를 한다.

둘째, 제작사의 피치를 들은 후 방송사가 관심이 있는 경우 파일럿 에피소드 제작을 의뢰하며 투자한다. 방송사가 파일럿 에피소드 제작에 투자를 하더라도 그 후 방송 편성에 대해서는 전혀 보장이 없으며 모든 주도권은 방송사가 가지고 있다. 파일럿 에피소드는 30~60분 분량의 콘텐츠로서 한편 제작에 보통 500만 달러 정도가 소요된다. 방송사에서 이 시리즈가 시청률과 광고 측면에서 성공할지를 예측하는 목적으로 제작된다. 즉, 정규 편성에 앞서 한두 편을 미리 방영해 향후 계속 방송할지를 결정하기 위해 만든 샘플 프로그램이다. 파일럿 에피소드에는 스토리라인, 등장인물의 성격, 서로의 관계, 상황, 배경, 시리즈의 스타일 등이 소개된다.

셋째, 파일럿 에피소드를 내보낸 결과 시청자들의 반응과 광고주의 반응이 좋으면 정규 프로그램으로 편성하게 되며, 제작자에게 몇 편의 에피소드 혹은 TV 시리즈 전체 시즌을 요청한다. 파일럿 에피소드를 통해 방송사에서 몇 편의 에피소드만 구매할 수도 있고, 때로는 TV 시리즈 전체 시즌을 구매하는 경우도 있다. 경우에 따라서 파일럿 에피소드를 건너뛰고 방송사 내부에서 평가해 정규 시리즈 구매를 결정하기도 한다.

위에서 살펴본 바와 같이, TV 시리즈 제작 과정에서는 방송사가 콘텐츠 제작자와 시청자를 뛰어넘는 '갑'의 입장으로 주도권을 가지고 있다. 이 과정에서 제작자의 의사가 끼어들 여지가 없으며 방송사로부터 어떤 보장도 받을 수 없다.

그러나 새로운 기술과 OTT의 등장으로 콘텐츠 제작자가 자체 제작뿐 아니라 마케팅 활동도 할 수 있는 가능성이 열렸다. 유튜브 영화가 좋은 예다. 소비자들도 OTT의 발전으로 원하는 콘텐츠를 원하는 시간에 볼 수 있게 되었다. 이로 인해 기존 방송사는 입지가 점점 약해지면서 시장 주도권을 상실해가고 있다. 데이터 분석과 AI 기술의 비약적 발전으로 엔터테인먼트 산업에서 헤게모니가 옮겨가는 것을 극명하게 보여주는 사례가 넷플릭스가 2013년 공개한 〈하우스 오브 카드〉 자체 제작 과정이다.

AI와 데이터 분석으로 〈하우스 오브 카드〉 제작을 결정하다

〈하우스 오브 카드〉는 1990년 BBC에서 방영된 네 편의 에피소드로 구성된 영국의 정치 스릴러 TV 미니 시리즈를 개작한 것이다. 미국의 독립 영화사이며 TV 스튜디오를 운영하고 있는 MRC_{Meida Rights Capital}는 이전부터 이와 유사한 정치 드라마 제작에 관심을 가지고 있었다.[9]

이 드라마에 대해서 영화 업계의 관계자들도 관심을 가지고 있었다. 그중에는 〈하우스 오브 카드〉 리메이크 제작에 참여한 영화배우 케빈 스페이시_{Kevin Spacy}, 영화감독 데이비드 핀처_{David Fincher}, 그리고 시나리오 작가인 보 윌리먼_{Beau Willimon} 등도 있었다.

MRC의 공동 CEO인 아시프 사추_{Asif Satchu}와 모디 위직_{Modi Wiczyk}은 〈하우스 오브 카드〉 TV 시리즈의 방영권을 따내기 위해서 2011년 초부터 AMC, FX, HBO, 쇼타임 및 스타즈를 포함한 미국의 주요 프리미엄 케이블 네트워크을 돌면서 그들을 설득했다. 방송사들은 MRC의 〈하우스 오브 카드〉에 대해서 긍정적으로 생각했지만 파일럿 에피소드에 투자하는 것에 대해서는 주저했다.

그 후 2011년 3월 아시프 사추와 모디 위직은 이 프로젝트에 대해 논의하기 위해 넷플릭스와 만났다. 넷플릭스의 접근 방법은 기존 방송사와는 완전히 달랐다. 넷플릭스의 콘텐츠 담당자인 테드 서랜도스는 드라마의 내용, 스토리 전개 등에는 크게 개의치 않았다. 그는 파일

출처: https://rohangotobed.wordpress.com/2015/08/07/the-british-house-of-cards-and-why-it-is-more-than-worth-your-time/

그림 5-2 1990년 영국 BBC에서 방영된 오리지널 TV 미니 시리즈 〈하우스 오브 카드〉

럿 제작에 수백만 달러를 투자해 시청자의 반응을 보고서 정규 에피소드를 제작 의뢰하는 전통적인 방식에서 벗어나 파격적인 행보를 취했다.[10] 그들의 만남 후, 넷플릭스가 데이비드 핀처 감독과 케빈 스페이시가 출연하는 이 시리즈의 두 시즌을 HBO와 AMC보다 먼저 1억 달러에 약정했다는 소문이 2011년 3월 블로그에 등장했다. 넷플릭스의 미국 가입자들이 빠른 속도로 증가하고 있는 시점이었다. 그 소문은 며칠 후 사실로 확인되었다. 넷플릭스는 두 시즌, 26편의 에피소드를 한꺼번에 제작할 수 있는 1억 달러를 투자하기로 결정했다. 넷플릭스는 어떻게 파일럿 에피소드도 없이, 기존 전통의 틀을 깨는 이런 놀랄 만한 투자 결정을 할 수 있었을까? 이것은 넷플릭스의 탁월한 AI/ML과 데이터 분석 능력으로 이 오리지널 시리즈의 성공 여부를 미리 예측할 수 있었기 때문이다.

넷플릭스는 정교한 데이터 분석 결과가 보여준 예측에 근거해 파일럿 과정을 생략했을 뿐 아니라, 기존 방송사들이 매주 한 편씩 공개하는 전통적인 방식에서 탈피해 2013년 시즌 1의 13편의 에피소드를 한꺼번에 일괄 공개했다. 이 발표는 넷플릭스가 콘텐츠 제작자가 되겠다는 포부를 드러냈다는 점에서도 중요했지만, 파일럿 심사 단계 생략, 1억 달러 예산 집행, 두 시즌 제작 약정이라는 전례 없는 결정을 했다는 데 엔터테인먼트 업계가 발칵 뒤집혔다.[11] 그야말로 영화계가 지난 수십 년간 지켜온 관행을 송두리째 뒤엎은 파괴적 혁신 사건이었다. 또한 넷플릭스는 '창작자 존중' 원칙을 가지고 작가에게 간섭 없이 무한한 창작의 자유를 주고 있다. 그 덕분에 작가는 본인의 상상력을 극대화해 좋은 시나리오를 만들 수 있었다.

미국에서 제작한 〈하우스 오브 카드〉 시리즈는 2013~2018년의 6년에 걸쳐 매년 한 개의 시즌이 제작되어 총 여섯 개 시즌으로 구성되어 있다(시즌 6을 제외한 각 시즌은 13개의 에피소드로 구성되어 있다). 〈하우스 오브 카드〉에 대한 시청자의 반응은 매우 즉각적이고 뜨거웠으며, 첫 시즌이 소개된 2013년부터 6년이 지난 2019년에도 IMDB_{Internet Movie Database}에서 43만 8,000개의 리뷰와 10점 만점에 8.8점의 평점을 얻을 정도로 인기가 매우 높다. 넷플릭스에 따르면, 〈하우스 오브 카드〉는 미국 및 글로벌 40개 국가에서 가장 많이 스트리밍된 콘텐츠로서 대성공을 거두었다.

흥미로운 사실은 2014년 2월 14일 시즌 2가 일괄 출시되었을 때, 넷플릭스 미국 가입자의 약 2퍼센트에 해당하는 67만 명이 첫 주말 동안 〈하우스 오브 카드〉(시즌 2)의 에피소드 전편을 몰아보기 했다는 것이다.[12] 이러한 넷플릭스의 예상을 뛰어넘는 과감한 움직임과 현상에 대해서 TV 산업계는 놀라움을 금치 못했다.[13]

넷플릭스의 엄청난 가입자 수는 AI/ML 기술 활용을 위한 데이터 수집에 매우 유리하다. 사용자 경험 향상을 위해 넷플릭스 콘텐츠 시청

그림 5-3 인터넷 데이터베이스인 IMDB에 리스트된 〈하우스 오브 카드〉

장소, 시간, 요일 등을 비롯해 검색 히스토리와 SNS 데이터 등 다양한 데이터를 수집하는데, 이 데이터를 다양한 방식으로 활용한다.

특히 중요한 활용 중 하나는 독창적인 오리지널 프로그래밍 콘텐츠를 기획하고 성공 가능성을 검증하는 것이다. 넷플릭스는 고객으로부터 그들의 의견을 들을 수 있을 뿐 아니라, 고객이 선택하고 시청하는 콘텐츠에 대해 축적해온 풍부한 데이터를 분석해 사람들이 원하는 콘텐츠의 종류를 결정할 수 있었다.

〈하우스 오브 카드〉를 제작하기 전에 이를 기획하는 데 필요한 데이터 수집에 몇 년이 걸렸다고 한다. 넷플릭스는 시청 데이터를 분석해 회원들이 영국 BBC에서 방영되었던 영국판 〈하우스 오브 카드〉를 좋

그림 5-4 데이비드 핀처　　　　　그림 5-5 케빈 스페이시

아한다는 것을 알게 되었다. 또한 영국판 〈하우스 오브 카드〉를 본 사람들은 케빈 스페이시의 작품이나 데이비드 핀처 감독의 작품도 즐겨 시청한다는 것도 파악했다. 넷플릭스는 데이터 분석을 통해 당시 3,300만 명의 구독자 중 상당수가 핀처 감독의 2010년 작품인 〈소셜 네트워크〉를 즐겨 스트리밍 한다는 것과 케빈 스페이시가 출연한 영화는 항상 관객들이 좋아하며 성공한다는 것을 알게 되었다.[14] 이런 정보를 바탕으로 영국에서 이미 성공을 거둔 〈하우스 오브 카드〉를 데이비드 핀처가 감독을 맡고 케빈 스페이시 주연으로 제작하면 큰 성공을 거둘 것이라고 확신했다.

　일반 기존 TV 프로그램이 30퍼센트 정도의 성공을 하는 데 비해 넷플릭스는 AI/ML을 콘텐츠 제작에 활용해 80퍼센트의 성공률을 달성하고 있다.[15] 이에 대해서 〈뉴욕타임스〉는 "넷플릭스는 사람들이 원하기 전에 원하는 것을 이미 알고 있기 때문에 이를 오리지널 콘텐츠 제작 및 구입에 잘 활용하고 있다."고 하며, 이러한 정보를 바탕으로 넷플릭스가 〈하우스 오브 카드〉의 투자를 결정했고 제작을 의뢰했다고 밝혔다.[16]

〈하우스 오브 카드〉의 두 시즌(26개 에피소드)에 대한 넷플릭스의 제작 의뢰는 넷플릭스 외부인에게는 도박으로 보일 수 있지만, 넷플릭스 내부에서는 이미 이 시리즈가 성공할 것이라는 믿음이 있었다. 넷플릭스는 사실 〈하우스 오브 카드〉 성공에 대해 "데이터 분석을 통해서 사람들이 이 시리즈를 많이 볼 것이라는 것을 이미 알고 있었으므로, 많은 돈을 들여서 이 시리즈를 광고를 할 필요가 없다."고 말할 정도로 확신했다.[17]

AI 알고리즘을 활용한 데이터 분석 결과와 같이, 넷플릭스는 2013년 〈하우스 오브 카드〉를 공개한 지 불과 3개월 만에 미국에서 200만 명의 가입자를, 그리고 해외에서 100만 명의 가입자를 추가했다. 또 단 몇 달 만에 〈하우스 오브 카드〉 시리즈로 인해 약 7,200만 달러의 추가 수입이 생겨 이 시리즈에 투자한 초기 자금을 회수할 수 있었다. 다른 넷플릭스 오리지널 콘텐츠인 〈오렌지 이즈 더 뉴 블랙〉, 〈못 말리는 패밀리〉, 〈더 크라운〉과 같은 시리즈도 AI/ML과 빅데이터 분석을 활용하는 유사한 프로세스를 사용해 이들의 성공을 예측했다.

AI 알고리즘을 활용한 신작 영화 흥행 예측

할리우드에서도 영화 제작에 데이터 분석 및 AI 기법을 활용하고 있다. 대표적인 예가 '에파고긱스Epagogix' 소프트웨어다. 에파고긱스는 2003년 영국에서 설립한 엔터테인먼트 회사를 위한 컨설팅 회사인데, 뉴럴 네트워크와 데이터 분석 기술을 이용한 영화 흥행 예측 소프트웨어를 개발했다. 이와 더불어 많은 영화 전문가들이 아주 자세히 분석한 엄청난 양의 영화 데이터를 가지고 있다. 영화 분석을 위해 '싸우는 장면', '러브 신', '슬픈 장면' 등과, 주인공의 성격, 스토리의 복잡성 등과 같은 수백 개의 분석 및 분류 카테고리를 사용한다.

작가가 쓴 각본이 주어지면, 에파고긱스 직원이 이를 읽고서 수백 개에 달하는 카테고리에 평가 점수를 매긴다. 이 평가 점수를 에파고긱스 알고리즘에 입력하면 그 영화의 흥행 가능성을 예측해준다. 또한 영화를 좀 더 수익성 있게 만들기 위해 각본을 변경할 것을 권장하기도 한다.[18]

할리우드의 대형 영화는 많은 제작비가 들어가기 때문에 흥행에 실패하면 투자사 및 제작사의 타격이 매우 크다. 이런 이유로 할리우드 메이저 영화사들은 에파고긱스 시스템을 이용해 리스크를 관리한다.[19]

스트리밍 품질을 향상시키다

넷플릭스는 OTT 기반 비디오 스트리밍 서비스 기업이다. 그러므로 넷플릭스는 스트리밍 품질 향상을 위해서 전사적으로 모든 역량을 결집해 최대의 노력을 기울이고 있다. 전 세계에 흩어져 있는 고객에게 고품질의 스트리밍 서비스 환경을 제공하는 것은 기술적으로 매우 어려운 과제다. 이 중 넷플릭스가 끊임없이 노력하는 부분은 전 세계에 CDN 캐시서버를 설치하고 운영에 필요한 노력과 해당 서버에서 가입자의 디바이스로 콘텐츠를 스트리밍하는 알고리즘의 개선이다.

스트리밍을 위한 네트워크 환경과 디바이스는 매우 다양하고 빠르게 변하고 있다. 예를 들면 어떤 지역의 인터넷은 어느 특정 시간대에 트래픽 양이 많을 수 있다. 또한 모바일 디바이스와 가정의 TV는 시청 패턴이나 인터넷 연결의 기능과 신뢰성이 다를 수 있다. 이러한 다양한 환경과 디바이스에 최적화된 단일 솔루션을 개발하는 것은 어렵다.

스트리밍 품질 향상을 위해서 CDN과 인코딩 기능이 중요한 역할을 하며 많은 성과를 이루고 있다. 여기에 더해 넷플릭스는 AI/ML 기술도 활용하고 있다. 앞에서 언급한 바와 같이, 영화나 TV 드라마는 수많은 네트워크와 디바이스를 지원하기 위해서 다양한 비디오 품질로 인코딩하고 있다. ABR 스트리밍 알고리즘은 당시 네트워크 상황 및 디바이스 조건에 따라 재생할 때 스트리밍되는 비디오 품질 및 시청 경험의 질을 조정한다. 시청 경험의 질은 비디오 재생의 초기 대기 시간, 사용자가 경험하는 전반적인 비디오 화질, 버퍼에 충분한 비디오를 로드하기 위해 일시 정지된 '리버퍼링' 등에 의해 좌우된다.

고품질 비디오를 즐기기 위해 공격적인 스트리밍을 할 수도 있지만 그럴 경우 리버퍼링이 자주 일어날 가능성이 높다. 또 시청 초기에 대기 시간이 길어지더라도 많은 비디오를 미리 다운로드하면 중간에 발생하는 리버퍼링을 줄일 수 있다. 이러한 점들은 시스템에 의해서 컨트롤될 수 있는데 시청자가 가장 선호하는 방향으로 조정되어야 한다.

넷플릭스가 활용하는 AI 기술은 비디오 스트리밍에서 고객의 과거 시청 데이터를 분석해 대역폭 사용량을 예측하고, 스트리밍 수요가 최대로 예상되는 시점에 로딩 시간을 단축할 수 있도록 해당 콘텐츠를 언제 로컬 캐시서버에 옮겨놓아야 하는지 결정할 수 있도록 도와주기도 한다.

넷플릭스의 미래 AI/ML 적용 분야

- 글로벌 확산에 필요한 세계 26개 언어의 자막 번역 및 더빙 작업.

- 넷플릭스 콘텐츠를 제작할 때, 최적화 기법을 적용해 제작 기간과 비용의 효율성 향상.

- 향후 제작할 영화의 각본과 관련 자료를 분석해 기획 과정과 개봉 전 마케팅 지원.

N

멈추지 않는
넷플릭스의 파괴적 혁신

파괴적 혁신을 통해 틈새시장을 공략하다

클레이튼 크리스텐슨 교수가 자신의 저서 《혁신기업의 딜레마》에서 소개한 '파괴적 혁신' 개념은 이전과는 전혀 다른 기술이나 비즈니스 모델로 기존 제품의 기능을 완전히 대체하며 시장에서 경쟁 우위를 점하는 혁신을 말한다.

지난 세기를 돌아보면 파괴적 혁신의 사례를 많이 찾아볼 수 있다. 등불을 대신한 전기등, 기계식 계산기를 대체한 디지털 계산기, 필름 사진을 대체한 디지털 사진, 인쇄된 종이 축하카드를 대신한 디지털 축하카드, 오프라인 스토어를 대체한 온라인 스토어, 기존 대학의 기능을 대체한 온라인 강의Massive Open Online Course, MOOCs, 내연 엔진 자동차를 대체한 전기자동차, 극장 영화를 대체한 온라인 스트리밍 등 매우 다양하고 많다.

기존 리딩 기업이 신생 기업의 파괴적 혁신에 의해 와해되는 이유는 크게 두 가지다.

첫째는 기술 진화에 대한 무지 때문이다. 파괴적 혁신은 상품이나 서비스 자체가 아니고 과정을 일컫는다. 파괴적 혁신을 위한 행동을 취하면 그 영향이 드러날 때까지는 시간이 걸린다. 이 사실에 대한 이해가 부족하면 기존 선두 기업은 미래를 보는 눈이 어두워져 신생 기업의 파괴적 혁신 노력을 보지 못하거나 혹은 가볍게 여겨 결국 나중에 큰 어려움을 겪게 된다. 빠르게 발전하는 기술에 대한 통찰력과 선견력이 미흡해서 겪는 현상이다.

둘째는 현재 잘 나가는 주력 사업에만 초점을 맞춘 기업 운영 때문이다. 선두 기업은 현재 주력 사업의 성공을 위해 모든 자원과 노력을 쏟아붓는다. 새로운 기술이나 비즈니스 모델에 기반한 새로운 서비스가 등장해도 대부분의 경우 이는 모든 자원과 사업 결정권을 가진 기존 주력 사업 부서에서 환영받지 못한다. 사실 현재 주력 서비스에 익숙하고 만족한 사용자들은 새로운 것에 별로 관심이 없다. 얼리어댑터를 제외하고는 새로운 서비스를 귀찮아할 수 있다. 따라서 대부분의 잘 나가는 기업에서는 기존 주력 상품의 기능을 개선하는 존속적 개혁sustaining innovation에 초점을 맞추고 있다. 이러한 기업은 대부분 조직이 비대해지며 관료적으로 변해 외부 변화에 대한 인식이 더디며, 또 외부의 도전에 대한 대응 속도가 느리다.

이것이 기존 선두 기업에서 새로운 기술이나 서비스 기반한 파괴적 혁신이 좀처럼 일어나지 않는 까닭이다. 이러한 환경에서 신생 기업은 새로운 기술이나 서비스를 활용해 개발한 신제품과 서비스를 선두 기업이 대수롭지 않게 여기는 틈새시장에 출시한다.

시장에는 선호도나 만족 수준이 다른 고객 집단이 존재한다. 어떤 고객은 기본적인 성능이면 만족한다. 반면 어떤 고객은 까다롭고 매우 높은 수준의 성능을 보여야 만족한다. 또 어떤 고객은 성능이 미흡해도 새로운 기능에 목말라한다. 이렇게 다양한 고객 집단이 존재하므로 항상 주력 시장과 틈새시장niche market이 존재한다.

시장은 고객이 해결해야 할 문제가 있을 때 존재한다. 파괴적 혁신을 위해서는 먼저 고객이 원하거나 개선되지 않은 문제에 대해서 근본적인 원인을 집중적으로 분석해야 한다. 그리고 그것을 해결할 수 있는 새로운 제품을 만들어 틈새시장에 출시해야 한다. 틈새시장은 대부분 작게 시작한다. 왜냐하면 시장의 규모가 작을수록 신생 기업이 고객의 요구를 충족시키기가 쉽기 때문이다. 그 후 제품을 빠른 속도로 개선하면서 틈새시장을 지배하기 위해 전력 질주한다. 일단 틈새시장에서 성장해 리더가 되면 주력 시장을 빠른 속도로 잠식하게 되어 결국 기존 선두 기업을 무너뜨리고 승자가 된다. 파괴적 혁신의 전형적인 모습이다.

2000년대에 들어와서 모든 것들이 신속하게 변해왔다. 어제는 전혀 위협적으로 보이지 않던 신생 기업의 서비스가 내일은 선두 기업이 제공하는 서비스보다 우수한 면들을 갖춘 위협적 존재로 변할 수 있다. 그리고 기존 선두 기업이 후발 신생 기업과의 경쟁에 밀려 주력 시장에서 사라지는 현상이 종종 발생한다. 넷플릭스와 블록버스터가 속한 미디어 엔터테인먼트 산업도 예외가 아니었다.

블록버스터의 허점을 노린 넷플릭스의 혁신 전략

2000년, 신생 기업인 넷플릭스의 CEO 리드 헤이스팅스는 블록버스터의 CEO 존 안티오코에게 5,000만 달러에 넷플릭스를 인수할 것을 제안했다. 넷플릭스가 이 제안을 했을 당시에 블록버스터는 미국에서만 수천 개의 비디오 대여 매장과 수백만 명의 고객을 보유하고 막대한 마케팅 활동으로 시장을 지배하고 있었다. 안티오코는 넷플릭스의 온라인 대여 서비스가 아주 작은 틈새시장만을 타깃으로 한 비즈니스 모델에 불과하다고 저평가하며 이 제안을 단칼에 거절했다.

블록버스터는 수천 개의 대여점을 통한 편리한 접근성으로 시장을 주도해가며 비디오 소비를 유도했다. 뚜렷한 경쟁사가 없던 블록버스터는 일반적인 단일 소매 비디오 대여점과 동일한 비즈니스 모델을 고수했는데, 이로 인해 고객들의 불만을 보지 못하고 자신들이 누리는 독점적 지위에 갇혀 있었다.

기존 선두 기업의 경영진이 신기술이나 서비스 모델의 활용을 어려워하는 이유는 그들이 결코 게을러서가 아니다. 일반적인 기업에서는 가장 수익 마진이 높은 시장의 고객들이 찾는 제품 개발이나 판매에 매진하는 것이 상식이자 원칙이기 때문이다. 이러한 원칙이 주류를 이루고 있는 기업에서는 파괴적 혁신이 장기적으로 좋은 돌파구가 될 수 있지만 보통은 현재 주력 사업에 도움이 되지 않는다고 판단해 무시한다. 1998년 당시 블록버스터 등의 업계 강자들은 VHS 테이프 대여가 그들의 주요 수입원이므로 넷플릭스가 추진하려는 온라인 DVD 대여점에 대해서는 관심도 없었다.

그래서 온라인 DVD 대여 사업은 경쟁이 없는 틈새시장으로 자리매김하게 되었다. 블록버스터의 고객 친화적이지 않은 운영 행태와 틈새시장의 출현은 결국 넷플릭스로 하여금 블록버스터를 타깃으로 파괴적 혁신을 성공적으로 가동할 수 있는 많은 여지를 남겨두었다.

1997년 당시 인터넷 기반 전자상거래로 대표되는 아마존의 성장을 지켜본 리드 헤이스팅스와 마크 랜돌프는 아마존이 팔고 있는 책처럼 '제품'을 다루는 신규 사업에 관심이 있었다. 그들은 영화 DVD를 신사업의 제품 후보로 생각했다. 헤이스팅스와 랜돌프는 오프라인 매장의 경우, 다양한 영화의 보유와 재고 유지를 위해서는 공간적 제약이 있으므로 인터넷 기반의 온라인 상점이 더 적합하다고 판단했다.

하지만 그 당시 비디오의 오프라인 대여에 익숙해 있었던 대부분의 고객들은 온라인 대여에 대해서 잘 알지 못했다. 그래서 '익숙하지 않은' 온라인 대여를 주저했다. 온라인 시스템이 아무리 효과적인 방법이라도, 지금까지 경험해보지 못한 방법의 사용이 고객을 주저하게 만든 것이다. 사실 우리가 초기 전자상거래에서 경험했듯이 처음 온라인으로 제품을 구입할 때는 품질이나 결제, 배달 등에 혹시 문제가 있지 않을까 하는 막연한 두려움을 갖게 된다. 하지만 영화 DVD의 품질이 기존 VHS와 동일하다는 사실을 알게 된 고객은 조금씩 두려움을 극복하고 온라인을 통한 대여에 확신을 갖게 되었다. 이를 시작으로 넷플릭스는 네 번에 걸쳐 파괴적 혁신을 치열하게 추진했다.

❶ **DVD 채택과 물류 시스템 구축**: 1998년에 VHS 카세트 대신 DVD를 비디오 콘텐츠를 담는 매체로 채택했고, 또 이를 효율적으로 배송할 수 있는 견고한 봉투, 우체국과의 협력 체제 확립, 전국에 물류 시스템을 정착시켜 익일 배송 등 경쟁사가 쉽게 카피할 수 없는 획기적 전기를 마련했다.

❷ **온라인 및 구독료 기반 대여 모델 채택**: 오프라인 매장 대신에 인터넷을 활용한 온라인 미디어 비즈니스라는 파괴적 혁신으로 고객이 영화 대여점에 가는 수고를 대폭 줄였다. 또한 무제한 및 연체료 없는 월정 구독료 기반 대여 모델로 고객 편의를 극대화했다. 이 혁신의 임팩트가 매우 넓고 깊어서 경쟁사들이 많은 어려움을 겪었다.

❸ **스트리밍 서비스 제공**: 처음 1998년 DVD 우편 구독 서비스 사업을 할 때에는 인터넷을 비디오를 주문하는 수단으로 삼았지만, 그 후 2007년 스트리밍 사업을 시작하면서 인터넷을 비디오 배달의 수단으로 삼았다.

❹ **자체 오리지널 콘텐츠 제작**: 엔터테인먼트 사업의 핵심인 콘텐츠의 안정적인 확보를 위해, 할리우드 스튜디오에 의존하는 관행에서 벗어나 2013년부터 자체 오리지널 프로그램을 제작하는 획기적인 혁신을 단행했다.

넷플릭스의 1차 파괴적 혁신, DVD 채택과 물류 시스템 구축

1997년 넷플릭스 창업이 이야기될 즈음 블록버스터 등의 비디오 대여 매장에서는 VHS 카세트테이프가 시장을 지배했다. VHS 테이프는 부피가 크고 비용이 많이 들고 보관, 포장, 배송이 어려웠다. 따라서 헤이스팅스와 랜돌프에게 VHS 테이프는 사업 대상이 아니었다. 그들은 VHS 테이프를 대신할 다른 방안을 찾고 있었다. 그들은 DVD에 대해 몰랐지만 기술적으로 보면 DVD라고 하는 새로운 저장 매체가 장래 VHS 테이프를 대체할 가능성이 있다는 것을 알게 되었다.

사실 헤이스팅스가 주목한 것은 인터넷, 온라인 사업, 그리고 DVD 라는 미디어 매체였다. 그의 목표는 인터넷을 활용한 온라인 비즈니스를 통해 많은 구독자를 확보하는 것이었다. 이를 위해서 DVD 대여를 초기 비즈니스 모델로 삼았다. DVD 대여 사업을 하기에는 열악한 환경이었음에도 헤이스팅스가 DVD 사업을 시작한 이유는 VHS 카세트가 비싸고 커서 우편을 통한 배달이 불가능한 반면 DVD는 사이즈가 얇고 가벼워서 우편배달이 가능했기 때문이다. 그렇지만 막대한 분량을 취급해야 하는 우편배달 기반 DVD 사업의 전제 조건은 안정성과 신속성이었다. 이 두 문제는 현실적으로는 해결하기 어려운 문제였다. 사실 사업 초기에는 배송 중 파손된 DVD가 많이 생겨 적지 않은 수고와 교체 비용이 들었다. 많은 연구와 테스트 끝에 그들은 가볍지만 견고하며, 반송용 기능까지 포함된 DVD 우편 봉투를 만드는 데 성공했다.

넷플릭스는 DVD 기술을 조기에 채택한 반면 블록버스터와 다른 소매점들은 DVD를 외면하고 VHS 테이프 대여에만 의존했다. 사실 1998년경에는 DVD로 된 영화 타이틀도 드물었고, 미국 가정의 7퍼센트만이 DVD 플레이어를 보유하고 있었다. 상식적인 시각으로 보면 블록버스터가 판단한 것처럼, 이러한 환경에서 DVD 기반 사업에 관심을 둔다는 것이 비합리적인 것이었지만 헤이스팅스는 미래에 대한 탁월한 감각으로 틈새시장을 본 것이다.

블록버스터는 그들의 대여 매장에서 DVD 영화를 취급하는 것을 거부했다. 이로 인해 블록버스터 및 다른 소매점들이 후에 넷플릭스와의 경쟁을 위해서 DVD 대여 사업 기반을 구축하는 데 많은 시간이 걸렸다. 반면에 넷플릭스는 혁신적인 기술로 VHS 카세트테이프의 저장 기능을 대신하는 DVD 기술을 조기에 과감하게 도입함으로써 블록버스터 등의 기존 거인들을 제치고 멀찌감치 앞서 나갔다. 이에 따라서 VHS 카세트테이프와 오프라인 소매점의 영화 대여라는 시대에 뒤떨어진 비즈니스 개념에 의존하고 있는 블록버스터를 비롯한 경쟁자들은 넷플릭스가 추진한 파괴적 혁신을 따라갈 능력이 없어 시장에서 어려움을 겪게 되었다.

넷플릭스는 파괴적 혁신을 통해 이루고자 하는 목적을 분명히 이해했으며 목표 달성을 위해 외부 파트너와의 오픈 이노베이션을 효과적으로 활용하는 기업 문화를 가지고 있었다. 하나의 예가 DVD 우편 구독 서비스 사업을 하면서 물류 효율성을 위해서 우체국 시스템 이해에 많은 시간을 투자하고, 우체국 직원들과도 좋은 파트너십을 유지한 것이다.

넷플릭스는 우체국 직원들과의 공동 작업으로 DVD를 손상 없이 신속하게 배달할 수 있는 경제적이고 효과적인 방법을 고안했다. DVD 배송 우편물을 직접 분류해 지역별로 가는 27개의 가방에 미리 담아 우체국 화물 운송장으로 직접 보내주어, 배달 비용과 시간을 대폭 줄일 수 있었다. 이로 인해 봉투가 우편 분류기를 거쳤을 때 자주 찢어져 DVD가 파손되는 일도 피할 수 있었다. 이것은 결국 고객의 증가로 이어졌다.[20]

또한 넷플릭스는 고객에게 익일 배달을 제공하기 위해, 수학 최적화 알고리즘을 고객의 주소와 우체국 데이터에 적용해 넷플릭스 물류센터를 가장 적합한 위치에 설치하도록 했다. 고객 기반이 점점 커짐에 따라 물류센터의 최적 위치도 지속적으로 조정했다.

블록버스터는 넷플릭스와의 경쟁 강화를 위해 '블록버스터 온라인'이라는 온라인 DVD 대여 서비스를 2004년 8월 출시했다. 블록버스터 고객도 이제 매장에 가지 않고 온라인으로 영화를 주문할 수 있게되었다. 넷플릭스보다 비록 몇 년 뒤처졌지만 언뜻 보기에는 블록버스터가 넷플릭스와 대등하게 경쟁할 수 있을 것으로 보였다. 하지만 블록버스터의 경영진이 적을 전혀 모르고 전략을 세웠다는 생각을 지울 수 없다. 우편 기반 온라인 DVD 대여 사업의 성패는 신속한 DVD 배송에 있다.

블록버스터가 '블록버스터 온라인' 사업을 시작했을 때, 그들은 넷플릭스의 경우와 달리 우체국 직원들과 긴밀한 관계를 구축할 수 없었다. 블록버스터가 우체국에 넷플릭스가 사용하고 있는 프로세스의 공유를 요청했을 때, 우체국 직원들은 이를 거부하고 블록버스터가 자체적으로 시스템을 개발할 것을 요구했다. 왜 이런 현상이 발생했을까? 여러 이유가 있겠지만 비즈니스 파트너를 대하는 블록버스터 직원들의 태도가 문제였을 것이다. 이 무렵 관료적이고 경직된 기업 문화에 흠뻑 취한 블록버스터의 조직과 직원은 이미 오픈 이노베이션 방식으로 이 문제를 풀 수 없는 지경에 이르렀음을 짐작할 수 있다.

블록버스터가 온라인 DVD 대여를 시작했을 때 넷플릭스의 익일 배송과 경쟁하기가 힘들었다. 넷플릭스가 사용하고 있는 수학 최적화 시스템과는 자동화와 정확성 면에서 경쟁 상대가 되지 못했다. 넷플릭스는 몇 년에 걸쳐 창고 및 유통 문제를 해결했지만 블록버스터는 마케팅에 의지해 단시일 내에 따라 잡으려고 했기 때문에 계획했던 전략을 제대로 추진할 수 없었다. 2003년 6월 월마트도 우편 기반 온라인 DVD 대여 서비스를 오픈했지만 넷플릭스의 탁월한 물류 공급망과 시스템의 운영 효율성을 극복하지 못하고 결국 2년 뒤인 2005년 5월 온라인 DVD 대여 서비스 사업을 종료했다. 기업에서 경영자의 안목이 비즈니스에 얼마나 큰 영향을 미치는지를 보여주는 좋은 예다.

넷플릭스의 2차 파괴적 혁신, 온라인 및 구독 기반 대여 모델

'구독'은 일정 기간 동안 사용료 혹은 구독료를 내고 제품 또는 서비스를 제공받는 것을 의미한다. '구독경제 Subscription Economy'라는 용어는 기업이 구독 기반 서비스를 관리할 수 있는 소프트웨어를 만들어 제공하는 주오라 Zuora 사의 CEO 티엔 추오 Tien Tzuo 가 새로운 비즈니스 모델을 설명하기 위해 사용했다. 상품을 구매하는 것으로부터 서비스 구독으로

바뀐 이러한 트렌드는 2007년부터 시작되었다.[21]

구독경제는 고객을 가입자로 전환시키는 개념이다. 구독료를 지불하면 집 앞에 매일같이 신문을 배달해주는 것이 대표적인 사례다. 지난 10년 동안 기업들은 제품과 서비스를 파는 방식을 일회성 판매에서 일정 기간 동안 안정적인 수입이 보장되는 구독제로 바꾸기 위해 많은 노력을 해왔다. 이를 위해 고객과의 관계에 초점을 맞춘다. 관계에 초점을 맞추려면 기존 가입자 유지, 사용성 모니터링, 지속적 수익 창출, 고객에게 지속적인 가치를 제공하는 새로운 방법 발굴에 중점을 두어야 한다.

구독 서비스가 하나의 글로벌 트렌드로 자리매김한 것은 2008년 글로벌 금융위기 직후다. 당시 경제 위기가 전 세계에 몰아닥치면서 한번에 많은 비용을 지불해야 하는 소유경제에 대한 믿음이 퇴조하기 시작했다. 대신에 인터넷 및 IT 기술 등의 발전으로 넷플릭스와 같은 디지털 스트리밍 형태의 구독경제 영역이 확대되었다.[22]

매일 가정으로 배달해주는 신문이나 우유 구독 형태, 혹은 휴지와 식료품 같이 대상 제품이 고갈되면 이를 채워주는 구독 형태를 넘어 일정 기간 동안 구독료를 지불하면서 뷔페처럼 대상 제품을 무제한으로 사용하는 형태의 획기적인 구독제가 등장했다. 월 구독료로 무제한 서비스를 사용할 수 있는 구독 유형은 넷플릭스나 스포티파이와 같은 디지털 콘텐츠 업체에 의해 활성화되었다.

넷플릭스가 1998년 온라인 DVD 대여 사업에 진출했을 당시 비디오 대여 사업 분야의 압도적인 선두 주자는 블록버스터였다. 블록버스터는 미국 전역에 수천 개의 전통 매장을 보유하며 비디오 대여 사업을 하고 있었다.

온라인 DVD 대여 사업을 위한 필요조건은 인터넷 확산과 DVD 환경이다. 그 당시 미국 내 인터넷의 가구 보급률은 불과 18퍼센트로 매우 낮았다. 또 새로운 미디어 매체인 DVD 영화나 DVD 플레이어의 보급률도 낮아서 DVD를 기반으로 사업을 하기에는 시기상조라고 업계는 판단했다.

블록버스터의 경영진뿐 아니라 가맹점주 모두가 당장 매출을 일으키는 대여 매장을 통한 전통적인 사업에 관심이 집중되어 있었다. 많은 블록버스터 매장이 프랜차이즈이며, 프랜차이즈 가맹점주들은 인터넷을 통한 대여에 반대 입장이었다. 온라인 대여 시스템이 도입되어 활성화되면 매장 수익이 감소할 것이라는 이유 때문이었다.

블록버스터의 매장 대여 비즈니스 모델은 큰 약점을 가지고 있었다. 블록버스터 고객들이 호소했던 가장 큰 불만은 연체료였다. 블록버스터는 2000년 한 해에만 연체료 수입이 8억 달러에 이르렀다. 이는 블록버스터 매출의 16퍼센트를 차지하는 캐시카우였으므로 강력한 연체료 제도는 계속해서 운영되었다. 사실 연체료 수입은 서비스 매출에 의한 수입이 아니라 범칙금에 해당하는 수입인데, 이것이 블록버스터 주요 수입원 중 하나라는 것은 아이러니이며 블록버스터 시스템이 가지고 있는 큰 문제점이었다. 고객들의 지속적인 불만을 알면서도 블록버스터는 이를 개선할 의지를 보이지 않았다. 영민한 넷플릭스의 경영진은 경쟁자의 이러한 약점을 놓치지 않았다.

넷플릭스는 서비스를 시작하기 전, 블록버스터가 회원들이 가지고 있는 서비스에 대한 불만에 제대로 대응하지 않는 것을 주의 깊게 관찰했다. 이에 대응하기 위해 넷플릭스는 '인터넷에 의한 온라인 서비스'라는 파괴적 혁신 카드를 뽑았다. 매력적인 웹사이트, 개인의 대여 희망 목록, 저렴한 비용과 더불어 상당히 많은 영화 목록을 가지고 있었고 DVD 픽업과 반환을 위해서 대여 매장을 방문할 필요도 없었다. 연체료도 없다. 고객 친화적 서비스다.

이러한 서비스가 가능했던 것은 넷플릭스가 엄청난 양의 DVD를 매우 저렴하게 구입할 수 있는 DVD 유통에 대한 탁월한 이해를 가지고 있었고, 이에 더해 우체국과의 협력으로 효율적인 물류 시스템을 갖추었기 때문이다. 넷플릭스의 새로운 서비스는 온라인 접근이 가능한 쇼핑 고객, 다양한 영화 애호가, DVD 플레이어 보유자 등 얼리어댑터나 소수의 고객 그룹에게 좋은 반응을 얻었다. 하지만 우편으로 배달되는 DVD가 집에 도착하는 데 하루 이상 기다려야 한다는 점이 매장에서 비디오를 바로 픽업하는 습관에 익숙해진 기존 블록버스터 고객에게는 부정적으로 비춰졌다.

DVD 우편 구독 서비스 사업에 대한 초기의 엇갈리는 반응에도 불구하고 넷플릭스는 지속적인 서비스 및 시스템 개선을 꾀하면서 혁신의 고삐를 빠르게 조여갔다. 이 결과 익일 배송도 가능해졌다. 이러한 노력을 통해서 넷플릭스는 블록버스터 등의 기존 업체의 회원을 포함한 신규 회원을 다수 유치했다.

넷플릭스는 확실한 이점을 가지고 있었다. 소매 대여 매장이 없어서 비용을 절감할 수 있었고, 비디오 타이틀이 풍부해 고객에게 훨씬 더 다양한 영화를 제공할 수 있었다. DVD 한 장마다 대여 요금을 부과하는 대신, 한 달에 정해진 월정 구독액을 내는 구독료 비즈니스 모델을 채택함으로써 고객들이 매우 싫어하는 연체료를 없앴다. 고객은 원할 때까지 비디오를 시청할 수 있고, 반환하는 즉시 새로운 비디오를 받을 수 있었다.

블록버스터는 넷플릭스의 발빠른 혁신 움직임과 틈새시장에서부터 치고 들어와 기존 시장을 잠식하고 있는 데 대해 불안감을 느꼈다. 블록버스터 경영진은 이를 만회하고자 넷플릭스가 취한 비즈니스 모델을 카피한 서비스를 출시하기로 했다. 2004년 8월 블록버스터는 넷플릭스보다 6년 늦게 온라인 DVD 대여 시장에 진출하며 '블록버스터 온라인' 프로그램을 만들었다. 대대적인 광고와 마케팅 지원에 힘입어, 이 온라인 서비스 출시 후 블록버스터는 넷플릭스를 누르고 온라인 대여 시장에서 아주 좋은 성적을 거두었다. 넷플릭스로서는 매우 긴장할 수밖에 없는 상황이었다.

블록버스터의 이러한 움직임에 대해서 리드 헤이스팅스는 분석가들에게 "최근 6개월 동안 블록버스터가 부엌 싱크대 외에는 모든 것을 던졌다."라고 말했다.[23] 심지어 2005년에는 그동안 블록버스터의 주요 수입원이었지만 고객의 원성이 높았던 연체료를 없애려는 시도를 하기도 했다. 또 2006년경 블록버스터는 온라인과 대여 매장을 완전히 통합하는 하이브리드 서비스인 '블록버스터 토털 액세스' 프로그램을 런칭했다. 이 서비스는 월정 구독료를 내면 대여 매장과 온라인을 가리지 않고 자유롭게 비디오를 빌려 볼 수 있는 서비스로서 온라인에 있는 방대한 영화 타이틀과 오프라인 매장이 주는 편리함을 결합해 가입자를 늘리려는 것이었다. 이러한 블록버스터의 공격적 서비스로 인해서 넷플릭스는 가입자들이 이탈하고 주가가 하락하는 등 많

출처: https://www.sfgate.com/business/article/Netflix-n-for-
Blockbuster-battle-Competition-2702017.php

그림 5-6 넷플릭스와 블록버스터의 온라인 DVD 대여 사업 경쟁

은 어려움을 겪었다.

그 이후에도 블록버스터는 넷플릭스에 대항하는 여러 정책을 추진
해 효과를 거두는 듯 보였으나 일관성이 부족하고, 지속성이 떨어져
실패하고 말았다. 이 결과 블록버스터는 2003년부터 2005년까지 넷
플릭스 등과의 경쟁이 치열해지면서 시장 가치의 75퍼센트를 잃게
되었다. 연체료 없는 비즈니스 모델을 택한 회사들이 시장 점유율을
높이면서 블록버스터의 연간 연체료 수입이 5억 달러나 감소했다. 이
와는 반대로, 넷플릭스는 2003년 2억 7,000만 달러의 매출로 창사 이
래 최초로 650만 달러의 이익을 기록했다.

결론적으로 보면, 모두가 인터넷에 의한 온라인 사업과 DVD 사업
을 하기에는 무리라고 생각한 바로 그때, 넷플릭스는 아무도 예상하

지 못한 '온라인'과 'DVD'로 구성된 'DVD 우편 구독 서비스'라는 파
괴적 비즈니스 모델로 블록버스터가 지난 15년간 쌓아놓은 철옹성을
무너뜨렸다.

넷플릭스의 3차 파괴적 혁신, 스트리밍으로의 전환

넷플릭스의 CEO 리드 헤이스팅스는 2007년 〈포춘〉과의 인터뷰에
서 "우리는 회사 이름을 인터넷과 영화를 뜻하는 'Net'과 'Flix'의 합
성어인 넷플릭스라고 했다. 콘텐츠를 중개자 없이 바로 TV에 전달할
수 있을 때 넷플릭스는 온라인에서 큰 사업 기회를 잡을 것이다."라
고 언급했다.[24] 이 발언을 미루어보면 블록버스터를 역사에서 사라지
게 한 넷플릭스의 처음 비즈니스 모델이었던 온라인 기반 DVD 우편
구독 서비스는 넷플릭스가 앞으로 취할 파괴적 혁신의 중간 단계에
지나지 않았음을 알 수 있다.

　넷플릭스는 DVD 우편 구독 서비스 비즈니스 모델이 지난 몇 년간
성공했지만 인터넷과 네트워크 기술의 빠른 발전, 그리고 향후 글로
벌 확장의 가능성을 생각하면 이 모델은 발전 및 지속성의 한계가 있
기 때문에 회사의 미래를 보장할 수 없다고 판단했다.

　이에 따라 넷플릭스는 2007년에 인터넷을 통한 비디오 스트리밍 서
비스를 런칭했다. 이 서비스는 사용자로부터 큰 환영을 받았고, 특히
경쟁사인 블록버스터의 핵심 고객층에게서도 그 가치를 인정받았다.
2007년 스트리밍이라는 파괴적 비즈니스 모델의 도입으로 넷플릭스

도표 5-3 블록버스터와 넷플릭스의 기업 라이프 사이클

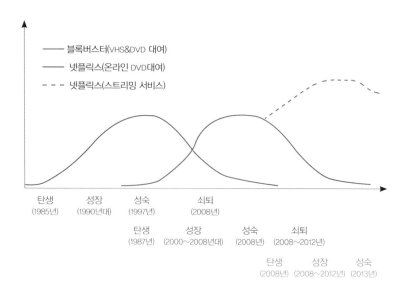

는 미국과 글로벌 시장에서 성공 가도를 달리기 시작했다.

　넷플릭스의 스트리밍 서비스로 인해 고객은 저렴한 가격으로 다양한 고품질의 콘텐츠를 언제 어디서나 온디맨드로 편리하게 시청할 수 있게 되었다. 스트리밍 서비스 사업이 정착되는 과정에서 가격 인상, 기존 고객과의 갈등, 이로 인해 촉발된 주식 급락 등 어려움이 있었지만 넷플릭스는 스트리밍에 대한 굳은 신념으로 사업을 끌고 나갔다.

　넷플릭스의 메인 서비스로 자리 잡은 비디오 스트리밍은 고객들에게서도 차별화된 가치를 인정받았다. 2013~2014년까지 미국뿐 아니라 해외에서도 넷플릭스 스트리밍 고객 수가 지속적으로 증가하면서

좋은 비즈니스 결과가 나오기 시작했다. 도표 5-3을 보면, 넷플릭스가 스트리밍 사업 시작을 기점으로 다시 가파른 성장을 이어갔다는 것을 알 수 있다. 이와 대조적으로 블록버스터를 포함한 전통적인 DVD 대여 사업은 가파른 하향 곡선을 그리기 시작했다.

그리고 넷플릭스가 추진한 온라인 대여와 스트리밍 서비스라는 두 번의 파괴적 혁신을 무기로 한 도전에 제대로 대응하지 못한 블록버스터는 사용자들에게 외면받아 결국 2010년 역사 속으로 사라졌다.

만일 넷플릭스가 온라인 DVD 우편 구독 서비스를 넘어 비디오 스트리밍이라는 보다 고차원적 디지털 기술에 기반한 서비스 사업을 시작하지 않았더라면, 초기에 넷플릭스라는 새로운 경쟁자를 무시하기로 한 블록버스터의 결정은 실수가 아니었을 것이다. 비유하자면, 블록버스터는 넷플릭스가 뻗은 강펀치 한 방에 쓰러진 것이 아니고, 서너 개의 연속된 펀치를 견디지 못하고 쓰러진 것이다.

파괴적 혁신 관점에서 넷플릭스가 새로운 기술인 스트리밍 서비스를 통해 추진한 혁신은 흥미로운 점이 있었다. 앞에서 언급한 바와 같이, 스트리밍 서비스 출시는 당연히 경쟁자인 블록버스터의 DVD 대여 사업을 겨냥한 것이었다. 그런데 넷플릭스는 신규 서비스인 스트리밍 사업을 시작한 이후에도 기존의 DVD 우편 구독 서비스 사업도 동시에 운영하고 있었다.

가장 일반적인 파괴적 혁신은 신생 기업이 업계 선두 기업을 대상으로 태클을 거는 것이다. 그런데 넷플릭스는 여기에서 한걸음 더 나아가 현재 잘 나가고는 있지만 미래에 한계가 예상되는 자사의 기존 사업에 태클을 걸었다. 이런 시도는 아주 드물고, 어려워서 성공 가능성이 매

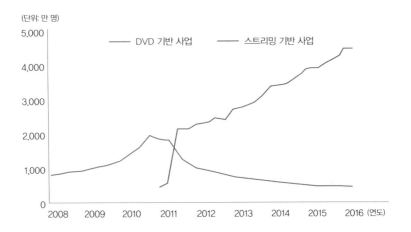

(단위: 만 명)

출처: http://jllcampaigns.com/jlltechspec/articles/napster—netflix—how—streaming—has—changed—way—we—consume—media

우 낮다. 이런 어려움에 대해서 사람들은 '달리는 차에서 바퀴를 갈아 끼우는 것'에 비유한다. 이러한 시도의 두 가지 사례가 1993년 IBM이 하드웨어 기업에서 서비스 기반 기업으로 '업'을 전환한 것과, 넷플릭스가 DVD 대여 사업에서 2007년 비디오 스트리밍 사업으로 전환한 것이다. 블록버스터를 향한 이 파괴적 혁신은 사실 넷플릭스에도 위협적일 수 있었는데 결과를 보면 블록버스터는 사라졌지만 넷플릭스는 지금도 DVD 대여 사업을 계속하고 있다. 그만큼 넷플릭스의 지혜롭고 치밀한 경영은 빛을 발했다.

흥미로운 점은 넷플릭스의 DVD 우편 구독 서비스 사업은 점점 축소되어 가고 있기는 해도 아직도 사업을 하고 있다는 점이다. 넷플릭스는 한때 미국 전역에 50개의 DVD 물류센터가 있었으나 2018년

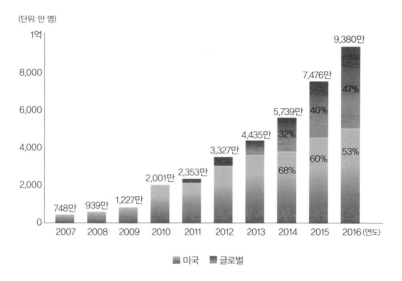

(단위: 만 명)

출처: https://www.businessinsider.com/netflix-subscribers-chart-2017-1

중반에는 17개로 줄어들었다. 하지만 2018년에도 2억 1,000만 달러의 이익을 남겼다. 넷플릭스는 2019년 4월 현재 270만 명의 DVD 고객을 보유하고 있다. 넷플릭스의 DVD 대여 사업이 아마 2025년까지는 계속될 듯하다.[25]

도표 5-4에서 보는 바와 같이, 2011년 말경부터 우편배달 기반 DVD 대여 사업은 저물어가고 있고, 넷플릭스의 스트리밍 서비스 사업은 가파른 성장을 시작하고 있다. 넷플릭스의 DVD 가입자는 2011년(3분기) 1,400만 명에서 2015년(3분기)에는 그 숫자가 500만 명으로 대폭 줄었다. 그러나 도표 5-5에서 넷플릭스 전체 가입자는 2008년의 940만 명에서 2013년에는 그 숫자가 4,400만 명으로 대폭 증가했다.

(단위: 억 달러)

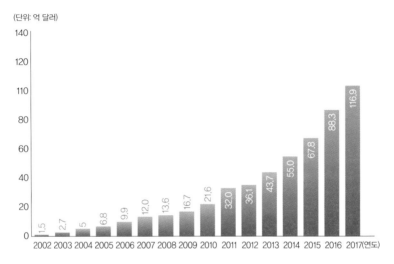

출처: https://www.tutor2u.net/economics/reference/focus-on-business-revenues

또 매출액은 도표 5-6에서와 같이 2008년 13억 달러에서 5년 후인 2013년에는 43억 달러로 급성장했다. 이러한 사실은 넷플릭스가 2007년까지 존재하지 않았던 스트리밍 서비스로 새로운 시장을 만들어낼 능력을 가지고 있다는 것을 보여주었다. 요약하면 2010년 블록버스터를 비롯한 DVD 대여 업체들의 몰락에는 넷플릭스의 스트리밍 서비스 영향이 매우 컸다는 점에서, 그들은 넷플릭스가 지속적으로 추진한 파괴적 혁신이 가져온 시장 변화에 제대로 대응하지 못했다는 것을 알 수 있다.

넷플릭스의 4차 파괴적 혁신, 오리지널 콘텐츠 제작

비디오 엔터테인먼트 사업은 비디오 콘텐츠 확보가 무엇보다 중요하다. DVD 대여 사업자는 스튜디오로부터 DVD를 구입할 수도 있고, 하부 유통 업체로부터 저렴하게 구입할 수도 있다. 그래서 넷플릭스가 DVD 대여 사업을 할 때에는 영화 타이틀을 확보하는 데 큰 어려움이 없었다. 그러나 2007년 스트리밍 사업을 시작하면서부터 사정은 완전히 달라졌다.

넷플릭스 고객은 월정 구독료를 지불하고 넷플릭스가 독점적으로 소유했거나 혹은 외부 콘텐츠 소유자로부터 라이선스를 구매한 비디오를 시청하고 있으므로 넷플릭스로서는 많은 고품질 비디오를 효율적으로 확보하는 게 무척 중요했다. 하지만 영화 스튜디오나 콘텐츠 소유자와 라이선스 계약을 맺는 일은 쉬운 일이 아니었다.

비디오 유통 시장은 영화 스튜디오가 좌지우지한다. 영화 제작자나 스튜디오로부터 라이선스 허가를 받지 못하면 비디오 스트림을 내보낼 수 없다. 새로운 콘텐츠가 출시되었을 때뿐 아니라 기존 콘텐츠 라이선스 계약을 갱신할 때에도 지루하고 짜증나는 협상에 임해야 한다. 그뿐만 아니라 영화 스튜디오는 넷플릭스의 영업 상황을 지속적으로 모니터링하면서 넷플릭스가 이익을 내면 이를 흡수하기 위해 라이선스 비용을 계속 올렸다. 이런 문제들로 인해서 넷플릭스는 이익 마진을 개선하기가 매우 어려웠다. 콘텐츠 라이선스 비용이 계속 증가하는 것은 비디오 콘텐츠 유통을 하는 넷플릭스로서는 반드시 해결해야 할 문제였다.

넷플릭스가 2010년 캐나다를 시작으로 전 세계에서 스트리밍 사업을 하면서부터 상황은 훨씬 더 어려워졌다. 콘텐츠 라이선스는 전 세계 각 지역마다 개별적으로 계약해야 하므로 빠른 속도로 글로벌 확장을 추진하고 있는 넷플릭스는 세계 각 지역에서 스트리밍 가능한 콘텐츠를 확보하는 것이 가장 큰 문제로 부상했다. 넷플릭스 콘텐츠 담당자는 해마다 비디오 라이선스 갱신을 위한 협상에 많은 에너지를 쏟아야 했다. 넷플릭스는 자체 콘텐츠 없이는 이익을 내기 어려울 뿐 아니라 시장 경쟁력을 지키기도 어렵다고 판단했다. 철저하게 '갑'의 위치에 있는 영화 산업계의 강자들과의 역학 관계를 뒤집을 수 있는 파괴적 일격이 필요했던 것이다.

넷플릭스가 다른 방법으로 콘텐츠를 확보하지 않는다면 라이선스 비용은 계속 증가할 것이다. 넷플릭스는 자체 콘텐츠를 제작해 소유하면, 기존에 영화 스튜디오, 배급사, 방송국 등에서 조달해오던 콘텐츠에 대한 의존도가 내려갈 뿐 아니라 협상 대응력도 높아져서 라이선스 계약을 할 때 콘텐츠 소유자들의 터무니없는 요구에 대해서도 단호하게 대처할 수 있다고 판단했다.

이러한 콘텐츠 종속에서 비롯된 고질적 난관을 벗어나고자 시도한 것이 바로 넷플릭스 '오리지널 프로그램' 제작이었다. 넷플릭스는 이 프로그램으로 그때까지 겪어왔던 까다롭고 어려운 라이선스 재협상 문제에서 벗어날 수 있었다. 넷플릭스는 2013년 〈하우스 오브 카드〉를 시작으로 2019년 말까지 약 80편의 오리지널 프로그램을 확보했다. 지금도 미국이나 영어권뿐 아니라 한국을 비롯한 전 세계에서 '오리지널 프로그램'을 제작하고 있다.

콘텐츠 제작자가 아니었던 넷플릭스가 업의 본질을 획기적으로 바꾸어, 단숨에 업계 최대 미디어 제작자로 자리매김하면서 기존 콘텐츠 소유자와 대등한 관계를 가지게 되었다. 이는 콘텐츠라는 제품은 같지만 이를 얻는 방법에 변화를 꾀하는 파괴적 혁신 접근 방식이다. 이 네번째 혁신의 성공으로 넷플릭스는 원래 업이었던 콘텐츠 유통 사업을 보다 쉽고 효과적으로 수행할 수 있게 되었다. 또한 단기적으로는 회원들이 넷플릭스를 더 오래 구독하도록 만들었으며, 향후 구독료 인상의 정당성을 마련해줄 것으로도 보고 있다.

넷플릭스가 콘텐츠 확보에 큰 투자를 계속하는 이유는 단지 기존 콘텐츠 제작자들과의 유리한 협상 때문만은 아니다. 더 큰 이유는 스트리밍 서비스의 경쟁이 점차 치열해졌기 때문이다. 넷플릭스와 아마존 프라임에 더해 2019년 말에 디즈니+와 애플TV+가, 2020년 5월 AT&T 워너미디어의 HBO 맥스가 출범했으며, 컴캐스트 NBC유니버설의 피콕 스트리밍 서비스도 2020년 7월 출범할 예정이다. 스트리밍 서비스 기업의 난립은 넷플릭스에 콘텐츠를 공급해왔던 기업들이 콘텐츠 공급을 중지하고 자신의 비디오 서비스에서만 독점적으로 콘텐츠를 제공하는 분위기를 만들었다. 예를 들어 디즈니는 넷플릭스에 공급해왔던 픽사와 마블 영화를 포함한 콘텐츠를 가져와서 디즈니+에 공급하기로 했다.

넷플릭스의 최고 콘텐츠 책임자인 테드 서랜도스는 "HBO가 넷플릭스가 되는 것보다 더 빨리 HBO가 되길 원한다."라는 말을 했다.[26] 이 말에는 콘텐츠 분야에서 넷플릭스가 취할 파괴적 혁신에 대한 의지가 담겨 있다.

2018년 4분기 실적 보고서에서 헤이스팅스는 넷플릭스가 관여하는 대부분의 업무는 영화 스튜디오와 TV 네트워크로부터 라이선스 계약을 맺은 방대한 콘텐츠 라이브러리에 관련된 것이 아니고 넷플릭스의 오리지널 프로그램에 관련한 것이라고 말했다. 또한 넷플릭스의 마케팅 지출의 주요 목적은 가입자 확보가 아니라 오리지널 시리즈를 홍보하는 데 있다고 말했다.[27, 28] 자체 오리지널 프로그램을 왜 제작하는지에 대한 확실한 목적과 의지를 표출한 것이다. 비디오 스트리밍 서비스 제공자에 더해서 향후 리딩 콘텐츠 제공자가 되고자 하는 넷플릭스의 열망을 알 수 있다. 왜냐하면 사용자는 방대한 영화 및 TV 드라마 라이브러리가 아니라, 다른 곳에서는 구할 수 없는 차별되고 우수한 콘텐츠를 원하기 때문이다.

PART 06

넷플릭스,
한국에 상륙하다

N

넷플릭스,
한국의 소비자를 사로잡다

넷플릭스의 등장으로 변화에 직면한 한국의 OTT 환경

한국 사람은 예로부터 게임과 음악, 및 영화 등을 즐겼다. 지금도 한류라는 이름으로 K팝이나 게임 분야는 세계 트렌드를 주도하고 있다. 봉준호 감독의 영화 〈기생충〉이 2020년 아카데미 시상식에서 작품상을 비롯해 네 개 부문에서 수상하기도 했다. 한국은 세계에서 IT와 인터넷이 매우 발달한 사회로 손꼽힌다. 이에 힘입어 한국에서는 선형 TV에서 케이블TV, IPTV를 거쳐 인터넷을 통한 온라인 동영상 서비스를 위한 OTT가 빠르게 전개되며 확산되고 있다. 새로운 서비스와 디바이스의 얼리어댑터가 여기에 한몫을 했다. 인터넷과 미디어 기술이 발전하면서 사람들은 가정에서뿐 아니라 모바일 디바이스에서도 콘텐츠 사용에 많은 시간을 보낸다. 이러한 트렌드는 특히 넷플릭스 서비스의 등장으로 가속화하고 있다.

글로벌 트렌드와 마찬가지로 한국에서도 OTT의 확산으로 기존의 유료 유선방송 구독을 해지하는 코드 커팅 현상이 늘어가고 있다. 셋톱박스를 넘어서 인터넷을 통해 미디어 콘텐츠를 제공하는 온라인 동영상 서비스인 OTT 플랫폼을 대안으로 택하는 사람들이 많아지고 있다. 통계에 따르면, 유료 방송 서비스 해지 가구 비율은 2015년에 3.1퍼센트에서 2017년에는 6.9퍼센트로 증가했다. 특히 2017년 1인 가구의 해지 비율은 9.3퍼센트에 달했다. 코드 커팅 현상으로 인해 국내에서 TV를 떠나 다양한 디바이스에서 콘텐츠를 시청하는 사람들이 늘고 있지만, 이를 주도하고 있는 것은 국내 몇 개의 OTT 업체와 글로벌 경쟁력을 갖춘 넷플릭스, 그리고 유튜브의 스트리밍 서비스 플랫폼이다. 2019년을 시작으로 디즈니, 애플, AT&T도 OTT 스트리밍 서비스를 공격적으로 제공해 이러한 현상은 가속화할 것으로 예측된다.

지상파 3사가 미디어 엔터테인먼트 시장을 독점하며 콘텐츠 시장을 장악했던 시절은 지나갔다. 향후 넷플릭스, 유튜브를 비롯한 글로벌 엔터테인먼트 업체와 국내 OTT 업계의 경쟁이 더 치열해질 것이다.

방송사는 그동안 많은 자금으로 자체 콘텐츠를 제작하고 이를 자신들의 플랫폼에 태워 전송하는 방식의 우월적 지위로 국내 사업을 지배해왔다. 하지만 강력한 글로벌 플랫폼이 국내에 상륙하면서 미디어 산업의 판도가 뒤흔들리고 있다. 특히 넷플릭스와 같은 글로벌 강자들이 한국 시장 공략을 위해서 오리지널 콘텐츠 제작에 공격적인 자세로 임하면서, 기존 방송사들은 불안한 눈으로 상황을 지켜볼 수밖에 없게 되었다. 하지만 사용자 입장에서 보면 이전보다 훨씬 좋은 글로벌 콘텐츠와 고품질 서비스를 저렴한 가격으로 즐길 수 있는 기회가 생기게 되었다.

넷플릭스는 글로벌 확장의 일환으로 2015년 7월 '넷플릭스 서비스 코리아Netflix Services Korea'라는 이름으로 한국 법인을 설립했다. 2016년 싱가포르에 한국을 위한 전담팀을 구성하고 그해 1월 한국에 스트리밍 서비스를 오픈했다. 그 후 넷플릭스는 2018년 5월, 한국에 상주하는 팀을 구축했으며, 2019년 6월에는 서울에 업무 공간을 마련하고, 싱가포르에 있는 넷플릭스 아시아 태평양 본사와 소통하면서 한국에서 오리지널 콘텐츠 전략 수립, 제작 및 마케팅을 지원하며 한국 콘텐츠의 라이선스 확보를 담당하고 있다.

흥미로운 것은 한국 사무소에 있는 6개 회의실의 이름이 넷플릭스가 한국에서 제작한 오리지널 콘텐츠인 〈킹덤〉, 〈옥자〉, 〈범인은 바로 너〉, 〈라바 아일랜드〉와 세계적인 인기를 얻은 오리지널인 〈버드박스〉, 〈나르코스〉라는 것이다(〈킹덤〉은 한국에서 제작한 최초의 오리지널 드라마, 〈옥자〉는 아시아 지역에서 최초로 제작한 오리지널 영화다).[1]

한국 콘텐츠 확보를 위한 노력

2016년 넷플릭스는 한국에 진출했지만, 2015년에 진출한 아시아 최대 콘텐츠 시장인 일본의 콘텐츠 확보에 집중하느라 한국에서 공격적인 전략을 펼치기가 어려웠다. 처음 서비스를 오픈하면 통상적으로 제공하는 한 달간의 무료 이용 마케팅 외 특기할 만한 국내 콘텐츠 확보는 없었다. 따라서 넷플릭스가 2016년 한국에 진출했을 당시 넷플릭스 라이브러리의 한국 콘텐츠는 영화와 방송 프로그램을 포함해서 고작 60여 편에 불과했고 영어권과 남미 국가의 오리지널 콘텐츠도 소수에 불과했다. 그뿐만 아니라 국내 콘텐츠의 경우 대부분 2~3년 지난 영화와 드라마여서 소비자 기대에 미치지 못해 넷플릭스에 대한 고객들의 실망이 컸다. 이로 인해서 업계에서는 넷플릭스가 콘텐츠의 빈곤으로 한국에서는 성공하지 못할 것이라는 비관적인 목소리가 높았다.[2]

하지만 넷플릭스는 이후 글로벌 시장에 진출하며 쌓은 지식과 경험을 토대로 국내에서도 미디어 거인으로서의 실력을 발휘했다. 넷플릭스는 한국 오리지널 콘텐츠의 제작을 늘리는 한편, 자금력을 바탕으로 한국 콘텐츠의 라이선스를 공격적으로 매입했다. 케이블과 종합편성채널뿐 아니라 지상파 드라마와 예능 프로그램 방영권을 사들였다. 이러한 노력의 결과, 60여 편에 불과했던 넷플릭스의 한국 콘텐츠가 2019년 5월 기준으로 325편으로 급증했다. 3년여 만에 다섯 배 넘게 늘어난 것이다.

2019년 넷플릭스가 오리지널 콘텐츠 확보를 위해 투자한 금액은 약 16조 원이다. 이는 2017년 한국 방송사업 전체 매출 16조 5,000억 원과 비슷하다.[3] 넷플릭스는 한국 지사 설립을 기점으로 기존 콘텐츠 확보와 새로운 오리지널 드라마 제작을 두 축으로 해 본격적으로 한국 시장 공략에 나섰다. 2017년 봉준호 감독의 〈옥자〉를 제작하며 한국 콘텐츠 개발에 첫발을 내디뎠다. 이어 오리지널 시리즈 〈킹덤〉을 비롯한 여러 인기 콘텐츠를 제작하며 콘텐츠 확보에 박차를 가하고 있다. 넷플릭스는 감독과 작가, 배우, 제작사들과 꾸준한 대화를 통해 향후 콘텐츠를 논의하고 있으므로 앞으로 경쟁력 있는 넷플릭스의 한국 오리지널 시리즈가 계속 제작되고 공개될 것으로 예측된다.

이를 증명하듯, 2018년 11월 싱가포르에서 넷플릭스의 발전에 대해 보고하는 콘텐츠 라인업 행사인 '넷플릭스가 볼 다음 아시아_{Netflix See What Next : Asia}'에서 넷플릭스의 최고 콘텐츠 책임자 테드 서랜도스는 봉준호 감독의 넷플릭스 오리지널 영화 〈옥자〉에 대한 언급을 시작으로 한국 엔터테인먼트 산업의 강력한 인프라와 한국 시청자의 영화와 TV 콘텐츠 사랑에 대해서 이야기했다. 특히 인터넷 속도가 빠르기 때문에 미디어 콘텐츠에 쉽게 접근할 수 있다고 지적했다. 이어서 그는 아시아 대륙의 많은 사람들이 한국 콘텐츠를 즐기고 있고, 한국은 수준 높은 스토리텔링 능력을 보유하고 있으므로 아시아에서 한국의 역할이 중요하며 한국 콘텐츠 개발에 많은 투자를 할 것이라고 표명했다.[4]

2020년 5월 말 앱 분석업체인 와이즈앱_{WiseApp}은 2020년 4월 넷플릭스의 국내 결제 금액이 439억 원이라고 발표했다. 월별 역대 최대치다. 지난 3년간의 넷플릭스 결제 금액 증가를 보면 넷플릭스의 성장이 눈부시다. 결제 금액은 2018년 4월에 35억 원, 2019년 4월에 185억 원, 그리고 2020년 4월에는 전년 동월보다 137퍼센트나 증가한 439억 원을 기록했다.[5]

이러한 고속 성장의 이유는 두 가지로 설명될 수 있다. 첫째 넷플릭스는 일관된 사용자 중심 전략으로, 막대한 자금을 전 세계 사용자가 좋아할 만한 다양하고 우수한 콘텐츠 확보에 지속적으로 투자해왔다.

그 결과 넷플릭스는 세계 각국의 영화 및 미디어 시장에서 보다 높은 점유율과 영향력을 갖게 되었다. 둘째 2020년 코로나19 사태로 소비자가 집에 있는 시간이 대폭 늘어나 콘텐츠 몰아보기 현상이 두드러지고 있는데, 드라마, 영화, 다큐멘터리, 애니메이션 부문에서 막강한 콘텐츠를 보유하고 있는 넷플릭스가 국내외 시장의 점유율을 높여가고 있는 것이다.

넷플릭스의 급성장으로 '넷플릭스당하다netflixed'라는 신조어가 생겼다. 이는 파괴적이고 혁신적 비즈니스 모델을 가진 넷플릭스의 등장으로 기존 비즈니스가 붕괴되는 현상을 말한다. 예를 들면, 넷플릭스로 인해서 글로벌 최대 DVD 대여점 '블록버스터'가 넷플릭스당하게 되었다. 넷플릭스의 적극적 공략으로 한국 OTT 기업과 콘텐츠 산업도 넷플릭스당할 가능성이 있다. 하지만 넷플릭스가 어항 속의 '메기' 역할을 해 장기적인 관점에서는 한국 OTT 기업과 콘텐츠 산업계에 긍정적인 영향을 미칠 수도 있다.

2017년에 들어 넷플릭스는 국내 OCN, tvN, JTBC의 인기 드라마와 예능 프로그램 등을 제공하기 시작했다. 그리고 아시아에서는 처음으로 봉준호 감독의 영화 〈옥자〉를 넷플릭스가 전액 투자해 제작했다. 옥자는 5,000만 달러의 제작비로, 2016년 4~8월 동안 촬영해 2017년 6월에 개봉했다. 이 영화가 한국의 많은 소규모 영화관에서는 개봉되었으나, 국내 3대 멀티플렉스 체인 극장인 CGV, 롯데시네마, 메가박스는 상영을 거부했다.

〈옥자〉는 2017년에 개최된 제72회 칸 영화제 경쟁 부문에 초청받았다. 하지만 불편한 심기를 노골적으로 드러내는 이들이 많았다. 이

그림 6-1
봉준호 감독의 영화 〈옥자〉

그림 6-2
넷플릭스 오리지널 시리즈 〈킹덤〉

유는 이 영화가 주로 OTT 스트리밍으로 제공되고 극장에서는 제한적으로 개봉할 영화기 때문었다. 즉, 영화 자체보다는 미디어 엔터테인먼트 산업의 유통 구조를 근본적으로 변화시키고 있는 넷플릭스에 대한 극장주들의 반감에 가깝다는 의견이 많았다.

2017년 중반에 넷플릭스가 〈옥자〉를 개봉하고 tvN의 〈비밀의 숲〉을 비롯해 인기가 있었던 tvN, OCN 및 JTBC 드라마들을 콘텐츠 라이브러리에 추가하면서 점점 주목받기 시작했다. 드라마는 〈화유기〉(tvN), 〈블랙〉(OCN), 〈슬기로운 감빵생활〉(tvN), 〈품위 있는 그녀〉(JTBC), 그리고 예능 프로는 〈효리네 민박〉(JTBC) 등이 있다.

넷플릭스가 한국에서 처음으로 제작한 오리지널 시리즈인 〈킹덤〉은 김성훈 감독이 연출을 맡은 조선 시대를 배경으로 한 좀비 미스터리 스릴러다. 2019년 1월 시즌 1의 6부작 에피소드가 공개되었다. 회당 제작비는 약 20억 원으로, 2019년 기준으로 미국 외 국가의 넷플릭스 오리지널 작품 중 가장 많은 제작비가 투입된 작품이다. 시즌 2는

2019년 6~7월 경에 촬영을 마치고 2020년 3월 공개되어 시즌 1보다 더 큰 인기를 끌었다.

한국 미디어 업체와의 제휴

넷플릭스는 2016년 5월 유료 방송 업계 처음으로 딜라이브+(OTT 셋톱박스)를 선보인 케이블 업체 딜라이브와 국내 처음으로 라이선스 계약을 체결해 딜라이브 OTT를 통해 넷플릭스의 오리지널 콘텐츠와 최신 영화를 TV로 즐길 수 있게 되었다.[6]

2017년에는 CJ헬로비전(현 LG헬로비전) 셋톱박스 뷰잉Viewing에 탑재되었다. 케이블TV 사업자 CJ헬로비전은 TV 기반의 OTT 플랫폼 전략을 추진하기 위해 넷플릭스, 푹TV, 티빙, 유튜브 등을 한곳에 모은 OTT 디바이스를 출시해 방송이나 인터넷, 모바일 등에서 제공되는 다양한 콘텐츠를 통합했다. 리모컨에는 구글 버튼뿐만 아니라 뷰잉, 푹TV, 넷플릭스, 티빙의 핫키 기능이 탑재돼 있어 버튼만 누르면 원하는 서비스에 바로 접속할 수 있다.[7]

넷플릭스는 2018년 11월 LG유플러스와 IPTV 부문 단독 파트너십을 체결했다. 넷플릭스 스트리밍 서비스가 한국 내 IPTV 서비스를 통해 제공되는 것은 이때가 처음이었다. 사실 LG유플러스는 프로모션으로 이미 2018년 5월부터 자사 '속도-용량 무제한 데이터 요금제' 고객에게 넷플릭스 3개월 서비스를 무료로 제공하고 있었다. 이 제휴로 국내 시청자들은 넷플릭스 콘텐츠를 스마트폰뿐만 아니라 IPTV 화면

그림 6-3 CJ헬로비전 셋톱박스 '뷰잉' 전용 리모콘

에서도 즐길 수 있게 되었다.

　LG유플러스 고객은 리모콘에 추가된 넷플릭스 핫키 버튼이나 LG유플러스 메뉴의 홈 버튼을 눌러 넷플릭스를 즐길 수 있다. 넷플릭스 월 사용료는 LG유플러스 청구서에 포함되어 한 번에 지불이 가능해 보다 편리하게 결제를 진행할 수 있다.

　넷플릭스 콘텐츠를 제공한 LG유플러스는 2019년 2분기 스마트홈 매출(5,057억 원)이 전년 대비 13.7퍼센트 증가해 '넷플릭스 효과'를 톡톡히 봤다. 같은 기간 IPTV 가입자 역시 1년 전에 비해 12퍼센트 늘어난 424만 명을 기록했다. 실제로 LG유플러스 스마트홈 담당자는 2018년 11월 넷플릭스 탑재 이후 넷플릭스 해지율은 일반 가입자에 비해 절반 수준이며, 신규 고객 가입 의향에서도 넷플릭스가 1위를 보여줘 가입자 순감에 효과가 있는 것으로 판단한다고 말했다.[8] 통신

3사 중 유일하게 IPTV에 넷플릭스 서비스를 탑재한 LG유플러스는 2019년 1월 넷플릭스에서 독점적으로 제공했던 〈킹덤〉 방영 이후 가입자가 세 배나 늘었다고 밝히기도 했다.[9]

LG유플러스 신규 가입자를 대상으로 조사한 결과, LG유플러스 IPTV 가입에 가장 큰 영향을 준 서비스로 넷플릭스를 꼽았고 특히 20대의 가입이 두드러지는 것으로 나타났다. 이는 넷플릭스 콘텐츠가 IPTV와 주문형 비디오VOD에 익숙한 20대 젊은 층 고객에게 인기가 있다는 것을 의미한다. 넷플릭스 시청자가 늘어나면서 LG유플러스 IPTV 가입자도 함께 늘었다는 점에서 LG유플러스 IPTV 사업의 성장 동력이 넷플릭스라는 것은 거의 이견이 없다.

다만 LG유플러스 가입자 중에서 넷플릭스 때문에 가입한 신규 회원은 LG유플러스 IPTV의 유료 VOD 콘텐츠 구매력이 떨어져 넷플릭스와의 제휴가 콘텐츠 판매 수익에는 도움이 안 되었다. 물론 넷플릭스가 월정 구독액 수익을 LG유플러스와 공유할 경우, 넷플릭스 실적이 좋으면 LG유플러스 IPTV 수익도 함께 늘어나기 때문에 크게 문제가 되진 않는다. 하지만 현실은 이와 매우 다른 것으로 짐작되고 있다. 넷플릭스와 LG유플러스 간의 계약 내용은 공개되지 않았지만 업계의 추정에 따르면 수익 배분율이 9 대 1 수준일 것으로 추정하고 있다.[10]

가파르게 증가하는 넷플릭스 국내 회원수

넷플릭스의 국내 가입자가 빠른 속도로 증가하고 있는 것으로 짐작되지만 넷플릭스는 가입자 수를 공개하지 않아 추정만 할 뿐이다. 앱 분석 서비스 업체인 와이즈앱에 의하면 2019년 10월 기준 넷플릭스의 국내 유료 가입자가 200만 명에 달하고 있다. 2018년 2월 40만 명에 불과했던 유료 가입자 수는 빠르게 증가해 2019년 초 100만 명을 넘어선 후부터 꾸준히 증가하고 있다. 국내에서는 넷플릭스가 LG유플러스 등과 제휴를 하고 있으므로 제휴사를 통한 가입을 고려하면 유료 가입자 수와 매출은 더 늘어날 것으로 판단된다.

월 유료 결제액은 260억 원에 달하는 것으로 추정 집계되어 넷플릭스 유료 가입자는 1인당 월 평균 1만 3,000원을 지불하는 것으로 나타났다. 전체 유료 가입자를 연령 별로 나누어보면, 20대가 38퍼센트, 30대가 31퍼센트로 2030세대가 전체의 69퍼센트를 차지하고 있다. 예상대로 넷플릭스가 젊은 층에 크게 어필하고 있다는 것을 알 수 있다.[11]

넷플릭스가 국내에서 오리지널 드라마를 공개할 때 대체적으로 가입자 수가 증가하는 것으로 나타났다. 봉준호 감독의 넷플릭스 오리지널 영화 〈옥자〉가 개봉된 2017년 6월 넷플릭스 유무료 사용자는 전월 23만 명에서 세 배 이상 늘어난 76만 명으로 증가됐다. 그렇지만 한 달이 지난 8월에 들어서면서 사용자가 절반 가까이 감소해, 증가가 일시적인 효과임을 알게 되었다. 이는 〈옥자〉를 보기 위해 가입한 첫 달 무료 사용자들이 다른 콘텐츠에 흥미를 느끼지 못하고 이탈했던 것으로 짐작된다.

그 후 2019년 오리지널 드라마 〈킹덤〉을 개봉한 이후에도 사용자가 급증한 것으로 나타났다. '닐슨코리안클릭' 조사에 따르면 2019년

1월 〈킹덤〉 공개 후 넷플릭스 서비스 추정 이용자는 전월 대비 65퍼센트 이상 증가했다. 1월 25일 오직 넷플릭스 플랫폼만을 통해 전 세계 동시에 개봉된 〈킹덤〉은 넷플릭스가 제작한 최초의 한국 오리지널 시리즈다. 〈킹덤〉 효과로 넷플릭스는 다양한 연령층으로 이용자 저변이 확대됐다. 기존 핵심 이용자 층인 20~40대가 각각 23만 명씩 늘어났고 50대 이상도 13만 명이나 증가했다. 그 후 이용자 수의 일시적 증감은 있었지만 지속적인 고품질 드라마의 유입으로 전체적으로는 계속 증가세에 있다. '닐슨코리안클릭'은 〈옥자〉나 〈킹덤〉 등의 핵심 콘텐츠를 소비한 후 추가로 고품질의 콘텐츠가 뒤따르지 않으면 이용자가 이탈할 가능성은 언제나 존재한다고 지적했다.[12]

도표 6-1 **넷플릭스의 한국 유료 가입자 추이**(단위: 만명)

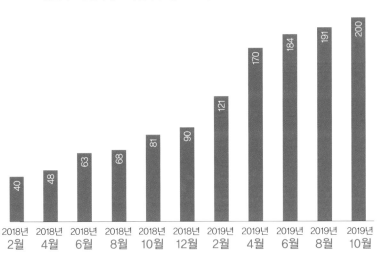

출처: 와이즈앱

N

넷플릭스가 바꾼
국내 엔터테인먼트 산업의 변화

한국 드라마 제작 환경의 변화

넷플릭스의 한국 진출이 미치는 영향을 파악하기 위해서는 먼저 국내 방송 사업자의 드라마 외주 제작 환경, 그리고 드라마의 제작, 유통 및 수익 구조에 대한 이해가 필요하다.

국내에서 유료 방송은 통신사가 운영하는 IPTV, 그리고 케이블TV, 위성방송이 있다. 유료 방송에 한 채널을 차지하고 있는 방송 사업자들을 PP_{Program Provider}(방송채널 사용 사업자)라고 한다. 예를 들면 종합편성채널 PP는 TV조선, JTBC, 채널A, MBN이 있고, 보도전문 PP는 YTN, 연합뉴스TV가 있다.

국내 방송 사업자를 유형별로 나누면 지상파인 KBS, MBC, SBS, EBS가 있고, 종편 PP와 보도전문 PP, 그리고 일반 PP인 CJ ENM이 있다(종편은 지상파와 같은 편성을 하지만, 방송은 공중파가 아닌 IPTV, 케이블과 위성을 통해서만 가능하다). 이들은 드라마 공급자이기도 하다.

한국에서 TV 방송 초창기에는 드라마를 포함한 방송 프로그램을 전적으로 지상파 방송사가 직접 제작했다. 1991년부터 도입한 외주 정책으로 독립 제작사나 지상파의 자회사에 드라마 제작을 위탁했다. 2000년대에 들어와서 드라마 제작사의 역할이 대폭 확대되어 자체적으로 기획, 제작 및 재정적 책임도 지는 주체가 되었다.

최근 들어 지상파는 드라마 편성을 대부분 외주 제작에 의존하고 있다. 2018년 정보통신정책연구원KISDI이 발표한 자료에 따르면 지상파 방송사들의 경우 드라마의 외주 제작 비율이 압도적으로 높다. 도표 6-2에서 좀 더 자세히 살펴보자.[13]

2017년 방송 사업자의 전체 드라마 외주 제작 계약 건수는 모두 99건이었다. EBS를 제외한 지상파 3사가 67건(67.7퍼센트)으로 가장 많았으며, 일반 PP인 CJ ENM이 24건(24.2퍼센트), 종편 PP인 JTBC가 7건(7.1퍼센트)으로 나타났다. 지상파 3사 중 KBS가 24건(24.2퍼센트), MBC가 22건(22.2퍼센트), SBS가 21건(21퍼센트)로 엇비슷하다. 2017년에는 종편 PP로는 JTBC가 유일하게 드라마를 제작했는데 모든 방영 드라마를 외부 제작사에 의존했다.

드라마 제작사는 작품이 방송사에 편성되지 않을 경우의 위험 부담을 피하기 위해서 미리 편성 확약을 받은 후 제작하는 것이 관행이었다. 드라마 제작사는 작가와 함께 작성한 드라마 기획안을 방송사 외

도표 6-2 2017 방송 프로그램 외주 제작 거래 실태조사

계약 형태	방송 사업자		장르별 편수		비율		순위	
			드라마	비드라마	드라마	비드라마	드라마	비드라마
(준) 표 준 계 약 서	지상파	KBS	24	200	24.2	9.9	1	2
		MBS	22	55	22.2	2.7	2	3
		SBS	21	24	21.2	1.2	3	4
		EBS	–	1,548	–	76.4	–	1
	소계		37	1,827	67.7	90.2	–	–
	종편 PP	TV조선	–	45	–	2.2	–	2
		채널A	–	60	–	3.0	–	1
		JTBC	7	29	7.1	1.4	–	3
		MBN	–	20	–	1.0	–	4
	소계		7	154	7.1	7.6	–	–
	일반 PP	CJ E&M	24	45	24.2	2.2	–	–
구두 계약	KBS		1	–	–	–	–	–
	합계(평균)		99 (19.8)	2,026 (225.1)	100.0	100.0	–	–

출처: 「2017 방송 프로그램 외주 제작 거래 실태조사」, 정보통신정책연구원

주 팀에 보내 편성 가능성을 타진한다. 방송사는 기획안을 검토해 편성 여부를 결정한다. 이 과정에서 방송사가 수정 의견을 제시하면 이를 반영하기도 한다.

드라마 제작사의 경쟁력은 능력 있는 작가의 보유에 의해 결정된다고 할 정도로 작가의 비중이 크다. 성공적인 드라마를 제작하기 위해서는 우수한 연출자와 스타 연기자가 있어야 하지만, 드라마의 성공

에 지대한 영향을 미치는 탄탄하고 창의성 있는 스토리를 집필해낼 능력 있는 작가가 무엇보다 중요하다. "좋은 작품을 연출자가 망칠 수는 있어도, 나쁜 작품을 연출자가 성공시킬 수는 없다."라는 업계의 말이 이를 보여준다.[14]

국내 콘텐츠 제작 환경의 고질적 문제는 지상파 방송사와 외주 제작사의 불합리한 계약 구조에서 비롯된다. EBS를 제외한 지상파 방송사는 세 개에 불과한데 외주 제작사는 160여 개여서 매우 비대칭적이다. 그동안 방송사 3사가 콘텐츠 유통망을 독점하고 있었기 때문에 외주 제작사가 아무리 좋은 드라마를 제작해도 결국 채널 사업자가 편성해주지 않는다면 방송을 할 수 없는 환경이었다. 이런 탓에 방송사와 외주 제작사는 철저한 '갑을 관계'였다. 편성권을 가진 방송사가 절대 '갑'이며, 방송국의 수주를 받아야 하는 드라마 제작사는 '을'이었다.

드라마 공급자인 방송사는 광고주가 지불하는 광고비를 재원으로 해서 드라마 제작사에게 제작비를 지급하고 의뢰한다. 그리고 이를 지상파는 전파를 통해 실시간으로 직접 소비자에게 공급한다. 유료 방송 사업자들은 드라마 공급자로부터 드라마를 구입한 후 소비자들에게 실시간 또는 VOD 형태로 제공한다.

드라마 공급사가 제작사에 지급하는 재원을 'TV에 방영하는 권리'라는 의미로 '방영권료'라고 한다. 방송사와 드라마 제작사 간의 계약은 수요를 독점하고 있으므로 '갑'의 위치에 있는 방송사에 유리하게 체결될 수밖에 없다. 외주 드라마 제작사가 겪는 문제는 방송사가 턱없이 낮은 제작비를 지급한다는 데 있다. 방송사가 지불하는 방영권료, 즉 드라마의 가격은 총 제작비의 50~80퍼센트 수준에서 책정된

도표 6-3 2012년 이전, 방송사-제작사 간 확고한 '갑을 관계'

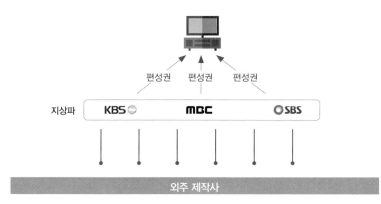

외주 제작사가 아무리 좋은 드라마를 기획, 제작해도 방영 창구는 지상파 3사로 극히 제한되어 있었기 때문에 지상파 3사가 막강한 권력인 편성권을 쥐고 외주 제작사들과 불평등 갑을관계가 형성되었다.

출처: http://economychosun.com/client/news/view.php?boardName=C00&t_num=13606540 변형

다. 제작비를 주는 방송사는 광고 수익에 더해 대부분의 판권까지 챙겨간다. 하지만 별 선택권이 없는 제작사는 불합리한 계약을 받아들일 수밖에 없다.

2003년 드라마 〈겨울연가〉, 2004년 〈대장금〉이 큰 성공을 거두면서 한국 드라마의 제작에 많은 제작비가 투입되기 시작했다. 작가 원고료와 연기자 출연료가 급상승했다. 방송사에 제작 드라마를 편성해줄 것을 요구하려면 높은 시청률을 보장할 수 있는 스타 작가와 연기자를 캐스팅해야 한다. 드라마 제작비에서 작가료와 출연료가 차지하는 비중이 전체 제작비의 70퍼센트를 넘게 됨에 따라 드라마 제작에 두 가지 근본적인 문제가 생기고 있다. 첫째 드라마가 성공하지 못할

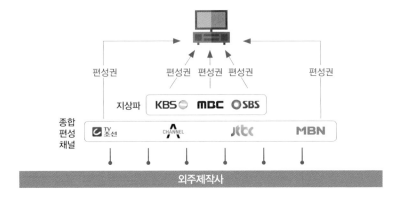

지상파 3사에 더해 종합편성채널(TV조선, 채널A, JTBC, MBN)이 2011년 개국하면서 방영 창구가 늘어 외주 제작사가 기획, 제작하는 드라마의 편성 기회가 확대되었다. tvN과 OCN 등 케이블채널 사업자인 CJ ENM도 본격적으로 드라마 방영 편수를 늘림.

출처: http://economychosun.com/client/news/view.php?boardName=C00&t_num=13606540 변형

경우, 제작사는 큰 손해를 입게 되어 재정적 위험에 노출되어 있으며 조연, 단역 연기자와 스태프도 재정적 어려움을 겪게 된다. 둘째, 제작비 부족으로 드라마의 완성도를 위해 필요한 세트, 소품, 의상 등의 미술비와 음향, 조명 시설, 조연과 엑스트라 등을 위한 비용을 줄이기 때문에 드라마의 성공 기회를 낮추고 있다.[15]

　제작비의 부족한 부분은 드라마 제작사가 간접광고, 협찬, OST 판매 수입, 광고, VOD 및 국내외 판권 판매를 통해 메꾸어야 한다. 만일 이 부족 부분을 메꾸는 것이 미흡할 경우에는 조연, 단역 연기자나 스태프에게 임금을 지급하지 못하는 사태까지 벌어지고, 심지어는 법정에 가기도 한다. 출연료 지급 관련 소송과 불상사가 끊이지 않는 이유

가 여기에 있다. 이를 극명하게 보여주는 사례가 1992년 〈여명의 눈동자〉와 1995년 SBS 드라마 〈모래시계〉로 유명한 김종학 PD를 들 수 있다. 그는 2012년 방영되었지만 성공을 거두지 못한 SBS 드라마 〈신의〉의 출연료 미지급 관련 출연자들이 제기한 소송으로 어려움을 겪는 과정에서 2013년 스스로 목숨을 끊었다.[16]

이러한 고질적인 갑을 관계는 2011년 12월 TV조선, JTBC, 채널A, MBN 등 종합편성채널 4사의 등장, 그리고 오락 채널인 tvN과 영화전문 채널인 OCN 등 케이블 채널을 보유하고 있는 CJ ENM이 드라마 사업을 강화하면서 채널이 증가하자 조금씩 나아지기 시작했다. 그리고 외주 제작사와 방송사와의 불합리하지만 견고했던 '갑을 관계'도 흔들리기 시작했다.

넷플릭스가 바꿔놓은 한국의 드라마 제작 관행

넷플릭스는 2016년 한국 진출 이후, 신속한 한국 시장 진입을 위해 고품질의 콘텐츠를 만들 수 있는 제작사를 찾는 것이 절실했다. 넷플릭스의 국내 진출에 대해서 경계의 눈초리를 보냈던 방송 사업자와는 달리, 제작자들은 이러한 넷플릭스의 니즈를 긍정적인 시각으로 바라보았다. 넷플릭스와의 제휴로 현재의 열악한 계약 및 재정적 리스크에서 벗어날 수 있는 가능성을 보았기 때문이다.

국내 제작사 입장에서 보면 국내 방송사 채널에 더해 넷플릭스라는 글로벌 플랫폼 채널이 생긴 것이다. 넷플릭스의 등장으로 한국 드라

도표 6-5 2016년 이후, 작품의 전 세계 동시 방영 시대

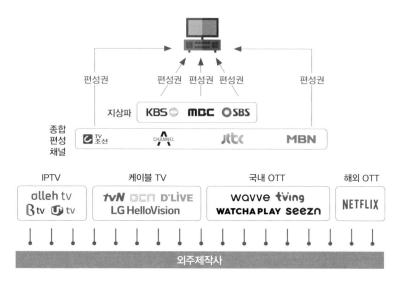

외주 제작사가 공급할 수 있는 방송 채널이 지상파 3사 및 종편, 케이블 채널에 더해 온라인 동영상 플랫
폼(OTT)으로 확대되었다. 특히 지난 2016년 넷플릭스의 등장으로 전 세계 동시 방영이 가능해지고, 외주
제작 구조도 보다 합리적인 방향으로 개선었다. 2010년 첫선을 보인 국내 OTT 서비스도 웨이브, 왓챠플
레이, 티빙, 시즌 등 다양화되고 있다.

출처: http://economychosun.com/client/news/view.php?boardName=C00&t_num=13606540 변형

마 산업계는 종편 및 CJ ENM의 드라마 사업 강화 이후 또 한 번 전환

점을 맞이하게 되었다.

　국내 콘텐츠 확보를 위해, 자금력을 바탕으로 한 넷플릭스의 행보

는 정교하고 전략적이었다. 넷플릭스는 2018년 tvN의 〈미스터 선샤

인〉을 홀드백 없는 글로벌 동시 방영 조건으로 300억 원에 구매한 것

으로 알려져 있다. 또 넷플릭스가 〈킹덤〉을 만드는 제작 과정은 파격

적이었다. 〈킹덤〉은 그 어떤 방송국에서도 방영되지 않았고 2019년

1월 25일 시즌 1의 에피소드 여섯 편에 이어 2020년 3월 13일 시즌 2

에피소드 여섯 편을 모두 넷플릭스를 통해 전 세계에 공개했다.

국내 제작자들은 작품을 편성해줄 방송사를 구하는 것이 제일 큰 고민이었으나, 넷플릭스와 공동 제작을 하는 제작사들은 작품 편성 채널을 구하기 위해 고심하지 않아도 된다. 과거처럼 지상파 3사에 매달릴 필요 없이 작품을 전 세계 방영 네트워크를 가지고 있는 넷플릭스 플랫폼에 올리면 된다. 제작사는 제작에만 몰두하면 되는 좋은 환경이 만들어진 것이다.

드라마는 광고비를 주된 재원으로 제작하기 때문에, 드라마 공급자들은 광고 성수기인 매년 4분기에 그해 가장 공들인 작품들을 출시한다(광고 성수기가 4분기인 이유는, 크리스마스를 포함한 연말 휴가 기간 중 비디오 소비가 증가하기 때문에 광고 효율이 높으며, 또한 광고주들도 연간 편성한 예산의 잔여분을 연말에 모두 소진하기 때문이다).[17] 결과적으로 드라마는 제작비 조달과 출시 시기가 모두 광고에 의해 영향을 받아왔다.

하지만 글로벌 플랫폼을 보유하고 있는 넷플릭스가 등장하면서 드라마 제작비와 계절성에 대한 제약이 사라지고 있다. 특히 그동안 드라마 제작자는 제작비의 70퍼센트 정도에 해당하는 방영권료만으로 드라마를 제작해야 하는 어려움이 있었기 때문에 넷플릭스가 제공하는 합리적인 제작비 지원에 대해서 적극 환영하는 분위기다. 재정적인 면뿐만 아니라, 제작에 몰두할 수 있기 때문에 작품의 질이 올라가고, 넷플릭스를 통한 해외 판매의 가능성도 높아졌다(도표 6-6 참조). 사실 잘 만든 드라마는 1차 방영권뿐만 아니라 VOD와 글로벌 OTT 시장으로 팔릴 가능성이 크다. OTT 시장 활성화로 고품질 콘텐츠를 만드는 제작사의 위상이 높아지고 있다.

도표 6-6 콘텐츠 유통 단계의 변화

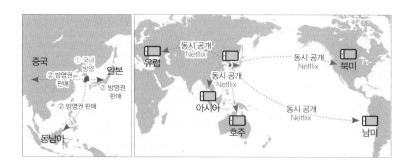

기존에는 본 방송을 TV 채널을 통해 국내 방영하고 이후 재방영권을 주로 아시아권의 해외 방송사와 온라인 동영상 플랫폼(OTT), 국내 OTT, 케이블 TV 등에 판매하는데 국내와 해외에서의 콘텐츠 방영 시차가 6~12개월 정도 있었다. 이에 반해 현재는 기존 유통 채널은 유지하고 여기에 넷플릭스가 추가돼, 넷플릭스와 계약을 맺은 콘텐츠는 전 세계 190개국에 27개 언어로 공개된다. 본 방송과 넷플릭스를 통한 유통의 시차는 24시간 미만으로 실질적으로는 국내와 해외에서 동시 공개라고 할 수 있다.

출처: http://economychosun.com/client/news/view.php?boardName=C00&t_num=13606540 변형

예를 들어, 국내 영화 투자배급사 '뉴NEW'의 콘텐츠 제작사 '스튜디오앤뉴'가 2019년 6/7월에 시즌 1, 그리고 11/12월에 시즌 2를 출시한 드라마 〈보좌관〉의 경우다. 방영권료로 제작비의 일부를 충당하고 넷플릭스에 선판매해 해외 판권을 직접 매각했다. 글로벌 OTT를 통한 매출 확대 기회가 더욱 높아진 것이다. 여기에 방송간접광고나 VOD 등에 대한 추가 수익도 기대할 수 있다. 넷플릭스와의 협업으로 이제는 드라마 제작자가 가져갈 수 있는 수익 비중이 상당히 높아지게 되었다.[18]

넷플릭스가 한국의 유료 방송 시장에서 차지하는 비중이 아직 미약하지만, 국내 미디어 산업계의 제작과 유통 구조를 뿌리부터 흔드는 획기적인 변화를 초래하고 있는 것이다. 향후 넷플릭스는 글로벌, 특

히 한류의 인기가 높은 중화권과 아시아 시장에서의 가입자 기반 확대를 위해 경쟁력 있는 한국 콘텐츠의 확보에 많은 노력을 기울일 것으로 예측된다.[19]

넷플릭스가 한국의 오리지널 드라마 제작에 관심이 많은 또 다른 이유는 한국의 드라마 제작비가 미국에 비해 10분의 1 정도밖에 들지 않아 콘텐츠 투자 대비 가성비가 매우 높기 때문이다. 예를 들면 오리지널 시리즈 〈킹덤〉(시즌 1)은 6부작인데 제작비가 회당 20억 원 정도 들어간 것으로 추정하고 있다. 이에 비해 HBO의 〈왕좌의 게임〉은 동일한 6부작인데 회당 제작비가 170억 원 정도로 추산하고 있다. 금전적으로 보면 한국의 콘텐츠가 효율이 훨씬 높다.[20]

넷플릭스의 혁신적인 콘텐츠 제작 환경

넷플릭스의 등장은 기존 한국의 콘텐츠 제작과 유통 구조에 변화를 가져왔다. 이는 단지 '넷플릭스'라는 콘텐츠 송출용 미디어가 하나 더 생겼기 때문이 아니라, 넷플릭스의 오리지널 콘텐츠 제작이 혁신적이었기 때문이다. 그렇다면 넷플릭스의 콘텐츠 제작은 어떤 점에서 혁신적이었을까? 지금부터 이에 대해 짚어보자.

합리적인 제작비 제공
먼저 넷플릭스는 외주 제작사에 전체 제작비의 10퍼센트 수준의 수익을 보장하는 것으로 알려졌다. 예를 들면, 제작비가 200억 원 필요한 드라마를 제작할 경우 제작사에 220억 원을 지급해 안정적 제작과 제작사의 최소한의 이익을 보장하는 것이다. 따라서 제작사로서는 위험 부담이 없으므로 넷플릭스와 작업을 하고 싶어 하는 건 매우 자연스럽다.

투명한 계약 환경

넷플릭스와 함께 드라마를 만든 경험을 가진 어느 제작자의 말에 의하면, 넷플릭스는 계약까지 가는 진행 과정이 매우 세밀하며, 계약서의 디테일도 다른 드라마보다 몇 배나 많다. 넷플릭스는 계약서에 명시된 수준까지 100퍼센트 보장하지만 촬영이 늘어져 추가 예산이 발생하는 것은 받아들이지 않는다. 이에 반해 국내에서는 드라마 외주 제작 계약을 할 때 모두가 표준 계약서 체결을 하지는 않는다. 〈2017 방송 프로그램 외주 제작 거래 실태조사〉에 의하면 지상파 드라마 제작 시 표준 계약서의 작성 비율은 75퍼센트에 불과한 것으로 나타났다. 넷플릭스의 디테일하고 정확한 계약서 문화가 정착되면 국내 드라마 제작 환경도 개선될 것으로 기대한다.

작가 및 출연자 존중 문화

넷플릭스는 콘텐츠의 근간이 되는 스토리텔링을 중시한다. 따라서 작가의 창의성을 존중한다. 대본에 대해서 넷플릭스와 논의하고 의견을 공유하지만, 이것을 수용할지 여부는 전적으로 작가에게 달렸다. 작가가 자신이 생각하는 스토리를 원하는 형태와 분량, 드라마로 표현할 수 있도록 창작자의 의도를 존중한다. 국내에서는 투자자가 드라마 시청률을 높이기 위해 내용 수정을 요구하는 일이 드물지 않다. 작가의 창의성을 존중하는 넷플릭스에서는 이런 관행을 찾기가 힘들다고 한다. 작가의 창의성을 존중하는 넷플릭스 문화는 작가들의 사기를 올리며 제작하는 작품의 품질도 올릴 수 있다.

또한 넷플릭스는 표현의 자유를 철저하게 보장한다는 점이 작가, 제작자, 연기자 모두에게 무척 매력적이다. 〈킹덤〉 제작에 참여한 연출 관계자는 "제작에 있어 넷플릭스가 요구하는 사항은 스포일러에 대한 철통 보안 단 하나다. 촬영장에 가면 연기자는 물론 제작자들이 극도로 몰입할 수 있는 환경이 잘 갖춰져 있다는 느낌이다."라고 말했다. 이어 "국내 방송 작품은 심의라는 것이 있어서 매회 연출팀과 스크립터, 내부 조연출까지 일일이 검사해야 해서 표현에 제약이 따른다. 하지만 넷플릭스는 창작자의 의도와 표현의 자유를 무제한 보장한다. 일례로 〈킹덤〉에서는 사람 머리가 잘려서 바닥에 뒹구는 것까지 모자이크 처리 없이 그대로 다 보여줬다. 기존 국내 방송에서는 절대 불가능한 일이다."라고 설명했다.[21]

콘텐츠의 다양성 추구

넷플릭스 콘텐츠 제작의 또 다른 특징 중 하나는 다양성을 추구한다는 점이다. 흥행 목적 달성만을 위해 콘텐츠를 제작하지 않는다는 것이다. 넷플릭스는 2014년 기준으로 7만 6,900개의 마이크로장르에 속하는 콘텐츠를 보유하고 있고, 2019년 말 현재 전 세계적으로 2,000여 개의 '취향 그룹'이 있다. 이렇게 다양한 고객들을 만족시키기 위해서는 킬러 콘텐츠 못지않게 광범위하고 다양한 콘텐츠의 확보가 중요하다.

넷플릭스의 미디어 라이브러리는 경쟁사에 비해 비인기 혹은 오래된 콘텐츠가 많다. 넷플릭스의 고도화된 추천 시스템은 소위 '롱테일'의 끝자락에 위치한 이러한 콘텐츠를 고객에게 추천해 그들이 다양한 콘텐츠를 감상할 수 있는 기회를 제공한다. 이것은 고객에게 좋은 '가치'를 제공하며 넷플릭스에 재정적으로 도움이 된다. 따라서 넷플릭스는 짧은 기간 동안 흥행에 성공한 영화나 드라마뿐 아니라 오랜 기간 동안 고객에게 사랑받는 비디오에도 높은 가치를 부여한다. 이로 인해 넷플릭스가 추구하는 콘텐츠는 무척 다양하다.

관행을 벗어난 창의적인 콘텐츠

2019년 2월 18일자 〈이코노미조선〉은 넷플릭스의 국내 상륙이 가져온 한국 드라마의 제작, 유통 및 소비 형태의 변화에 대해서 분석 보도했다.[22]

넷플릭스가 한국에 상륙한 후 제작한 두 편의 한국 드라마인 〈킹덤〉과 〈SKY 캐슬〉은 콘텐츠 제작 관련한 넷플릭스의 자세를 잘 보여주고 있다. 넷플릭스가 한국에서 처음으로 제작한 오리지널 시리즈 〈킹덤〉은 조선 시대를 무대로 한 좀비 드라마다. 2019년 1월 에피소드 공개와 동시에 전 세계 시청자들로부터 큰 호응을 받았다. 〈SKY 캐슬〉은 상류층의 비정상적인 교육열을 풍자한 드라마로 JTBC에서 2018년 11월부터 방영되었으며 비지상파로는 매우 높은 시청률을 기록했고 홀드백 없이 바로 넷플릭스에 스트리밍되었다. 업계 전문가들은 공통적으로 이 두 드라마가 한국 드라마 산업에 심대한 변화를 가져올 것이라고 말한다. 〈킹덤〉과 〈SKY 캐슬〉은 지금까지 한국에서 드라마를 제작 및 유통하면서 적용했던 아래 두 가지 관행을 따르지 않았다는 것이다.

첫째, 지상파 3사의 인기 시간대에 편성하지 않았다. 〈SKY 캐슬〉은 종합편성채널인 JTBC에서 금요일과 토요일 밤 11시에 방영되었고, 〈킹덤〉은 TV에서 방영하지 않고 넷플릭스에서만 방영되었다.

둘째, 드라마의 장르, 내용과 출연진도 기존 인기 드라마와 판이하게 다르다. 국내외에서 인기가 있었던 드라마들은 대부분 로맨스 장르다. 그리고 중국과 동남아를 비롯한 아시아 지역에 이름이 널리 알려진 한류 스타들이 출연했다. 그러나 〈SKY 캐슬〉과 〈킹덤〉에는 한류 스타가 등장하지 않고, 어디에도 그들 간의 연애 스토리는 없다. 〈SKY 캐슬〉에는 시청자 혹은 주위에 있는 사람들 대부분이 겪었을 입시라는 소재를 기반으로 했으며 입시와 관련된 부조리하고 비극적인 사건들을 삽입해 드라마의 몰입감을 높였다. 〈킹덤〉은 섬뜩한 좀비를 매개체로 해 어지러운 세상에서 생존이란 본능에 대한 이야기를 풀어냈으며 부조리한 세상을 비판했다.

창작자의 글로벌 등용문

창작자나 제작자에게는 글로벌 스트리밍 플랫폼인 넷플릭스가 매우 매력적이다. 그간 톱 연기자가 출연한 국내 콘텐츠가 한류에 힘입어 중화권이나 아시아 지역에 진출하곤 했다. 하지만 영어권, 유럽 국가 그리고 중남미 국가 진출은 현실적으로 쉽지 않았다. 넷플릭스와의 협업은 이런 어려움을 단번에 해결한다. 예를 들면 전 세계 1억 8,300만 명의 넷플릭스 회원은 〈킹덤〉의 한국 출시와 동시에 이를 감상할 수 있게 되었다. 〈킹덤〉 연출을 맡은 김성훈 감독은 하루아침에 전 세계에 소개되어 유명 감독의 반열에 오르게 되었다. 이런 의미에서 진정한 의미의 '글로벌 한류'는 이제부터라고 할 수 있다.

방송사들이 넷플릭스의 동시 방영을 수용한 이유

케이블 채널이나 종합편성채널과는 달리 지상파는 넷플릭스의 시장 잠식을 우려해 동시 방영을 허용하지 않고 홀드백이 있는 라이선스를 판매해왔다. 일반적으로 지상파에서 드라마를 방영한 후 몇 주 후에 넷플릭스에서 방영할 수 있도록 했다.

그동안 국내 방송사는 넷플릭스에 그들의 콘텐츠를 판매하는 것을 꺼려왔는데, 점차 그 관행을 깨고 자사의 콘텐츠를 판매하기 시작했다. 그뿐만 아니라 최근에는 주요 방송사의 인기작을 홀드백 없이 넷플릭스와 동시 방영을 허용하고 있다. 왜 국내 방송사들은 자사의 작품들을 넷플릭스와 동시 방영을 허용했을까?

국내 방송사들이 넷플릭스와 동시 방영을 허용하는 가장 큰 이유는 콘텐츠 제작비 확보 때문이다. 많은 블록버스터급 영화나 드라마를 자주 접한 한국 시청자들은 눈높이가 매우 높아졌다. 높아진 시청자의 수준에 맞는 고품질 작품의 제작에는 막대한 제작비가 들어간다. 경쟁자로서의 넷플릭스는 위협적이지만 제작비를 조달하는 창구로서의 넷플릭스는 막대한 자금력을 가진 매력적인 동반자다. 예를 들면, 넷플릭스는 430억 원의 제작비가 든 tvN의 대작 〈미스터 션샤인〉의 동시 방영권을 약 280억 원에 사들이면서 업계의 화제가 됐다.

또한 세계적으로 코드 커팅과 OTT가 미디어 엔터테인먼트 대세로 이미 자리 잡은 상황에서 넷플릭스 동시 방영은 재원의 확보뿐만 아니라, 넷플릭스의 글로벌 플랫폼을 이용한 한국 드라마의 세계 진출에도 많은 도움이 될 수 있다고 판단했기 때문이다.[23]

사실 방송사들이 이전에 고집스럽게 고수하던 홀드백 조건을 없애고 동시 방영을 허용한 것은 작품을 훨씬 더 비싸게 판매할 수 있기 때문이다. 흥미로운 점은 이제는 작품을 만드는 제작사들도 콘텐츠의 수준 향상과 제작 환경 개선을 위해 방송사 측에 동시 방영을 요구하고 있다는 것이다.[24]

넷플릭스가 오리지널 작품의 제작뿐 아니라, 기존 혹은 신규 국내 콘텐츠를 공격적으로 매입하고 있는 이유는 국내 주요 OTT 서비스에서 인기를 끄는 작품 중 국내 방송사 콘텐츠가 많은 비중을 차지하고 있기 때문이다. 또한 아시아 시장을 효과적으로 공략하기 위해서도 인기가 높은 한국 콘텐츠가 중요하다.

넷플릭스가 종합편성채널이나 케이블 방송과 동시 방영한 드라마 중 몇 사례는 아래와 같다.

- 2018년 tvN이 제작한 〈미스터 션샤인〉은 전체 제작비 430억 원 중 280억 원을 넷플릭스가 투자했는데, 역대 한국 드라마 회당 제작비 최고액을 기록했다. 〈미스터 션샤인〉은 한국에서 만든 콘텐츠였지만 드라마 방영 후 넷플릭스를 통해 즉시 공개되어 해외에서도 시청할 수 있었다.
- JTBC가 기획 및 제작해 2018년 11월~2019년 2월에 방영한 20부작 금

토 드라마 〈SKY 캐슬〉도 TV에서 방영 후 바로 넷플릭스에서 오픈되어 즉시 시청할 수 있다.

- 2019년 6~9월 방영되었던 tvN 드라마인 18부작의 〈아스달 연대기〉 는 tvN에서 매주 토, 일요일 밤 9시에 방영한 후 한 시간 뒤에 넷플릭스 에 공개되었다.
- tvN이 제작해 2019년 5~6월 방영한 16부작 월화 드라마 〈어비스〉도 넷플릭스에서 동시 방영했다.

넷플릭스는 종합편성채널이나 케이블 방송과의 동시 방영 제휴를 뛰어넘어, 지상파 TV 방송국과도 협력해 홀드백 없이 콘텐츠를 동시 에 방영했다. 예를 들면 아래와 같다.

- 2019년 5~7월 MBC TV에서 방영했던 32부작 수목 드라마 〈봄밤〉이 넷플릭스에 홀드백 없이 TV 방영 한 시간 후에 아시아권과 대다수 영어 권 지역에 공개되었다.
- 2019년 9~11월 SBS TV에서 방영되었던 16부작 금토 첩보 액션 드 라마 〈배가본드〉는 한국을 포함한 전 세계 모든 지역의 넷플릭스에서 SBS 방영 후 한 시간 후부터 서비스되었다.
- 2019년 9~11월 KBS2 TV에서 방영되었던 40부작 수목 드라마 〈동백 꽃 필 무렵〉은 KBS2 TV에서 방영 후 바로 넷플릭스에서 한국을 포함한 아시아, 영어권에 서비스되었다.

국내 콘텐츠 기업과의 협력을 강화하다

앞으로도 넷플릭스는 국내 방송사 및 콘텐츠 제작 업체와 보다 폭넓은 제휴를 통해 인기 작품 제작과 유통에 나설 것으로 보인다. 넷플릭스는 CJ ENM과 JTBC와 협력을 통해 장기간 콘텐츠 공급계약을 체결했다.

먼저 넷플릭스는 미디어 엔터테인먼트 회사인 CJ ENM, 그리고 자회사인 스튜디오드래곤과 다년간 콘텐츠 제작 및 배포 계약을 체결했다. 2020년에 시작된 3년 파트너십의 일환으로 스튜디오드래곤은 넷플릭스 회원이 시청할 수 있는 넷플릭스 오리지널 콘텐츠를 제작한다. CJ ENM과 스튜디오드래곤은 넷플릭스에 콘텐츠 공급을 확대해, 3년간 21개 이상의 드라마를 공급할 예정이다.[25] 눈여겨볼 점은 이 파트너십 추진은 넷플릭스와 CJ ENM이 각각 새로운 경쟁자들과 경쟁을 벌이면서 시작되었다는 점이다. 미국에서 넷플릭스는 디즈니+, 애플 TV+ 그리고 HBO 맥스와의 경쟁에 직면하고 있다. 국내에서는 3대 TV 방송국과 SK 텔레콤이 공동으로 자체 제작한 비디오 스트리밍 서비스 인 웨이브Wavve가 2019년 9월에 시작되어 CJ ENM, JTBC 등과 향후 시장에서 경쟁할 것으로 예측된다.

또한 넷플릭스는 JTBC와 2017년에 글로벌 라이선스 계약을 체결해 600시간 분량의 JTBC 드라마 및 예능 콘텐츠를 액세스할 수 있었다. 이미 〈SKY 캐슬〉, 〈밥 잘 사주는 예쁜 누나〉, 〈나의 나라〉, 〈라이프〉 등 다수의 JTBC 드라마 콘텐츠를 넷플릭스에서 선보였다.

2017년 협력의 연장선상으로, 2019년 11월 넷플릭스는 JTBC 자회사인 JTBC콘텐트허브(현 JTBC스튜디오)와 보다 확대된 드라마 라이선스 공급 계약을 체결했다. 이 계약으로 JTBC는 2020년 초부터 3년 동안 자사 프라임타임에 편성되는 드라마 20여 편을 넷플릭스에 공급하기로 했으며, 넷플릭스는 2020년부터 세계 190개 이상의 국가에 JTBC 드라마를 스트리밍한다. JTBC와 넷플릭스는 콘텐츠 공동 제작 및 공개를 위해 협력하며, 향후 제작될 JTBC 드라마 중 전 세계에 공개할 작품을 양사가 함께 논의하고 선별하기로 했다.[26]

흥미로운 점은 넷플릭스와 제휴한 CJ ENM과 JTBC는 이미 OTT 합작법인을 설립하기로 했고 티빙Tving을 기반으로 한 통합 OTT 플랫폼을 런칭하기로 한 상태다. 업계에서는 넷플릭스-CJ ENM-JTBC의 삼각 협력이 더 공고해질 것으로 보고 있다.[27]

넷플릭스의 국내 유료 가입자 수는 2018년 10월 90만 명에서 2019년 10월에는 200만 명으로 1년에 2배 이상 증가하며 빠른 속도로 가입자 기반을 넓혀가고 있다. 사실 넷플릭스는 한 가입자 계좌에 최대 네 명까지 동시 접속이 가능하다는 걸 감안하면 실제 이용자 수가 500만 명에 달할 것이란 추측도 나온다.[28]

한국 진출 초기에 로컬 콘텐츠의 부족과 기존 로컬 OTT 업체의 견제로 성과를 거두지 못하던 넷플릭스는 세계 다른 지역에서와 유사하게, 한국 상륙 2~3년 만에 한국의 소비자가 비디오를 소비하는 패턴을 서서히 바꾸면서 급격한 성장을 이루고 있다. '넷플릭스한국사용자모임netflixkr.net'이라는 사용자 모임도 생겼다.

넷플릭스의 공격적인 월정 구독료 기반 서비스는 빠르게 변화하는 미디어 콘텐츠를 적극적으로 소비하는 한국 고객들을 사로잡고 있다. 넷플릭스는 월 1만 원 내외의 저렴한 월정 구독 요금제로 한국에서 지배적인 시장 점유율을 차지하고 있는 기존 국내 통신 업체와 콘텐츠 제공 업체의, 유료 TV 및 OTT 서비스에 대해서 경쟁력을 높이며 도전하고 있다.

다양하고 매력적인 넷플릭스 오리지널 시리즈로 인해 오랜 시간 동안 시청하는 소위 '넷플릭스 페인'이 늘어나고 있다. 넷플릭스 콘텐츠가 나이에 관계없이 모든 세대의 고객을 끌어들일 수 있었던 것은 어떤 취향이라도 만족시킬 수 있는 넷플릭스 미디어 라이브러리의 다양성과 탁월한 품질 때문이다. 넷플릭스는 미국은 물론이고 세계 각국에서 제작한 유명 콘텐츠를 대부분 확보해 제공하고 있다. 넷플릭스는 해외 콘텐츠뿐만 아니라, 국내 방송사와도 적극적으로 제휴해 해당 방송사에서 방영하는 드라마와 예능을 제공한다. 예를 들면 이병헌 주연의 〈미스터 션샤인〉, 현빈 주연의 〈알함브라 궁전의 추억〉, 염정아 주연의 〈SKY 캐슬〉과 유재석이 이끄는 예능 〈범인은 바로 너〉 등이다.

요즘은 "'인싸'가 되려면 넷플릭스를 봐야 한다."는 말이 나온다. 영화를 통해서 서로 동질성을 느낄 기회가 많아져 사회성이 훨씬 좋아지기 때문이다. 넷플릭스는 한 계정으로 네 명까지 접속할 수 있기 때문에 가족과 친구들끼리 월정 구독료를 나누어 내고 계정을 공유한다. 심지어는 클리앙이나 중고나라 카페에서 모르는 사람들끼리 비용을 나누어 내고 넷플릭스를 가입해 계정을 공유하기도 한다. 새로운 풍속이다.

최근 미디어 환경이 방송사 중심에서 온라인 플랫폼 중심으로 변하고 있다. 한국에서 1인 가구 비중이 급격하게 증가하고 있는데, 2010년 24퍼센트였던 1인 가구 비율이 2020년에 30퍼센트에 달하고 있다.

1인 가구의 증가로 비디오 시청에 TV보다는 스마트폰이나 노트북 등의 온라인 모바일 플랫폼이 훨씬 더 많이 이용되고 있다. 이러한 온라인 플랫폼 중심의 환경은 넷플릭스와 같은 OTT 서비스에 매우 유리한 환경이다. 넷플릭스는 OTT 서비스 중 가장 많은 2,200개의 디바이스를 지원하고 있는데, 선택한 요금제에 따라 스마트폰, 태블릿, PC로 동시에 넷플릭스를 이용해 스트리밍할 수 있다.[29]

한국에서 사랑받는 넷플릭스 작품들(2019)

넷플릭스는 2019년 한국에서 가장 사랑받은 작품 10선을 공개했다.[30] 넷플릭스 오리지널 시리즈 〈킹덤〉이 2019년 한국에서 가장 사랑받은 작품으로 꼽혔다. 이어 〈6 언더그라운드〉, 〈위처〉, 〈사랑의 불시착〉, 〈박나래의 농염주의보〉, 〈페르소나〉, 〈동백꽃 필 무렵〉, 〈좋아하면 울리는〉, 〈기묘한 이야기 3〉, 〈배가본드〉가 여기에 속했다.

아울러 한국에서 인기 있었던 다큐멘터리 작품 10선도 공개 되었다. 〈10대 사건으로 보는 제2차 세계대전〉을 비롯해, 〈길 위의 셰프들〉, 〈더 셰프 쇼〉, 〈풍미 원산지〉 등의 음식 관련 콘텐츠가 강세를 보였다. 이 밖에 〈우리의 지구〉, 〈비욘세의 홈커밍〉, 〈인사이드 빌 게이츠〉 등 역사, 자연, 음악, 스포츠, 그리고 기술과 같은 주제를 깊이 있게 다룬 작품들도 다큐멘터리 10선에 포함됐다.

N

급변하는 한국의
OTT 서비스 환경

넷플릭스와 유튜브로 인해 빠르게 재편되는 OTT 시장

국내에서 OTT 서비스에 대한 관심이 부쩍 높아진 것은 유튜브, 넷플릭스 등 글로벌 거인들이 등장하면서 시청자들의 OTT 이용률이 상승했기 때문이다. 2019년 5월, 정보통신정책연구원에서 발행한 「온라인 동영상 제공 서비스(OTT) 이용 행태 분석」 자료에 의하면, 국내 OTT 이용률은 2016년 35퍼센트에서 2017년 36.1퍼센트, 2018년에는 42.7퍼센트로 최근 들어 가파르게 증가하고 있는 것으로 분석되었다.[31]

OTT 이용률 증가와 더불어 OTT 시장 규모도 지속적으로 증가해 2020년에는 7,800억 원에 이를 것으로 예측하고 있다(도표 6-8 참조).

도표 6-7 **국내 OTT 이용률 추세**(2016~2018)

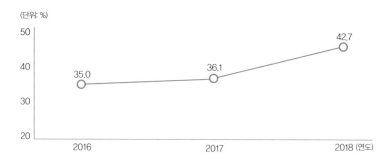

출처: 이선희, 「온라인 동영상 제공 서비스(OTT) 이용 행태 분석」 (2019. 5. 14), p. 2

도표 6-8 **국내 OTT 시장 규모의 추이**

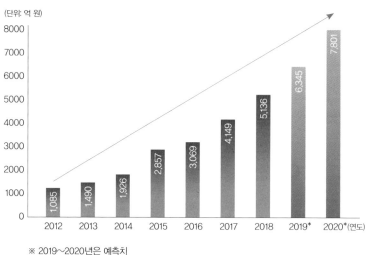

※ 2019~2020년은 예측치

출처: 방송통신위원회

OTT 이용자의 연령대별 비중은 2018년 기준으로 2030의 젊은 층이 52.7퍼센트로 반 이상의 비중을 차지했다. 그리고 젊은 층의 비중이 늘어남에 따라 OTT 이용자도 PC와 노트북 사용은 줄어들고 대부분(2018년 98.1퍼센트)은 스마트폰, 태블릿 등의 스마트 디바이스를 사용하고 있다.[32]

글로벌 미디어 업계의 거인인 넷플릭스와 유튜브의 한국 시장 확대 영향으로 국내 미디어 및 OTT 시장이 빠르게 재편되고 있다. 모바일에서는 유튜브, 웹에서는 넷플릭스의 트래픽 점유율이 압도적이다. 넷플릭스와 유튜브 모두 미국을 넘어 전 세계 시청자를 대상으로 스트리밍 서비스를 하고 있기 때문에 세계 모든 국가의 미디어 및 OTT 사업자에게 위협이 될 수밖에 없다.

국내 플랫폼 업체와 방송사, 통신사들은 넷플릭스와 같은 글로벌 스트리밍 서비스의 국내 시장 확산 위협을 저지하기 위해 고심했다. 정체된 생태계에 강력한 경쟁자나 포식자가 나타나면 기존 개체들이 생존을 위해 활발하게 움직이게 된다는 '메기 효과'가 나타난 것이다. 기저에는 국내 OTT 기업들이 참신한 오리지널 콘텐츠와 혁신적인 서비스를 내놓지 못하면 넷플릭스, 유튜브, 디즈니 등 글로벌 미디어 강자들에게 시장을 잃게 될 것이라는 강박관념이 있었다. 국내 OTT 업체들이 독자적으로 시장을 리드하고 있는 글로벌 엔터테인먼트 거인들에 대항하기는 역부족이므로 힘을 모아 통합 플랫폼을 출시하는 쪽으로 방향을 정했다.

2019년 기준 넷플릭스는 180여 개의 오리지널 프로그램을 보유하고 있다. 넷플릭스 가입자만 시청할 수 있는 독점적인 오리지널 콘텐츠는 가입자를 오래 묶어둘 수 있는 확실한 방법이다. 이에 더해 광고도 없고 일괄 출시 및 몰아보기도 즐길 수 있어서 사용자들이 높은 가치를 부여하고 있다. 국내에서 넷플릭스의 고품질 콘텐츠를 위시한 공격적인 행보는 한국 콘텐츠와 OTT 서비스 산업계를 일깨웠다. 기존 미디어 업체들은 앞을 쉽게 가늠하기 어려운 무한 경쟁 모드에 돌입했다.

미디어 이용 환경이 인터넷 기반의 웹과 모바일로 옮겨가고 있는 동안에도 국내의 전통적인 방송 사업자의 사업 패턴은 오랫동안 변하지 않았다. 즉, 높은 제작비를 들여 프로그램을 제작해 이를 정해진 편성표에 따라 배치하고 여기에 붙는 광고를 수입원으로 하는 기본적인 사업 구조를 고수한 것이다. 그러나 유튜브와 넷플릭스라는 글로벌 거인의 등장으로 변화가 생기기 시작했다. 지상파 방송사는 통신사와 협력하고, 유료 방송사는 종합편성채널사와 합작했다. 사실 그동안 삭막했던 방송, 통신, 미디어 산업계에서 이들 간의 협력이라는 것은 좀처럼 기대하기 어려웠다. 그런데 국내 업체가 감당하기 어려운 콘텐츠 파워와 새로운 비즈니스 모델로 무장한 글로벌 공룡의 전면적 등장으로 인해 경쟁 관계에 있었던 이들이 협력하기 시작한 것이다.[33]

넷플릭스는 오리지널 프로그램을 제작할 때 먼저 정교한 데이터 분석에 의해 콘텐츠의 성공 여부와 가입자 증가를 예측한다. 콘텐츠나 광고 수입 없이 월정 구독액이 수입의 대부분을 차지하는 넷플릭스로서는 이 예측 기반으로 투자 리스크를 최소화한다. 이에 반해, 국내 콘텐츠 생태계 구조에서는 수익 규모의 예측이 어렵다. 국내 제작 업체는 이러한 예측 능력이 미흡해 콘텐츠를 제작할 때 기존의 영화나 TV 드라마처럼 라이선스 계약을 미리 체결할 수 없다면 수익 규모를 예측하기 어렵다. 넷플릭스는 주로 가입자를 확보하기 위해서 콘텐츠에 투자하는데, 국내 업체로서는 이에 따르는 리스크를 감당하기 어려우므로 콘텐츠 투자에 인색할 수밖에 없다. 따라서 국내에서 콘텐츠 제작을 위한 투자 유치는 어려울 뿐 아니라 리스크도 크다.

그럼에도 불구하고 국내의 토종 OTT 서비스가 통합 및 진화되고 있다. SK텔레콤(브로드밴드)은 지상파 3사(KBS·MBC·SBS)와 손잡고 유료 스트리밍 서비스 '웨이브'를 출시했다. SK텔레콤의 '옥수수'와 지상파 3사의 '푹'을 통합한 서비스다. 웨이브는 지상파 3사의 콘텐츠를 독점 제공하면서 2023년까지 3,000억 원을 투자해 글로벌 시장에서 통할 만한 오리지널 콘텐츠들을 제작할 뜻을 밝혔다. CJ ENM도 JTBC와 손잡고 기존 서비스인 '티빙'을 확대하기로 했다.

웨이브의 탄생, SK텔레콤과 지상파 3사가 연합하다

2019년 9월 18일 인터넷 스트리밍 서비스 '푹'을 공동 투자해 운영해온 지상파 3사와 SK텔레콤의 '옥수수'를 통합해 새로운 OTT 플랫폼인 '웨이브wavve'를 출범시켰다. SK텔레콤이 1대 주주다. 국내 시장에서 넷플릭스, 유튜브 등 글로벌 OTT의 영향력이 점점 커지고 있는 가운데 국내 미디어 사업자들이 힘을 모아 탄생시킨 웨이브의 등장은 업계의 관심을 집중시켰다. 이것은 기술과 콘텐츠로 무장한 글로벌 OTT에 대항하기 위해서 나온 국내 업체들의 빅딜이었다.

웨이브는 방송사의 콘텐츠 제작 능력과 통신사의 유통 기술을 레버리지해 경쟁력을 키워나갈 예정이다. 이에 따라 2,000억 원 수준의 초기 비용 책정에 더해 2023년까지 3,000억 원을 국내외 자본 유치를 통해 조달해 콘텐츠 제작에 투입하겠다는 계획도 세웠다. 웨이브는 국내 OTT 최초로 대작 드라마에 투자하는 등 오리지널 콘텐츠 확보를 통해 2023년 말 유료 가입자 500만 명, 연 매출 5,000억 원 규모로 성장시킨다는 계획이다.

웨이브는 콘텐츠 강화를 위해 2020년 4월 기준 약 1,200편에 달하는 영화 라이브러리를 3,300편으로 확대할 예정이다. 또한 오리지널 프로그램 강화를 위해 2020년 최대 여덟 편의 오리지널 프로그램에 투자한다. 2020년 5월에 첫 회가 방영된 MBC 수목드라마 〈꼰대인턴〉을 시작으로, 향후 MBC 〈SF8〉, SBS 〈앨리스〉, 채널A 〈거짓말의 거짓말〉 등 드라마 네 편에 대한 투자를 확정했다.

해외 미디어 업체와의 협력도 강화하고 있다. 이미 디즈니, NBC유니버설, 소니 등 글로벌 메이저 스튜디오의 콘텐츠를 비롯해 중국, 일본, 영국, 대만, 태국 등 국가별 인기 해외 드라마를 제공 중이다.

웨이브는 2020년 4월 NBC유니버설과 글로벌 콘텐츠 생태계 확장과 웨이브의 오리지널 콘텐츠 수출을 목표로 한 파트너십을 체결했다. 이번 협력으로 웨이브는 NBC유니버설과의 인기 코미디 TV 시리즈인 〈디오피스〉, 애니메이션 〈슈렉〉, 〈미니언즈〉 같은 콘텐츠를 독점 공급하게 되었다. 또 웨이브는 24주에 걸쳐 최신 해외 드라마를 매주 하나씩 독점 공개하는 무료시사회 '금요 미드회'를 통해 2020년 3월 27일부터 NBC유니버설 6부작 코미디 드라마 〈인텔리전스〉, 영국 위기대응 조직의 이야기를 담은 정치 스릴러 〈코브라〉, 범죄 및 미스터리 장르인 〈더 캡처〉 등 인기 콘텐츠를 독점 제공하고 있는데, 이번 협력으로 한국 시청자에게 제공되는 콘텐츠 범위도 더욱 확대될 것으로 보인다.

그뿐만 아니라 '웨이브'는 국내 지상파 3사와 함께 제작한 오리지널 콘텐츠를 향후 3년간 매년 최대 다섯 편의 작품을 NBC유니버설에 공급하며, 한류가 광범위하게 퍼져 있는 동남아시아를 비롯해 해외 시장 진출도 추진 중이다. 웨이브는 2019년 국내 이용자들이 해외 출장 시 서비스를 사용할 수 있도록 해주는 '웨이브고wavve go' 서비스를 동남아 7개국(싱가포르, 인도네시아, 말레이시아, 필리핀, 베트남, 라오스, 태국)에서 시작했다. 이 지역에서 웨이브를 실행하면 지상파, 종편 등 국내 콘텐츠를 스트리밍으로 즐길 수 있는 웨이브고를 이용할 수 있다. 2019년 말 기준 하루 평균 1만 명 정도가 사용하고 있다. 2020년 하반기에는 아시아 지역 교민들을 대상으로 서비스를 확대할 예정이며, 해외 본격적인 진출은 2023년 이후로 계획 중이다.[34]

옥수수와 푹의 합병은 의미가 크다. 두 서비스의 유무료 전체 가입자 수를 더하면 1,300만 명(옥수수 900만 명+푹 400만 명)으로 국내 최대다. 구독자 기반 미디어 플랫폼 사업의 본질은 '누가 더 많은 가입자를 확보하느냐'라는 점에서 이 통합은 상당한 의미가 있다. 하지만 웨이브의 회원 수가 옥수수와 푹 회원 수의 단순 덧셈으로 이어지지는 않는다. 옥수수와 푹의 기존 회원이 웨이브로 전환하거나 혹은 신규 회원이 증가하기 위해서는 무엇보다도 웨이브의 서비스와 콘텐츠의 질이 좋아야 한다. 또한 일반적으로 신규 비디오 스트리밍 서비스를 출범하면 유저 아이디와 결제 관련 복잡성, 콘텐츠 재생 시 발생하는 장애, 기기 간 연동 장애 등 다양하고 예측하기 어려운 문제가 발생한다. 웨이브 서비스도 예외가 아닐 것이다. 향후 경쟁력 있는 가격과 서비

그림 6-4 웨이브 웹페이지

스로 기존 옥수수나 푹의 가입자를 잃지 않으면서 많은 신규 가입자를 확보할 수 있는지가 성공의 키가 될 것이다.

흥미로운 점은 웨이브가 2019년 10월 서비스를 시작하면서 기존 방송 서비스에는 없던 5G 프로야구 멀티뷰, VR 콘텐츠, e스포츠 채널 등 흥미로운 서비스들을 공개했다.

SK텔레콤은 웨이브의 유료 가입자가 2019년 10월 기준으로 143만 명에 달했다고 밝혔다.[35] 한편 2019년 10월 기준 넷플릭스 국내 유료 가입자는 약 200만 명이다.

웨이브는 기존의 푹 요금 체계를 단순화해 월정 구독료로 7,900원(1회선·HD), 1만 900원(2회선·풀HD), 1만 3,900원(4회선·UHD) 등 세 가지 요금제로 출시할 계획이다.[36] 2019년 기준 한국 넷플릭스의 월 구독료는 9,500원(베이직), 1만 2,000원(스탠다드), 1만 4,500원(프리미엄)이기 때문에 웨이브가 상대적으로 저렴하지만 콘텐츠의 다양성이나 사용성 측면에서는 상당한 차이가 있다. 향후 국내 OTT 서비스 시장을 놓고 웨이브가 넷플릭스를 거세게 추격할 것으로 예측하지만 넷플릭스의 글로벌 플랫폼, 고품질의 오리지널 콘텐츠, OTT 운영에 필요한 차별화된 CDN, 인코딩, 추천 기술, 그리고 글로벌 확산 경험을 감안하면 쉽지는 않을 것으로 예측된다.

티빙, CJ ENM과 JTBC가 손을 잡다

CJ ENM은 종합편성채널 JTBC와 OTT 합작법인 출범을 준비하고 있다(2019년 9월 17일 발표). CJ ENM의 OTT 서비스 '티빙'은 2018년 하반기 전 세계 시청자가 실시간으로 볼 수 있는 '글로벌 티빙'을 런칭했다. 국내 사업자로서는 최초로 실시간 방송을 전 세계에 선보였다.

이후 양사는 2020년 초 합작법인을 만들고, CJ ENM의 기존 OTT 서비스 '티빙'을 기반으로 양사 콘텐츠를 통합할 OTT 플랫폼을 출시할 예정이다. '웨이브'에 이어 또 하나의 대형 OTT 연합 플랫폼이 등장했다.

이 협력의 배경에는 국내는 물론 글로벌 시장에서도 통할 수 있는 차별화된 콘텐츠를 지속적으로 제작해 시청자의 콘텐츠 선택 폭을 넓히는 것과, 이를 시청자들이 가장 편리한 방식으로 시청할 수 있도록 유통하는 시스템이 필요하다는 판단이 있었다.[37]

사실 티빙은 경쟁력 강화를 위해 2019년 후반기에 콘텐츠를 확장하고 유저 인터페이스, 개인화 서비스 등도 개편했다. 티빙은 방송 중

그림 6-5 티빙 웹페이지

심 서비스에서 벗어나 기존 CJ ENM이 보유한 콘텐츠를 OTT에 공개해 경쟁력을 강화했다. 국내 OTT 시장에선 웨이브와 티빙의 경쟁 구도가 본격화될 전망인데, OTT 경쟁의 핵심인 콘텐츠를 보면 결국 지상파 3사와 CJ ENM – JTBC 진영의 대결이 되는 셈이다. tvN을 포함한 CJ 계열사의 콘텐츠 영향력은 지상파를 넘어서고 있다. 〈응답하라 1988〉(2015), 〈시그널〉(2016), 〈도깨비〉(2016/17), 〈미스터 션샤인〉(2018), 〈호텔 델루나〉(2019) 등은 모두 시청률 12~20퍼센트를 넘나드는 인기 드라마로서 이들을 방영한 tvN은 지상파를 제치고 '드라마 왕국'이라는 평을 받고 있다.

　주목할 점은 CJ ENM과 JTBC가 각각 자체 제작사인 스튜디오드래곤Studio Dragon, 제이콘텐트리jcontentree를 필두로 콘텐츠 지배력을 확장하고 있다는 사실이다. 이 점은 경쟁자인 웨이브에 위협적인 요소로 다가오고 있다. 이에 더해 넷플릭스가 CJ ENM에 이어 JTBC와도 협력을 맺고 콘텐츠 제작 역량을 강화하고 있는 점도 웨이브에는 큰 위협 요소가 되고 있다. 국내 대표 토종 OTT를 표방하고 있는 웨이브는 CJ ENM-JTBC 연합뿐 아니라, 이들과 손잡은 넷플릭스까지 견제해야 할 상황이다. 넷플릭스가 국내에 들어오기 전부터 푹과 티빙이 경쟁했던 것을 고려하면 업계는 CJ ENM-JTBC의 통합 OTT 플랫폼은 넷플릭스보다 웨이브의 경쟁 상대가 될 것이라고 판단하고 있다.

특히 티빙은 국내 유수 영화사들과의 계약을 통해 4,000여 편의 최신 영화를 월 9,900원 월정 구독액으로 무제한 시청할 수 있는 '무비 프리미엄' 서비스를 출시했다. 지금까지 IPTV나 OTT에서 제공하던 VOD 영화의 경우 1년 정도의 홀드백 기간이 지난 후 제공됐지만 무비 프리미엄 서비스는 홀드백 기간을 3개월로 단축했다. 또한 고객에게 콘텐츠 큐레이션 서비스를 제대로 제공하기 위해 티빙은 넷플릭스와 유사한 방식이 적용된 자체 개인화 추천 서비스를 도입해 추천 정확도를 획기적으로 높였다.[38]

왓챠플레이와 시즌

왓챠플레이는 동영상 콘텐츠의 리뷰와 평점 등을 제공하는 콘텐츠 추천 서비스 왓챠가 2016년 1월 31일에 시작한 월정 구독액 기반의 OTT 서비스다. 왓챠플레이는 2019년 기준 5만여 편의 콘텐츠와 약 500만 명의 가입자를 보유하고 있다.

박태훈 왓챠 대표에 따르면 넷플릭스는 자체 제작 콘텐츠가 많지만

그림 6-6 왓챠플레이 웹페이지

그림 6-7 KT 시즌 웹페이지

왓챠플레이는 100퍼센트 외부 제작 콘텐츠이며, 할리우드 6대 메이저와 수급 계약을 체결했고, 국내에선 60여 개 공급사와 계약했다고 한다. 그는 왓챠플레이가 넷플릭스와 CJ ENM의 티빙, 지상파 3사와 SK텔레콤의 웨이브 등 유력 OTT 서비스와의 경쟁에서도 성장을 이어가고 있는 것은 차별화된 '개인 맞춤형 서비스' 때문이라고 했다. 또 왓챠플레이는 6개월이 지난 구작 시청률이 전체의 70퍼센트 이상이며 2030세대 모바일 시청자의 비중이 높은 점이 다른 경쟁 OTT들과 차별화되는 요인이라고 강조했다.[39]

2019년 3월 15일부터 신규 가입자는 월 7,900원 요금제만 이용 가능하다. 기존 고객의 경우에는 기존 요금제가 유지되지만, 신규 가입자의 경우에는 4,900원 요금제를 선택할 수 없게 되었다.

한편 KT는 기존 OTT '올레TV 모바일'을 '시즌Seezn'으로 개편했다. 시즌은 종합편성채널과 CJ 계열 채널, 스포츠 중계 채널 등 110여 개의 실시간 방송을 시청할 수 있는 동시에 지상파 3사 VOD를 포함한 20만여 편의 다시보기 서비스를 이용할 수 있다. 또 시즌은 CJ ENM과 JTBC의 방송 하이라이트 영상을 연간 7만여 편 이상 확보했다. KT는 시즌에서 제공하는 실시간 채널에 CJ ENM '티빙'의 NVODNear Video On Demand(고객이 특정 시간에 실시간 방송을 VOD 형태로 보는 서비스) 채널 100여 개를 추가했다.

별도의 포털 검색이나 방송사 사이트 접속 없이도 시즌은 지상파, 종편, 케이블 방송을 하나의 앱에서 볼 수 있을 뿐 아니라, 지니뮤직의 음악 감상을 결합해 편리함을 높였다.[40]

OTT 사업자들의 치열한 콘텐츠 경쟁

국내에서 서비스되는 OTT는 넷플릭스, 유튜브, 웨이브, 티빙, 시즌, 왓챠플레이 등을 포함해 상당수에 이른다. OTT 경쟁의 핵심은 많은 유료 가입자 확보다. 많은 가입자를 확보하기 위해서는 차별화된 콘텐츠가 많아야 하고 또 계속 새로운 콘텐츠가 수급되어야 한다. 따라서 OTT의 경쟁은 콘텐츠 경쟁과 다름없다.

앞에서 언급한 바와 같이, 2016년 넷플릭스가 한국에 상륙한 이래 국내 미디어 및 OTT 시장이 빠르게 재편되고 있다. 국내 플랫폼 업체, 방송사들은 넷플릭스와 같은 글로벌 스트리밍 서비스의 국내 시장 확산을 저지하기 위해 상호 간에 합종연횡해 새로운 거대 OTT들을 출범시켰다. 이로 인해 OTT 서비스 사업체들 간에 콘텐츠 확보를 위한 경쟁에 돌입했다. 특히 웨이브와 티빙의 경쟁이 치열해질 전망이다.

CJ ENM-JTBC 연합은 자신들의 최대 강점인 콘텐츠를 웨이브에 제공하지 않기로 결정했다. CJ 영화와 드라마는 애초부터 웨이브에 제공되지 않았고, JTBC VOD 서비스도 제외시키기로 했다. 경쟁력 있는 콘텐츠 보유가 바로 OTT 서비스의 경쟁력으로 연결되는 상황에서, 인기가 높은 CJ ENM 계열 영화와 tvN, JTBC 드라마가 VOD에서 빠지면 웨이브는 가입자 확보에 상당한 어려움을 겪을 수 있다.

국내 OTT들의 독자 콘텐츠 경쟁이 치열해지면서 각 OTT들이 제공하는 콘텐츠도 많이 달라졌다. KT의 OTT '시즌'에서는 여전히 CJ 계열과 JTBC의 콘텐츠가 제공된다. 넷플릭스에서도 CJ ENM과 JTBC 콘텐츠가 서비스된다. 웨이브에서는 CJ ENM과 JTBC 콘텐츠를 더 이상 볼 수 없게 되었고, 티빙에서는 지상파 콘텐츠를 볼 수 없다. 넷플릭스에도 지상파와 CJ ENM-JTBC의 모든 콘텐츠가 있는 것은 아니다.[41]

국내 OTT끼리 치열한 경쟁이 계속되면서, 소비자는 그때그때 보고 싶은 콘텐츠에 따라 OTT를 선택적으로 결제해야 하는 불편함이 생길 수 있다. 또는 향후 소비자가 복수의 OTT에 동시 가입해 사용하는 경우가 생길 가능성도 있다.

넷플릭스의 파괴적 혁신은
아직 진행 중이다

지난 해 여름에 시작한 넷플릭스 글쓰기를 마감했다. 미흡한 부분이 있지만 하루라도 빨리 독자 곁으로 보내고 싶어 이제는 놓아주어야겠다는 생각을 했다. 책을 마감하기 전에 몇 가지를 더 곱씹어보고자 한다.

지난 4월 21일 넷플릭스가 2020년 1사 분기 결과를 발표했다. 1분기 동안 넷플릭스의 신규 가입자가 시장 전망치 700만 명을 훌쩍 뛰어넘어 1,577만 명이 증가했다. 창사 이래 최대 규모다. 2020년 1분기 말 기준 넷플릭스 전 세계 유료 가입자가 1억 8,300만 명에 달했다. 2020년 초 전 세계를 강타한 코로나 바이러스로 집에 머무는 시간이 늘어난 사람들이 여가 시간 동안 콘텐츠 시청을 위해 넷플릭스 등에 가입한 결과일 것이다. 가입자들이 원하는 다양한 콘텐츠를 주변 상황에 관계없이 가입자의 안방과 스마트폰으로 바로 전달하는 넷플릭스 플랫폼의 전천후한 힘이 느껴지는 대목이다.

나는 전부터 실리콘밸리의 어느 기업보다 넷플릭스에 관심이 많았다. 잘하는 방법이 예사롭지 않아 보였기 때문이다. 넷플릭스는 언뜻 스트리밍의 단일 서비스를 하는 단순한 기업으로 보일 수 있다. 하지만 넷플릭스가 속한 미디어 엔터테인먼트 산업의 생태계는 여간 복잡하지 않다. 방송사, 케이블TV, 통신 사업자, 할리우드, 극장 체인 등을 보면 마치 아프리카 밀림의 정글 같아서 이해 관계자, 기득권자, 포식자가 사방에 도사리고 있다. 하지만 넷플릭스는 이들을 직접 상대하기보다, 처음부터 기치로 내세웠던 사용자 중심과 데이터 기반 기술 경영을 기본으로 자기의 길을 묵묵히 걸어갔다. 그러면 어느새 어려웠던 문제는 풀렸고, 몇몇 경쟁자들은 시야에서 사라졌다.

직감이 아닌 데이터 분석과 AI를 활용한 의사 결정 시스템

인터넷과 디지털 기술의 발전으로 전 세계적으로 전통적인 오프라인 매장이 점점 사라지고 온라인으로 연결된 새로운 형태의 비즈니스가 생기고 있다. 이 결과 오프라인 기반의 전통적인 비즈니스 모델을 고수하려는 기존 기업과 새로운 기술을 덧입은 신생 디지털 기업이 벌이는 영역 싸움이 치열하게 전개되고 있다. 이 싸움에서 이긴 기업은 이전보다 훨씬 더 큰 기회를 얻을 수 있다. 페이스북Facebook, 애플Apple, 아마존Amazon, 넷플릭스Netflix, 구글Google의 머리글자를 딴 'FAANG'이 대표적이다. 그들이 각자의 산업 분야에서 리더의 자리에 오를 수 있었던 것은 신기술이 빚어내는 힘과, 이로 인한 산업 주도권의 재편을 잘 이해해 적극적으로 대처했기 때문이다. 그중에서도 글로벌 엔터테인먼트 산업의 최강자에 오른 넷플릭스는 좀 더 특별하다. 넷플릭스는 앞서가는 디지털 기술력을 활용해 무엇을 했을까? 크게 보면 사용자 중심 및 데이터 기반 경영을 구현했다. 구체적으로는 콘텐츠 제작과 유통/배급 분야에서 기술에 의한 파괴적 혁신으로 엔터테인먼트 산업계의 헤게모니를 장악했다.

콘텐츠 제작에는 많은 자금이 들어가기 때문에 흥행에 실패했을 경우에는 관련자들이 막대한 타격을 입는다. 그러므로 콘텐츠를 제작하기 전에 성공 예측을 위해 많은 노력을 기울인다. 하지만 콘텐츠 제작 전에 이 콘텐츠가 언제 누구에 의해서 사랑을 받을지를 과학적인 방법으로 정확히 예측하는 것은 쉽지 않다. 이런 이유로 제작자는 투자를 망설이거나 충분한 제작비 투입에 인색하게 된다. 또 리스크를 줄이기 위해 외주 제작사에게 파일럿 에피소드를 제작할 것을 요구한다. 넷플릭스는 직감이나 느낌에 의한 의사 결정이 아니라 데이터에 기반한 과학적 방법에 의해 의사 결정을 한다. 계속 변화하는 소비자의 취향 등의 데이터를 AI/ML 기술을 통해 실시간으로 분석해 이를 의사 결정이나 추천 등에 반영한다.

탁월한 데이터 분석과 AI/ML 기술을 보유한 넷플릭스는 콘텐츠 성공 가능성을 경쟁사에 비해 훨씬 정확하게 예측해 '사람들이 원하기 전에 원하는 것을 이미 파악하고 있다.'고 한다. 일반 TV 프로그램이 30퍼센트 정도의 투자 성공률에 그치는데 반해 넷플릭스는 80퍼센트의 성공률을 달성하고 있다. 좋은 예가 넷플릭스가 2013년 공개해 대박을 터뜨린 오리지널 시리즈 〈하우스 오브 카드〉다. 넷플릭스는 관례적인 파일럿 에피소드 제작 과정을 생략한 채 제작자에게 1억불의 제작비를 제공했다. 오랫동안 수집한 데이터 분석으로 이 시리즈의 성공을 이미 예측한 것이다. 데이터 분석과 AI/ML에 기반한 의사 결정 문화, 그리고 이를 전사적 차원에서 지원하기 위한 테스트 플랫폼이 잘 갖추어져 있는 넷플릭스는 디지털 혁신을 추진하고자 하는 조직이 참고할 만한 전형적인 기업이다.

넷플릭스에 의해 성취된 콘텐츠 소비 민주화

현대 사회에서 제품 생산보다 중요한 것이 우수한 유통 및 판매 채널이다. 예를 들어 한국에서 아무리 우수한 TV, 냉장고, 에어컨 등의 가전제품을 생산하더라도 전 세계 시장에서 판매할 채널이 없다면 성공을 기대하기 어렵다. 〈기생충〉, 〈옥자〉을 비롯한 한국 영화가 여러 국제 영화제에서 수상해 한국의 우수한 콘텐츠 제작 능력을 과시했다. 그러나 콘텐츠를 전 세계 시청자에게 전달할 채널이 없다면 국내 콘텐츠의 세계 진출은 헛된 구호에 지나지 않는다. 연기자나 감독도 세계적인 스타로 비상하기 어렵다. 그러나 넷플릭스에 '길'이 있다.

넷플릭스는 2010년부터 전 세계를 상대로 스트리밍 서비스를 시작하면서 콘텐츠의 다양성 확보에 많은 노력을 기울여왔다. 예전에는 할리우드 스튜디오에서 제작한 콘텐츠를 넷플릭스 플랫폼에 실어 전 세계 시청자에게 공급하는 것이 주된 업무였다. 잘 만든 콘텐츠는 어디서 제작했던 간에 글로벌 시장 어디에서나 환영받는다. 따라서 이제는 할리우드뿐 아니라 전 세계 로컬 제작자들이 만든 우수 콘텐츠를 넷플릭스 플랫폼에 실어 전 세계 시청자에게 제공한다. 새로운 콘텐츠를 제작과 동시에 190개 나라에서 더빙과 자막을 지원해 상영되는 것이다. 누구나 부담 없이 지불할 수 있는 합리적인 가격으로, 시간과 공간의 제한을 뛰어넘어 전 세계의 콘텐츠를 즐길 수 있게 된 것이다. 이는 콘텐츠의 기존 유통과 배급 방식을 완전히 뒤엎는 혁명적 발상이다. 넷플릭스에 의해서 비로소 콘텐츠 소비의 민주화가 이루어졌다고 할 수 있다.

소비자가 선호하는 방식으로
콘텐츠를 소비할 수 있는 시스템

넷플릭스는 콘텐츠 소비를 사용자 중심으로 바꾸기 위해서 기존 이해 그룹들과 첨예하게 부딪치고 있다. 사용자가 비디오 콘텐츠를 소비하는 방법을 시대의 흐름에 맞게 혁신적으로 바꾸려는 넷플릭스와 이 움직임을 애써 저지하려는 기득권과의 물러날 수 없는 싸움이다. 아직도 극장에서 상영되는 동영상만을 영화로 간주하는 전통적인 극장가의 기득권이 있다. 넷플릭스는 소비자가 TV나 영화에 접근하는 방식을 바꿀 수 있는 환경을 제공하고 있다. 소비자는 보지 않거나 가치가 없는 콘텐츠에 비용 지불하는 것을 거부한다. 그들은 더 이상 광고가 넘쳐나는 TV 프로그램에 얽매이고 싶어 하지 않는다. 더 많은 소비자들이 코드 커팅을 하고 OTT 스트리밍 서비스로 갈아타고 있다.

넷플릭스는 독창적인 콘텐츠를 만들고, 사용자 데이터를 분석해 가입자에게 더 나은 서비스를 제공하며, 무엇보다 소비자들이 선호하는 방식, 즉 소비자가 선택한 시간과 장소, 그리고 디바이스에서 콘텐츠를 볼 수 있어야 한다는 신념을 가지고 있다. 또 콘텐츠는 극장과 스트리밍 플랫폼에서 동시 공개되어야 한다는 신념도 가지고 있다. 소비 방법의 선택은 소비자에게 맡기자는 것이다. 이러한 움직임은 기존 TV 및 케이블 그리고 영화 산업계가 가진 시대에 뒤떨어진 비즈니스 방식을 바꾸도록 압박하고 있다. 넷플릭스는 이러한 트렌드를 보다 강력하게 추진하기 위해 콘텐츠 제작과 유통(배급) 능력에 더해 극장 '상영' 능력까지 갖추어 콘텐츠의 수직 기능을 완성할 수도 있을 것이다.

넷플릭스는 탁월한 기술력과 시대를 앞서가는 파괴적 혁신으로 흔히 '엔터테인먼트 산업계의 아마존'이라고 불린다. 이미 결론이 나버린 아마존과 기존 오프라인 매장 기반 업체와의 경쟁 결과를 참고하면 향후 넷플릭스와 엔터테인먼트 산업계 기득권과의 경쟁 결과도 미루어 짐작할 수 있다.

넷플릭스는 소비자가 콘텐츠를 그들이 원하는 방식으로 소비할 수 있는 시스템이 정착될 때까지 엔터테인먼트 분야의 혁신을 거세게 드라이브할 것이다. 소비자들은 이와 같은 넷플릭스의 움직임에 열광한다. 제작자, 작가, 감독 및 연기자들도 마찬가지다. 이러한 이유로 기존 엔터테인먼트 산업계의 저항과 국내외 OTT의 거센 도전에도 불구하고 넷플릭스 열풍은 쉽게 가라앉지 않을 것으로 보인다.

넷플릭스에 대한 국내 기업들의 정확한 이해 필요

넷플릭스는 20여 년이라는 비교적 짧은 기간에 글로벌 리더가 되었다. 하지만 성장 과정은 험난했다. 엔터테인먼트계의 골리앗 블록버스터를 몇 번의 대결 끝에 넘어뜨렸다. 하지만 넷플릭스 자신이 되치기를 당할 뻔한 적도 있었다. 기업의 생사를 걸고 올인한 승부에서 일관된 전략과 집중으로 이기면서 성장했다. 이러한 상황은 지금도 계속되고 있다. 지난날을 미루어 보면 엔터테인먼트 업계에서 넷플릭스의 위상은 더욱 공고해질 것으로 짐작된다. 넷플릭스 CEO 리드 헤이스팅스는 엔터테인먼트에 '포커스'할 것이며 뉴스나 스포츠 등의 다른 분야로 사업을 확장할 계획이 없다고 했다. 넷플릭스는 영역을 넓혀 경쟁사를 향한 공격을 확대하기보다는, 뚝심을 가지고 서비스의 품질 제고, 고객의 사용성 경험 향상, 고품질 콘텐츠 확보 등 자신의 핵심 역량 혁신에 계속 초점을 맞추어갈 것이다. 넷플릭스가 한국 상륙 이후부터 부딪쳤던 문제들도 단기적 결과에 일희일비하지 않고, 지난 10년간 글로벌 확장 시 견지하고 있는 일관된 글로벌 전략으로 해결했던 점을 주목해야 한다.

2019년 몇몇 국내 미디어 전문가로부터 넷플릭스에 대한 의견을 들을 기회가 있었다. 우려스러운 것은, 그들이 '넷플릭스는 한국 콘텐츠가 빈약해서 국내에서는 성공하기는 어려울 것'이라는 견해를 아직도 가지고 있다는 점과 '2019년 이후에 출범하는 여러 국내 OTT들, 그리고 글로벌 OTT인 디즈니+, 애플TV+, HBO 맥스 등이 전열을 재정비하고 넷플릭스와 본격적으로 경쟁하면 넷플릭스가 더 이상 성장하기는 어려울 것'이라는 의견을 가지고 있다는 점이었다. 보는 관점이나 식견에 따라 다양한 의견이 있을 수 있지만, 아직 넷플릭스에 대한 실체 파악이 덜 되었다는 생각이 들었다. 넷플릭스의 패기와 역동성, 그리고 타사가 카피하기 어려운 세계 최고 수준의 기술력과 정교한 비즈니스 모델로 인해 경쟁자들이 넷플릭스를 극복하기는 쉽지 않을 것이다.

넷플릭스는 AI/ML을 비롯한 첨단 기술과 새로운 비즈니스 모델로 틈새시장을 창출한 후, 업계 공룡 블록버스터를 비롯한 경쟁사들과의 치열한 싸움을 이기고 기존 주류 시장을 장악하는 데 성공했다. 이 파괴적 혁신을 발판으로 글로벌 리더로 발돋움했던 성장 과정은 우리 기업들에게 많은 참고가 될 것으로 생각된다. 어느 산업 분야든 관계없이, 기업의 경쟁력 강화 혹은 디지털 혁신을 생각하는 경영진이나 오피니언 리더들에게 넷플릭스를 '벤치마킹'해볼 것을 권하고 싶다.

이 책이 넷플릭스, 비디오 엔터테인먼트, OTT 서비스, 그리고 AI 및 디지털 혁신에 관심 있는 분들께 조금이라도 도움이 되기를 희망한다.

부록

———

넷플릭스 연표

넷플릭스 연표

1997년		리드 헤이스팅스와 마크 랜돌프가 온라인 DVD 영화 판매 및 대여 업체인 넷플릭스를 공동 창업.
1998년	4월	최초의 온라인 단품 DVD 판매 및 대여 웹사이트인 넷플릭스닷컴을 런칭. 대여는 전통적인 단품 DVD 우편 서비스 모델 기반(우편요금 50센트/Rent, 연체료 있음).
	12월	DVD 판매 사업 중단. 대여 사업만 지속.
1999년	3월	사무실을 스콧 밸리에서 로스 가토스로 이전.
	9월	월정 구독료 형태의 연체료 없는 무제한 DVD 대여 사업 시작.
2000년		넷플릭스가 블록버스터에 5,000만 달러에 넷플릭스 인수할 것을 타진했으나 블록버스터가 거부. 회원들의 취향을 예측하는 맞춤형 추천 시스템인 '시네매치' 출시.
2001년		닷컴 버블로 인해 직원 40퍼센트를 줄임.
2002년		나스닥에 기업공개. 주당 15달러에 550만 주 발행. 회원 수 60만 명.
2003년		4월에 유료 구독 회원 100만 명 달성. 50여 영화 배급사와 제휴. 공동 창업자 마크 랜돌프가 넷플릭스 떠남.
2004년	8월	블록버스터가 넷플릭스 DVD 우편 구독 서비스를 카피한 '블록버스터 온라인'이라는 온라인 DVD 대여 서비스 출시. 월정액 19.99달러로 무제한 DVD 대여.
2006년	10월	시네매치를 개선하기 위해 100만 달러의 상금을 걸고 넷플릭스 프라이즈 콘테스트 개최.
	11월	블록버스터가 온라인과 오프라인을 통합한 '블록버스터 토털 액세스' 프로그램을 공개. 아마존이 VOD 서비스인 아마존 비디오 출시.
2007년	1월	DVD 대여 사업을 대체할 서비스로 OTT 스트리밍 서비스 출시.

2008년		엑스박스 360, 블루레이 디스크 플레이어, TV 셋톱박스 등에 스트리밍을 지원하기 위해 마이크로소프트, 로쿠, 가전 업체들과 파트너십 체결.
	3월	경쟁 온라인 스트리밍 서비스 업체인 훌루 출범.
	8월	자체 데이터센터의 데이터베이스에 오류가 발생해 전체 서비스가 종료되고 사흘간 DVD 배송이 중단되는 사고 발생. 이 사고로 인해 넷플릭스의 모든 데이터를 AWS 클라우드로 이동 결정. 8년 후인 2016년 1월에 AWS 클라우드로의 전환 완료.
	10월	스타즈로부터 향후 4년간 2,500편의 영화 및 TV 드라마 스트리밍 라이선스 획득.
2009년		넷플릭스의 유료 가입자 수 1,000만 명 돌파. PS3, IPTV, 인터넷 연결 디바이스들에 스트리밍을 지원하기 위해 가전 업체들과 파트너십 체결.
2011년	4월	경쟁사인 부두(Vudu)가 온라인 스트리밍 서비스를 시작.
	7월	리드 헤이스팅스가 넷플릭스의 블로그 게시물을 통해, 9월부터 DVD 대여 사업 부문은 분리되어 별도 회사인 퀵스터로 이름이 바뀔 것이라고 공지. 이후 세 달 사이에 80만 명의 회원이 탈퇴했고 300달러 내외의 주가는 11월에 64달러로 떨어졌다(실행 한 달 후인 10월에 전격 취소).
	9월	중남미와 캐리비안 국가에서 넷플릭스 서비스 제공(브라질, 아르헨티나, 우루과이, 파라과이, 칠레, 볼리비아, 페루, 에콰도르, 멕시코 등). 스타즈는 2012년 넷플릭스와의 4년 계약 만료 후 갱신 거절 발표.
2012년	1월	영국, 아일랜드, 덴마크, 스칸디나비아 국가들을 비롯한 유럽 국가들에 스트리밍 서비스 시작.
	6월	넷플릭스 자체 CDN인 OCA 발표. OCA는 오픈 커넥트는 ISP와 협력해 비디오 콘텐츠를 ISP가 원하는 장소에 저장함으로써 ISP가 트래픽을 저렴하고 효율적으로 처리하게 함. 이로 인해 넷플릭스와 ISP가 비용을 절감하고 스트리밍 시청자의 대기 시간도 향상됨. 넷플릭스는 한 달에 10억 시간 분량의 동영상을 스트리밍하고 있다고 밝힘. 넷플릭스가 처음으로 에미 엔지니어링상 수상.

2013년		네덜란드에서 넷플릭스 스트리밍 서비스 제공 시작. 넷플릭스 자체 오리지널 프로그래밍 시리즈 출시(〈하우스 오브 카드〉, 〈행록 그로브〉, 〈못 말리는 패밀리〉, 〈오렌지 이즈 더 뉴 블랙〉).
2014년		오스트리아, 벨기에, 프랑스, 독일, 룩셈부르크, 스위스 이상 유럽 6개 신규 국가에 진출. 넷플릭스는 〈하우스 오브 카드〉, 〈오렌지 이즈 더 뉴 블랙〉, 〈더 스퀘어〉에서 각각 뛰어난 드라마 시리즈, 코미디 시리즈, 다큐멘터리, 논픽션 스페셜 등 31편이 에미상 후보에 올랐다. 〈하우스 오브 카드〉는 세 개의 에미상을 수상했다. 5,000만 명 이상의 글로벌 회원 보유 달성. 넷플릭스는 컴캐스트 케이블사가 사용료를 요구하며 네트워크 속도를 늦추고 있음을 발견하고, 속도 지연 종료를 위해 사용료를 지불하겠다고 발표.
2015년		넷플릭스 스트리밍 서비스가 오스트레일리아, 뉴질랜드, 일본에서 출시되었으며, 이탈리아, 스페인, 포르투갈에서 유럽 전역으로 계속 확장. 넷플릭스 주식이 주당 100달러에 근접.
2016년	1월	CES에서 넷플릭스가 전 세계 190개국에서 서비스되고 있다고 발표. 넷플릭스는 아이들을 대상으로 한 오리지널 비디오를 출시.
	2월	2008년부터 시작한 넷플릭스 데이터센터의 AWS 이전 완료.
	3월	망중립성 옹호자로 간주되는 넷플릭스가 지난 5년 동안 AT&T와 버라이즌의 네트워크의 모바일 가입자들에게 더 낮은 품질의 동영상을 보냈음을 인정.
	5월	유니비전(Univision)과 제휴해 드라마 시리즈 〈나르코스〉 방영. 전통 TV에서 오래된 시리즈를 방영하는 것이 사람들을 끌어들일 수 있는지 시험.
	11월	글로벌 구독자에게 비디오를 다운로드해 오프라인에서 재생 기능 제공.
2017년		시리아 내전에서 활약하고 있는 민간 구조대원들의 일상 작업을 그린 〈화이트 헬멧: 시리아 민방위대〉로 아카데미 다큐멘터리 부문 수상. 넷플릭스의 첫 아카데미 수상작. 넷플릭스의 작품 91편이 에미상 추천받음(HBO는 모두 110개 에미상 추천을 받아 1위 차지함). 전 세계적으로 1억 명의 회원 돌파.

2018년		전 세계적으로 1억 2,000만 명 회원 돌파. 알폰소 쿠아론의 영화 〈로마〉가 2018년 베니스 영화제 황금사자상 수상. 장편 다큐멘터리 〈이카루스〉 아카데미 다큐멘터리 부문 최우수 작품상 수상. 넷플릭스의 작품 112편이 에미상 후보에 오르며 108편의 HBO를 제치고 가장 많은 후보에 오름.
2019년	11월	뉴욕의 '파리극장' 장기 임대. 인도의 가난한 마을 여성들이 기계로 저렴한 생리대를 만들기 시작하면서 생기는 변화를 그린 〈피리어드: 더 패드 프로젝트〉가 아카데미 단편 다큐멘터리 부문에서 수상. 알폰소 쿠아론의 영화 〈로마〉가 아카데미상 10개 부문 후보에 올라 촬영상, 감독상, 외국어영화상의 3개 부문에서 수상. 미국 외 지역의 유료 가입자가 사상 처음으로 1억 명을 돌파. 미국과 글로벌 지역의 연간 매출액은 2019년 회계연도에 201.5억 달러로 사상 최대치를 기록(총 순이익은 1억 6,000만 달러).
2020년		미국 진출 중국 기업과 미국인 노동자 간의 불협화음을 사실적으로 그려낸 〈아메리칸 팩토리〉가 아카데미 다큐멘터리 부문에서 수상. 마틴 스코세이지의 넷플릭스 오리지널인 〈아이리시맨〉이 아카데미 작품상을 비롯한 10개 부문 후보로, 그리고 노아 바움백 감독의 〈결혼 이야기〉가 아카데미 작품상을 비롯한 6개 부문 후보로 추천.

후주

프롤로그

1   넷플릭스 스페셜 다큐멘터리 〈종이의 집: 신드롬이 된 드라마〉
2   M. Randolph, *The Birth of Netflix and the Amazing Life of an Idea That Will Never Work*, Little, Brown and Company, 2019, p. 124.
3   M. Randolph, *The Birth of Netflix and the Amazing Life of an Idea That Will Never Work*, Little, Brown and Company, 2019, p. 217.

데이터로 보는 넷플릭스의 성장

1   Y. Feinberg, "The Competitive Advantage of Netflix," Stanford Business School, 2017.

Part 1 넷플릭스, 새로운 미디어의 탄생

1   M. Boyle, "Questions for… Reed Hastings," CNN Money, 23 May 2007. [온라인]. Available: https://money.cnn.com/magazines/fortune/fortune_archive/2007/05/28/100034248/index.htm?section=money_latest.
2   G. Keating, *Netflixed: The Epic Battle for America's Eyeballs*, New York: Portfolio, Penguin, 2012, p. 20.
3   J. Xavier, "Netflix's first CEO on Reed Hastings and how the company really got started | Executive of the Year 2013," *Silicon Valley Business Journal*, 8 Jan 2014.
4   "Marc Randolph," Wikipedia, 17 Dec 2019. [온라인]. Available: https://en.wikipedia.org/wiki/Marc_Randolph#cite_note-23.
5   「한국콘텐츠 해외진출 확대를 위한 글로벌 플랫폼 조사 연구」(KOCCA 18-32), 한국콘텐츠진흥원, 2018.
6   "DVD players overtake VCRs," CNN Money, 26 12 2006. [온라인]. Available: https://money.cnn.com/2006/12/26/technology/dvd_vcr/.

7   M. Liedtke, "Blockbuster tries to rewrite script in bankruptcy," boston.com, 23 Sep 2010. [온라인]. Available: http://archive.boston.com/business/articles/2010/09/23/blockbuster_tries_to_rewrite_script_in_bankruptcy/.

8   G. Keating, "Five myths about Netflix," *The Washington Post*, 21 Feb 2014. [온라인]. Available: https://www.washingtonpost.com/opinions/five-myths-about-netflix/2014/02/21/787c7c8e-9a3f-11e3-b931-0204122c514b_story.html.

9   G. Keating, *Netflixed, The Epic Battle for America's Eyeballs*, New York: Portfolio, Penguin, 2012, p. 28.

10 T. Wilson, "How Netflix Works," howstuffworks.com, [온라인]. Available: https://electronics.howstuffworks.com/netflix3.htm.

11 J. Lynch, "Netflix's website in 1999 looked nothing like it does today-here's how it has evolved over the years," *Business Insider*, 21 Feb 2018. [온라인]. Available: https://www.businessinsider.com/how-netflix-has-looked-over-the-years-2016-4.

12 A. Abkowitz, "How Netflix got started," *Fortune*, 28 Jan 2009. [온라인]. Available: https://archive.fortune.com/2009/01/27/news/newsmakers/hastings_netflix.fortune/index.htm.

13 G. Keating, Netflixed, *The Epic Battle for America's Eyeballs*, New York: Port folio/Penguin, 2012, p. 200.

14 "Netflix 2003 Annual Report," Netflix, 2004. [온라인]. Available: https://www.marketscreener.com/NETFLIX-44292428/pdf/203891/Netflix_SEC-Filing-10K.pdf..

15 G. Rivlin, "Does the Kid Stay in the Picture?," *New York Times*, 22 Feb 2005. [온라인]. Available: https://www.nytimes.com/2005/02/22/business/businessspecial/does-the-kid-stay-in-the-picture.html.

16 J. Bayot, "Netflix Takes Over Wal-Mart's Online DVD Rental Business," *New York Times*, 19 May 2005. [온라인]. Available: https://www.nytimes.com/2005/05/19/business/media/netflix-takes-over-walmarts-online-dvd-rental-business.html.

17 S. Lacy, "Blockbuster testing DVD rent program modeled after Netflix," *Silicon Valley Business Journal*, 18 Aug 2002. [온라인]. Available: https://www.bizjournals.com/sanjose/stories/2002/08/19/smallb4.html.

18 위와 동일

19 "Blockbuster enters online DVD rental business," *Cnet*, 11 Aug 2004. [온라

인]. Available: https://www.cnet.com/news/blockbuster-enters-online-dvd-rental-business/.

20 "Blockbuster, Netflix settle patent dispute," Reuters, 27 Jun 2007. [온라인].
    Available: https://www.reuters.com/article/us-blockbuster-netflix/blockbuster
    -netflix-settle-patent-dispute-idUSWEN901620070627.

21 G. Keating, *Netflixed, The Epic Battle for America's Eyeballs*, New York:
    Portfolio/Penguin, 2012, p. 164.

22 C. Grinapol, *Reed Hastings and Netflix*, New York: Rosen Publishing, 2014, p.
    52.

23 M. Marcus, "A Timeline: The Blockbuster Life Cycle," *Forbes*, 7 Apr 2011. [온라
    인]. Available: https://www.forbes.com/2010/05/18/blockbuster-netflix-coinst
    ar-markets-bankruptcy-coinstar_slide.html#75d8ae115464.

24 G. Keating, *Netflixed, The Epic Battle for America's Eyeballs*, New York: Por
    tfolio/Penguin, 2012, p. 164.

25 G. Keating, *Netflixed, The Epic Battle for America's Eyeballs*, New York: Por
    tfolio/Penguin, 2012, p. 166.

26 S. O'Grady, *The New Kingmakers: How Developers Conquered the World*,
    O'Reilly Media, 2013, p. 34.

27 C. Littleton, "Ted Sarandos on How Netflix Predicted the Future of TV," *Variety*,
    21 Aug 2018. [온라인]. Available: https://variety.com/2018/digital/news/netflix-
    streaming-dvds-original-programming-1202910483/.

28 E. Jacobs, "Netflix to Offer Immediate Digital Delivery of Movies on PCs," Movie
    web, 16 Jan 2007. [온라인]. Available: https://movieweb.com/netflix-to-offer-
    immediate-digital-delivery-of-movies-on-pcs/.

29 "Netflix's View: Internet TV is replacing linear TV," Netflix, 18 Jan 2017. [온라인].
    Available: https://hackerfall.com/story/netflix-long-term-view.

30 「한국콘텐츠 해외진출 확대를 위한 글로벌 플랫폼 조사 연구 (KOCCA 18-32)」, 한국콘텐츠
    진흥원, 2018.

31 배병환, 「Next Term: OTT(Over The top) 서비스」, 한국인터넷진흥원, 2018.

32 A. Awan, "UNDERSTANDING THE TERMS SVOD, AVOD, TVOD AND THE
    DIFFERENCE BETWEEN VOD AND OTT," CLIPBUCKET, 7 Mar 2019. [온라인].
    Available: https://clipbucket.com/2019/03/07/understanding-the-terms-svo
    d-avod-tvod-and-the-difference-between-vod-and-ott/.

33 김조한, "코드커팅을 하지 않아도, OTT 세상은 뜬다," 삼성디스플레이 뉴스룸, 2018.

34 "Youtube Premium," Wikipedia, 22 Dec 2019. [온라인]. Available: https://en. wikipedia.org/wiki/YouTube_Premium.

35 L. Rizzo, "Cord-Cutting Accelerated in 2019, Raising Pressure on Cable Provi ders," *Wall Street Journal*, 20 Feb 2020. [온라인]. Available: https://www.w sj.com/articles/cord-cutting-accelerates-raising-pressure-on-cable- providers-11582149209.

36 김인경, "웨이브, 한국 1위 찍고 글로벌 시장 도전하겠다," 〈블로터〉, 2020. 02. 23. [온 라인]. Available: https://n.news.naver.com/article/293/0000026786.

37 A. Rodriguez, "Ten years ago, Netflix launched streaming video and changed the way we watch everything," *Quartz*, 18 Jan 2017. [온라인]. Available: https:// qz.com/887010/netflix-nflx-launched-streaming-video-10-years-ago- and-changed-the-way-we-watch-everything/.

38 B. Stone, "Starz Gives Netflix Fans a Reason to Stream," *New York Times*, 1 Oct 2008. [온라인]. Available: https://bits.blogs.nytimes.com/2008/10/01/starz -gives-netflix-fans-a-reason-to-stream/?_r=1.

39 N. Anderson, "Netflix offers streaming movies to subscribers," Ars Technica, 17 Jan 2007. [온라인]. Available: https://arstechnica.com/uncategorized/2007 /01/8627/.

40 S. Zeidler, "Netflix and LG to offer movie set-top box," Reuters, 3 Jan 2008. [온 라인]. Available: https://www.reuters.com/article/us-netflix-lg/netflix-and-lg- to-offer-movie-set-top-box-idUSN0231921120080103?feedType=RSS&fee dName=internetNews.

41 M. Angeles, "Roku Netflix Player," Konigi, 20 May 2008. [온라인]. Available: https://konigi.com/blog/roku-netflix-player/.

42 "Netflix by the Numbers: Statistics, Demographics, and Fun Facts," muchneed ed, 2018. [온라인]. Available: https://muchneeded.com/netflix-statistics/.

43 M. Lusted, *Netflix, the Company and Its Founders, ABDO Publishing Company*, Technology Pioneers, 2013, p. 82.

44 N. Wingfield, "How Netflix Lost 800,000 Members, and Good Will," *New York Times*, 24 Oct 2011. [온라인]. Available: https://www.nytimes.com/2011/10/25/ technology/netflix-lost-800000-members-with-price-rise-and-split-plan. html.

45 "Millions Of People Still Use Netflix To Rent DVDs," The Inquisitr, 27 Aug 2018. [온라인]. Available: https://www.inquisitr.com/5045621/millions-of-people-

still–use–netflix–to–rent–dvds/.

46 C. Littleton, "Ted Sarandos on How Netflix Predicted the Future of TV," *Variety*, 21 Aug 2018. [온라인]. Available: https://variety.com/2018/digital/news/netflix–streaming–dvds–original–programming–1202910483/.

PART 2 글로벌 기업으로 성장하기 위한 파괴적 혁신 전략

1 A. Liptak, "The MPAA says streaming video has surpassed cable subscriptions worldwide 7," The Verge, 21 Mar 2019. [온라인]. Available: https://www.the verge.com/2019/3/21/18275670/mpaa–report–streaming–video–cable–sub scription–worldwide.

2 P. Bond, "90 Million or Bust? Streaming TV's Great Subscriber Race Begins," *The Hollywood Reporter*, 6 Nov 2019. [온라인]. Available: https://www.holly woodreporter.com/news/90–million–bust–streaming–tvs–great–subscriber–race–begins–1252607.

3 B. Barnes, "Netflix Was Only the Start: Disney Streaming Service Shakes an Industry," *The New York Times*, 11 Nov 2019. [온라인]. Available: https://www.nytimes.com/2019/11/10/business/media/Disney–Plus–streaming.html.

4 G. Spanier, "TV cliffhanger: innovate or die," *Campaign*, 8 Oct 2019. [온라인]. Available: https://www.campaignlive.com/article/tv–cliffhanger–innovate–die /1661447.

5 이우용, "디즈니 플러스 2차 서비스 국가 발표, 유럽 6개국 추가", 케이벤치, 2019. 11. 08. [온라인]. Available: https://kbench.com/?q=node/204626.

6 C. Gates, "Disney+: Everything you need to know about Disney's streaming service," DIGITAL TRENDS, 3 Jan 2020. [온라인]. Available: https://www.digital trends.com/movies/disney–plus–streaming–service–news/.

7 J. Alexander, "The Office will leave Netflix in 2021," The Verge, 25 Jun 2019. [온라인]. Available: https://www.theverge.com/2019/6/25/18758714/the–office–netflix–2021–nbc–universal–streaming–wars.

8 N. Jarvey, "Apple to Replace iTunes With 3 Media Apps," *The Hollywood Reporters*, 3 Jun 2019. [온라인]. Available: https://www.hollywoodreporter.com /news/apple–end–itunes–1215257.

9 J. Solsman, "Apple TV Plus: How to sign up and everything else to know,"

Cnet, 1 Nov 2019. [온라인]. Available: https://www.cnet.com/news/apple-tv-plus-how-to-sign-up-cost-price-shows-movies-films-reviews-how-to-watch/.

10 K. Leswing, "Apple's TV service will grow like crazy and be a $9 billion business by 2025, Morgan Stanley says," CNBC, 23 Oct 2019. [온라인]. Available: https://www.cnbc.com/2019/10/23/apple-tv-will-become-a-9-billion-business-by-2025.html.

11 T. Spangler, "Hulu Tops 25 Million Subscribers, Claims Nearly $1.5 Billion in 2018 Ad Revenue," *Variety*, 8 Jan 2019. [온라인]. Available: https://variety.com/2019/digital/news/hulu-25-million-subscribers-2018-ad-revenue-1203102356/.

12 N. Andreeva, "Old Media Flexes Library Muscle For Streaming Platform Launches With Off-Network Comedies, Creating Intrigue Around 'Seinfeld', 'The Office' & 'Friends'," Deadline, 15 Apr 2019. [온라인]. Available: https://deadline.com/2019/04/warner-media-nbcuniversal-netflix-off-network-comedies-seinfeld-the-office-1202595497/.

13 "First-sale doctrine," Wikipeida, 14 Jan 2019. [온라인]. Available: https://en.wikipedia.org/wiki/First-sale_doctrine.

14 S. Kessler, "Netflix Loses Toy Story 3, Tron and 1,000 More Movies," mashable.com, 2 Mar 2012. [온라인]. Available: https://mashable.com/2012/03/01/netflix-starz-goodbye/.

15 Savannah Walsh, "Friends Will Start Streaming on HBO Max Next Month" New Elle, 23 Apr 2020. [온라인]. Available: https://www.elle.com/culture/movies-tv/a32223466/friends-hbo-max-streaming-release-date/

16 E. VanDerWerff, "Netflix's upcoming content crisis, in one chart," *Vox*, 7 Jan 2019. [온라인]. Available: https://www.vox.com/culture/2019/1/7/18166911/netflix-friends-the-office-crisis.

17 T. Spangler, "Netflix Spent $12 Billion on Content in 2018. Analysts Expect That to Grow to $15 Billion This Year," *Variety*, 18 Jan 2019. [온라인]. Available: https://variety.com/2019/digital/news/netflix-content-spending-2019-15-billion-1203112090/.

18 A. Rodriguez, "Netflix didn't make many of the "originals" that made it famous. That's changing.," *Quartz*, 26 Feb 2019. [온라인]. Available: https://qz.com/1545594/netflix-doesnt-make-most-of-its-originals-now-thats-changing/.

19 K. West, "Unsurprising: Netflix Survey Indicates People Like To Binge-Watch TV," Cinemablend, 2013. [온라인]. Available: https://www.cinemablend.com/television/Unsurprising-Netflix-Survey-Indicates-People-Like-Binge-Watch-TV-61045.html.

20 N. Jarvey, "Netflix Under Pressure: Can a Hollywood Disruptor Avoid Getting Disrupted?," *The Hollywood Reporter*, 8 Aug 2019. [온라인]. Available: https://www.hollywoodreporter.com/features/netflix-at-a-crossroads-hollywoods-dominant-disrupter-adjusts-growing-pains-1229618.

21 T. Spangler, "Netflix Spent $12 Billion on Content in 2018. Analysts Expect That to Grow to $15 Billion This Year," *Variety*, 18 Jan 2019. [온라인]. Available: https://variety.com/2019/digital/news/netflix-content-spending-2019-15-billion-1203112090/.

22 T. Spangler, "Netflix Content Chief Says 85% of New Spending Is on Originals," *Variety*, 14 May 2018. [온라인]. Available: https://variety.com/2018/digital/news/netflix-original-spending-85-percent-1202809623/.

23 E. Anderton, "More Than Half of Netflix's New Library Titles in 2018 Were Original Content," slashfilm.com, 21 Mar 2019. [온라인]. Available: https://www.slashfilm.com/netflix-original-programming-percentage/.

24 "TCA 2018: Netflix's Cindy Holland says 'taste communities' help drive programming," *Los Angeles Times*, 29 Jul 2018. [온라인]. Available: https://www.latimes.com/business/hollywood/la-fi-ct-tca-netflix-cindy-holland-20180729-story.html.

25 J. Lynch, "Netflix Thrives By Programming to 'Taste Communities,' Not Demographics," adweek.com, 29 Jul 2018. [온라인]. Available: https://www.adweek.com/tv-video/netflix-thrives-by-programming-to-taste-communities-not-demographics/.

26 C. Grady, "Roma just scored Netflix its first Best Picture Oscar nomination," *Vox*, 22 Jan 2019. [온라인]. Available: https://www.vox.com/culture/2019/1/22/18187333/roma-oscars-nomination-best-picture-alfonso-cuaron.

27 P. Corcoran, "Theatrical Release Window," National Assoication of Theatre Owners (NATO), 2020. [온라인]. Available: https://www.natoonline.org/data/windows/.

28 E. Nyren, "Spielberg to Voice Concerns Over Netflix Oscar Competition at Academy Meeting," *Variety*, 2 Mar 2019. [온라인]. Available: https://variety.com/2019/film/

news/steven—spielberg—academy—netflix—oscar—competition—1203153872/.

29 T. Skinner, "Netflix responds after Steven Spielberg plans to block streaming giant from the Oscars," *NME*, 4 Mar 2019. [온라인]. Available: https://www.nme. com/news/steven—spielberg—to—discuss—issue—of—netflixs—inclusion—at— oscars—during—academy—meeting—2456530—2456530.

30 A. Pulver, "Netflix responds to Steven Spielberg's attack on movie streaming," *The Guardian*, 4 Mar 2019. [온라인]. Available: https://www.theguardian.com/ film/2019/mar/04/netflix—steven—spielberg—streaming—films—versus—cinema.

31 B. Lang, "Steven Spielberg vs. Netflix: How Oscars Voters Are Reacting," *Variety*, 5 Mar 2019. [온라인]. Available: https://variety.com/2019/film/awards/ steven—spielberg—oscars—netflix—1203155528/.

32 A. Wilkinson, "Netflix vs. Cannes: why they're fighting, what it means for cinema, and who really loses," *Vox*, 13 Apr 2018. [온라인]. Available: https://www.vox. com/culture/2018/4/13/17229476/netflix—versus—cannes—ted—sarandos— thierry—fremaux—okja—meyerowitz—orson—welles—streaming—theater.

33 B. Lee, "Netflix pulls out of Cannes film festival after rule change," *The Guardian*, 11 Apr 2018. [온라인]. Available: https://www.theguardian.com/film/ 2018/apr/11/netflix—pulls—out—cannes—film—festival.

34 맥갤러리, "옥자 상영 거부, 멀티플렉스는 아마존에 배워야 할 것", 맥갤러리 네이버포스트, 2017. 06. 29. [온라인]. Available: https://m.post.naver.com/viewer/postView. nhn?volumeNo=8379071&memberNo=6384148&vType=VERTICAL.

35 J. Brodkin, "Netflix performance on Verizon and Comcast has been dropping for months," Ars Technica, 11 Feb 2014. [온라인]. Available: https://arstechnica. com/information—technology/2014/02/netflix—performance—on—verizon— and—comcast—has—been—dropping—for—months/.

36 맥갤러리, "옥자 상영거부, 멀티플렉스는 아마존에 배워야 할 것", 맥갤러리 네이버포스트, 2017. 06. 29. [온라인]. Available: https://m.post.naver.com/viewer/postView. nhn?volumeNo=8379071&memberNo=6384148&vType=VERTICAL.

37 J. Guerrasio, "Netflix is now in the movie—theater business, as it reopens the 71—year—old Paris Theatre in New York City," *Busines Insider*, 26 Nov 2019. [온라인]. Available: https://www.businessinsider.com/netflix—leases—paris—the atre—in—new—york—city—2019—11.

38 T. Spangler, "Netflix Reveals All the TV Shows and Movies It's Removed Because of Foreign Government Takedown Demands," *Variety*, 7 Feb 2020.

[온라인]. Available: https://variety.com/2020/digital/news/netflix−removals−government−censorship−takedown−1203496331/.

39 "폴란드어로 '세자 저하'···〈킹덤 2〉 넷플릭스 흥행의 숨은 공신", 〈중앙일보〉 2020. 3. 28. [온라인]. Available: https://news.joins.com/article/23741418.

40 위와 동일

41 D. Tencer, "Netflix Canada vs. Netflix USA: You Can Stop Envying The Americans Now," Huffpost, 31 Jul 2018. [온라인]. Available: https://www.huffing tonpost.ca/2018/07/31/netflix−canada−vs−netflix−usa_a_23493095/.

42 B. Fritz, "Netflix faces problems in Latin America," *Los Angeles Times*, 16 May 2012. [온라인]. Available: https://www.latimes.com/entertainment/envelope/la−xpm−2012−may−16−la−et−ct−netflix−latin−america20120516−story.html.

43 E. Burke, "Netflix celebrates one year in Ireland, gets set for a more origi nal 2013," *SiliconrePublica*, 10 Jan 2013. [온라인]. Available: https://www.silicon republic.com/play/netflix−celebrates−one−year−in−ireland−gets−set−for−a−more−original−2013.

44 "Number of Netflix paying streaming subscribers in the United Kingdom (UK) from 2012 to 2015 and forecast to 2020 (in millions)," Statista, 31 Jul 2015. [온라인]. Available: https://www.statista.com/statistics/324092/number−of−netflix−subscribers−uk/.

45 "Cultural exception," Wikipedia, 12 Jul 2019. [온라인]. Available: https://en.wiki pedia.org/wiki/Cultural_exception..

46 E. Hall, "NETFLIX BRAVES CULTURAL BARRIERS FOR EUROPEAN EXPAN SION," AdAge, 18 Sep 2014. [온라인]. Available: https://adage.com/article/global −news/netflix−braves−cultural−barriers−european−expansion/295035.

47 D. Smith, "CHART OF THE DAY: Netflix's Brilliant Expansion Plan," *Business Insider*, 15 Sep 2014. [온라인]. Available: https://www.businessinsider.com/chart−of−the−day−netflix−gets−a−huge−boost−from−international−expansion−2014−9.

48 T. Team, "Sizing Up Netflix's International Subscriber Growth Potential," *Forbes*, 5 Mar 2013. [온라인]. Available: https://www.forbes.com/sites/greatspecul ations/2013/03/05/sizing−up−netflixs−international−subscriber−growth−potential/#1ee92f917d39.

49 S. Pelts, "How Is Netflix Performing in Japan?," Market Realist, Nov 2015. [온라인]. Available: https://marketrealist.com/2015/11/netflix−performing−japan/.

50 I. Kornilova, "Nippon TV to buy Japanese business of Hulu," IHS Markit, 10

Mar 2014. [온라인]. Available: https://technology.ihs.com/494941/nippon-tv-to-buy-japanese-business-of-hulu.

51 T. Mogg, "Netflix launches in Japan, though it's doing things a little differently there," Digital Trends, 2 Sep 2015. [온라인]. Available: https://www.digitaltrends.com/home-theater/netflix-launches-in-japan-though-its-doing-things-a-little-differently-there/.

52 A. Kharpal, "Netflix partners with SoftBank for Japan launch," CNBC, 24 Aug 2015. [온라인]. Available: https://www.cnbc.com/2015/08/24/netflix-partners-with-softbank-for-japan-launch.html.

53 T. Spangler, "Netflix to Launch in Japan in Fall of 2015," Variety, 4 Feb 2015. [온라인]. Available: https://variety.com/2015/digital/asia/netflix-to-launch-in-japan-in-fall-of-2015-report-1201423995/.

54 L. Kelion, "CES 2016: Netflix extends its service to almost all the world," BBC, 6 Jan 2016. [온라인]. Available: https://www.bbc.com/news/technology-35247309.

PART 3 넷플릭스 최고의 경쟁력, 추천 시스템과 웹사이트

1 S. Lovely, "How Many Titles Are Available on Netflix in Your Country?," Cordcutting, 14 May 2019. [온라인]. Available: https://cordcutting.com/blog/how-many-titles-are-available-on-netflix-in-your-country/.

2 N. McAlone, "Why Netflix thinks its personalised recommendation engine is worth $1 billion per year," Business Insider Australia, 15 Jun 2016. [온라인]. Available: https://www.businessinsider.com.au/netflix-recommendation-engine-worth-1-billion-per-year-2016-6?utm_source=feedly&utm_medium=webfeeds&r=US&IR=T.

3 위와 동일

4 위와 동일

5 J. Lynch, "Netflix Thrives By Programming to 'Taste Communities,' Not Demographics," Adweek, 29 Jul 2018. [온라인]. Available: https://www.adweek.com/tv-video/netflix-thrives-by-programming-to-taste-communities-not-demographics/.

6 J. Lynch, "Netflix will literally pay you to binge-watch movies and TV shows

and come up with category names," *Business Insider*, 29 Mar 2018. [온라인]. Available: https://www.businessinsider.com/netflix-pays-people-to-watch-content-category-tags-2018-3.

7 S. Gulmahamad, "How I Got My Dream Job Of Getting Paid To Watch Netflix," Fastcompany, 28 Mar 2018. [온라인]. Available: s://www.fastcompany.com /40547557/how-i-got-my-dream-job-of-getting-paid-to-watch-netflix.

8 A. Madrigal, "How Netflix Reverse-Engineered Hollywood," *The Atlantic*, 2 Jan 2014. [온라인]. Available: https://www.theatlantic.com/technology/archive/ 2014/01/how-netflix-reverse-engineered-hollywood/282679/.

9 "넷플릭스 양자이론, 빅데이터 분석이 아닌 데이터 창출의 힘," 「KT 보고서」, 경영과 산업 이야기, 2018. 07. 24. [온라인].

10 C. Smallwood, "How Netflix Data Science Powers Global Entertainment (YouTube)," 25 Apr 2019. [온라인]. Available: https://www.youtube.com/watch?v =0CGQvdAbNcc.

11 L. Plummer, "This is how Netflix's top-secret recommendation system works," Wired, 22 Aug 2017. [온라인]. Available: https://www.wired.co.uk/article/how-do-netflixs-algorithms-work-machine-learning-helps-to-predict-what-viewers-will-like.

12 A. Rodriguez, "Netflix divides its 93 million users around the world into 1,300 "taste communities"," Quartz, 23 Mar 2017. [온라인]. Available: https:// qz.com/939195/netflix-nflx-divides-its-93-million-users-around-the-world-not-by-geography-but-into-1300-taste-communities/.

13 강용일, "[넷플릭스 랩스데이] 넷플릭스 추천 시스템의 비밀: '노가다'와 '머신러닝'", 〈IT 동아〉, 2016. 03. 21. [온라인].

14 J. Adalian, "Inside the Binge Factory," Vulture, 11 Jun 2018. [온라인]. Available: https://www.vulture.com/2018/06/how-netflix-swallowed-tv-industry.html.

15 N. Nguyen, "Netflix Wants To Change The Way You Chill," BuzzFeed News, 13 Dec 2018. [온라인]. Available: https://www.buzzfeednews.com/article/nicol enguyen/netflix-recommendation-algorithm-explained-binge-watching.

16 Bibblio, "How recommender systems make their suggestions," medium. com, 9 Mar 2017. [온라인]. Available: https://medium.com/the-graph/how-recommender-systems-make-their-suggestions-da6658029b76.

17 D. Jannach, *An Introduction to Recommender Systems*, Cambridge: Cambri dge University Press, 2011, p. 16.

18 위와 동일

19 Y. Koren, "Matrix Factorization Techniques for Recommender Systems," *IEEE Computer Magazine*, pp. 42–49, Aug 2009.

20 L. Serrano, "How does Netflix recommend movies? Matrix Factorization," YouTube, 7 Sept 2018. [온라인]. Available: https://www.youtube.com/watch?v =ZspR5PZemcs&t=7s.

21 N. McAlone, "Netflix wants to ditch its 5-star rating system," *Business Insider*, 9 Jan 2016. [온라인]. Available: https://www.businessinsider.com/netflix-wants -to-ditch-5-star-ratings-2016-1.

22 위와 동일

23 N. McAlone, "The exec who replaced Netflix's 5-star rating system with 'thumbs up, thumbs down' explains why," *Business Insider*, 5 Apr 2017. [온라인]. Available: https://www.businessinsider.com/why-netflix-replaced-its-5-star-rating-system-2017-4.

24 위와 동일

25 J. Linowski, "The Failed Netflix Homepage Redesign Experiment That Nobody Even Noticed," GoodUI, 7 Feb 2019. [온라인]. Available: https://goodui.org/blog/the-failed-netflix-homepage-redesign-experiment-that-nobody-even-noticed/.

26 M. Dsouza, "How Netflix uses AVA, an Image Discovery tool to find the perfect title image for each of its shows," Packt, 4 Sep 2018. [온라인]. Available: https://hub.packtpub.com/how-netflix-uses-ava-an-image-discovery-tool-to-find-the-perfect-title-image-for-each-of-its-shows/.

27 L. M. F. P. Naila Murray, "AVA: A Large-Scale Database for Aesthetic Visual Analysis," %1 Computer Vision and Pattern Recognition, 2012.

28 Madelin, "AVA: The Art and Science of Image Discovery at Netflix," Netflix, 8 Feb 2018. [온라인]. Available: https://netflixtechblog.com/ava-the-art-and-science-of-image-discovery-at-netflix-a442f163af6.

29 "Why your Netflix thumbnails don"t look like mine (YouTube)," Vox.com, 21 Nov 2018. [온라인]. Available: https://www.youtube.com/watch?v=axCBA3VD5dQ& list=PLwbR4MStXbsyUw84pjVlUKWYHqpfOzEbl&index=2&t=5s.

30 J. Solsman, "'Stranger Things' addict? Here's how Netflix sucked you in," cnet, 23 Oct 2017. [온라인]. Available: https://www.cnet.com/news/stranger-things-addict-heres-how-netflix-sucked-you-in/.

31 위와 동일

32 위와 동일

33 권도연, "헤이 넷플릭스, 콘텐츠 추천 시스템이 뭔가요?", 〈블로터〉, 2018. 01. 28. [온라인]. Available: http://www.bloter.net/archives/301216.

34 위와 동일

35 "Artwork Personalization at Netflix," Netflix Technology Blog, 8 Dec 2017. [온라인]. Available: https://medium.com/netflix-techblog/artwork-personalization-c589f074ad76.

36 A. Yu, "How Netflix Uses AI, Data Science, and Machine Learning-From A Product Perspective," becominghuman.ai, 27 Feb 2019. [온라인]. Available: https://becominghuman.ai/how-netflix-uses-ai-and-machine-learning-a087614630fe.

37 J. Busson, "UX Timeline," UX Timeline, 2019. [온라인]. Available: http://uxtimeline.com/netflix.html.

38 N. M. a. J. Lynch, "Netflix's website in 1999 looked nothing like it does today-here's how it has evolved over the years," Business Insider, 21 Feb 2018. [온라인]. Available: https://www.businessinsider.com/how-netflix-has-looked-over-the-years-2016-4.

39 O. Lindberg, "UX Evolutions: How User Experience Drives Design & UI at Netflix," Adobe, 12 Apr 2019. [온라인]. Available: https://xd.adobe.com/ideas/perspectives/interviews/interview-with-netflix-user-experience-drives-design-ui/.

40 J. Lynch, "Netflix's website in 1999 looked nothing like it does today-here's how it has evolved over the years," Business Insider, 21 Feb 2018. [온라인]. Available: https://www.businessinsider.com/how-netflix-has-looked-over-the-years-2016-4.(앞의 1부 16과 동일)

41 https://blogs.adobe.com/creativedialogue/creative-dialogue/netflix-user-experience -ui-design

PART 4 고품질 스트리밍을 가능하게 한 독보적 기술력의 핵심

1 Y. Izrailevsky, "Completing the Netflix Cloud Migration," Netflix, 11 Feb 2016. [온라인]. Available: https://media.netflix.com/en/company-blog/completing-

the-netflix-cloud-migration.

2   T. Macaulay, "Ten years on: How Netflix completed a historic cloud migration with AWS," Computerworld, 10 Sep 2018. [온라인]. Available: https://www.com puterworld.com/article/3427839/ten-years-on--how-netflix-completed-a -historic-cloud-migration-with-aws.html.

3   T. Hoff, What Happens When You Press Play? Learn the Inner-Screts of Netflix (Kindle Edition), Possibility Outpost, 2018.

4   M. Costello, "Netflix and Fill," The Netflix Tech Blog, 11 Aug 2016. [온라인]. Avail able: https://medium.com/netflix-techblog/netflix-and-fill-c43a32b490 c0.

5   "Fill patterns," Netflix, 2020. [온라인]. Available: https://openconnect.zendesk. com/hc/en-us/articles/360035618071-Fill-patterns.

6   "Open Connect," Netflix, 2019. [온라인]. Available: https://openconnect.netflix. com/en/.

7   K. Florance, "How Netflix Works With ISPs Around the Globe to Deliver a Great Viewing Experience," Netflix, 17 Mar 2016. [온라인]. Available: https://media. netflix.com/en/company-blog/how-netflix-works-with-isps-around-the- globe-to-deliver-a-great-viewing-experience.

8   "Open Connect Overview," Netflix, 2019. [온라인]. Available: https://opencon nect.netflix.com/Open-Connect-Overview.pdf.

9   위와 동일

10 K. Florance, "How Netflix Works With ISPs Around the Globe to Deliver a Great Viewing Experience," Netflix, 17 Mar 2016. [온라인]. Available: https://media. netflix.com/en/company-blog/how-netflix-works-with-isps-around-the- globe-to-deliver-a-great-viewing-experience.

11 D. Hayes, "Average U.S. household now has 7 screens, report finds," FierceVideo, 11 Mar 2017. [온라인]. Available: https://www.fiercevideo.com/ cable/average-u-s-household-now-has-seven-screens-reportlinker- finds.

12 L. Nrendra, "NETFLIX system design," medium.com, 8 Sep 2018. [온라인]. Avail able: https://medium.com/@narengowda/netflix-system-design-dbec30fed e8d.

13 "Internet Video Streaming-ABR Part 1," Eyevinn Technology, 5 Mar 2018. [온라 인]. Available: https://medium.com/@eyevinntechnology/internet-video-strea ming-abr-part-1-b10964849e19.

14 T. Hoff, *What Happens When You Press Play? Learn the Inner—Screts of Netflix* (Kindle Edition), Possibility Outpost, 2018.

15 M. Pathan, *Advanced Content Delivery, Streaming, and Cloud Services, Hobo ken, New Jersey: Wiley*,, John & Wiley, Inc., 2014, p. 18.

PART 5 넷플릭스, 인공지능과 파괴적 혁신으로 날개를 달다

1 S. Dick, "Artificial Intelligence," HDSR, 23 Jun 2019. [온라인]. Available: https://hdsr.mitpress.mit.edu/pub/0aytgrau.

2 V. Kathayat, "How Netflix uses AI for content creation and recommendation," The Startup, 18 Sep 2019. [온라인]. Available: https://medium.com/swlh/how—netflix—uses—ai—for—content—creation—and—recommendation—c1919efc0af4.

3 "CUSTOMER STORY Obama for America's Digital Fundraising Machine," Optimizely, 2019. [온라인]. Available: https://www.optimizely.com/customers/obama2012/.

4 S. Leahy, "How Netflix Does A/B Testing (And You Can, Too)," BetaTesting, 23 Feb 2018. [온라인]. Available: https://betatesting.com/blog/2018/02/23/how—netflix—does—ab—testing/.

5 A. Blaylock, "Design Testing at Netflix," YouTube, 11 Jan 2016. [온라인]. Avail able: https://www.youtube.com/watch?v=—Gy8TnoXZf8.

6 G. Krishnan, "Selecting the best artwork for videos through A/B testing," Netflix, 3 May 2016. [온라인]. Available: https://medium.com/netflix—techblog/selecting—the—best—artwork—for—videos—through—a—b—testing—f6155c4595f6.

7 "Marketing & Growth," Netflix, 2019. [온라인]. Available: https://research.netflix.com/business—area/marketing—and—growth.

8 J. Haden, "Jeff Bezos Says 1 Thing Separates Successful People From Every one Else," Inc.com, 13 Mar 2019. [온라인]. Available: https://www.inc.com/jeff—haden/jeff—bezos—says—1—thing—separates—successful—people—from—everyone—else—and—will—keep—you—from—giving—up—on—your—dreams—too—soon.html.

9 A. Wallenstein, "Netflix seals 'House of Cards' deal," *Variety*, 11 Mar 2011. [온라인]. Available: https://variety.com/2011/tv/news/netflix—seals—house—of—cards—d eal—1118034117/.

10 B. Stelter, "A Drama's Streaming Premiere," *New York Times*, 18 Jan 2013. [온 라인]. Available: https://www.nytimes.com/2013/01/20/arts/television/house-of-cards-arrives-as-a-netflix-series.html.

11 A. Lotz, We Now Disrupt This Broadcast, Kindle Edition, The MIT Press, 2018, pp. Location 4138 of 5255, Kindle Edition.

12 M. Mitovich, "Report: 2% of Netflix Users Binged All of House of Cards Season 2 ASAP — Are You Done Yet?," TVLine, 21 2 2014. [온라인]. Available: https:// tvline.com/2014/02/21/ratings-house-of-cards-season-2-binge-watching/.

13 A. Wallenstein, "Netflix seals 'House of Cards' deal," *Variety*, 18 Mar 2011. [온 라인]. Available: https://variety.com/2011/tv/news/netflix-seals-house-of-car ds-deal-1118034117/.

14 M. Smith, Streaming, Sharing, *Stealing-Big Data abd The Future of Enter tainment*, Kindle Edition, Cambridge, Massachusetts: The MIT Press, 2016, pp. Location 2858 of 4083, Kindle Edition.

15 B. Marr, "Netflix Used Big Data To Identify The Movies That Are Too Scary To Finish," *Forbes*, 18 Apr 2018. [온라인]. Available: https://www.forbes.com/sites/ bernardmarr/2018/04/18/netflix-used-big-data-to-identify-the-movies-that-are-too-scary-to-finish/#7aeef7ab3990.

16 D. Carr, "Giving Viewers What They Want," *The New York Times*, 24 Feb 2013. [온라인]. Available: https://www.nytimes.com/2013/02/25/business/media/for -house-of-cards-using-big-data-to-guarantee-its-popularity.html.

17 R. Lawler, "How Netflix Will Use Big Data to Push House of Cards," Gigacom, 18 Mar 2011. [온라인]. Available: https://gigaom.com/2011/03/18/netflix-big-data/.

18 S. Smith, "What's behind the future of hit movies? An algorithm," Marketplace, 19 Jul 2013. [온라인]. Available: https://www.marketplace.org/2013/07/19/ business/whats-behind-future-hit-movies-algorithm/.

19 문성길, 《넷플릭스하다》, 스리체어스, 2017, p. 57.

20 G. Keating, *Netflixed, The Epic Battle for America's Eyeballs*, New York: Portfo lio/Penguin, 2012, p. 28.

21 "LEADING THE SUBSCRIPTION ECONOMY," zuora, 2019. [온라인]. Available: https://www.zuora.com/vision/subscription-economy/.

22 김병수, "구독경제," 〈매일경제〉, 2019. 05. 27. [온라인]. Available: https://www. mk.co.kr/news/culture/view/2019/03/184486/.

23 V. Kopytoff, "Netflix in for Blockbuster battle / Competition heats up for online company that rents DVDs," *SFGATE*, 31 Jan 2005. [온라인]. Available: https://www.sfgate.com/business/article/Netflix-in-for-Blockbuster-battle-Competition-2702017.php..

24 S. O'Grady, *The New Kingmakers: How Developers Conquered the World*, Sebastopol: O'Reily, 2013, p. 34.

25 J. D'Onfro, "What it's like to work at Netflix's dying DVD business," CNBC, 18 May 2018. [온라인]. Available: https://www.cnbc.com/2018/01/23/netflix-dvd-business-still-alive-what-is-it-like-to-work-there.html.

26 N. Haas, "And the Award for the Next HBO Goes to⋯," *GQ*, 29 Jan 2013. [온라인]. Available: https://www.gq.com/story/netflix-founder-reed-hastings-house-of-cards-arrested-development.

27 "NFLX- Q4 2018 Netflix Inc Earning Call," Thomson Reuters, 17 Jan 2019. [온라인]. Available: https://s22.q4cdn.com/959853165/files/doc_financials/quarterly_reports/2018/q4/NFLX-USQ_Transcript_2019-01-17.pdf.

28 "Netflix Has Become HBO," Forrester, 18 Jan 2019. [온라인]. Available: https://go.forrester.com/blogs/netflix-has-become-hbo/.

PART 6 넷플릭스, 한국에 상륙하다

1 이민아, "'공유하라, 솔직하라, 권한은 마음껏, 대신 책임져라'", 〈이코노미 조선〉, 2019. 07. 15. [온라인]. Available: http://economy.chosun.com/client/news/view.php?boardName=C00&page=1&t_num=13607362.

2 이창환, "한국 넷플릭스 콘텐츠 부족 우려", 〈아시아경제〉, 2016. 01. 10 [온라인]. Available: http://www.asiae.co.kr/article/2016010817322587192.

3 "KISDI STAT Report: 2018년 방송산업 실태조사 결과 주요 내용" 제 19-01호, p.3, 15 Jan 2019.

4 L. Jang, "Netflix Executive Raves About the Importance of the Korean Market," The Korea Bizwire, 9 Nov 2019. [온라인]. Available: http://koreabizwire.com/netflix-executive-raves-about-the-importance-of-the-korean-market/127220.

5 황병서, "넷플릭스, 국내 OTT 결제액 137% 폭증 - 한국 안방 시장 장악", 〈디지털타임스〉, 2020. 5. 26. [온라인] Available: http://www.dt.co.kr/contents.html?article

no=2020052702100931054001.

6 도민선, "넷플릭스 효과' 딜라이브," D'LIVE Plus, 2018. 05. 30. [온라인]. Available: http://m.dlive.kr/front/dliveplus/AnnounceAction.do?method=view&nttSn=1390.

7 안희정, "OTT 종합선물세트 CJ헬로 '뷰잉' 써보니", ZDNet Korea, 2017. 11. 14. [온라인]. Available: https://www.zdnet.co.kr/view/?no=20171113161625&re=R_20180104092715.

8 이세영, "SKT는 지상파 연합·LG유플러스는 넷플릭스 동맹…OTT 시장서 손 못잡은 KT," 〈업다운뉴스〉, 2019. 09. 22. [온라인]. Available: https://m.post.naver.com/viewer/postView.nhn?volumeNo=25559439&memberNo=36765180&vType=VERTICAL.

9 조은혜, "한국 콘텐츠 시장을 흔들다, 넷플릭스(Netflix)의 '성공의 이유'", smartPC사랑, 2019. 04. 11 [온라인]. Available: http://www.ilovepc.co.kr/news/articleView.html?idxno=22150.

10 권동준, "넷플릭스는 '꼴찌' LG유플러스의 구원자인가" TechPlus, 3 May 2019. [온라인]. Available: https://blog.naver.com/tech-plus/221528817573.

11 정윤희, "넷플릭스 유료이용자 200만 명…월 평균 1만3000원 쓴다," 〈헤럴드경제〉, 2019. 11. 12. [온라인]. Available: http://biz.heraldcorp.com/view.php?ud=20191112000070#a.

12 황준익, "'킹덤효과' 넷플릭스, 사용자 급증…'고객 충성도 높이자'", 〈EBN 산업뉴스〉, 2019. 03. 04. [온라인]. Available: https://www.ebn.co.kr/news/view/974667.

13 「2017 방송 프로그램 외주 제작 거래 실태조사」, 정보통신정책연구원, 2018.

14 권호영, 《드라마 제작과 유통》, 커뮤니케이션북스, 2015, p. 25.

15 권호영, 《드라마 제작과 유통》, 커뮤니케이션북스, 2015, p. 39.

16 김진희, "고 김종학 PD 자살 이유는?", TV조선, 2013. 07. 23. [온라인]. Available: http://news.tvchosun.com/site/data/html_dir/2013/07/24/2013072490100.html.

17 김회재, "콘텐츠의 몸 값이 뛴다", 대신증권, 2019.

18 정미형, "스튜디오앤뉴, 성장성 '맑음'…자금조달 성공할까", 더벨, 2019. 09. 16. [온라인]. Available: http://www.thebell.co.kr/free/content/ArticleView.asp?key=201909100100018170001130&svccode=00&page=1&sort=thebell_check_time.

19 김회재, "콘텐츠의 몸 값이 뛴다," 대신증권, 2019.

20 유건식, 「넷플릭소노믹스, 넷플릭스와 한국 방송 미디어」, 한울 아카데미, 2019, p. 286.

21 이민아, "韓 드라마 콘텐츠 제작·유통·소비, 모두 달라졌다," 〈이코노미조선〉, 2019.

02. 28. [온라인]. Available: http://economychosun.com/client/news/view.php?boa rdName=C00&t_num=13606540.

22 배수람, "한류콘텐츠 '큰 손' 떠오른 넷플릭스, 손내미는 제작자들," 〈파이낸셜투데이〉, 2019. 05. 08. [온라인]. Available: http://www.ftoday.co.kr/news/articleView.html?idxno=107106.

23 김재정, "지상파 동시배급까지·SBS 배가본드와 MBC 봄밤, 넷플릭스 동시방영," 〈문화뉴스〉, 2019. 04. 23. [온라인]. Available: http://www.mhns.co.kr/news/articleView.html?idxno=204002.

24 김희경, "한국 영상콘텐츠의 블랙홀…넷플릭스, 3년 새 325편 사들였다," 한국경제TV, 2019. 05. 09 [온라인]. Available: http://www.wowtv.co.kr/NewsCenter/News/Read?articleId=X20190509180416#.

25 이민지, "방송사들의 '이유있는 넷플릭스행," 〈시사위크〉, 25 Nov 2019. [온라인]. Available: http://www.sisaweek.com/news/curationView.html?idxno=128335.

26 류은주, "CJ ENM이어 JTBC도 넷플릭스와 연합 선언" 〈IT조선〉, 2019. 11. 15. [온라인]. Available: http://it.chosun.com/site/data/html_dir/2019/11/25/2019112501016.html.

27 백연식, "CJ ENM-JTBC-넷플릭스, 굳건해진 3각 동맹 '이유는?'," 〈디지털 투데이〉, 2019. 11. 25. [온라인]. Available: http://www.digitaltoday.co.kr/news/articleView.html?idxno=217931.

28 김은지, "넷플릭스 질주, 토종 OTT 주춤…디즈니가 '대항마' 되나 [김은지의 텔레파시]," 〈한국경제〉, 2020. 01. 01 [온라인]. Available: https://www.hankyung.com/it/article/201912314089g.

29 신지민, "둘만 모이면 "넷플릭스 같이 할래?" "난 이미 하고 있지", 〈한겨레〉, 2019. 02. 24. [온라인]. Available: http://www.hani.co.kr/arti/culture/culture_general/883326.html#csidx6f52b1b3f73efe5881cc8892bdb1a55.

30 "넷플릭스, 올해 한국서 가장 사랑받은 작품 10선 공개…1위 '킹덤'", 〈동아일보〉, 2019. 12. 30 [온라인]. Available: http://www.donga.com/news/article/all/20191230/99008530/1.

31 이선희, 「온라인 동영상 제공 서비스(OTT) 이용 행태 분석」, 「KISDI STAT Report」 정보통신정책연구원, 2018. 04. 30.

32 위와 동일

33 최홍규, 「웨이브(wavve)로 통합된 옥수수, CJ ENM 티빙 생존할 수 있을까?」, 한국콘텐츠진흥원, 2019. 11. 04. [온라인]. Available: https://m.post.naver.com/viewer/postView.nhn?volumeNo=26783277&memberNo=28980604&vType=VERTIC

AL.

34 고성수, "[인터뷰 | 이태현 콘텐츠웨이브 대표] '유튜브가 가장 무서운 경쟁자'", 〈내일신문〉, 2020. 02. 21. [온라인]. Available: http://www.naeil.com/news_view/?id_art=341369.

35 정윤교, "SKT '웨이브 유료 가입자 143만 달성…티브로드 합병은 내년에'", 연합인포믹스, 2019. 10. 31. [온라인]. Available: https://news.einfomax.co.kr/news/articleView.html?idxno=4054832.

36 백연식, "'푹＋옥수수' 웨이브, SK계열 10명 최종 합류…3가지 요금제로 개편", 〈디지털 투데이〉, 2019. 08. 26 [온라인]. Available: http://www.digitaltoday.co.kr/news/articleView.html?idxno=214031.

37 김수정, "JTBC−CJ ENM 콘텐츠, 한 번에 보는 OTT 생긴다", 〈노컷뉴스〉, 2019. 09. 17. [온라인]. Available: https://www.nocutnews.co.kr/news/5214057.

38 채성오, "티빙, OTT 최초 '영화 월정액 요금제' 도입", 〈머니S〉, 2019. 10. 17. [온라인]. Available: http://moneys.mt.co.kr/news/mwView.php?no=2019101714558079091.

39 유재혁, "'왓챠플레이' 급성장…'맞춤형 서비스로 넷플릭스 공세 이겨냈죠'", 〈한국경제〉, 2019. 04. 08 [온라인]. Available: https://www.hankyung.com/life/article/2019040832371.

40 "KT, Seezn(시즌) 콘텐츠 강화로 고객 만족도 높인다!", KT 네이버 공식 포스트, 2019. 12. 19. [온라인]. Available: https://m.post.naver.com/viewer/postView.nhn?volumeNo=27110609&memberNo=30305360&vType=VERTICAL.

41 김주현, "'웨이브에서 JTBC도 못본다' 세력확장 속도 내는 CJ ENM·JTBC 연합군", 〈머니투데이〉, 2020. 01. 03 [온라인]. Available: https://news.mt.co.kr/mtview.php?no=2020010214094717509.

KI신서 9267

넷플릭스 인사이트

1판 1쇄 발행 2020년 7월 23일
1판 3쇄 발행 2023년 5월 31일

지은이 이호수
펴낸이 김영곤
펴낸이 ㈜북이십일 21세기북스

콘텐츠개발본부이사 정지은
정보개발팀 강문형 박종수
출판마케팅영업본부장 민안기
마케팅1팀 배상현 한경화 김신우 강효원
해외기획실 최연순 이윤경
출판영업팀 최명열 김다운
제작팀 이영민 권경민
디자인 두리반

출판등록 2000년 5월 6일 제406-2003-061호
주소 (우 10881) 경기도 파주시 회동길 201(문발동)
대표전화 031-955-2100   **팩스** 031-955-2151   **이메일** book21@book21.co.kr

(주)북이십일 경계를 허무는 콘텐츠 리더

21세기북스 채널에서 도서 정보와 다양한 영상자료, 이벤트를 만나세요!
페이스북 facebook.com/21cbooks   포스트 post.naver.com/21c_editors
인스타그램 instagram.com/jiinpill21   홈페이지 www.book21.com
유튜브 www.youtube.com/book21pub

서울대 가지 않아도 들을 수 있는 명강의! 〈서가명강〉
유튜브, 네이버, 팟빵, 팟캐스트에서 '서가명강'을 검색해보세요!

ISBN 978-89-509-8952-1 03320